TUSHUGUANXUE SHIZHENG YANJIU
BOSHISHENG XUESHU HUIYI
SHI ZHOUNIAN JI

图书馆学实证研究博士生学术会议十周年集

王云石　路锦怡　主编

天津大学出版社
TIANJIN UNIVERSITY PRESS

图书在版编目(CIP)数据

图书馆学实证研究博士生学术会议十周年集 / 王云石, 路锦怡主编. -- 天津 : 天津大学出版社, 2022.6（2023.3重印）
ISBN 978-7-5618-7010-5

Ⅰ. ①图… Ⅱ. ①王… ②路… Ⅲ. ①图书馆学一学术会议一文集 Ⅳ. ①G250-53

中国版本图书馆CIP数据核字(2021)第157228号

出版发行	天津大学出版社
地　　址	天津市卫津路92号天津大学内(邮编: 300072)
电　　话	发行部: 022-27403647
网　　址	www.tjupress.com.cn
印　　刷	北京盛通商印快线网络科技有限公司
经　　销	全国各地新华书店
开　　本	169mm×239mm
印　　张	24.5
字　　数	494千
版　　次	2022年6月第1版
印　　次	2023年3月第2次
定　　价	80.00元

我觉得，一个新的科学真理不是靠通过说服反对者而获胜的，它的胜利是由于其反对者们终于死去而熟知它的新一代成长起来了！

——马克斯·卡尔·恩斯特·路德维希·普朗克

A new scientific truth does not triumph by convincing its opponents and making them see the light, but rather because its opponents eventually die, and a new generation grows up that is familiar with it.

——Max Karl Ernst Ludwig Planck

我觉得，图书馆学引进现代研究方法大约不需要这么极端，只要从青年学生抓起，做好培训，然后静待反对者、质疑者们退休即可。

——徐建华

《图书馆学实证研究博士生学术会议十周年集》序

于良芝

（南开大学商学院信息资源管理系）

十多年前，我的同事徐建华教授在南开大学商学院启动了一年一次的图书馆学实证研究博士生学术会议。这是一个融培训、研讨、非正式交流于一体的平台，会期 4-6 天，培训和研讨内容包括各种研究方法、数据分析方法、论文撰写与投稿技巧、科研动态分享等，其宗旨是提升我国年轻图书馆学者按社会科学规范方法，解决学科问题、创新学科知识的能力。会议免费向全国图书馆学研究生和青年教师及馆员开放，还为研究生群体免费提供食宿。每年的会议，都由徐老师亲自筹措经费、设计讲授内容、邀请授课教师及研讨嘉宾、协调食宿、全程陪伴。南开大学、我们所在的商学院以及信息资源管理系都给了徐老师大力支持，但他能以一己之力，连续十年筹划这个会议，依然让人惊异不已。平台运行十多年，参会人数从最初的 60 余人增加到后来的每年 200 多人，总计有超过千人从中受益。

在图书馆学实证研究博士生学术会议十周年回顾与总结之际，徐老师邀请我为他的《图书馆学实证研究博士生学术会议十周年集》写一篇序。我当时就意识到，纵然我心里有万千顾虑——我从未写过序、我不善修辞、我没有深度参与他的研讨会、交稿日期正值高校里最忙的季节等等，我也不能说“不”。他为我国图书馆学研究的规范化所做的努力，已经为他赢得了一种权威，可以让我以任何方式为他的会议添砖加瓦；他肯给我这个机会，也让我深感荣幸。十年来，每到会议筹备的季节，我都会刻意躲着他走，生怕被他分配讲课或其他任务，现在想来，十分惭愧。所幸他并不跟我计较，还给予我最后弥补的机会。

图书馆学从来就不是显学，然而，在它略显谦卑和保守的名称背后，其实有着非常丰富和与时俱进的内涵。围绕如何保障信息有效查询与获取的基本问题，它必须对数据、信息、知识、文献、信息技术、图书馆、信息用户等众多客体形成理解，必须对这些客体涉及的客观物理现象（如载体、技术设备、空间）、社会文化现象（如特定信息利用环境中的共享意义和规范）、心灵情感现象（如信息用户的认知）等多元现象做出考察。正因为如此，图书馆学的研究方法也就跨越了旨在探求规律的自然科学方法（如实验方法、文献计量方法）、旨在解释人类生活和行为的社会科学方法（如问卷调查法、访谈方法）、旨在理解意义和情感的人文科学方法（如话语分析、现象学方法）的广阔方法论空间。

在世界范围内，现代图书馆学走向成熟的标志之一就是对规范的研究方法的自觉运用。这一转变的最早推动者是成立于 1928 年的美国芝加哥大学图书馆研究生院。此前的图书馆学研究主要依赖个人经验。学院成立之后，很快就开始按照当时盛行的实证主义方法论（这是一种以自然科学研究为样板、以探求客观规律为目标的研究进路），对已有的图书馆学研究活动进行改造[①]。这场改造为后来的图书馆学留下了很多经典的规律探索型研究，但即使在那个时期，人文科学方法的价值也没有被完全忽视；事实上，对人文科学方法适用性的不同见解，构成了该学院两位创始教授——维普尔斯和巴特勒——分歧的焦点[②]。20 世纪六七十年代，随着整个社会科学领域对实证主义传统进行反思，更多非实证方法被引进图书馆学。这些方法的引进，在很大程度上支撑了强调情境（而非规律）的信息行为研究。

我国图书馆学对研究方法的自觉运用要晚于西方，而且发展也比较缓慢。20 世纪 80 年代以后，虽然讨论和介绍图书馆学研究方法的著作和论文逐年增多[③④⑤]，但直到 20 世纪末，我国图书馆学期刊论文中，报告研究设计、研究方法或至少研究思路的成果的比例依然很低。造成这种状况的主要原因，显然不是方法本身的缺乏，而是其应用经验的不足。徐建华教授的图书馆学实

---

① Richardson J V. The Spirit of Inquiry in Library Science: The Graduate Library School at Chicago, 1921-1951 [D]. Bloomington, IN: Indiana University, 1978.

② Richardson, J. V. The gospel of scholarship: Pierce Butler and a critique of American librarianship[M]. Metuchen, N.J.: Scarecrow Press, 1992.

③ 王崇德. 图书情报学方法论[M]. 北京：科学技术文献出版社，1988.

④ 吴慰慈. 关于图书馆学研究方法的思考[J]. 中国图书馆学报. 1992(3)：18-20.

⑤ 徐跃权，杨玉麟. 论我国图书馆学方法论中的专门研究方法[J]. 中国图书馆学报，2010,36(01).

证研究博士生学术会议，不仅呼应了我国图书馆学界对研究方法日渐加深的关切，而且以其系统的内容设计、集中强化的培训、理论与实操结合的方式，生动展示了研究方法的应用过程。

中文“实证研究”原本对应英文中的 positivist research（以发现客观规律为目标的定量研究范式），但我国学者也经常用这一术语对应英文中的 empirical research。与前者代表的传统不同，图书馆学实证研究博士生学术会议其实表现了极大的方法论包容性，其培训内容包括眼动实验、大规模问卷调查、访谈、数理统计、扎根理论等植根于不同认识论立场的方法或技巧。因此，会议题目中的“实证”二字，不应理解为遵循实证主义传统的狭义实证研究（positivist research），而应理解为遵循一般科学研究规范的经验研究（empirical research）。

美国图书馆学家哈里斯在评价芝加哥大学图书馆研究生院的影响时指出，学院通过其培养的学生，将实证主义研究方法传遍了美国的主要大学，塑造了20世纪50至70年代美国图书馆学的基本样式①。期待接受过图书馆学实证研究博士生学术会议培训的年轻学者，也像芝加哥大学图书馆研究生院的毕业生那样，成为提升我国图书馆学研究水平的可见力量。

① Harris, M H. The dialectic of defeat: Antimonies in research in library and information science[J]. Library Trends 1986 (Winter), 515-530.

目　　录

期刊贺信

十年·历程篇

十年·实证篇

十年·感悟篇

十年·成果篇

十年 · 感念篇

期刊贺信

祝贺图书馆学博士研究生实证方法论培训班开办十周年

十年之前，徐建华教授出于强烈的责任感，为提高我国图书馆学教育科研的规范化、专业化、现代化水平，发起开办图书馆学博士研究生实证方法论培训班，志在提升处于学历最高层次的博士研究生的思维方式、研究方法、科学精神，为我国的图书馆研究打开新视界、找到新路径、开辟新天地，这种准确识变、科学应变、主动求变的气度和远见令人敬佩。

十年过去了，这个公益性质的培训班已成为我国图书馆界响当当的培训品牌，有口皆碑，不但培训了大批图书馆学博士生，使他们的科研训练与国际接轨，造就了不少在国内外图书馆学界成果斐然的学术新秀。而且吸引了诸多院系、图书馆的青年骨干以及各家专业期刊的编辑们接受培训，从方方面面改变了我国图书馆学研究的不良习惯，从一定程度上将我国的图书馆学研究从经验范式引导到科学范式，为科学再造我国图书馆学生态做出了实实在在的贡献。

热烈祝贺图书馆学博士研究生实证方法论培训班开办十周年！衷心感谢培训班所发挥的历史作用！我们《大学图书馆学报》将持续关注、支持培训班的发展，并根据需要派遣新任编辑接受培训。

祝愿培训班在十年举办的基础上，行稳致远，在我国图书馆学发展的新征程上，不断引进、完善、创造、传播新方法、新理念，为高校院系开展的图书馆学教育锦上添花，推动我国的图书馆学研究高质量发展，使之和国家的进步相适应，逐步强起来、领先起来，实现一百多年来我国图书馆从业者的中国梦。

《大学图书馆学报》编辑部

凝心聚力数十载，不忘初心谱新篇

欣闻第十届图书馆学实证研究博士生学术会议即将召开，《高校图书馆工作》编辑部谨向您和南开大学商学院信息管理系师生们表示衷心的祝贺！

图书馆学所研究的问题大多是实践性很强的问题，因而实证研究应当是图书馆学研究的基本维度和思路。实证研究方法现已成为科学研究领域的主要范式之一，也受到越来越多的重视与关注，并取得了丰硕的研究成果，但从整体上看，图书馆学领域基于经验总结、哲学思辨，抑或是感悟式的研究仍不在少数，实证研究方法的使用也存在操作不规范、论证不严谨的问题，这极大地影响了图书馆学的学科地位和未来发展，实证研究的缺乏不仅是一个学术风格的问题，更是一个影响学科发展的问题。您明确指出“研究需要规范”！并于2011年发起了图书馆学实证研究博士生学术会议，旨在弘扬科学、规范的研究方法。十年来，图书馆学实证研究博士生学术会议一直坚持您所提出的“草根性、实践性、免费性，为大家提供一个平等交流的平台，共同影响图书馆学的研究生态”的方向，秉持“平等、多元、免费”的原则，致力于推广规范性实证研究，推动学科建设的全面发展。如今会议规模越来越大、参会范围越来越广、研讨领域越来越多、论文水平也越来越高，已经成为一个青年学者和图书馆馆员崭露头角、初试锋芒、学习提高必不可少的学术交流平台，业已在学界打造出了独具特色的“南开学派”。

从“图书馆学实证研究·规范·创新·推广”，“图书馆学实证研究·规范·拓展·超越”，到“图书馆学实证研究·规范·突破·延伸”等，每一届会议都推陈出新，涵盖图书馆学研究热点与动态、论文点评、问卷设计与实施规范、SPSS数据分析、跨学科研究方法应用、期刊发文及课题申请技巧等丰富的内容，紧紧围绕着图书馆学实证研究规范性、跨学科合作、国际化展开，具有鲜明的实用性和前沿性，体现了公益性和全球化的学术精神。每届会议还特别安排了期刊编辑座谈环节，有益于提高图书馆学论文的科学性，促进编辑与作者的沟通交流。《高校图书馆工作》很荣幸参加了两次再教育再培训，并在您的支持下创设了“实证·实务”专栏，刊发了您和您带领的团队撰写的《规范化实证研究——图书馆学研究整体提升与发展的重要路径》《结论应该验证 学术需要独立》等专题论文，衷心感谢您对我们的指导和支持！

作为一位高瞻远瞩的图书情报资深教授，您不仅学术成果丰硕，更重要的是您对图书情报事业的积极探索、全身心投入；对青年才俊不遗余力地扶持，让我们由衷地钦佩。每一届会议您都亲力亲为，不论烈日炎炎还是暴雨倾盆；不论会议的运筹帷幄还是接待的繁缛末节，都能见到您忙碌的身影，让人觉得特别亲切、温暖。您的博大胸怀和高度责任感堪称科技工作者的楷模，更是青年学者学习的榜样。衷心祝愿图书馆学实证研究博士生学术会议在您和南开大学信息管理学院的带领下，成为团结联系青年学者和馆员的桥梁纽带，成为深入开展图书馆学实证研究的创新平台。

“连接思想，创造未来”，今天的我们已跨入了数字化网络时代。图书馆作为交流中心、学习中心和知识中心的多元化已越来越彰显，这些都为图书馆学实证研究博士生学术会议增添了新的元素和提供了新的契机。“潮平两岸阔，风正一帆悬”，希望“图书馆学实证研究博士生学术会议”加强重要议题研究，提升核心竞争力，不断推出具有决策咨询价值的研究成果，更加具备全球化的研究格局与引导力。

实证是行动，更需要规范！“当代博士、硕士均应承担起一份学术责任，用严谨的治学态度和规范的研究方法不断要求自己，为图书馆学与图书馆事业的蓬勃发展贡献力量。”您曾说过“一个成熟的学者，理论上是应该有自己独立而系统的研究。在可能的情况下，开展一次不申请课题经费的较大型的研究，在没有外来限制的条件下，完全自主地掌握研究进程与研究走向，应该是一种有益的尝试，或者说是一个研究者走向成熟的标志。我们衷心希望，这一点能够尽快和尽可能地成为学术界的共识，这一天也应该早点到来。”这是您的初心和希望，也是我们共同的心愿。

预祝图书馆学实证研究博士生学术会议的明天更加灿烂辉煌！预祝“第十届图书馆学实证研究博士生学术会议”圆满成功！

《高校图书馆工作》编辑部

谁道桃李风光好，十年俯首甘作梯

自2011年“图书馆学实证研究：规范创新推广”会议的召开至今，在南开大学举办的图书馆学实证研究博士生学术会议已历经十载。该会议致力于向图书馆界展示和推广实证研究以及跨学科合作的经验与做法，引导图书馆学年轻学者掌握并使用实证研究方法，提升研究成果的可靠性与可信性，增强图书馆学论文的科学性与规范性。该会议从无到有，规模不断扩大，参会人员数量从最初的几十人到近几届的两百多人，参会人员范围也从国内逐步拓展到国际，在我国图书馆界的影响力逐步提升。会议采用“研讨+培训”的形式，通过“理论学习+案例讨论+上机实操”对问卷调查、深度访谈、实验等实证研究方法的规范程序进行深度推广，极大推动了实证研究方法在我国图书馆学研究领域的广泛、深入、规范应用。

图书馆学是一门实践性很强的学科，实证研究方法契合其学科特点，可为深入调研图书馆客观现实活动、发掘图书馆事业发展规律，进而指导图书馆事业的良性发展以及图书馆学的理论创新提供基础和动力。实证研究方法不仅可以夯实图书馆学的研究基础，还能够延伸图书馆学的研究理路，增强图书馆学研究话语的力度，进而提高图书馆学的学科地位。但是实证研究方法在我国图书馆学研究中曾一度缺席，面对我国图书馆学重思辨而轻实证的研究状况，2008 年，叶鹰、邱五芳、徐建华等学者大力呼吁、倡导我国图书馆学的实证研究。南开大学商学院信息资源管理系徐建华教授更是从 2011 年开始发起组织图书馆学实证研究博士生学术会议，从图书馆学研究生到教师，从图书馆从业者到图书馆学期刊编辑，展开了轰轰烈烈而又脚踏实地的实证研究方法普及与培训。近年来，实证研究已逐渐成为我国图书馆学研究方法的主流，日益规范、成熟，徐建华教授和他十年坚持、守正创新的图书馆学实证研究博士生学术会议功不可没，所发挥的作用无可替代。

十年来，徐建华教授团队不仅秉持“平等、多元、免费”的原则举办图书馆学实证研究博士生学术会议，向图书馆界推广其在图书馆学实证研究方面的成果和经验，更是将其积累的大量的调研数据用于会议中的实操练习，体现了学术研究的开放性和包容性，更体现了一名学者对图书馆学研究与发展的责任担当与厚望。除了图书馆学实证研究的推广，徐建华教授的团队积极利用规范的实证研究方法开展图书馆学研究并取得了丰硕的成果，他们以自身实践向图书馆界展示着实证研究在促动图书馆学理论研究与发展中的重要价值。《国家图书馆学刊》也同徐建华教授的实证研究团队有过成功的合作，组织刊登的“图书馆普通员工职业胜任力研究”等专题文章，就是利用规范的实证研究对当前环境下合格图书馆员的职业胜任力进行的探讨，是实证研究方法应用的典范。

会议是学术交流的重要平台，在图书馆学实证研究博士生学术会议上，国内外学者、教师、博硕士研究生、业界同人、期刊编辑齐聚一堂，分享成果、交流体会，共同为图书馆学的研究与发展献智献策、描绘图书馆学研究繁花似锦的未来图景。在第十届“图书馆学实证研究”博士生学术会议召开之际，《国家图书馆学刊》编辑部谨向会议的举办者、推动者致以崇高的敬意！让我们共同期待图书馆学“实证学派”研究下一个辉煌的十年！

《国家图书馆学刊》编辑部

源自内心的热爱——致敬徐建华教授

今年3月15日的北京，正遭遇十多年来最严重的沙尘暴，漫天黄沙，尘埃蔽日，让人透不过气来，心情糟糕到极点。沮丧颓废中接到徐建华教授的邀请，为他亲手创办且已连续举办九届的图书馆学实证研究博士生学术会议写点东西。百无聊赖、情绪低落中打开徐教授发来的邮件，竟有3个压缩文件包，内容超多，涵盖了2011至2019年历次会议的新闻报道、会议总结和研究综述。依次打开阅读，情绪逐渐提升，心绪变得明朗，像透进了缕阳光，封存在记忆中参加会议的场景也逐渐清晰起来。

始于2011年的图书馆学实证研究博士生学术会议，至今已成功举办了9次，虽然我只参加了1次，但《情报资料工作》编辑部的所有编辑都参加过会议，还参加了培训。回想起来感触最深的有以下几点：

初心与坚守。图书馆学实证研究博士生学术会议是徐建华教授一手创立的学术品牌，其初衷在于弥补我国图书馆学长期以思辨性研究方法为主的缺陷，以博士生作为切入点，在图书馆学领域开展规范化实证研究范式的培训、推广与传承，推动学科建设的全面发展。据不完全统计，自2011年起，连续9届，参会人员超过1500人次，为我国图书馆学培养了大批具有跨学科研究视野和实证研究能力的高水平人才。尤其令人敬佩的是，徐建华教授始终坚守公益会议的理念，免收任何会务费并免费提供食宿，其背后筹措经费的艰辛、组织会议事务的繁杂，辛苦备尝，冷暖自知，留给我们局外人的只有深深的感动与钦佩！

品牌与传承。徐建华教授及其团队秉持“平等、多元、跨界”的原则，始终坚持操作性、实用性、前沿性、规范性、国际化的特色。历次的博士生学术会议，内容丰富、实用，包括海内外专家的理论介绍、案例演示、规范辨析、上机操作、期刊编辑座谈、海外发文、问题诊断、交流研讨等。效果更是立竿见影，在会议结束时与会者能熟悉和掌握实证研究中规范的问卷调查、深度访谈、实验方法、数据分析及海内外发文技巧，获得了与会者的高度赞誉。经过多年的探索，参会人员涉及的领域早已不仅局限于传统的图书、情报和编辑、出版范畴，增加了诸如社会学、教育学、会计学、公共管理等领域，在社会科学研究领域搭建了一个实证研究的桥梁，

热爱与执着。图书馆学实证研究博士生学术会议，以会议内容前沿化、

会议主体年轻化、研究方法规范化、会议全程免费化的特点，不仅成为南开大学商学院“双一流”学科建设的重要组成部分，也成为图书馆学界的知名品牌会议，为我国图书馆学学科建设增添了一道靓丽的风景。十年的坚守，不断的创新，源自徐建华教授对图书馆学的热爱。这种发自内心的热爱，能激发出超越常人的力量，支撑着人不计得失，不畏艰难，奋力前行！

斗转星移，素履以往；踏梦前行，初心不忘。总有一种特殊的力量，在追求事业的道路上激荡。致敬徐建华教授！致敬徐建华教授的团队！致敬南开大学商学院！

言有尽，而情未终。愿徐建华教授以一己之力创办的“图书馆学实证研究”博士生学术会议，薪火相传，终成燎原！

《情报资料工作》编辑部

贺　信

欣闻徐建华教授组织的图书馆学实证研究博士生学术会议即将召开第十届会议，谨向会议的召开表示热烈祝贺！向一直以来致力于推进图书馆学实证研究、提升图书馆学发展的各界人士表示衷心感谢！

图书馆学实证研究博士生会议围绕着图书馆学规范性实证研究、跨学科合作、国际化而展开，凭借着“国际性、公益性、实践性、跨学科性、草根性”的成熟模式，以操作性、实用性、前沿性、规范性、国际化为特色，促进了图书馆学实证研究的规范化，更为青年学子、从业人员提供了一个实践对话、实操交流的绝佳平台。

自2011年创立以来，图书馆学实证研究博士生学术会议秉持“平等、多元、免费”的原则，在徐建华教授的带领下，免费向学界以及业界传播科学、规范的研究方法，吸引了国内外有志于图书馆学的专家学者、核心刊物编辑出版人员以及热心图书馆学发展的各界人士踊跃参加，享誉学界业界，为图书馆学学术繁荣、图书馆事业发展贡献良多。

十余年坚守，绽万里清香。“图书馆学实证研究”彰显了“南开实证学派”的本色，助推了图书馆学事业的发展，已成为广受好评的学术品牌。预祝第十届图书馆学实证研究博士生学术会议圆满成功！

《图书馆》编辑部

十载芳华耕耘路，桃李不言自成蹊

欣闻南开大学第十届图书馆学实证研究博士生学术会议即将召开，《图书馆建设》编辑部谨献上最诚挚的祝贺，并向十余年专注推广规范化实证研究的徐建华教授及其团队的治学态度与学术热忱致以崇高的敬意！

2011 年，为传播科学、规范的研究方法，徐建华教授及其团队秉持“平等、多元、免费”的原则，举办“图书馆学实证研究”博士生学术会议，开创了教授领衔、自筹经费、免费培训的先河，在图书馆学领域掀起了规范化实证研究的高潮，为学科建设的全面发展做出了重要贡献。迄今成功举办九届，树立了良好的口碑并成为学界知名品牌。受教者达数千人，早已桃李满圃。

我们期待，图书馆学实证研究博士生学术会议继往开来，充实研究范式，良化研究生态，推动图书馆学科发展；我们相信，它也将历久弥新，为更多从业者、研究者所知所识，促进图书馆事业高质量发展。

《图书馆建设》编辑部

贺　信

在图书馆学实证研究博士生学术会议成功创办十周年之际，《图书馆论坛》编辑部全体同人致以最热烈的祝贺，奉上最衷心的祝福！

十载砥砺前行，十载春华秋实。“图书馆学实证研究博士生学术会议”由南开大学信息资源管理系等承办、徐建华教授组织，持续聚焦图书馆学规范性实证研究、跨学科合作等主题，形成了操作性、实用性、前沿性、国际性等办会特色，推进了图书馆学研究的规范化，促进了图书馆学术人才的成长，为我国图书情报档案学科建设和事业发展做出了重要贡献。

“潮平两岸阔，风正一帆悬。”祝“图书馆学实证研究”博士生学术会议永续发展，再创辉煌！

《图书馆论坛》编辑部

贺　信

由南开大学商学院举办的图书馆学实证研究博士生学术会议，自 2011 年开办以来，已连续举办了九届。会议围绕国内外图书馆学研究前沿问题，系统研究交流图书馆学实证研究方法，对于推动我国图书馆学研究发挥了重要作用。会议广泛邀请各高校研究生同学参加，坚持公益性定位，对于提高研究生研究创新能力，提高人才培养质量起到了积极的作用。衷心希望“图书馆学实证研究”博士生学术会议再接再厉，坚持立德树人，培养科学精神，促进学术繁荣。欣闻第十届会议即将举办，预祝会议圆满顺利！

《图书情报知识》编辑部

深耕十年，华章续著

欣闻徐教授第十届图书馆学实证研究博士生学术会议即将召开，《图书馆学研究》全体同人向徐教授团队致以最诚挚的祝贺与最崇高的敬意！

自 2011 年以来，徐教授一直致力于推广规范化的实证研究，已成功举办九届图书馆学实证研究博士生学术会议，历届会议都有着徐教授团队精心准备的课程内容，还免费向学生提供食宿，这意味着大量经费与精力的消耗，可见徐教授推广之决心与毅力，令人深深地佩服！

一个学科的发展离不开方法论的支持，规范性研究方法的使用是推动学科发展的重要路径。徐教授的实证会议在很大程度上推动了图书馆学实证研究方法使用的规范性，从历史视角来看，徐教授与其实证会议将成为图书馆学史上浓墨重彩的一笔。我们期待受益于此会议的老师、图书馆员、学生们，能够更加合理、科学、规范地运用实证研究方法，以加快图书馆学方法论规范化的进程，进一步推动图书馆学科与实践领域的发展。

深耕十年，华章续著，预祝第十届“图书馆学实证研究博士生学术会议”取得圆满成功！

《图书馆学研究》编辑部

开放 包容 严谨 求实

自2011年至今，徐建华教授组织创办的“图书馆学实证研究”博士生学术会议已经十周年了。在此表示热烈的祝贺！

多年来，作为图书馆学实证研究专家的徐建华教授，始终站在图书馆学实证研究的前沿，在培养与指导年轻的图书馆学博士生掌握实证研究中规范、方法、数据分析等方面做出了不懈的努力与积极的贡献，为传播南开大学开放、包容、严谨、求实的良好学术形象和扩大国内外学术影响力，为推动图书馆学实证研究在中国的深耕发展与建设做出了无私的奉献！

祝第十届图书馆学实证研究博士生学术会议圆满成功！

《图书馆杂志》编辑部

十年耕耘 十年奉献 图书馆学实证研究教育与实践的推动者

2011年11月由南开大学商学院徐建华教授牵头，南开大学研究生院主办、南开大学商学院承办的第一届“图书馆学实证研究博士生学术会议”正式拉开帷幕，参与会议的博士研究生食宿全免，其他图书馆领域相关研究与实践人员及学术期刊编辑除交通住宿自理外，也是免费参会。会议的举办形式新颖，除了来自海内外的专家主题报告外，还有上机演练、编辑座谈，以及与会者介绍研究成果等，切切实实让参会人员了解学科前沿，掌握实证研究方法。第一届会议参加人员虽仅有几十人，但其产生的影响巨大，口碑极高。一鼓作气，秉承为中国图书馆学教育做贡献的坚定信念，徐教授连续举办了九届，即将在2021年暑假迎来第十届！

“操作性、实用性、前沿性、规范性、国际化”是前九届的特色，尤其是后面的几届，还加强了理论介绍、案例演示、规范辨析、上机操作、编辑座谈、海外发文、问题诊断、交流研讨等环节，强调图书馆学实证研究中问卷调查、深度访谈、实验方法、数据分析的规范性，同时阐释这些方法在社会学、教育学、公共管理领域的应用。这些特色，使得会议的影响力越来越大，参会人员越来越多。

十年耕耘，十年奉献，铸就图书馆学实证研究逐步走向规范！值此“第十届图书馆学实证研究博士生学术会议”举办之际，《图书情报工作》编辑部向会议主办单位南开大学商学院，以及会议负责人徐建华教授致以诚挚的祝贺！望所有学有所成的莘莘学子能够完成更好的实证研究，发表更多的实证研究成果，推动图书馆学发展！

《图书情报工作》编辑部

一十年培训坚守实证初心　千余名桃李惠泽图情学界

时光不语，岁月无言，从2011年的首届“图书馆学规范性实证研究博士生会议”到2021年的第10届“图书馆学实证研究博士生会议”，图书馆学实证研究培训班已经整整举办了十届，其背后支撑培训班顺利举办的徐建华教授团队，一份初心，十年坚守，免费培训惠及全国上千名学员，助推实证研究深入走进图书馆学界视野，于学员于图书馆学界而言都是一件幸事。

因工作原因，在这十届会议中，我有幸代表《图书与情报》参加了2013、2018年的两届会议，我深刻感受到：徐建华教授能坚持做十年、面向上千名学员的免费培训，既需要娴熟驾驭实证研究方法、助推图书馆学研究走向实证化的专业素养，更需要为事业躬身筹集资金、胸怀我国图书馆学和图书馆事业发展的职业情怀。

和所有的图书情报期刊一样，《图书与情报》也深刻感受到了十年来图书馆学实证研究的强劲发展：实证研究类文章越来越多且越来越规范化。徐建华教授用其珍贵的坚守与情怀，正在我国图书馆学研究史特别是图书馆学实证研究史上刻写着他的名字及贡献。

图书馆学实证研究培训班既有来自图书馆学的博士研究生和青年教师，也有来自图书馆实践工作者和专业期刊编辑，更有来自其他学科的授课教师和学员。培训人员多样化、培训方式开放化、培训范围广泛化，因此，实证研究培训班既是一个全国高校、科研机构图书馆学博士生的学习园地，也是一个图书馆学界、图书馆业界、图书馆学期刊界之间的学术交流平台。在图书馆学领域，能有如此一个互相学习交流的平台，是图书馆人之幸，亦是图书馆界之幸。

在第10届“图书馆学实证研究博士生会议”即将举办之际，谨以此文代表我个人和《图书与情报》编辑部致敬徐建华教授团队，也愿图书馆学实证研究培训班能举办的更好更久。

《图书与情报》编辑部

十年·历程篇

第一章　十年始末

徐建华

一

不知不觉中，“图书馆学实证研究博士生学术会议”已经连续举办了9届，今年将迎来第10届。恰好有机会出一个“纪念集”以示庆贺，借此由头，正可以好好总结一下。

其实，2011年开办第1届“图书馆学实证研究博士生学术会议”纯属是个偶然。那一年的10月底，学校突然对全校老师发了个通知，看看大家有没有项目符合学校985学科建设要求。正好我当时受上海图书馆王宗义兄的影响，将关注重点由网上一般馆员转到青年学生身上，便于培养年轻一代的责任心；同时又做了“图书馆员快乐指数”“图书馆员刻板印象”“图书馆员职业胜任力”等几个大样本量问卷调查，有一点心得。于是就向学校申请了1万元经费支持，在11月下旬召开了主要由京津两地高校图书馆学博硕士研究生和图书馆员参加的第1届实证研究方法论培训班。由于经费是从研究生院申请的，故而名之为“博士生学术会议”。即使以后经费的主体发生变化，为保持连续性和持续影响力考虑，这个名称就一直沿用至今。

一个能够连续举办9届，并且还能得到学术界普遍欢迎和赞誉的学术活动，其背后一定是有着较为深刻原因支持的。

远一点的原因是性格使然。早在40多年前刚上大学之时，我自视颇高，总认为凭着自己一辈子的用功与努力，是可以在本领域或其他相关领域留下一点东西的。可书读得越多、在图书馆领域浸淫的时间越长，就越狐疑：一个实践性那么强的学科，几十年的研究为什么基本留不下什么学术痕迹呢……

于是，阅读、思考与探索并行。所幸在自己学术生涯开始阶段的20世纪70年代末与80年代初期，是中国各类学术和思想最活跃的时期，学术的国门刚刚打开，国外各种学术思潮蜂拥而至，令人目不暇接。作为刚刚脱离知识沙漠、胸有大志而精力过人的年轻人，我身处其中，自然不能免俗。张开双臂，全身心而不加选择地欢迎并热拥着时代带来的知识与学术思想大潮。读书期间，图书馆规定每位同学只能借 4 册书，我因借还太快而被出纳台老师特批能借 12 册。那段时期，我快速吞咽式地阅读了超量的新旧文献；基本完整地旁听了历史系中国史和考古专业的所有课程与讲座；旁听了许多至今仍然不明白的其他学科课程以及各学科、各专业大量的讲座，旁听了学校几乎所有系的优秀老师的课，听得懂就坚持下去，听不懂就分析老师的特点与技巧；与文理多个学科不同年龄、不同身份的老师和同学建立了较为密切的以无拘束聊天为特征的学术联系，成为一些老师的入幕之宾、聊天密友，也得到了不少老师的学术关照，其中最使我铭感五内的是本专业倪波老师和中文系吴新雷先生。

大学期间的学术训练，使我逐步明确了自己的职业方向——以精神相对自由的状态在高校里从事教书和科研，努力在学术史上留下一点个人痕迹。

1984 年到南开，师从来新夏先生，攻读中国史学史专业的古典目录学方向研究生，再次受到历史学和文献学的系统训练。至今已 38 年，感慨良多。个人的自主读书生涯还算是顺利，主动和被动地读了可以说是海量图书，以至于 20 世纪末就曾宣称“南开在职的先生们中，读杂书和无用书者，无出我之右”，也算是中年狂妄之一瞥。

这种狂妄是有底气的。我的住房一直是大问题，夫妇俩都是外地人，无处借力。婚后约 2 年时间借住在天津大学李兆阳兄在市中心大理道的校外分房，犬子出生后方才搬回学校筒子楼。一间屋，太太睡眠轻，稍有灯光即无法入眠，只能是晚上 10 点左右全家关灯睡觉，凌晨 2—3 点起床，开小灯在屋角写字看书，7 点多她们母子起床后赶紧做早饭。也就是说，在大家还没起床的情况下，我已经工作了至少 4 个小时，20 年这 4 小时的积累就是我的底气之所在。这种状况一直到 21 世纪初分配到两室的房子后方才改变。我曾自嘲为我家有 20 年左右时间是南开最早开灯的，是南开的“八角楼灯光”。我也一直被兄弟们称为“南开农民教授”，后来被认为是对农民兄弟的不敬，改为“南开民工教授”。圈内朋友都知道我不熬夜，晚上基本不与我联系，这种状况直到近年才有所改变。

1987 年毕业留校，去业师来新夏先生创办的图书馆学系任教。角色的转变，学术方向亦随之转变，所幸大学期间的积累和研究生期间良好的学术训练使我很快完成了学术方向的转移，再加上读书期间立意颇高，自觉“见贤思齐”，很快形成了自己的讲课风格——自然、流畅、幽默、节奏快、旁征博引、信息量大，再加上科研成果较丰，一时风头强劲，1988 年被特批为讲师，在校内外学术圈打出了小小知名度，很快就能够与校内最高学术层面进行平等的学术对话。

1990 年初，坐困愁城的我万般无奈地向德高望重的任继愈先生求援，希望以“佛教目录学”题目申请国家社科基金青年项目，终获批准。任先生的义举可谓在学术上解我于倒悬。在我的学术生涯中，像这种顶级学者给予学术关照的不止一例。比如我最为困顿之时，萧克将军组织学术界编写“中华文化通志”丛书，全书分为 10 典 100 志，每志 1 册，待遇极好。季羡林先生知道我想获得《典籍志》的写作权，在已知内定给国家图书馆李致中先生的情况下，看了我的大纲后主动给主持“艺文典”的刘梦溪写信力荐，虽最终未成，但这种精神与气度仍一直感动、激励、教育和引领着我。主持“制度文化典”的刘泽华先生知道我争取《典籍志》未果后主动联系我，问我愿不愿意在他主持的“制度文化典”之下的《选举志》或《兵制志》中挑选一个，使我十分感动。恰逢此时国家社科基金项目已有初步消息，我因不愿意也不可能再开一个新的研究领域而谢绝。但依旧铭刻在心，平时执弟子礼甚恭，在校园里或小区里碰到，一定驻足问候，站定行注目礼送别。

我因缘际会，能够得到那么多顶级学者的垂青，获得关爱。大树也是从草根的环境与高度成长起来的，我由此而产生深深的草根意识，自誓今后不论到什么状态，都以草根面目出现，绝不忘记自己曾经的遭遇，也绝不将此移植于别人，尤其是年轻人身上。多年来，我是这样想的，也是这样做的，有多大能力做多大的事，改变不了大环境就改变周边小环境。小到对于自己的学生，尽可能提供助力而不求回报，大到像现在这样免费办班。

1997 年，我终于克服万难开始独立指导硕士生了，这就迫使我考虑学术问题时不能像以往那样只顾自己的兴趣，更需要照顾学生的出路与发展，学术研究的重点也就向图书馆领域转向。

由于学习得法，再加上自己努力和有人关照，几年图书馆学之外的学术之旅（抑或可称学术流浪）使我收获满满，学术声望和社会地位都有了很大提高，尤其是在编辑出版领域，成为先总署、后总局核心层专家，学术眼界也更为开阔。再加上 20 世纪末校内学科调整，按大类相对集中，本系并入了同位类的国际商学院（即今商学院），更促使我加快了自己的学科融合进程。

进入 21 世纪，我开始动笔写作酝酿已久的《现代图书馆管理》教材。我对本书的基本要求是不说管理领域的外行话，让管理学的朋友不讨厌这本书。

于是，我延请了本院擅长战略管理的李非教授和擅长运营管理的李季副教授全程参与，包括确定全书结构的理论依据、大纲拟定、案例选择、各章节的定稿等。每次讨论，二位教授均亲自参加，发表意见，指点讹误。最终全书以战略管理为全书基础，分为“理论、战略、运作、专项”4篇10章，以《现代图书馆管理》之名于2003年10月交由南开大学出版社出版。本书公开出版后，大约续印了不下5次，印数远远超过1万册，创了图书馆学类图书的新高。2005年被教育部纳为“普通高等教育‘十一五’国家级规划教材”。

《现代图书馆管理》教材的成功，证明了完整地将管理学导入图书馆学领域的道路是正确的。于是我一方面对此进行总结，一方面打算再接再厉，按照这个思路，以运营管理为基础，编制一本更加实用、可操作性强的《图书馆管理手册》。

2005年下半年，我在《人民日报》上看到浙江财经学院陈惠雄教授做的《浙江不同人群快乐指数与我省和谐社会模式发展研究》的报道，深受启发。11月借在杭州参加中国图书馆学会学术委员会成立大会之余拜访了陈惠雄教授，讨论了图书馆界的这种现象，觉得“快乐指数”似乎可以解释这个问题，于是，要了一份陈教授的问卷带回研究。回津之后，经过多次讨论，最终决定以“当代图书馆员快乐感受”为切入点，尝试使用规范化的问卷调查方法来探究这个表象背后的真实状况。

使用问卷调查方法，极易出现诸如问卷设计不规范、题目组织不科学、没有样本框、样本取样不规范、样本量不足、对于调查所得的数据缺乏科学的分析手段与分析工具、得出的结论难以服众等问题。出于对未来研究在科学与规范方面的期许以及自己在问卷设计和数据分析方面的严重不足等考量，于是约请了本校社会心理学系的杜林致博士和他的团队，本院人力资源系的老师，加上自己的硕博士研究生，共同组成一个跨学科的课题组来开展这项研究。

2006年6月份，我的国家社科基金项目“图书馆事业发展中的科学发展观研究”获得批准。有了国家社科基金支持，我们自忖可以做得更好，于是，修改了原先的研究设计：最好能够做全行业的数据；项目完成后在全行业范围内加强宣传和推广以问卷调查为切入点的规范性实证研究方法，力争能够扭转、改变图书馆学的研究生态；最终形成一个科学、规范、可靠的问卷，然后每10年重新做一遍，在图书馆学领域确立一个规范化的追踪研究范本，树立一个样板；努力将图书馆学从传统的自弹自唱的自恋之学拉进现代学术之林。

同年7—11月，我穿梭于天津、成都、西昌、昆明、武汉、西安、榆林、长沙、衡阳、杭州、宁波、北京、郑州、开封、哈尔滨、南京等地，以偶遇随机抽样方式发放问卷1400余份。为了保证质量，基本采取不假手于人，直接发放，当场填写，当场收回的方式。共回收有效问卷1234份，回收率高达88.1%，基本覆盖了全国各区域和所有图书馆类型，具备了全行业的代表性。

对于调查回收的数据，利用SPSS13.0统计软件，采用主成分提取因子法和标准化斜交旋转法进行探索性因素分析，对问卷的信度和效度进行了检验，结果表明问卷具有良好的一致性、可靠性和真实性。再以这些可靠的数据为对象开展研究，得出一系列具有说服力的实证调查结论。

规范性实证研究虽然在研究设计与实施阶段要求比较严格，研究者免不了一番费神劳力，收获却是极为丰厚的。课题组在2007—2009年的3年里，以专题或方阵的形式，陆续公开发表了5组论文，每组3~6篇，加上在《中国图书馆学报》等期刊上单独发表的论文，总共不下35篇。当然，取得这个成绩功劳不全在我们，最要感谢的是《图书情报工作》的周金龙老师、《图书情报知识》的周黎明老师、《图书与情报》的王景发老师。尤其是周金龙老师，给我规定说，不管你一组几篇文章，在《图书情报工作》杂志上，一期只能有一个第一作者署名，一个第二作者署名。其他期刊虽没有这么明确说过，但我均自觉按照这个标准在其他期刊发文。十几年过去了，真是收益良多，最起码我的研究团队不仅没有像国内大部分学术团队那样一旦成功，马上就因利益分配不均而分崩离析。我的团队运作近20年来，不仅没有分裂，反而不断壮大。

“快乐指数”研究的成功，大大刺激了我长期存在而不知道如何实现的学术野心。多年来的学术训练和学术经历告诉我，将规范性实证研究方法引入图书馆学领域，改变图书馆学的研究生态，帮助图书馆学领域补上方法论的一课，使之能够在现代科学的平台上与其他学科平等对话，进而跨入现代学术之林，获得其他学科对图书馆学学科的学术尊重，是切实可行的。要做到这点，就需要有人能够不计得失，不遗余力地付出。思虑再三，我决定去除一切羁绊，自我隔离，远离学术中心，摆脱喧嚣，全身心投入，舍弃一切也在所不惜。

社会科学通常被认为科学性不如自然科学的一个重要原因是自然科学的成果在相同或相近的条件下可以在其他实验室再现，这就是“验证”。要提高图书馆学领域实证研究，尤其是问卷调查的科学性和可靠性，大概绕不开验证。验证的一个具体做法就是推出规范化问卷，然后在不同地区、不同群体之间使用，倘若两次或两次以上的研究结论基本一致，说明这些研究都没有什么问题；如果不一致，则要看是否能够合理解释，是否是由区域性差异或群体的人口学特征造成的？如不能合理解释，则两次研究必然有一次有问题。于是，我与杭州市萧山图书馆合作，在 2010 年夏天用这张问卷对萧山区内 540 多个分馆的 600 多名基层馆员进行测量。从最终结果来看，与 2006 年所做的全国性的研究结果吻合度很高。这个结果不仅证明了本次研究的科学与可信；也证明了图书馆学规范性实证研究的可靠；更表明这个问卷是一个可扩展、可重复使用的标准化问卷；同时还证明了有编制的图书馆员与没有编制的基层馆员具有非常强的一致性，这是我们此次研究的一个新结论。

要想在学术圈子里推广一种研究方法，除了做验证，还得将这种研究方法的优势砸实，大样本量就是砸实的方法之一。于是，在做完“快乐指数”研究之后，我又做了几个问卷量在 5000 份左右的诸如“图书馆员刻板印象”“图书馆员职业胜任力”的全行业问卷调查研究，平均每个专题都能发文 20 多篇。从 2007 年至今，我已陆续发表各种专题文章 30 余组，在图书馆学界也算是独树一帜。

多年的教师生涯赋予了我有了好东西一定不敢自匿，要与人分享的习性：既然实证研究对开展图书馆学研究在方法上有这么大的益处，为什么不在图书馆学领域广泛推广呢？！从 2007 年起，我就在任何场合不遗余力地宣传“规范性实证研究”的做法及其好处。

这不能不引起图书馆界和图书馆学界的议论甚至怀疑。我的一个外校考来的博士生就曾说过在当年的课堂上，讲课教授非常不解地对他们说：南开有个徐教授，花了好几万块钱，做了 1000 多份问卷，终于做出了一个国家社科基金项目的结论——图书馆内女馆员比男馆员多。对此我早有心理准备，也很坦然，或者说心理状态极佳。年轻时推崇的“虽千万人，吾往矣”气概是一方面；另一方面，则是对自己和所奉行的“规范性实证研究”有底气。老子在《道德经》中所言，“上士闻道，勤而行之；中士闻道，若存若亡；下士闻道，大笑之。不笑不足以为道”大概就是说的这种状况吧。

当时的情况几乎是在图书馆学界，不发言，只看笑话的就可以认为是我的朋友了，为我发声者我自然更是铭记在心。印象最深的是 2013 年 4 月在深圳大学城图书馆召开的纪念《大学图书馆学报》创刊 30 周年座谈会暨四届二次编委会上，有编委没完没了地在会场上公开质问我：为什么要推实证研究，实证研究能代表一切图书馆学研究方法吗，搞实证研究就一定高明吗？我当然是不置一词，睥睨以对。反倒是好脾气的南京大学叶鹰兄不厌其烦、条分缕析、一遍又一遍地从学理上反复说明各种方法之间的差异、适用范围及其高下，说得比我理解的要清晰得多，真是受益良多。这个场景，每一思之，俱忍俊不禁。

面对这种境况，时任《图书馆杂志》常务副主编的王宗义兄非常明确地告诉我，犯不着与他们沟通，你怎么说都是对牛弹琴。对于方法论真正有兴趣、有需求的是青年学生，你不如将推广重点放在青年学生身上。

一语惊醒梦中人，宗义兄的言论真是振聋发聩。我开始从网络中慢慢撤出，潜水员不当了，熟悉的网站如"书社会"等也坚决不上了。将精力放在现实社会的青年学生之中，像鲁迅先生一样：救救孩子。

二

天道酬勤，2011 年 10 月底，南开大学的政策终于让我有了这个机会，于是我于 11 月初在"南开大学研究生教育创新计划"后期项目背景下，以"图书馆学实证研究·规范·创新·推广"为题申请了"博士生学术会议"（理由如前文），包括配套经费 1 万元，同月 16 日获得批准，但要求月底之前连报销都要处理完毕。

时间紧，任务急。这种活动理论上只能安排在周末，而 16 日以后的周末只有 19—20 日、26—27 日两个周末，19—20 日是南京大学由信息管理系升格为信息管理学院的庆典日，26—27 日北京大学信息管理系举办全国性"图书馆学博士论坛"。考虑到因时间关系不一定能请到南京大学同行，就将时间确定为 19—20 两日，18 日外地参会者报到，21 日离会。

日期确定后，接着就是确定会议内容和会议方式。经过认真讨论，大家一致认为：认真对待，努力办出特色、办出成效、办出影响，最终形成品牌。因此，议题不宜过宽，最好能够集中在一点，讲深讲透。除了一般性介绍实证研究特点之外，重点介绍问卷调查方法，突出实践性。用我未公开的"图书馆员刻板印象"大规模问卷调查所得数据，指导全体与会者在机器上全程操作一遍，以使大家能够确有所得，切实掌握问卷调查方法，实际感受实证研究之美，进而在今后的研究中能够自觉使用。师资要体现跨学科特点，展示多学科合作优势和南开特色，不拘泥于身份。最后决定我和我的在读硕士研究生俞碧飏，南开大学心理学副教授陈浩分别作主题报告，在读社会心理学博士研究生徐晟带领上机数据操作，再加上业内核心期刊编辑座谈，两天时间十分紧凑。

考虑到时间较紧，与会者主要为天津及周边城市高校图书馆学博硕士研究生、高校图书馆从业人员和本领域核心期刊编辑。不收取任何费用，外地与会者路费自理，食宿由会议承担，费用不足部分由我负责筹措。通知发放采取超常规方式，包括电话、电子邮件、QQ、微博、网上社群发公告等，包括直接与兄弟学校的研究生导师和本人联系，又重点联系了相关杂志主编及以往对此有兴趣的同人，逐一落实。校内的准备，如布标、桌牌、胸卡、课件的 PPT 制作、会场布置、机房的软件安装、住宿等，都在安全、卫生、有效的前提下有序进行。

参加本次会议的有北京大学信息管理系的 5 名在读博士生，河北大学管理学院 2 名在读硕士生，天津工业大学图书馆学 1 名教师及 9 名在读硕士生，天津财经大学图书馆馆长、副馆长及 11 名馆员，天津商业大学图书馆 1 名馆员，业内核心期刊《中国图书馆学报》《图书情报工作》《国家图书馆学刊》《图书馆工作与研究》各有 1~2 名编辑参加。加上本系在读的图书馆学、情报学、档案学的博硕士研究生和进修教师，一共 64 人。

会议第一天在学校商学院大楼 A1003 召开，上午简单开幕式后，陈浩老师作了“问卷调查的基本程序”的主旨报告，下午我和俞碧飏分别作了“我的实证研究心路”和“实证研究设计——以‘图书馆员刻板印象’为例”的主旨报告，接着是与期刊编辑座谈，4 位编辑分别介绍了各自刊物的特点、栏目、投稿程序、用稿要求，并逐一回答了同学们在科研和发文过程中关心的问题。第二天由徐晟博士带领，在学院机房进行了一整天的数据分析操作，内容包括数据录入与审查，因素分析和信效度检验、描述性统计、均值比较、回归分析等。

本次会议由于内容新颖、形式独特，在国内图书馆学界可谓是第一次，从而获评甚佳，影响很大。会议期间一直有与会博士生进行微博现场直播，结束后又有 4 名与会者分别在科学网、新浪网、书社会上发表博客，介绍会议情况，总结会议收获，引起跟帖一片，好评如潮。归纳一下，主要有以下几个方面：第一，对南开大学能在这么短时间内举办这么有特点的博士生学术会表示祝贺；第二，对会议提供的规范性实证研究方法中大样本量问卷调查数据进行全过程操作和与名刊编辑面对面座谈表示羡慕；第三，未能参加者，包括相当数量兄弟院校青年教师对会议所展示的跨学科合作研究优势与规范性研究方法在图书馆的应用和前景表示极大的学习兴趣；第四，强烈要求南开大学将这个会议持续办下去，提早通知，扩大优惠范围。

第一次办这个方法论班是个偶然，但偶然中一定蕴含着必然。连续举办10年的博士生学术会议能够被大家看重的几个特点如草根性，不刻意延请名家；免费；内容的专指性；前沿性，学科融合；操作性，一天上机；示范性，大样本量数据与发文；规范性；编辑座谈……基本在第一次中都有所体现。

三

原本以为，一次办完后就结束了。可2012年5月中旬，学校研究生院"为了进一步培养南开大学研究生创新能力，提高南开大学研究生培养质量，调动各研究生培养单位和人员参与研究生教育改革与创新活动的积极性"，推出"研究生教育创新计划"，以项目形式开展。项目分为博士生学术会议、博士生学术论坛、研究生暑期学校、其他研究生创新计划4类。

我因前一年的成功，被院里问到今年参不参加，这很使我动心。经过与我的团队成员认真、仔细地商量，觉得不应该放弃这个大好机会。去年是偶然，可以不做深一点的思考，今年如果参加，就很有可能不是一年两年的事。一个较为长期的事，就需要从整体上认真擘画。

首先是明确目标。自2005年尝试实证研究开始，就一直想将此做大，尤其是看到本系的老师大多都在实证研究的范围内尝试不同的研究方法，觉得适时打出"中国图书馆学实证研究的南开学派"，或"中国图书馆学研究的芝加哥学派"的大旗，既十分重要，也恰逢其时。在这个问题上，我与本系于良芝教授共识较多，但也有分歧。共识是美国自19世纪末至20世纪初钢铁大王卡内基对公共图书馆的捐赠，唤醒了全美国社会对公共图书馆的重视，各州纷纷立法支持建设公共图书馆，之后用了30多年时间，形成了著名的芝加哥学派，构建了美国现代图书馆学的体系结构，影响了整个图书馆世界。中国自改革开放以来，政府对图书馆事业的重视和投入持续加大，到当时也有30多年，中国的图书馆事业发生了天翻地覆的变化，是应该有人出来总结和提升中国经验，运用规范性实证研究方法，获取科学、真实、可靠的数据开展研究，进而构建出中国特色的图书馆学体系结构，在客观上形成中国的图书馆学。分歧在于：于教授认为，我们现在要形成中国芝加哥学派的路径应该和美国一样，先注重在本校培养博士生，毕业后开枝散叶到其他学校。

我认为中国当今已有10余所高校开展图书馆学博士教育，南开的体量偏小，毕业生很难进入其他学校任教，因此，应该是先在南开做好，高高竖起图书馆学实证研究的南开学派（或中国实证研究的芝加哥学派）大旗，然后以某种经常性的方式培训其他学校学生，同时对有兴趣的图书馆员（主要是图书馆领导）开展培训，使他们能够了解直至规范使用实证研究方法，能够配合或自己独立从事图书馆学研究，产学研一起共同构建中国图书馆学的理论、框架、体系、结构。这次的机会一定要好好把握，努力做好。最好能够克服一切困难，先做10年，在这个问题上凿实南开痕迹，然后再以某种方式在全国推广。

其次是做好设计。要想连续举办10年，并且实现那么高的目标，没有一个超前设计是不可能的。我们预设了几条底线，即草根、免费、平等、前沿、实用、跨学科、国际化，所有的设计都是围绕着这几条底线开展的。草根代表着态度；免费是前提；平等是尊重每一位接受培训者；前沿是课程特点；实用是基础，让每一位参加者都能够有所收获；跨学科是学术思维的要点；国际化是视野。总而言之，就是要在圈子里做到：每到暑假，要到南开去接受方法论的洗礼，能够成为业内青年学生的一种共识，一种时尚和自觉。

底线明确之后，我们向学校研究生院申请项目第一类博士生学术会议，很快获批经费2万元，不足部分由我通过社会募捐解决，如果募款不足，则由我的横向课题补足。于是，我的团队各司其职，有条不紊地开展准备工作。

第一步是确定会议的名称。本次以“图书馆学实证研究·规范·拓展·超越”为题，是去年举办的“图书馆学实证研究·规范·创新·推广”博士生学术会议的接续与延伸，目的是在商学院信息资源管理系“图书馆学”二级学科快速发展的基础上注入南开元素，通过连续不断的学术活动，在学术界高擎起“中国图书馆学实证研究的南开学派”大旗，展示跨学科合作优势，在国内图书馆学学术界和教育界（尤其是代表图书馆学研究未来的博、硕士群体）强力推广规范性实证研究方法，巩固去年会议成果，树立南开品牌，形成持续影响，力争引领和改造国内图书馆学研究生态30年。

第二步是确定举办的时间、地点。因为学校规定经费要当年花完，且培训内容需要好几天，因此，只能在暑假开办。为扩大影响计，一定要有尽可能多的学校学生参加，再考虑到尽可能不要让学生专门花路费，最好是刚放假或快开学，于是，我们调查了圈内著名高校如北大、武大、南京大学等的放假时间，最后决定在各校开学的前一周8月下旬召开，地点就在南开大学商学院大楼里。

第三步是确定参加的人员。参会人员确定在100人以内，大致为5类：对规范性实证研究有兴趣，代表图书馆学未来的在校（或即将入学）的图书馆学博、硕士研究生；主导图书馆学走向的兄弟院校青年教师；左右与引领图书馆学研究走向的业内核心期刊编辑；有志改变图书馆学研究现状的图书馆从业者；为会议提供赞助的图书馆资源、设备或系统供应商。不收任何费用，学生食宿由会议免费安排，其余人住宿费用自己承担，路费自理。由于相对于前一年准备时间较为充裕，会议采用了电话、电子邮件、QQ、微博、网上社群发公告、学术期刊登广告、业内网站发通告、学术会议当面邀请等多种方式，包括直接联系兄弟院校的博硕士导师和学生本人、相关杂志主编以及对研究方法有兴趣的同人，逐一落实。

第四步是明确课程与老师。课程内容在保持去年贴近现实、全程大数据上机操作的基础上，增加了几个大的内容：深度访谈，对近年来图书馆学期刊公开发表的实证研究论文进行评点，大陆学者海外投稿存在问题分析，本系教授研究前沿介绍，学员问题的集中答疑，与会者自我介绍。师资主要由我的研究团队承担，包括图书馆学与心理学两个大类，再增加了英国Emerald出版社代表和参会代表中实证研究做得较规范的重庆少儿图书馆馆员刘方方，不拘一格，只求效果。由于课程内容增加，会议时间延长1天。

第五步是明确管理方式。我在南开38年，给很多系上过课，也开过非常受欢迎的全校公共选修课，对南开学生的评价是基本素质不错，但入校以后由于没有获得良好的学术训练，致使眼界狭窄，尤其是好学生功利性明显。我入职后一直注意在力所能及的范围内努力扭转这种状况，取得了很好的效果。做法之一是大二上课开始与他们接触时，注意考察，而后选取一两个有兴趣的同学加入我的团队，通过做事来提升他们（我称之为：从娃娃抓起）的整体水平。我决定本次会议由一位学生全盘统筹，其他人全力配合，既明确分工，又有责任要求。这一次就由我刚刚从四川大学保研来还没有正式入学的王翩然同学担任统筹者。几天之内，妥善安排百余人的吃住学游，是非常锻炼人的，因为除了处理常规事务之外，还要经常面对突发事件。

第六步是食宿和业余活动的安排。在会议安排中，食宿安排是非常重要的，尤其是食宿安全，在这点上，我们从一开始就十分重视。早餐通常是在住宿酒店；午餐请配餐公司送来，虽是盒饭，但尽可能现打，这样饭就没有异味；晚上桌餐，每天更换菜谱。住宿博士都是标间，硕士和极少数本科生在床位不够的情况下极偶尔地会安排在大床间。天津是著名的曲艺之乡，晚上没课时尽可能安排一次小剧场相声，一般安排在课程内容最为枯燥的上机之后的晚上。

第七步是经费筹措。100 人 5 天，学校给的 2 万元是肯定不够的，于是我利用个人关系，四处募集。由于当时这个活动尚未打出知名度，募集工作极为困难，所幸终于克服万难，不辱使命，英国 Emerald 出版社赞助 1 万元，东软集团赞助 6000 元，天津大学出版社赞助 3000 元，终于将这个班办起来了。但也因为将全部注意力集中在这里而忽略了另一个重要工作——我的导师《来新夏文集》的编订，所托非人，致使原本应当年交稿而未能交稿，至今尚未出版，十分遗憾。

由于考虑周全，组织用力，措施得当，尤其是思维的创新和细节的完善，使得这次博士生学术会议办得十分成功。8 月 23—27 日，历时 4 天，注册 89 人，实际到会超过百人。其中包括北京大学、武汉大学、吉林大学、南京大学等 7 所高校的博士生，南京大学、西南交大、四川大学、山东大学等 12 所高校的硕士生，包括西北大学公共管理学院副院长杨九龙兄在内的 8 所高校青年教师，北京大学、北京师范大学、中国农科院、天津财经大学、国家图书馆、山东省图书馆等 11 个图书馆的领导与员工，《中国图书馆学报》《大学图书馆学报》《图书馆杂志》《图书馆论坛》等 7 家业内核心学术期刊的主编与编辑。

此次会议除了延续上次的前沿与实用之外，还 3 次安排了广受欢迎的与会者与核心期刊编辑座谈活动，7 位编辑分别介绍了各自期刊的特点、栏目、投稿程序、用稿要求等，逐一回答了同学们在科研和发文过程中关心的问题。最后一天还由赞助方英国 Emerald 出版社介绍了大陆学者海外投稿容易存在问题的分析，使与会者大开眼界。闭幕式前，又彻底草根化，耗费近 2 小时，让全体与会者逐次上台，分别介绍个人的研究方向和兴趣，语言或风趣或严谨，内容或前沿或基础，大家均对这种普遍均等的表达方式表示了极大的参与热情，印象深刻。据会后不完全统计，共有 33 位与会者自发地在不同学术空间发表了参会感想，科学网、新浪网、多个图书馆与图书馆学期刊主页、书社会上均有人发表信息和博客，介绍会议情况，归纳会议收获。核心期刊《大学图书馆学报》《图书馆论坛》还分别发表了不同与会者写作的会议综述。会议结束的一个月内，国内图书馆学交流论坛“书社会”均被本次博士生学术会议的主题博文所占据。

总结一下，所有会后信息主要集中在以下几个方面。

1. 对南开大学能够连续举办这么有特点的博士生学术会议表示祝贺，对“中国图书馆学实证研究的南开学派”表示认同。

2. 对大量招收青年学生参会、让青年学者唱主角这一史无前例的面向年轻人的会议定位表示肯定。

3. 对同一平台多群体交流的羡慕，与会人员涵盖了图书馆学博硕士研究生、图书馆学系教师、图书馆员、图书馆学期刊编辑、图书馆服务商 5 大群体。会议期间多次提供诸如期刊编辑座谈、海外发文分析、研究现状点评、本系教授研究成果汇报、互动交流、全员自我简介等平台，使所有与会者都能够自觉参与到对实证研究方法、个体学术活动的思考和交流中来，知识、信息、经验、技能，在彼此间流动起来。

4. 跨学科合作所能产生的丰硕成果使得所有与会者对多学科融合研究产生了极大兴趣。

5. 对徐建华教授及其团队的赞扬，通过反馈的会议感想来看，与会者均认为徐建华教授能将未公开的大样本量数据无私地拿出来供大家上机操作，是非常难能可贵的，而会议期间亲切待人、亲力亲为的形象也深深印在了每个与会者脑海中。

6. 因故未能参会者，包括相当数量的兄弟院校青年教师，对会议所展示跨学科合作研究优势与规范性实证研究方法在图书馆界的应用和前景表示了极大的学习兴趣，希望明年能够参加。

7. 强烈要求南开大学能够将这个会议以免费的方式坚持办下去，最终形成南开大学和图书馆学界的一大品牌。

四

第 2 届开完之后，连续举办“图书馆学实证研究”博士生学术会议就成了我们团队每年最重要的工作。每次会议结束，会议总结还没出来，就开始为第二年谋划。虽然每年的主题基本一致，但要求每一年都能够办出新特色，除了课程内容需要更新之外，在教师选择、新内容增加方面，都有要求。即使是连续两年，或者多次参加者，每一次参加也都有新收获。10 年后的回首，值得回忆的温馨内容还是很多的，每一思之，不禁莞尔。

首先是会议统筹者，引入竞争机制，每年更换一位，每年都提出新要求，从刚开始的胸卡、海报、背景图案设计，到后来的证书、版衫的制作，大家各出奇招，使得每一届都能给与会者留下深刻印象，认为暑假来南开，不虚此行。从下表可以看出，统筹者除了第 1 届的本人和第 8 届的博士生，其余都是年轻学生，从大三到硕士（如果不是疫情，第 10 届的杨丽娟也是大四学生），其中第 6 届的吴子璇和第 9 届的伍巧同学都是 20 周岁，这在其他地方是不可思议的，可她们都处理得很好，包括整体统筹、课程设置、教师聘请、课件上传、考察宾馆、安排住宿、拟定食谱、发布通知、挑选参会者、组织接待、教室音响、迎来送往……等等常规工作之外，还要处理一些突发事件。当然，后来的所有学员都应该感谢第 3 届统筹者陈嘉茜同学，如果没有她的大意和独断，参会人员是不可能超过 200 人的。自她开始，以后任何一届参会者都不少于 200 人，加大了所有操办者的压力，尤其是我的筹款难度。但每次辛劳，都使她们收获满满，最起码自信程度有了很大提升，能够平心静气、游刃有余地面对所有问题和困境。自信是人一辈子的财富。

届数	会议名称	举办时间	与会人数	统筹者
第 1 届	“图书馆学实证研究·规范·创新·推广”博士生学术会议	2011.11.18—20	68 人	徐建华
第 2 届	“图书馆学实证研究·规范·拓展·超越”博士生学术会议	2012.8.23—27	注册 89 人，实际超过百人	王翩然 大四
第 3 届	“图书馆学实证研究·规范·突破·延伸”博士生学术会议	2013.7.3—7	注册 162 人，实际超过 200 人	陈嘉茜 大四
第 4 届	“图书馆学实证研究·2014”博士生学术会议	2014.7.11—16	注册 192 人，实际远超 200 人	付敏君 硕一
第 5 届	第五届“图书馆学实证研究”博士生学术会议	2015.7.8—12	注册 230 人	王茜 大四
第 6 届	第六届“图书馆学实证研究”博士生学术会议	2016.7.21—25	注册超过 250 人	吴子璇 大三
第 7 届	第七届“图书馆学实证研究”博士生学术会议	2017.7.14—19	超过 250 人	路锦怡 大三
第 8 届	第八届“图书馆学实证研究”博士生学术会议	2018.7.23—26	超过 200 人	吴颖颖 博一
第 9 届	第九届“图书馆学实证研究”博士生学术会议	2019.7.13—18	注册 200 人，实际远超 200 人	伍巧 大四
第 10 届	第十届“图书馆学实证研究”博士生学术会议	2022		杨丽娟 硕二

由于我们的会议能够在学校获得的经费支持有限，尤其是参会人员增多和课程内容增加使得日期加长而致使办班费用倍增，使得我们只能以公益的名义，象征性地拿出一点点讲课费（有的还没有讲课费），这点讲课费是远不能反映我们所请老师们的学术地位的，但他们欣然接受（有的还坚决不收），这是我们的幸运，也是图书馆学年轻人的福缘，或者说冥冥之中预示着图书馆学在方法领域能够迅速改善。我们聘请的教师通常以我们团队成员为主，因为参与了研究，自然就能讲得生动，这其中包括本校周恩来政府管理学院心理学系的陈浩副教授、董洁博士（今西南交通大学心理研究与咨询中心副教授）、徐晟博士（今天津师范大学心理与行为研究院副教授），社会学系郭大水教授、冯琳博士等。除此之外，我们还不止一次地聘请过国内名家，其中有尊敬的中国社会科学院学部委员、国家社科基金图书情报领域召集人黄长著教授，中国科学院大学图书情报与档案管理系主任、博士生导师初景利教授，天津师范大学心理与行为研究院博士生导师马惠霞教授、杨海波教授（今天津师范大学研究生院副院长）等；港澳台地区的台湾政治大学杨美华教授。海外名家有美国克利夫兰州立大学社会学系终身教授、社会学系研究生部主任孙荣军教授，雪城大学信息学院秦健教授，南康涅狄格州立大学信息与图书馆学系刘燕权教授，北卡罗来纳大学教堂山分校信息与图书馆学学院教授 Brian Sturm（今副院长），佛罗里达州立大学俞碧飏博士等。由于这是年轻人的会议，为了鼓励大家，树立典范，对于一些学有所长、理论联系实际的年轻朋友我们也不次拔擢，照样请到我们的讲台上。我一直有个观点：学术是天下之公器。所谓公器，就是在学术面前人人平等。如何做到人人平等，只能在规范、科学的研究方法方面，谁掌握了方法，谁就是老师，这其中没有年资等的障碍。年轻人要想在学术方面尽快出头，只有一条路：尽快掌握规范、科学的研究方法，在尽可能短的时间内做出一些不可超越的工作，为大家所熟知。据不完全统计，在我们会议做主旨报告时年纪不到 30 岁的年轻朋友大致就有重庆市少儿图书馆的刘方方（今重庆三峡医药高等专科学校图书馆副馆长，时年 30）、河北工业大学图书馆李媛（时年 29）、董洁（时年 30）、徐晟（时年 29）、冯琳（时年 28），我的学生俞碧飏（硕一，时年 22）、王翩然（硕二，时年 24）、王茜（硕一，时年 24）、路锦怡（大三，时年 21）等，英雄少年，令人羡慕，也同时给与会的青年朋友们做出了良好的示范。

课程特点随着第 2 届开始精心设计，每次都要保持前一次的优势而有所突破。整体思路是在前一次成功的基础上进行补充和增加，如第 1 届因时间仓促，以介绍我们的研究和上机操作为主。第 2 届增加了深度访谈，近年图书馆学期刊公开发表的实证研究论文评点，大陆学者海外投稿问题分析，本系教授研究前沿，学员问题集中答疑，自我介绍等。第 3 届增加了实验（眼动实验和内隐刻板印象实验），以扩大与会者的眼界。从第 4 届开始，利用华裔海外学者回国探亲之机，将其请到我们的讲坛上，介绍海外研究现状，这也成了我们会议的常态和特色。第 7 届还专程邀请了我的合作伙伴北卡教堂山分校的 Brian Sturm 参会，其间搞了一场由美国教授、中国留美博士生和中美合作培养博士生分别从个人不同角度介绍如何去美国留学及其不同留学类型优劣的讲座，极为成功。多说一句，最近中山大学图书馆林明兄有个振聋发聩的高论“国内图书馆学教授已经抛弃了图书馆”，其实自 2014 年以来，我一直就在不同场合持续宣扬：美国学术界的今天从某种意义上应该是我们的明天或后天，美国的图书情报学科自实行 ischool 以来，好的学校已经不再研究图书馆学了，研究图书馆学的重任有相当部分由美国的图书馆工作者承担；国内这几年这个风潮已起，图书馆人要意识到这个变化并自觉地站出来承担这个重任，我的会议每年有那么多名额留给图书馆人，目的就是如此。只不过我人微言轻，传播不广，远不如林明兄登高一吼，天下皆知。

参会者阵营在不断扩大。尤其是第 3 届统筹者陈嘉茜同学放宽条件之后，参会者人数就一直居高不下。以第 1 类人学生为例，每年保证人数在 100 人左右，从第 3 届开始就不再限于图书馆学专业，开始扩大到编辑出版专业，进而延伸到社会学、心理学、政治学、会计学、公共管理、军事学等学科，学历也从博硕士扩大到少许本科，范围从国内扩大到外国留学生。我们的服务也更加尽心，第 4 届、第 5 届由于安排的宾馆不提供早餐，为了不增加参会者负担，我们给每位参会的学生按每天 5 元钱的标准准备了 25 元现金，报到时发放，使大家感动不已。到了第 6 届，居然出现了研究生导师带着硕士生参会，第 7 届博士导师带着自己博硕士参会的记录，使我们压力山大，因为如果导师和学生的感觉不一致，是一定会影响导师威信的，所幸这一切都没有发生，师生感觉都很好。更为震撼的是，参会者中还隐有图林之中的名门二代，大约是替父辈来“卧底”的，会议结束后，家长来短信感谢关照，一方面使我吃惊，另一方面也是懊悔：要是早知道，扣下来当“人质”多好。简单统计一下，来过本会议的学生超过 40 所高校，图书馆员遍布国内各省市，包括新疆和西藏。图书馆学期刊在第 4 届时来了 11 家刊物的编辑，用他们自己的话说，他们的年会都不一定这么齐过，这应该是对我们这个草根会议的最大肯定和褒奖。

从第 2 届开始，学校研究生院提供的费用即已无法满足会议的需求，再加上后来办会主体从研究生院转到商学院，经费申请困难更多，这就决定了经费来源主体只能是社会募款。由于我不想让资助商干扰我的决策，于是做出了赞助商每年资助不超过 1 万元的规定，很可能这个“不黑心”的规定救了我，使我即使募款再不顺，但也没有走入死胡同，因为 1 万元对图书馆的不同供应商来说，不是太多。另由于这个会议的性质是图书馆学，因此，只能是围绕与图书馆相关的产业开展，可内子又是天津市某高校图书馆馆长，募款对象还不能重点在天津市。凡事说起来都不太复杂，真正落实到实际处往往就非常难办，虽说从 21 世纪初国家开始重视公共图书馆，实施了历史上最大且最有成效的文化惠民工程——全国文化信息资源共享工程；高校也实行了本科教学教育评估，其中有关图书馆的条目较细，使得整个图书馆事业基本上一年一个变化，一年上一个台阶。围绕图书馆建设，形成了一个相对庞大的产业链，包括馆配商、数字资源供应商、设备商、系统商、服务商等等，我再将眼界扩大到我所熟悉的出版社和相关基金会。可是，教授拉赞助真是太难了，因为我们实在不能给赞助商带来任何实际的利益，赞助不给资助是正常的，不正常的是开始答应了，到时却以各种方式不给。所幸在我的坚持与理念下，每年都是“年年难过年年过”。这种情况一直到 2017 年公共图书馆评估后方有所改善，第 8 届、第 9 届募款工作就相对容易一些，我谓之进入了“良性循环”。即使如此，我还是要感谢多次给我提供帮助的天津大学出版社、英国 Emerald 出版社、东软集团、北京人天书店、湖北三新公司、广州图创公司、北京超星公司、杭州图书馆事业基金会、上海上业公司、天津微图公司等，没有你们的支持，就没有我们的 10 次会议，或者说，中国图书馆学的研究生态，就不可能达到今天的水平。

五

10 年回首，感慨不已。古人是 10 年一剑，霜刃未试；我也是 10 年一剑，可霜刃却是年年试，每年都有调整和优化。譬如前 3 届对于会议目标都有希冀，会议名称在“图书馆学实证研究”之下标明本次会议的特征“规范 · 创新 · 推广”“规范 · 拓展 · 超越”“规范 · 突破 · 延伸”，规范是基础、是底线，其他的都是本次会议的要点。随着连续办下去的决定，目标已经确定，就不一定需要每次都标释清楚，以免以文害义，削足适履。

10年辛苦下来，对于办会，也有了一些心得：即一定要亲力亲为；一定要注意细节；要尊重参会者；一定要放权、相信操作者、锻炼队伍。如果不亲力亲为，光听汇报很可能误事。会议由于来人很多，很多细节都要考虑到，预先跑一遍，做到心中有数，十分必要。比如参会的学生很可能是第一次参加校外大型学术活动，出于自我保护需要，很容易几天时间内只和熟悉的同学在一起，致使收获不大。因为年轻时交的朋友很多是非功利性的，一个人在学术界一辈子，一定要有一批声气相求的朋友，可能他们自己还意识不到，而我作为过来人，要给予提示。一般在第一天的会议上，我就会提出大家每天不要固定在一个桌上吃饭，要广交新朋友，使他们均深感受益。青年学生代表着学术的未来，需要给予尊重，需要让他们在进入学术界之初就感受到平等对待，因此，包括来宾和讲课老师，尽可能不安排小灶，和大家一起吃饭。同时，尽可能将日程安排得丰富多彩。这既是会议待客的应有之义，也是表达对大家的尊重，更重要的是系统展示和传播了南开大学良好的学术形象，不可不认真。

10年的历程，虽然很辛苦，但收获也是满满的。首先是对以实证研究为代表的研究方法，有了更深一点的认识，最起码是脱离了最初的狭隘，这也就是于良芝教授在纪念集序言和冯琳博士在寄语中提及的。其次是获得了一批朋友，一批年轻的朋友，一批将沿着正确学术道路发展与繁荣中国图书馆事业的朋友，这就是我时常在师门内谈到的徐门核心竞争力之一，大家都将受益良久。其三是较为成功地在某种程度上调整和改变了图书馆学的研究生态，使之朝着现代科学的方向前进，虽然难免有“龙种、跳蚤”之虞，但坚信离图书馆学学科获得其他现代学科全面学术尊重的前景不远了。其四是“中国图书馆学的芝加哥学派”最终能否在南开大学确立已不重要，重要的是这种意识是否已经在青年学子中扎下了根，成为一种集体性的追求。因为构建现代中国图书馆学的理论、框架、体系、结构，需要中国的芝加哥学派。

回首从2011年政策机遇下的有心播种，到如今的持续坚守，图书馆学实证研究博士生学术会议变化的是不断引入的社会学、心理学等学科研究思路，扎根理论、内隐刻板印象实验、眼动实验等研究方法，海外学者的经验分享、期刊编辑交流、赞助商展示环节，日益丰富的课余放松活动，扩充的志愿者团队，升级完善的会场设备，多元化的参会人员来源等；不变的是会议“草根、免费、平等、前沿、实用、跨学科、国际化”等本质特性以及始终为青年朋友打好学术研究基础、提升学科素养的初心。变与不变之间，勾勒出一幅图书馆学实证研究的奋进图。中国的图书馆学研究的前行，任重道远，迈步于正确的道路之上，“余预是役矣”，其何幸哉！

六

有历史学背景的人，往往都有一种历史的宿命感，年纪大了，时常会回顾自己这一辈子都干了些什么、有什么用、值得不值得？相传美国第2任总统约翰·亚当斯曾说过这么一段话：我需要学习政治和打仗，然后我的儿子才能学习地理、自然、造船、航海、商业、农业，再之后我儿子的儿子才有机会学习绘画、诗歌、音乐、雕塑、挂毯和瓷器。这在某种程度上说的是每个时代都有这个时代的使命，而时代中的每个人都有着个人的宿命。不遗余力地在图书馆学领域推广规范性实证研究可能就是我在这个时代的学术宿命吧。

作为一位在图书馆学中衍漾40多年的前辈，回首过往，对青年朋友还是有几句话可以说的：图书馆学真是可以寄托自己一生的领域，因为我们的前辈学者并没能在本领域留下多少积淀，这就给我们留下了巨大的成长空间，但中国的图书馆学科要想获得其他学科对于自己的学术尊重，补上方法论这一课是必须的。年轻时进入一个合适的领域，尽早明确职业目标，交一批有质量的朋友，学一点真本领，掌握一些有用的方法；中年时尽可能做到自己能够够得着的最高点；老年时当个好老师；如果再能够在学术史上留下点痕迹，人生就圆满了。

做学术的人有时候是需要聪敏一点，这个聪敏不是小聪明，而是苏格拉底说的“我知道我的无知”，知道如何奋进；但更多的时候还是需要笨一点，明确目标之后克服万难，咬牙坚持下去。要学会反省，要敬畏学术，当年“书社会”上有图林名家提出要“敬畏学者”，这是不对的。因为“敬畏学者”是学者自我的造神，你敬畏他，自然不敢挑战他，那学术如何进步呢？只有敬畏学术，才能在做学术的时候认认真真，才能一丝不苟，才能有所创新与发展。同时，不要多计较，事情做完，没有回报是最好的，因为你并未有求于人，你在人格上是自由的。没事时，可以陪前辈聊聊天，与同辈多交流，向晚辈勤学习，人生尽可能丰富些。

第二章　十年统筹

2011：第一届图书馆学实证研究博士生学术会议

统筹老师：徐建华（南开大学商学院信息资源管理系教授）

第一届图书馆学实证研究博士生学术会议的会议主题为："图书馆学实证研究：规范·创新·推广"，于 2011 年 11 月 18 日至 21 日在南开大学商学院召开。参加会议的包括北京大学信息管理系的 5 名在读博士生、河北大学管理学院 2 名在读硕士生、天津工业大学图书馆学 1 名教师及 9 名在读硕士生，天津商业大学图书馆工作人员 1 名，天津财经大学图书馆馆长、副馆长及馆员 11 人，业内核心期刊《中国图书馆学报》《图书情报工作》《国家图书馆学刊》《图书馆工作与研究》各有 1 至 2 名编辑，加上本系在读的图书馆学、情报学、档案学博硕士及进修教师，一共 60 多人。

外地参会者于 11 月 18 日报到，19 日为开幕式和理论介绍，20 日一天上机操作，21 日外地参会者离津。在师资力量上，图书馆学科由徐建华教授与其团队成员、在读硕士生俞碧飏做主题报告，心理学学科由陈浩副教授做主题报告，在读博士生徐晟带领数据操作。从内容上看，会议除了传统的开幕式、闭幕式的领导与嘉宾致辞、预定的主题报告与上机操作之外，还专门组织了一次博硕士研究生与核心期刊编辑座谈。

总体而言，第一届图书馆学实证研究博士生学术会议内容新颖、形式独特，在图书馆学界可以说是第一次，评价甚佳，影响很大。会议当天，就有与会的北大博士生进行微博现场直播。会议结束后，又有 4 名与会者分别在科学网、新浪网、书社会上发表博客，介绍会议情况，总结会议收获，引起跟帖一片、好评如潮。

2012：第二届图书馆学实证研究博士生学术会议

统筹老师：王翩然（时为信息资源管理系图书馆学专业待录取硕士研究生）

第二届图书馆学实证研究博士生学术会议的会议主题为："图书馆学实证研究：规范·拓展·超越"，于2012年8月23日至27日在南开大学商学院召开。

首先，在会议进程上，外地参会者于8月23日报到，24日为开幕式、研究现状评点、相关理论介绍、与名刊编辑座谈，25日为大数据上机操作，26日继续理论学习、海外杂志投稿指南、本系知名教授教师介绍研究近况、与会者集体交流，27日散会。

其次，从参会人员来看，注册参会者89人，加上未注册者而径直来者，合计超过百人。其中包括北京大学、武汉大学、吉林大学、南京大学等7所高校的博士生，南京大学、西南交大、四川大学、山东大学等12所高校的硕士生，包括西北大学公共管理学院副院长在内的8所高校青年教师，北京大学、北京师范大学、中国农科院、天津财经大学、国家图书馆、山东省图书馆等11个图书馆的领导和工作人员，《中国图书馆学报》《大学图书馆学报》《图书馆杂志》《图书馆论坛》等7家业内核心学术期刊的主编与编辑。

有关师资，除保持第一年的体现跨学科特点、展示多学科合作优势和南开特色之外，在新方法讲授和研究现状评点上依然启用思维敏锐的年轻人，同时为体现前沿性，再由商学院本学科著名教授介绍自己正在进行中的研究。

会议除传统的开幕式、闭幕式由领导与嘉宾致辞、主题报告和上机操作之外，还3次安排了博硕士生与核心期刊编辑座谈活动，7位编辑分别介绍了各自期刊的特点、栏目、投稿程序、用稿要求等，并逐一回答了同学们在科研和发文过程中关心的问题。最后一天还由赞助方英国Emerald出版社代表对中国大陆学者海外投稿存在问题进行分析，大家均表示印象深刻、获益良多。闭幕式前，会议又耗费近2小时时间，让全体与会者逐次上台，分别介绍个人的研究方向和兴趣，他们的语言或风趣或严谨，内容或前沿或基础，大家对这种普遍均等的表达方式表示了极大的参与热情。

本次会议的通知一经发布，立刻得到图书馆界热烈响应，前后共收到报名表数百件，甚至会议开始了仍有赶来临时参会的。会后，据不完全统计，共有33位与会者自发地在不同学术空间发表了参会感想，科学网、新浪网、多个图书馆与图书馆学期刊主页、“书社会”上均有人发表信息和博客，介绍会议情况，归纳会议收获，好评如潮。核心期刊《大学图书馆学报》《图书馆论坛》还分别发表了不同与会者所写的会议综述。在会议结束的一个月内，国内图书馆学交流论坛“书社会”均被本次博士生学术会议的主题博文所占据。

2013：第三届图书馆学实证研究博士生学术会议

统筹老师：陈嘉茜（时为信息资源管理系图书馆学专业待录取硕士研究生）

第三届图书馆学实证研究：规范·突破·延伸·博士生学术会议于 2013 年 7 月 3-7 日在南开大学商学院召开，会议由南开大学商学院信息资源管理系徐建华教授主持。本次会议注册参会者 162 人，加上未注册者而径直来者，合计约 200 人。其中包括北京大学、武汉大学等 20 所全国知名院校的博硕士研究生，含台湾政治大学杨美华教授、辽宁师范大学管理学院副院长张秀兰教授在内的 9 所高校的专业教师，教育部高校图工委副秘书长、北京师范大学王琼馆长为代表的 38 所高校与公共图书馆的领导与工作人员，《中国图书馆学报》的编辑与赞助商代表。

会议的主体安排为图书馆学实证研究三种常用方法的介绍与演示，即问卷调查、深度访谈和实验。多位新锐学者担任主讲人，全方位、多角度地为与会者讲解实证研究方法的理论、设计和实施。本次会议还首次在国内图书馆界将实验方法推送到与会者面前，令与会者耳目一新。除此之外，《中国图书馆学报》编辑座谈、Emerald 出版社的国外发文指南、徐建华教授的“图书馆人的职业生涯规划与管理”、本系学者前沿研究介绍等环节精彩纷呈，使与会者获益匪浅。

2014：第四届图书馆学实证研究博士生学术会议

统筹老师：付敏君（时为信息资源管理系图书馆学专业一年级硕士研究生）

第四届图书馆学实证研究博士生学术会议于 2014 年 7 月 11-16 日在南开大学商学院召开。会议由南开大学研究生院主办、南开大学商学院和南开大学亚洲研究中心协办、湖北三新文化传媒有限公司和国家信息中心中经网支持，美国克利夫兰大学终身教授孙荣军教授与巴基斯坦留学生的参会，意味着本博士生学术会议已成为南开大学学科建设与学术研究的一个品牌，获得了广泛的影响，并开始走向国际化。

参会人员包括北京大学、武汉大学等 20 多所全国知名高校的博士、硕士研究生，北京大学、中山大学在内的 12 所高校的专业教师，37 所高校与公共图书馆的馆长与工作人员，包括《中国图书馆学报》《国家图书馆学刊》《图书馆学研究》《图书与情报》《情报资料工作》《图书馆建设》《图书馆论坛》《现代出版》《图书情报工作》《中国文献情报（英文刊）》《高校图书馆工作》在内的 11 家编辑部的主编与编辑，赞助商代表。

本次会议继续保持延续了以往三届“全免费、年轻化、平等自由交流”的特点，并进一步形成了本届的新的特点：研究的前沿性与国际化；会议逻辑结构更加严谨；业内期刊编辑参会；邀请编辑出版学科的博硕士与老师加入；服务体现人文关怀，参会人员反响热烈，进一步巩固南开实证研究的品牌与在业内的地位。

2015：第五届图书馆学实证研究博士生学术会议

统筹老师：王茜（时为信息资源管理系图书馆学专业待录取硕士研究生）

2015 年 7 月 8–12 日，由南开大学研究生院主办，南开大学商学院承办，杭州市图书馆事业基金会、杭州市图书馆协会、北京人天书店有限公司、北京华图新天科技有限公司、广州图创计算机软件开发有限公司、河南鑫红日实业有限公司、湖北三新文化传媒有限公司、中国社会科学出版社、天津大学出版社等协办的 230 人与会的第五届图书馆学实证研究博士生学术会议在南开大学商学院召开。这是在校研究生院大力支持下、徐建华教授团队 2011–2014 年连续成功举办四届以“规范 · 创新 · 推广”、“规范 · 拓展 · 超越”、“规范 · 突破 · 延伸”等为主题的全国性博士生学术会议之后的第五届，美国克利夫兰大学终身教授孙荣军教授、雪城大学秦健教授、南康涅狄格州立大学刘燕权教授、佛罗里达州立大学俞碧飏博士等国际学者的参会，意味着本博士生学术会议已经成为南开大学学科建设与学术研究的一个品牌，获得了广泛影响，进一步展示了本博士生学术会议的影响正在向国际化的方向扩展。

此次会议报名人数超过400人，最终确定参会代表230位，包括北京大学、武汉大学等32所全国知名高校的博士、硕士研究生，北京大学、上海大学等18所高校的专业教师，53所高校与公共图书馆的馆长与工作人员，《中国图书馆学报》《国家图书馆学刊》《图书与情报》《情报资料工作》《图书馆杂志》《图书馆》《图书情报工作》等7家编辑部的主编与编辑，以及赞助商代表。

此次会议与以往不同的特点在于：会议日程充实而紧密；业内期刊编辑参会踊跃；邀请编辑、出版学科的博硕士与老师加入。

2016：第六届图书馆学实证研究博士生学术会议

统筹老师：吴子璇（时为信息资源管理系图书馆学专业三年级本科生）

2016年7月21-25日，由南开大学研究生院主办，南开大学商学院信息资源管理系和杭州市图书馆事业基金会承办，北京人天书店有限公司、山东爱书人传媒科技有限公司、上海上业信息科技有限公司、上海川远信息科技有限公司、湖北三新文化传媒有限公司、广州图创计算机软件开发有限公司、人民邮电出版社、化学工业出版社等协办的超过250人与会的第六届图书馆学实证研究博士生学术会议在南开大学商学院召开。这是在校研究生院大力支持下、徐建华教授团队2011-2015年连续成功举办五届全国性博士生学术会议之后的第六届。

与之前举办的五届会议相比，本次会议在原有的会议精华基础上进行了合理优化与调整。首先，本次博士生学术会议延续了前五届研究内容前沿化、会议主体年轻化、研究方法规范化、平等、多元、免费的特点。师资方面，来自美国多所大学的教授、博士已经成为了本会议的一大特色以及中坚力量，会议的国际化水平得以保持。参会人员方面，本次会议努力扩大专业覆盖范围。经过5年的探索，参会人员涉及的领域早已超过了传统的图书、情报和出版范畴，增加了诸如社会学、政治学、会计学、公共管理等领域。会议的影响力越来越大，不仅报名人数相比去年有了进一步增长，也出现了师生共同参会的情况，更好地传播了南开大学的学术形象。

此次会议的特色在于：会议内容各具特色又相互关联；会议日程更加适应学习节奏；与会者专业背景具有更强差异性。

2016：上海市图书馆学实证研究研讨班

统筹老师：同济大学图书馆会务组

图书馆学实证研究研讨班由南开大学商学院信息资源管理系徐建华教授领衔的学术团队为参会人员做专题培训。

本次培训由 7 个专题组成：南开大学周恩来政府管理学院社会心理学系副教授陈浩博士“社交媒体、搜索引擎与行为科学研究”专题，王翩然博士“问卷调查的研究设计”专题，南开大学周恩来政府管理学院社会学系教授郭大水“访谈技巧及实施”专题，天津师范大学心理与行为研究院徐晟博士“数据录入与审查、因素分析、信效度检验、描述性统计、均值比较、回归分析”专题，王翩然博士“实证研究报告与论文的写作”专题，徐建华教授“图书馆人职业生涯规划与管理”专题，培训活动结束后，金晓明老师与徐建华教授为各位学员颁发了培训证书。

2017：第七届图书馆学实证研究博士生学术会议

统筹老师：路锦怡（时为信息资源管理系图书馆学专业三年级本科生）

第七届图书馆学实证研究博士生学术会议于 2017 年 7 月 14-19 日在南开大学商学院举行。会议由南开大学商学院主办，南开大学商学院信息资源管理系、杭州市图书馆事业基金会承办，北京人天书店有限公司、上海上业信息科技股份有限公司、湖北三新文化传媒有限公司、广州图创计算机软件开发有限公司、天津大学出版社等支持。

参会人员主要来自以下 5 个领域：①来自北京大学、南京大学等 30 多所高校图书情报及相关专业的博、硕士研究生及部分本科生；②来自浙江大学、华南师范大学等 20 多所高校的青年教师；③来自全国各地 40 多家不同类型图书馆及信息机构的从业人员；④来自《图书馆建设》《图书情报工作》《图书馆论坛》等图书情报领域多家知名期刊的编辑代表；⑤本次会议的赞助商代表，包括出版社、供应商、中盘商等。

2018：第八届图书馆学实证研究博士生学术会议

统筹老师：吴颖颖（时为信息资源管理系图书馆学专业一年级博士生）

第八届图书馆学实证研究博士生学术会议于2018年7月23-26日在南开大学商学院举行。会议由南开大学商学院主办，南开大学商学院信息资源管理系、南开大学公共文化创新研究中心承办，北京人天书店有限公司、湖北三新文化传媒有限公司、广州图创计算机软件开发有限公司、杭州市图书馆事业基金会、苏州嘉图软件有限公司等支持。

本次会议报名人数超过300人，经多方压缩，本次会议的注册人数还是超过200人，包括来自武汉大学、南京大学等10所高校5个二级学科的博士生20人、34所高校6个二级学科的硕士生103人、2所高校的5位本科生、7所高校5个专业的青年教师8人、44个各类型图书馆的66位朋友，业内《图书情报工作》《图书与情报》《图书馆》3个期刊的编辑，以及帮助我们前进的中盘商、数据库供应商的朋友。

2019：第九届图书馆学实证研究博士生学术会议

统筹老师：伍巧（时为信息资源管理系图书馆学专业待录取硕士研究生）

第九届图书馆学实证研究博士生学术会议于2019年7月13-18日在南开大学商学院举行。会议由南开大学商学院主办，南开大学商学院信息资源管理系、南开大学公共文化创新研究中心、杭州市图书馆事业基金会承办，北京人天书店有限公司、北京云途经纬科技文化传媒有限公司、北京世纪超星信息技术发展有限责任公司、湖北三新文化传媒有限公司、广州图创计算机软件开发有限公司、天津文全通信息科技有限公司、天津微图科技有限公司等支持。

本次会议报名人数超过300人，经多方压缩，本次会议的注册人数为200人左右，包括来自武汉大学、南京大学等9所高校6个二级学科的博士生22人、41所高校6个一级学科的硕士生92人、1所高校的4位本科生、41个各类型图书馆的62位朋友，数十位高校老师，业内《图书情报工作》《图书与情报》《图书馆》3个期刊的编辑，以及帮助我们前进的中盘商、数据库供应商的朋友。

第三章　十年综述

第一届图书馆学实证研究博士生学术会议

图书馆学实证研究会议在南开召开

王芳

由南开大学信息资源管理系徐建华教授发起组织的“图书馆学实证研究会议”圆满落下帷幕，整整两天的会议加上机操作实习，信息量极大，效果远远超出我的预料，此次会议也是“南开实证学派”为推动中国图书馆学实证研究的规范化而做的有意义的工作。

此次会议由徐建华教授带领其“图书馆员刻板印象”课题组组织召集，得到了南开大学研究生院的资助，课题组成员包括来自心理学系的教授和博士。来自南开大学、北京大学、河北大学、天津工业大学、天津财经大学的博士、硕士研究生、教师及图书馆工作人员，以及《中国图书馆学报》《国家图书馆学刊》《图书情报工作》等刊物的编辑们会聚一堂，共同学习、研讨图书馆学的实证研究方法。南开大学商学院副院长刘志远教授出席开幕式并致辞，勉励研究生们认真学习主流研究方法，争取与国际培养目标接轨。徐建华教授、陈浩副教授、徐晟博士以及俞碧飏同学分别就图书馆学实证研究推广、调查研究设计、问卷设计与统计数据分析、图书馆员刻板印象研究过程等内容作了详尽而深入的报告。徐晟博士边讲解边上机操作演示，将问卷设计、数据审核、项目分析、因素分析、回归分析等内容介绍给大家，偌大的机房座无虚席，与会同学与老师踊跃提问，徐晟博士则游刃有余，风趣幽默地一一作答，相信学生们一定收获良多。

作为开设“信息管理研究方法”课程的老师，我本人更是深感此次会议的重要意义，也感受到跨学科课题团队的巨大活力。非常感谢徐老师课题组无私分享他们的研究心得，也希望这只是一个开始，希望中国图书馆学、情报学的实证研究能不断走向成熟。期待这个会议能够持续地进行下去。

（文章来源：王芳教授科学网博客，

原文链接：http：//blog.sciencenet.cn/blog-38036-510008.html）

第二届图书馆学实证研究博士生学术会议

2012年图书馆学实证研究博士生学术会议在南开大学举行

王翩然　宋志强

2012年8月24-26日，由南开大学研究生院主办、南开大学商学院承办、英国Emerald出版社支持的“图书馆学实证研究：规范·拓展·超越”博士生学术会议在南开大学举行。来自北京大学、武汉大学等17所高校的图书馆学专业博硕士、7所院校的青年教师和11所图书馆的工作人员，以及《中国图书馆学报》《大学图书馆学报》等7家图书馆学期刊的编辑共89人出席会议。本次会议是2011年“图书馆学实证研究：规范·创新·推广”博士生学术会议的延续与提升，由主题报告、上机演练、编辑座谈，以及与会者介绍自己的研究及与会感想四部分组成。

重庆少儿图书馆的刘方方馆员在“图书馆学调查研究学术论文中不规范问题评析”的主题报告中，从调查抽样方法、调查工具和数据分析处理技术的规范性三方面，结合已发表的学术论文，阐述不规范问题的表现及如何进行规范；南开大学社会心理学系副教授陈浩的“统计、心理测量与问卷调查设计”主题报告用丰富有趣的实例阐述统计、测量理论，讲述实证研究的基本过程和方法，简要说明调查数据的一般处理过程；南开大学信息资源管理系2011级硕士生俞碧飏在“问卷调查的研究设计”的主题报告中，以亲身经历阐述如何将一个想法演变成一个研究问题，进而运用问卷调查解决问题；在“如何做深度访谈”主题报告中，详细介绍“三轮访谈序列设计”和“关键事件技术”的实施步骤，演示质性分析工具Nvivo的基本功能；南开大学社会心理学系博士徐晟在机房给与会者系统演示了SPSS数据分析方法，并带大家上机操作。Emerald出版社代表做了题为“Emerald图情期刊与国际期刊投稿介绍”的报告，介绍Emerald收录的图情期刊，针对中国作者投稿常见问题提出建议。在“南开大学信息资源管理系教师研究方向介绍”的主题报告中，于良芝、王芳和徐建华教授和大家分享了近期的研究成果和心得，认为开展规范性实证研究可以营造共同的学术语言氛围，夯实学科发展基础。

本次会议共有四大亮点：

1. 面向年轻人。年轻化既表现在听众多为博硕士研究生和青年教师，更体现在参与授课、主持交流的多为年轻学者，他们机智幽默，使用工具前沿新颖、操作熟练，接受实证研究思想迅速、辩证，对研究创新孜孜以求。

2. 同一平台多群体交流。与会者包括博硕士研究生、图书馆员、教师、期刊编辑。会议期间，搭建了期刊编辑座谈、教授研究成果汇报等平台，所有与会者充分参与到对实证研究方法、个体学术活动的思考和交流之中，分享信息、经验和技能。

3. 跨学科合作。会议邀请南开大学社会心理学系陈浩副教授和徐晟博士做主题报告，徐建华教授及其团队多次展示跨学科合作项目及其成果。

4. 创新办会方式。本次会议成功开创了高校院系支持、教授及其团队自行筹资、与会人员全免费的办会方式，值得关注。

（文章来源：《图书馆论坛》2012 年第 32 卷第 6 期）

“图书馆学实证研究：规范·拓展·超越”博士生学术会议综述

卢正明

2012 年 7 月 24-28 日，由南开大学研究生院委托徐建华教授主办的“图书馆学实证研究：规范·拓展·超越”博士生学术会议在南开大学商学院召开。本次会议是 2011 年“图书馆学实证研究：规范·创新·推广”会议的延续和提升，目的是向图书馆界进一步展示和推广实证研究以及跨学科合作的经验与做法。

来自北京大学、武汉大学、天津财经大学等 17 所高校的图书馆学专业博硕士、青年教师和图书馆员，以及来自《中国图书馆学报》《大学图书馆学报》等 7 个业内期刊的编辑参与会议。会议注册近 90 人，实际参会超过 100 人，在业内引起较大反响。

开幕式上，南开大学商学院副院长刘志远教授代表学校致欢迎辞，肯定了会议的主题，强调了实证研究方法在学术创新中的重要作用；信息资源管理系主任李月琳教授指出必须规范使用实证研究方法，才能保证研究成果的可靠和可信;《大学图书馆学报》王波副主编指出了会议值得注意的特点：其一，开创了院系强力支持，教授自主办会的先例；其二，是一次面向和激励年轻人的会议；其三，对期刊编辑是一个很好的再培训、再教育的机会，有益于提高图书馆学论文的科学性、规范性。

会议由 6 场主题报告、SPSS 上机演练、编辑座谈和全体与会人员介绍自己的研究及与会感想四部分组成。首场主题报告是刘方方老师的“图书馆学调查研究学术论文中不规范问题评析”，他从调查抽样方法、调查工具和数据分析处理技术的规范性三方面，结合已发表的学术论文，具体阐述了不规范性问题的表现以及如何更好地规范。

南开大学社会心理学系副教授陈浩就“统计、心理测量与问卷调查设计”做了报告。他用丰富有趣的实例阐述了统计、测量理论，讲述了实证研究的基本过程和方法，简要说明了调查数据的一般处理过程。

南开大学信息资源管理系 2011 级硕士生俞碧飏同学作了两场主题报告，一是“问卷调查的研究设计”，她以亲身经历阐述了自己如何将一个想法演变成一个研究问题，进而一步一步运用问卷调查解决这个研究问题。二是“如何做深度访谈”，她详细介绍了“三轮访谈序列设计”和“关键事件技术”的实施步骤，演示了质性分析工具 Nvivo 的基本功能。

英国 Emerald 出版社的代表做了题为“Emerald 图情期刊与国际期刊投稿介绍”的主题报告，介绍 Emerald 收录的图情期刊，并针对中国作者投稿常见问题提出了建议。会议还组织了“南开大学信息资源管理系教师研究方向介绍”的主题报告，于良芝、王芳和徐建华教授与大家分享了各自近期的研究成果和心得。

南开大学社会心理学系的徐晟博士用一整天时间，带领全体与会者在机房，系统学习了 SPSS 数据分析方法。学习内容涵盖了从问卷录入到数据整理，到描述统计分析，再到推论统计分析的一个完整的数据分析过程。

会议期间多次进行编辑座谈。期刊编辑向与会者介绍了各自期刊的投稿用稿要求和注意事项，表示了对实证研究论文的支持和兴趣，鼓励大家多多投稿，并表示学生用稿一律不收版面费。

会议还特别安排了近 2 个小时，组织全体与会成员一一发言，介绍自己的研究或参会感想。这种普遍均等的交流机会激起了全体与会者的热情，及时的反馈也强化了学习效果。

徐建华教授表示将继续发扬“云时代的免费精神”，将“图书馆学实证研究”会议持续下去，将免费进行到底。我们为这种责任感所感动，也看到了在这样优秀学者的努力下，图书馆学实证研究朝着规范化道路前进的远大前景。让我们以“中国的图书馆事业应该由我们来支撑”共勉，积极参与到图书馆学实证研究的规范、拓展和超越中来！

（文章来源:《大学图书馆学报》2012年第30卷第5期）

第三届图书馆学实证研究博士生学术会议

第三届图书馆学实证研究博士生学术会议：规范·突破·延伸

规范的实证研究源于规范的方法，丰富的创新成果源于大胆的突破，强大的影响力源于跨学科的延伸，第三届南开大学图书馆学实证研究博士生学术会议：规范·突破·延伸已于2013年7月4日—7月7日在天津隆重召开。会议由南开大学研究生院主办、商学院承办，并获得了人天书店和超星集团的大力赞助。本次博士生学术会议是2011年11月、2012年8月举办的图书馆学实证研究“规范·创新·推广”“规范·拓展·超越”的进一步延续与提升，无论是从会议规模上还是从会议内容上较前两次都有了实质性的突破。参会者已从国内的图书馆界同人扩展到了海内外的博硕士生、青年教师、图书馆员、期刊编辑以及图书馆资源供应商等，近170余人，涉及北京大学、武汉大学、中山大学、北京师范大学、中国科学院大学、南京大学等20多所高校；业界公认的顶级图书馆学期刊《中国图书馆学报》的编辑已连续三次参会，这就促使图书馆学实证研究会议成为了一个图书馆界多群体的互动交流平台，有利于图书馆界的同胞相互学习，共同进步。此外，台湾政治大学的杨美华教授听闻将要举办会议，主动要求参加，从而进一步扩大了此次会议的影响。

开幕式上，本次会议的主办人南开大学图书馆学徐建华教授简述了会议宗旨，即推广规范性的实证研究，努力改变或调整图书馆学的研究生态，使得本学科与其他学科在方法论上获得平等对话的机会，获得其他学科对本学科的学术尊重。南开大学商学院副院长刘志远教授代表商学院对来自海内外的朋友们表示了热烈的欢迎，并对以“推广方法论”为特色的图书馆学实证研究会议给予了高度的认可，认为本次会议在国内的图书馆界实证研究方面起到了引领，推广和示范的作用。南开大学信息资源管理系主任李月琳教授向参会者简要介绍了南开大学信息资源管理系 30 年的发展历程，并明确提出南开大学信息资源管理系以追求高品质的学术研究为使命，指出本次会议正是遵循这一使命，向广大图书馆界的朋友们展示了什么是学术研究，如何做规范性的实证研究。台湾政治大学杨美华教授代表台湾同行送上了祝福，肯定了南开大学在海峡两岸学术交流的“领头羊”地位，并对徐建华教授及其研究团队的效率，细腻，凝聚与凝结给予了高度的赞扬。此外，北京师范大学图书馆副馆长王琼，辽宁师范大学张秀兰，中国图书馆学报编辑袁浩，北京大学博士生周亚分别作为图书馆员，老师，编辑，博士生代表分享了对实证研究的看法和观点，并送上了对本次会议的祝福。

本次博士生学术会议将理论介绍、专家主题演讲、案例演示、上机操作、交流研讨等多种形式相结合，主要围绕如何采用规范性的实证研究方法（问卷法，深度访谈法，实验法）开展了主题报告。

1. 问卷法专题

南开大学社会心理学系副教授陈浩做了关于“实证研究的方法、规范与实施”的主题报告，以简洁、精练、易懂的语言让大家在最短时间内对统计有了一个清晰的概念，并为大家建立起了基本的统计学思想框架，进一步对社会科学实证研究的基本方法和过程以及问卷设计的技术环节，样本选取和数据处理进行了讲解，生动易懂的讲解方式获得了大家的一致好评。南开大学信息资源管理系 2011 级硕士生俞碧飏以图书馆员刻板印象为例对问卷调查的研究和设计进行了详细讲解，将陈浩老师所讲的理论与实际研究相结合，使大家对实证研究和问卷法有了更深的认识与理解。河北工业大学图书馆员李媛对 2012 年图书馆学期刊已发表的问卷调查研究论文进行了逐一的详细分析，从撰写论文的角度对图书馆学实证研究论文存在的问题和规范性提出了自己的见解，突出强调要正确理解和定位问卷调查法，以敬畏、尊重的态度使用调查问卷，更正了大家对问卷调查的错误性思想。天津师范大学心理与行为研究院的徐晟博士运用一整天时间，带领全体与会者在机房系统地学习了数据录入与审查、因素分析和信效度检验等数据处理的实际操作过程，解决了很多对于数据处理方面的疑难问题，大家纷纷表示收获颇丰。本次会议将实证研究中的问卷法从理论基础、实践操作到数据处理的整个过程进行了系统的讲解，有利于快速、系统地理解问卷法在实证研究中的具体应用，为参会者提供了一个学习实证研究的良好平台。

2. 实验法专题

天津师范大学心理与行为研究院的杨海波副教授，结合大量经典的案例讲解了眼动追踪技术在各个领域中的应用，尤其是在图书信息检索领域的应用，激发了大家对眼动实验浓厚的兴趣，也为会议的内容注入了新的活力。同时，南开大学信息资源管理系硕士生俞碧飏关于实验法内隐刻板印象的主题报告让大家进一步了解了实验法在图书馆学中的具体应用。会议通过整整一上午的时间，以理论与实践相结合的方式讲解了实验法在实证研究中的应用，加深了参会者对实验法的理解和应用。

3. 深度访谈法专题

西南交通大学的董洁老师就访谈法与质性研究的分析手段进行了深入讲解，以现场练习、案例分析的方式，为参会者展示了规范性的访谈过程和访谈中应具备哪些核心技能，以及后期的数据处理方法。董洁老师通过整整一下午的时间，以生动、幽默的讲解赢得了大家的一致好评，使与会者对访谈法有了更深入的理解，同时也让大家认识到了一个规范性的访谈不仅需要高超的技巧，更需要大量的精力投入。

此外，Emerald 出版社的中国出版关系主管赵孟元，就如何在国际期刊上投稿，以及中国作者在发海外文章时存在的问题等方面与参会者分享了经验，为大家解决了发海外文章的不解与困惑。同时，此次会议的主办人，南开大学商学院信息资源管理系徐建华教授关于图书馆人职业生涯规划与管理的主题报告，对于职业生涯规划和管理的要点，流程以及职业特征所带来的不良后果，新技术时代给图书馆带来的机遇，以及要如何抓住机遇等方面分享了自己的成功经验，他强调每个人都能成功，虽然目标不一样，路径不一样，但都要具备职业生涯意识，具备职业自觉性，要了解图书馆职业，适应图书馆的文化，且任何人都应对自己负责，对职业发展负责，对人生负责。南开大学信息资源管理系李月琳教授、王芳教授、闫慧老师分别介绍了各自的研究方向，使与会者对南开大学信息资源管理系有了更进一步的了解。

对三届图书馆学实证研究会议进行总结发现，会议有以下特点。

（1）以免费为特色，以年轻人为主体，以方法论推广为主旨。

（2）内容丰富多变，主题紧随学科发展最前沿，引领着国内图书馆学实证研究的发展方向。

（3）会议知名度高、反响好，已形成品牌（在维基百科上已有“南开大学图书馆学实证研究会议”的相关条目）。

（4）海外同胞的加入，说明以跨学科实证研究为特色的中国图书馆学研究的“南开学派”已逐步被海内外学术界所接受和认可。

（5）参会人数多，影响范围大，花少钱，办大事（会议涉及所有图书馆学二级学科博士点学校，业内核心期刊，各种类型图书馆，出版商、资源供应商）。

为期 5 天的南开大学图书馆学实证研究会议给大家留下了深刻的印象，与会者纷纷表示收获颇丰，并强烈建议这一品牌持续办下去，为大家提供学习和交流的平台。同时，徐建华教授也会继续发挥“云时代的免费精神”，引领图书馆学实证研究的进步与发展！

2013 图书馆学实证研究博士生学术会议综述

1　会议内容

2013 年 7 月 3-7 日，由南开大学研究生院主办、南开大学商学院承办、徐建华教授主持、人天书店和超星公司协办的“图书馆学实证研究：规范 · 突破 · 延伸”博士生学术会议在南开大学召开。这是在 2011 年 11 月“图书馆学实证研究：规范 · 创新 · 推广”与 2012 年 8 月“图书馆学实证研究：规范 · 拓展 · 超越”两次会议基础上的延续与提升。

会议通知一经发布，迅速得到了图书馆界的热烈响应，报名者众多，经多方斟酌，最终确定注册参会 161 人，包括北京大学、武汉大学等 20 余所全国知名 20 余所高校的博硕士研究生，及台湾政治大学在内的 9 所高校的专业教师、38 所高校与公共图书馆的领导与工作人员、《中国图书馆学报》的编辑与赞助商代表。

开幕式上，南开大学商学院与信息资源管理系的领导分别致辞，对远道而来的与会者表示热烈欢迎。随后，台湾政治大学教授杨美华，教育部高校图工委副秘书长、北京师范大学图书馆副馆长王琼，辽宁师范大学管理学院副院长张秀兰教授，《中国图书馆学报》编辑袁浩，北京大学博士生周亚分别发言。他们首先对主办方徐建华教授第三次搭建平台让研究生、青年教师、图书馆员、期刊编辑和图书馆资源供应商畅通交流表示肯定和感谢；随后，表达了对图书馆学实证研究的看法，正如杨美华教授所说，“图书馆学的研究是一条艰辛漫长的道路，坎坷多寂寞，图书馆学的研究需要从价值的创造到影响力的延伸，图书馆学实证研究带有研究的框架，但是也要跳出框框来思考。……专业不一定要相同的想法，但要有共同的目的”。最后，他们表示，连续举办三届的“图书馆学实证研究”会议已经形成品牌，在图书馆界具有巨大的影响力，希望会议能够继续以免费形式办下去，推广图书馆学实证研究方法、拉动图书馆学实证研究的规范性水平、调整图书馆学学术研究生态，以此和其他学科在方法论上有平等对话的机会，获得其他学科的学术尊重。

会议内容紧凑丰富且主题鲜明，第一天的日程紧密围绕问卷调查方法。上午，南开大学社会心理学系陈浩副教授对实证研究的方法、规范与实施进行了主题演讲。陈浩副教授通过翔实且贴近生活的例子深入浅出地为与会者呈现社会科学实证研究的必要性和意义，并在此基础上对调查问卷的设计和使用等方面给出了指导。

下午，信息资源管理系俞碧飏硕士结合“图书馆员刻板印象”研究向与会者展示了规范化的研究设计、研究实施等过程。报告不仅对陈浩副教授的调查问卷相关内容进行了案例补充，更将规范化的研究思路、研究设计流程展现在了与会者面前，与会者们均表示获益匪浅，希望将这种研究思路沿用到自己的科研中去。

随后，河北工业大学李媛馆员做了“2012 年图书馆学期刊发表的问卷调查研究论文的分析”的主题报告。以 2012 年公开发表的图书馆学实证研究论文为例，指出其在使用问卷调查方法方面存在的欠规范之处，并对照展示了若干篇严谨规范的论文。论据充分，言语犀利，大家听后对于问卷调查法的尊重感、重视程度均有提升。

最后，《中国图书馆学报》编辑袁浩结合用稿要求，从审阅、编辑、发表角度对与会人员的论文投稿给出了十分中肯且有针对性的意见，并表示希望大家规范创作、专注创新。

第二天，天津师范大学心理与行为研究院徐晟博士在机房带领全体与会者使用“图书馆员刻板印象”问卷调查所获大样本数据，学习利用 SPSS 和 LISREL 进行数据的录入、清洗、处理、分析。与会者均表示对数据处理分析过程有了直观的感受，表现出了浓厚的继续学习兴趣。

第三天上午，天津师范大学心理与行为研究院杨海波副教授和信息资源管理系俞碧飏硕士分别进行了关于实验方法的主题报告。杨海波副教授详细介绍了眼动的相关理论、重要概念，展示了眼动实验在多领域的应用案例，强烈激发了大家的兴趣，最后，他给出在图书馆学研究中引入眼动实验方法的建议。俞碧飏硕士以“图书馆员内隐刻板印象”研究为例，介绍了实验方法在图书馆员刻板印象研究中的成功应用。两个主题报告使得与会者大开眼界，拓展了研究思路。

人天出版集团董事长邹进介绍人天书店多年来在图书馆资源建设方面所做的努力，包括可供书目、编目服务、图书馆专业书籍出版、为贫困地区图书馆捐助计划，等等，并表示要与中国图书馆事业同发展、共繁荣。

下午，西南交通大学心理咨询中心的董洁讲师结合丰富的访谈和心理咨询经验，向大家介绍深度访谈方法。她以亲切的语气、敏捷的思维，结合大量案例与全体与会者互动，这样的形式活跃了气氛，使得与会者们在轻松的氛围中逐渐了解了深度访谈方法。

最后，Emerald 出版社出版关系主管赵孟元先生介绍有关图书馆管理的国际期刊产品，给出向国际期刊投稿建议和常见问题解答，鼓励大家多多向国外同行期刊投稿。

第四天上午，徐建华教授进行了主题为“图书馆人职业生涯规划与管理”的讲座，结合职业生涯理论和图书馆事业现状，给出了图书馆人的职业生涯规划和管理建议。全体图书馆学专业学生、图书馆员、图书馆学教师及编辑均表示获益匪浅。

接着，南开大学信息资源管理系的知名学者们介绍了他们的前沿研究成果。李月琳教授结合她在情报领域的积淀为与会者引入了交互信息检索、基于任务的信息检索等的研究方法和思路；王芳教授展示了她在 E-Government 研究领域的最新研究，包括互操作、智慧城市等，提出“在信息社会，所有人都是图书馆员”这一理念；闫慧讲师以调研期间的相片为引导，呈现了他在社群信息学研究中的一些经历和成果。

随后的近 2 小时，全体与会者逐次上台，分别介绍了个人的研究方向和兴趣，语言或风趣或严谨，内容或前沿或基础。大家对这种平等的表达方式表示了极大的参与热情。

临近中午，会议在徐建华教授简短、凝练的闭幕词中结束。他提出，当代图书馆学博硕士们要有自己的学术担当，实证研究应该朝着规范化方向发展。并以“中国的图书馆事业应该由我们来支撑，图书馆学的历史也应该由我们来书写！”与全体与会者共勉。

2 会议特点

本次会议除了保持了以往“面向年轻人、搭建统一平台让多群体自由交流、跨学科合作、全免费”的优势外，还可以归纳出以下三项特点。

2.1 影响力的不断提升

由于前两届会议的铺垫，本次会议通知一经发布，被各相关单位（如《图书情报工作》）的官方网站、微博纷纷转载，说明会议受到了图书馆界的普遍认同和关注。在短短 20 天时间内，报名人数已逾 200，最终确定的参会者为 161 人，比起前两届，在人数上有了极大的提高。除人数增加外，参会者来源也更加多元：台湾政治大学的杨美华教授主动报名，说明会议已拥有一定知名度，此外，凯里学院图书馆、昆明理工大学图书馆等单位均有图书馆员前来参会，代表了我国西部地区，从另一方面反映了会议影响力的增强。

由于本会议在图书馆界的巨大影响，维基百科新增“南开大学图书馆学实证研究会议”条目，条目创作者对此次及前两届会议进行了详尽的介绍和说明，并不时有编辑者对条目进行补充和修改，受关注程度之高、受认可程度之深，是以往任何同类会议所无法比拟的。

2.2 内容的不断延伸

经过三年积淀，会议内容已涵盖问卷调查、深度访谈、实验三种实证研究范式的主要研究方法。今次会议中眼动实验方法和内隐联想测验方法的引入，大大开拓了与会者的眼界、激发了他们对实证研究的兴趣、增加了图书馆学科在方法论上与其他学科平等对话的机会，赢得其他学科的尊重指日可待。

2.3 确立“南开学派”在图书馆学研究中的核心地位

南开大学图书馆学在全国图书馆学专业排位中一直名列前茅，此次会议上，杨美华教授评价南开大学图书馆学为“学术的‘领头羊’”，更说明了会议对确立“南开学派”在图书馆学研究中核心地位的作用。

1928 年，“芝加哥学派”开创了图书馆学实证研究范式，而当今，致力于推广规范性实证研究的南开大学图书馆学，业已在学界形成“南开学派”。会议连续举办三年，对“南开学派”的提出、形成、知名，到确立国内图书馆学研究的核心地位，都起到了极为重要的作用。

此次会议描绘了实证研究在图书馆学领域逐步走上规范道路的远大前景，勾勒出图书馆学蓬勃发展的蓝图。我们衷心祝愿：中国的图书馆学在新的时期，在各方人士、尤其是青年学子的共同参与和努力下，运用科学而规范的研究方法，成果创新，真正融入现代学术之林，获得其他学科的学术尊重！

第四届图书馆学实证研究博士生学术会议

2014 图书馆学实证研究博士生学术会议综述

陈嘉茜　王翩然

2014 年 7 月 11-16 日，南开大学商学院信息资源管理系徐建华教授主持的第四届“图书馆学实证研究”博士生学术会议在南开大学召开。本次会议由南开大学研究生院主办、南开大学商学院信息资源管理系和亚洲研究中心承办、湖北三新文化传媒有限公司和国家信息中心中经网协办。这是继前三届会议“图书馆学实证研究：规范·创新·推广”“图书馆学实证研究：规范·拓展·超越”“图书馆学实证研究：规范·突破·延伸”之后的一次探索与创新。会议举办消息一经发布，立即得到了图书馆界的热烈响应。最终确定注册参会的代表为 192 位，包括北京大学、武汉大学等全国 20 多所知名高校的博士、硕士研究生，北京大学、中山大学在内的 12 所高校的专业教师，37 所高校与公共图书馆的馆长与工作人员，

《中国图书馆学报》《图书馆学研究》在内的 11 家编辑部的主编与编辑、赞助商代表。开幕式由徐建华教授主持，南开大学商学院与信息资源管理系的领导分别致辞，表达了对与会者的热烈欢迎和对实证研究会议成功举办的祝福。随后，同济大学图书馆馆长慎金花、《图书与情报》常务副主编王景发、中山大学副教授唐琼、北京大学博士生代表梁宵萌分别致辞。代表们首先感谢徐建华教授为来自高校的教师、学生和来自一线岗位的馆员、编辑们提供了一个平等交流的平台；随着图书馆事业的发展，业内急需规范性的研究方法来解决理论和实践中出现的问题，实证研究已经成为图书馆学研究中不可或缺的重要部分；最后，他们表示，南开大学图书馆学实证研究会议已经在图书馆界形成了自己的品牌，不只是停留在呼吁的层次，而是不断进行探索、创新，切实推动业内实证研究向前发展，并希望会议能够一直举办下去，引领图书馆学规范性实证研究的开展。

开幕式后，来自美国克利夫兰州立大学的孙荣军教授针对社会科学研究

方法的几个问题做了主题报告。孙教授表示：实证方法已经被引入很多学科的研究，它是具有通用性的。在列举大量的社会学研究实例之后，孙教授同与会者共同探讨了社会研究中心环节中定性研究与定量研究的地位，分析了国内外在研究视角、研究周期等问题上的差异。随后，英国 Emerald 出版社高级出版经理赵孟元先生向与会者介绍了图书情报学相关的国际期刊的用稿特点，并以 Emerald 出版社为例，给出向国际期刊投稿建议和常见问题解答。下午，天津师范大学心理与行为研究院的杨海波副教授做了题为“眼动追踪技术在图书信息检索领域的应用：方法与案例”的主题报告。杨教授首先介绍了眼动追踪的基本知识和现阶段研究的应用案例，随后提出了眼动追踪在图书信息领域可应用的建议，并列举部分实例供大家参考。接着，湖北三新文化传媒有限公司总经理胡映辉介绍了三新公司的使命、愿景与核心价值观，并表示三新公司愿做图书与出版界的联系纽带，共同繁荣图书出版行业。来自《中国图书馆学报》《图书馆学研究》《国家图书馆学刊》《图书与情报》《情报资料工作》《图书馆建设》《图书馆论坛》《现代出版》《图书情报工作》《中国文献情报（英文刊）》《高校图书馆工作》共 11 家期刊的主编和编辑们同与会者们座谈。他们分别介绍了自己期刊的主要栏目、审稿流程与周期、用稿标准、主要关注的领域，普遍强调拒绝学术不端，研究方法规范与理论创新是投稿成功的重要因素。随后针对与会者的提问进行了解答，双方都表示这次座谈会为了解彼此的想法提供了一个很好的交流平台，均获益匪浅。

第二天上午，南开大学社会心理学系陈浩副教授作了“实证研究的方法、规范与实施”的主题报告，陈教授由浅入深地用大量实例为与会者介绍了统计学在实证研究中的重要性，呈现了社会科学实证研究在图书情报领域的应用与创新，对调查问卷的设计和使用等方面给出了非常具体的指导。下午，河北工业大学图书馆李媛老师做了“2013 年图书馆学期刊问卷调查法文章的分析”的报告。她首先向大家讲解了问卷与量表的联系与区别，随后对规范的问卷编制流程做了详细介绍，最后以 2013 年各期刊发表的图书馆学实证研究论文为例，分别从问卷编制和使用的标准化、研究设计等角度进行统计分析，指出选题在很大程度上决定了研究内容的深度，使用者对问卷调查法的认知偏差会导致不规范的实证研究，因此，应该加强对实证研究方法的规范与尊重。接着，徐建华教授结合职业生涯规划理论，做了“图书馆人职业生涯规划与管理”的主题报告。徐教授详细分析了当今图书馆行业的从业现状及职业特征，针对不同岗位工作人员的不同特点，给出了不同的职业生涯发展的建议。

第三天，天津师范大学心理与行为研究院徐晟博士在机房带领全体与会者使用徐建华教授团队的大样本数据，讲解了如何使用 SPSS 对数据进行检查、录入、整理、因素分析、方差分析和回归分析。与会者普遍表示上机操作使其对数据处理、分析过程有了直观的感受，在徐晟博士的讲解和引导下对各种分析环节的使用原理有了更深的理解。随后，南开大学商学院信息资源管理系王翩然同学以徐建华教授团队的“图书馆员自我刻板印象”组文章为例，做了题为“问卷调查研究的论文写作”的报告。针对李媛老师提出的当今图书馆学实证研究论文中对数据分析不够深入的客观现实，王翩然同学归纳了由数据到论文的“六步法”，结合具体实例向大家呈现了一个不断拓展文章内涵的过程。与会者纷纷意识到自己曾经的研究对数据分析不够深入，没有使数据的价值得到最大发挥，直接影响到论文的产出率，未来会将此次学习到的规范性的研究方法运用到自己的实际研究中去。

第四天上午，西南交通大学心理咨询中心的董洁讲师结合丰富的访谈和心理咨询经验，向大家介绍了深度访谈方法及其应用。与会者们在大量的案例互动和练习中逐渐了解了深度访谈方法及其访谈技巧，对深度访谈在实证研究中的具体地位有了系统认识。下午，董洁老师又带领与会者进行了访谈资料的编码练习，尤其对编码信、效度检验问题做了详细的讲解，使大家普遍对质性研究中获取资料与数据分析的方法有了全新的认识。随后进入诊断环节，针对会前汇总的与会者在以往相关研究中遇到的问题，徐建华教授、徐晟博士、董洁老师、李媛老师分别从不同角度给予了透彻的解答。与会者纷纷表示这一环节为他们解决实际问题提供了重要的帮助，希望这一环节在以后的会议中能够持续下去。第五天上午，南开大学信息资源管理系的于良芝教授和王芳教授分别介绍了她们近年的研究成果。于教授介绍了她的团队对信息不平等的整体性研究进展，包括选题定位、研究设计、已经开展的研究活动和取得的研究成果。于教授表示，实证研究过程中确实存在很多障碍，但研究者应该保持一颗持之以恒的心，这才是科学研究的魅力所在。王教授介绍了她在政府信息如何被民众所获取方面的研究进展，特别是政府信息应如何公平地传递给每一位公民，同时，介绍了最近获得的国家社科基金重大项目的基本情况。在接下来的一个小时里，全体与会者十分珍惜本次会议所提供的这个平等交流的平台，逐一上台介绍了个人的研究兴趣、关注重点，加强了彼此间的熟悉与了解。同济大学图书馆馆长慎金花教授代表全体与会者做了总结发言。最后，徐建华教授致闭幕词，徐教授再次提出，学术是天下之公器，每个研究者在研究方法面前都应该是平等的。南开大学实证研究会议将承诺会议的草根性、实践性、免费性，为大家提供一个平等交流的平台，共同影响图书馆学的研究生态。本次会议继续保持延续了以往三届“全免费、年轻化、平等自由交流”的特点，并进一步形成了本届的新的特点：

（1）走向国际化。会议邀请到了美国克利夫兰州立大学终身教授孙荣军博士和英国 Emerald 出版社高级出版经理赵孟元先生为大会做主题报告。孙教授从事社会学研究多年，对社会科学实证研究范式有深刻而独到的见解，他所带来的国外研究的讯息，开拓了国内图书馆界的眼界，有助于研究视角的国际化。赵孟元先生提出的关于海外发文的中肯的意见，也让与会者切实感受到了中外学术界的差异，了解了海外发文应该注意的事项，有利于提高中国图书馆界的国际影响力。

（2）会议逻辑结构更加严谨。经过前三届会议的积淀，本次会议在课程安排上更加精心，更适合初学者理解实证研究。在保持以往的问卷调查、深度访谈、实验三种实证研究范式的基础上，调整课程报告的顺序，从社会科学研究宏观认知出发，逐步细化至具体的研究流程、研究方法的使用、研究论文的撰写，对实证研究进行了系统、规范的宣讲与介绍。实证研究已经在图书馆学研究方法中朝着中流砥柱的方向前行，致力于推广规范性实证研究的南开大学信息资源管理系，业已在学界形成“南开学派”。我们衷心祝愿：中国的图书馆学在新的时期，在各方人士尤其是青年学子的共同参与和努力下，运用科学而规范的研究方法，成果创新，融入现代学术之林，真正获得其他学科的学术尊重！

（文章来源:《图书馆学研究》2014 年第 20 期）

第五届图书馆学实证研究博士生学术会议

第五届图书馆学实证研究博士生学术会议在南开大学举行

王丹

2015 年 7 月 8-12 日，由南开大学研究生院、商学院承办，杭州市图书馆事业基金会等支持的“第五届图书馆学实证研究”博士生学术会议在南开大学商学院召开。来自美国克里夫兰州立大学、佛罗里达州立大学、雪城大学、北京大学、武汉大学等知名学府的200多名学者、教师、博硕士研究生以及业内7家核心期刊的编辑参加了此次会议。

开幕式由南开大学徐建华教授主持，商学院副院长刘志远教授与信息资源管理系于良芝教授分别致欢迎辞。

开幕式后，美国克里夫兰州立大学孙荣军教授、佛罗里达州立大学俞碧飏博士、雪城大学秦健教授、南康涅狄格州立大学刘燕权教授分别就社会科学研究方法、美国图书馆学系与图书馆研究特点、美国关于对涉及人的科研项目的机构审核制度、实证研究在美国等主题做了演讲，开拓了与会者的眼界。河北工业大学图书馆李媛老师做了题为“2014年图书馆学期刊问卷调查法文章分析”的报告，分析了去年一年国内11种图书馆学核心期刊中涉及问卷调查方法研究文章的规范性，强调要加强对实证研究方法的尊重。

南开大学社会心理学系陈浩副教授做了题为“搜索引擎、社交媒体与行为科学研究”的报告，详细介绍了随着现代信息技术、网络搜索、社交媒体与大数据的发展，社会科学研究面临的机遇与挑战，以及自己的应对之策。天津师范大学心理与行为研究院杨海波副教授作了题为“眼动追踪技术与图书馆情报学研究：方法学的思考”的主题报告，提出眼动追踪在图书馆与情报科学领域应用的可行性建议，并列举部分研究案例供大家参考。天津师范大学心理与行为研究院的马惠霞教授做了题为“问卷与量表辨析”的主题报告，详细分析了问卷与量表的异同，阐述了量表的编制程序。英国Emerald出版社出版关系主管杨柳女士向与会者介绍了Emerald出版社所属图书情报国际期刊的投稿流程。俞碧飏博士做了题为“SC-IAT实验在图书馆领域的应用”的报告，介绍了实验范式与SC－IAT实验方法在图书馆领域的应用案例。

天津师范大学徐晟博士带领与会者在商学院机房使用SPSS软件进行系统的数据分析。商学院信息资源管理系王翩然博士生以徐建华教授团队的“图书馆员自我刻板印象”专题文章为例，分享了该团队在实证研究论文写作中的成果与心得。南开大学社会学系冯琳博士结合自身的社会学、文化人类学研究经验，向大家介绍了扎根理论方法的由来、特点及其应用。徐建华教授做了“图书馆员职业生涯规划与管理”的主题报告，详细分析了当今图书馆行业的从业现状与职业特征，针对不同职业生涯发展阶段的特点，给出了极具针对性的职业生涯发展建议。

此外，会议主办方还特别安排了核心期刊编辑座谈环节，人大书报资料中心编辑向与会者介绍了《复印报刊资料》系列刊物的审稿流程以及选稿标准。

最后，上海大学图书情报档案系刘宇副教授以“扎实、真诚、开放、交流”4个词对本次博士生学术会议进行总结，徐建华教授做了简短而精炼的闭幕发言。

（文章来源:《情报资料工作》2015年第5期）

第六届图书馆学实证研究博士生学术会议

2016年“第六届图书馆学实证研究”博士生学术会议综述

杨絮　吴子璇

1 引言

实证研究方法植根于实证主义的认识论，具体而言，是通过对研究对象的实验、调查，获得关于研究对象的数据，然后对数据进行统计分析，根据统计分析的结果来验证理论假设、描述研究对象的现状、探索研究对象的内在规律。实证研究方法现已成为科学研究领域的主要范式之一，而图书馆学领域实证研究方法也受到越来越多的重视与关注，并取得了丰硕的研究成果。但从整体上看，图书馆学领域基于经验总结、哲学思辨、抑或是感悟式的研究仍不在少数，实证研究方法的使用也存在操作不规范、论证不严谨的问题，这极大地影响了图书馆学的学科地位和未来发展。

在此背景下，南开大学徐建华教授明确指出实证研究需要规范，并发起了图书馆学实证研究博士生学术会议，旨在免费传播科学、规范的研究方法。该会议已连续举办了六届，获得了业内的一致好评，树立起良好的品牌效应。

2 会议基本情况

2.1 会议概况

2016年7月21-25日，第六届图书馆学实证研究博士生学术会议在南开大学顺利举办。本次会议作为前五届基础上的进一步延续与提升，继续秉持

“草根性、实践性、全免费”的优良传统，致力于向图书馆界同人进一步展示和推广规范性实证研究及跨学科合作的经验与做法，为图书情报领域的学生、教师及相关从业者提供一个免费高质的课堂、自由交流的平台、谋求合作的场所，力图对图书馆学研究生态产生重要影响。

2.2 与会群体

会议通知一经发布，立即引发业界同人的热烈响应。来自全国各地500余人向会务组递交了申请，在严格的审核筛选及协商调整后，最终统计的实际参会人数跨过了250人大关，创6年之最。与前五届类似，参会者可被归为以下5类：①来自北京大学、北京师范大学、武汉大学、南京大学等35所高校的图书情报、档案专业博士、硕士及部分本科生；②来自华南师范大学、河北大学、天津师范大学等23所高校的青年教师；③来自全国58家各类型图书馆及有关信息机构的从业者；④来自6家图书馆学领域期刊的编辑代表；⑤为会议提供资金支持的赞助商代表，包括中盘商、出版社及数据库供应商等。

2.3 会议主题

本届学术会议集研究成果分享、方法论培训讲授于一体，具体内容包括：图书馆学核心概念界定、辨析；实证研究范式的基本问题、操作程序及规范性要求；国内外图书馆学研究动态及热点前沿；图书馆学与其他学科的融合交流及跨学科合作；访谈法及问卷调查法的规范性实施；SPSS数据分析全过程讲解；从数据分析到发表论文的转化过程；眼动实验、大数据挖掘等新兴工具在图书馆学领域的应用；图书馆员职业生涯规划；国内外核心学术期刊发文技巧；与会者实证研究中所遇问题诊断等。

3 会议内容及特征

3.1 会议内容

本次图书馆学实证研究博士生学术会议共持续5天，会议报告及课程安排十分丰富，包括理论介绍、案例说明、期刊编辑座谈、上机操作、问题诊断及解答、交流讨论等多个环节，旨在为与会者普及实证研究范式的规范性要求及具体实施方法，并为其学术研究提供方法论指导与帮助。

22日上午，会议在南开大学商学院大报告厅正式拉开帷幕。徐建华教授担任主持人，南开大学商学院副院长、信息资源管理系主任李月琳教授率先致辞，向大家简要介绍了南开大学商学院及信息管理系的基本概况及历史沿革，并对全体与会者的莅临表示热烈欢迎。其后，美国克利夫兰州立大学孙荣军教授、河北大学黄令贺老师、淮海工学院图书馆王启云、赞助商代表湖北三新文化的明珠女士以及学生代表北京大学博士生王宁宁分别致辞，均表达了对图书馆学实证研究范式的认可尊崇，对徐建华教授及其团队辛勤付出的感谢，并纷纷表示：随着图书馆学的发展，规范性的实证研究已经成为不可或缺的一种范式，徐建华教授主持的图书馆学实证研究会议在 5 年的积累里已经树立起品牌，凭借其丰富的报告安排、精心的课程设计、规范的操作讲解，成为图情领域的一场年度盛举，十分值得参加，并希望会议能够一直举办下去，持续影响图书馆学研究生态。

开幕式后，来自天津师范大学心理与行为研究学院的杨海波副教授围绕“眼动实验方法”展开主题报告。杨教授从眼动追踪的基础知识及应用领域、眼动指标的选择与解释谈起，重点介绍了眼动实验的若干案例，最后引出了眼动追踪在图书信息领域可应用的方向建议和可借鉴的理论范式，开拓了与会者的视野，为图情领域研究者的研究设计与实施提供了新思路与新工具。之后，南开大学社会心理学系陈浩副教授做了有关“社交媒体、搜索引擎与行为科学研究”的主题报告。报告中，陈教授指出，伴随着互联网的发展，大数据时代已然来临，这对研究者而言充满了机遇。之后他依次介绍了基于社交媒体数据的研究、基于 Google 搜索引擎数据的研究和基于 Google Books N-gram 数据的研究，并在最后强调和呼吁各位与会的研究者要善于利用互联网这一有力工具挖掘数据，以此为基础开展有价值的课题研究。

下午，南开大学信息资源管理系于良芝教授做了题为“Core concepts, their logical connections and the structure of LIS”的主题报告，阐释了图书情报专业的核心概念及其相互之间的关系，强调了界定核心名词定义对于本专业发展所产生的重要影响。之后，孙荣军教授带来“社会科学研究方法的几个基本问题”的主题报告，重点结合研究案例分析了社会科学研究的核心问题，包括定义、属性、对象和特点等。随后，Emerald 出版社出版关系助理徐靖女士向与会者系统介绍了图书情报国际期刊的投稿流程及用稿特点，为与会者的海外论文发表提供指导。最后，徐建华教授围绕“国家社科基金项目的申报流程及技巧”进行报告，其深入浅出的解释为与会者提供了具有很强可行性的建议。

23 日上午，南开大学社会学系郭大水副教授围绕“访谈技巧及实施”做主题报告。郭教授首先从理论出发，对访谈的分类及各自特点进行介绍。之后着重从实践的角度，结合自己的项目经历，阐释了实际操作中的访谈三大环节、行为艺术及具体技巧。郭教授幽默的表述、风趣的动作示范，将“访谈”有关知识传达给学习者，对于与会者改进访谈细节很有帮助。之后，来自《中国图书馆学报》等 6 家业内期刊的资深编辑们与参会者进行座谈与答疑。编辑们分别对所在期刊的沿革概况、栏目设置、选题指南、选稿标准及审稿程序、回复周期进行介绍，并针对提问做出了专业性解答。这场座谈无疑为编辑和作者搭起了一座沟通的桥梁，双方均表示获益匪浅。

下午，来自天津工业大学图书馆的李超博士首先带来“实证社会科学研究的要点、技术与示范”的主题报告。李超博士从实证社会科学研究的基本程序入手，重点讲授了实证社会科学研究的几大要点与技术，并辅以研究案例的展示，为与会者全面解答了规范性实证研究是什么、怎么操作的基础性问题。之后，南开大学信息资源管理系硕士生王茜同学基于团队的文献调研成果，带来问卷法应用情况的主题报告。她首先简要介绍了问卷编制的规范流程，并详细说明了 2015 年图书馆学期刊运用问卷调查法的论文情况，之后结合论文实例，对问卷调查法使用的标准化及研究设计进行分析，指出目前研究者对问卷法仍存在认知偏差、技术内涵忽视和标准化操作不到位等普遍问题，启示研究者必须要杜绝学术怠慢、在实证研究中更加认真规范。最后，徐建华教授做了题为“图书馆员职业特征与职业生涯规划管理”的报告。徐教授指出，实施职业生涯规划和管理应当是每位图书馆员和图书馆组织的职业自觉，作为个人要把握职业能力、适应职业困境，结合自我特点制定和实现职业目标；作为组织，则要以员工为中心，根据实际情况和组织需要，同员工一起铺设职业道路。在座的每位、无论是图书馆（未来）职业者还是馆级领导都从这场报告中收获了有益的启示与指导。

24 日，天津师范大学心理与行为研究学院徐晟博士，以徐建华教授“图书馆员刻板印象实证研究”团队的大样本数据为基础，在机房为全体与会者讲解和演示了如何使用 SPSS 录入、整理数据并进行具体分析（如方差分析、因素分析、回归分析）。徐晟博士理论讲解与上机操作演示相结合，让与会者深感受益匪浅，对数据分析的各个环节也形成了更深刻的理解。

之后，美国佛罗里达州立大学俞碧飏博士，围绕“问卷调查研究的论文写作”进行讲授，分享了团队研究过程中形成的集体智慧结晶——数据转化为论 文的六步法，并结合“图书馆员自我刻板印象”组文章，向与会者呈现了一个由描述性统计到推断性统计，从数据现象到原因揭示，逐渐拓展文章内涵、不断凝华论文价值的过程。俞碧飏博士也强调了结合理论进行解释推测对于升华论文的重要性，并强调论文撰写要不断回溯研究问题，并在团队讨论中激发创意与灵感。这使得在场各位与会者都深受启发：既意识到要避免论文写作结尾空谈不可行建议的陈词滥调，又更加体会到科学研究中团队合作的必要性。

25 日上午，俞碧飏博士做“美国图书情报学与实证研究”主题报告。俞碧飏博士结合她在美国求学和研究的经历，阐释了美国图书馆学与实证研究的渊源及密切联系，并由此引出“循证图书馆学”概念，强调要用证据引导图书馆实践。此外，俞博士还提到，循证背后是现实世界的研究问题，而研究问题应来源于现实与理想情况的差距。并指出图书馆员应当是图书馆学研究的中坚力量，鼓励在座的每位馆员基于实践发现问题、坚持不懈地开展研究。最后，俞博士分享了自己对于实证研究、信息技术及人文精神三者关系的理解，并对如何选择定性定量方法进行讲解。纵观整场报告，俞碧飏博士对美国研究案例信手拈来，为与会者展现了她强大的学术能力以及严谨规范的科研思维，也帮助与会者在研究思维及范式上与美国接轨。

之后进入问题诊断环节，会务组提前对参会者提交的问题进行汇总整理，并由徐建华教授、徐晟博士、俞碧飏博士等对这些问题给出回复和解答。参会者对这一环节极其肯定，认为其帮助解决了很多研究中的实际问题，值得继续保留。

而后，在徐建华教授的主持和倡议下，所有参会人员轮流走上讲台，介绍自己的基本情况、研究兴趣及方向。这不仅为参会人员提供了一个互相了解、谋求合作的机会，更充分体现了本届会议是一个平等交流、自由对话的平台。随后，华南师范大学束漫教授以“做个幸福的图书馆人”为主题，进行了感性动人的会议总结。

最后，徐建华教授致闭幕词，并再次强调，实证研究是学科交流的共同语言基础，南开大学图书馆学实证研究学术会议一直致力于将规范的研究方法传递给每位研究者。这条路已经走了 6 年，道阻且长，行则将至。徐教授承诺将继续秉持“草根性、实践性、有效性和全免费”的传统，将会议坚持下去，也希望未来有更多图书馆学的从业者及研究者可以到南开接受方法论的洗礼。

3.2 会议特征

与前五届相比，本次会议不仅继承和发扬了“全免费、年轻化、平等交流”的传统，还表现出如下特点。

（1）与会成员热情高涨，学习态度端正积极。基于前五届积累的良好口碑，本届会议在通知发布之时，便收到了大家的热情回应，报名人数远超预计。而本届会议的参会者也可谓排除万难来到天津，尽管受到暴雨极端天气、车次航班调整等诸多不利因素的影响，与会者仍然以最饱满的学习热情、最端正的学习态度，全情投入到5天的讲座与培训之中。

（2）报告安排严谨规范，会务工作体贴周到。本届会议在筹备之时，便吸收和借鉴了以往5年的经验教训，在报告安排和课程设置上更加严谨考究，在保留问卷调查、深度访谈、实验三种方法专题讲授的同时，还在此前增设“实证社会科学研究的要点、技术与示范”主题报告，从宏观角度对实证科学研究的基础程序及关键点进行梳理，方便初学者对实证研究形成框架式认识，促进深入理解。而在徐晟博士的数据分析授课结束后，紧跟俞碧飏博士带来的论文写作报告，无缝衔接，为与会者呈现了数据分析转化为论文成稿的完整过程，改善了讲授的质量。此外，会议还安排了具有地方特色的相声表演，使得与会者劳逸结合，提升了次日学习的效率。同时，面对暴雨带来的各种临时变故，会务工作人员也经受住了考验，有条不紊地做出应对，为参会者提供了周到贴心的服务，保证了会议的质量，获得了大家的一致认可。

（3）跨学科。会务组在规划课程时就十分重视讲课嘉宾学科来源的广泛性，特意邀请到社会学系、心理学系的资深教授进行主题报告。鉴于以往五届树立起的品牌效应，本届会议也吸引到社会学、政治学、会计学、公共管理等各个领域的参会者，这对于为图书馆学引入其他学科的视角、方法，实现对问题的整合性研究，促进跨学科的交流与合作都有着非凡的意义。

（4）国际化。本届会议嘉宾中不乏海外学者及编辑的身影，美国克利夫兰州立大学孙荣军教授、英国 Emerald 出版社出版关系助理徐婧女士以及美国佛罗里达州立大学俞碧飏博士均带来了精彩的主题报告。其中，孙荣军教授的报告为整个会议引进了国际思路，对开阔与会者的视野大有裨益。而俞碧飏博士的分享，直接围绕美国图书馆学的实证研究展开。

4 结语

“台上一分钟，台下十年功”，本次图书馆学实证研究博士生学术会议虽然只有短短的5天，但徐建华教授及其团队为这场会议付出的心血及努力却持续了3月有余。而本届会议成功举办的背后也可谓“一波三折”，从筹备之初的人手不足到会议报到当日的突降暴雨，其过程不可谓不艰辛。但是徐教授及其带领的会务团队，怀揣着对图书馆学的学术责任感，顶住了压力，克服了困难，再创了辉煌。不仅在参会人数上创历史新高，在会议安排上也更加精心严谨，愈发凸显现代性、跨学科性及国际性，进一步巩固了前五届会议累积的良好口碑及品牌效应。近年来，我国图书馆学实证研究取得了巨大进步，在这方兴未艾的关键时刻，更需要科学的引导与规范。南开大学信息资源管理系徐建华教授及其引领的“图书馆学实证研究会议”便在其中承担着重要角色，并在学界形成“南开学派”。我们衷心希望：图书馆学领域的更多学者特别是后起之秀，可以通过这个会议更加真实地了解中国图书馆现状，改变传统感悟、思辨式的研究范式，在规范的实证研究中，在深入的跨学科合作中，改变图书馆学当今的研究生态，共同推动中国图书馆事业的发展，使其巍然屹立于现代学术之林。

（文章来源:《图书馆研究与工作》2016 年第 3 期）

上海市图书馆学实证研究研讨班

2016 图书馆学实证研究研讨班在同济大学成功举办

何青芳

“图书馆学实证研究研讨班”由国内知名图书馆学实证研究专家、南开大学商学院信息资源管理系徐建华教授领衔的学术团队为参会人员做专题培训。本次培训由 7 个专题组成。

南开大学周恩来政府管理学院社会心理学系副教授陈浩博士在“社交媒体、搜索引擎与行为科学研究”专题中主要介绍了何谓“大数据”、这些数据的用途，以及行为科学实证研究的基本过程，并以大量的事例展示了海量的网络大数据在多个研究领域的作用。

王翩然博士在“问卷调查的研究设计”中介绍了社会科学实证研究的常用方法和基本过程，并以他们团队曾经做过的调查“图书馆员刻板印象”研究为例，对其中的问卷调查法从问题的产生、问卷的设计到实施进行了详细的讲解。

南开大学周恩来政府管理学院社会学系教授郭大水在“访谈技巧及实施”

中，讲解了社会科学研究的询问技术及其方法论意义、访谈的类型与常用的四种基本方法、访谈三大环节与主要的技术以及访谈记录的整理与分析。

天津师范大学心理与行为研究院徐晟博士在《数据录入与审查、因素分析、信效度检验、描述性统计、均值比较、回归分析》专题中，先介绍了问卷与量表的区别、如何选取有效问卷和如何给问卷编号以及编号的意义，随后带领大家上机实际操练了 SPSS。

最后，王翩然博士在“实证研究报告与论文的写作”专题中，以他们团队围绕“图书馆员刻板印象”研究课题所发表的一组文章为例，详细讲解了如何将数据转化为论文、如何撰写问卷调查的研究论文和如何形成一组论文。

在实证研究的培训过程中，徐建华教授还向与会馆员们介绍如何申报社科基金项目以及申报中的注意事项，并做了题为“图书馆人职业生涯规划与管理”的报告。

培训活动结束后，金晓明与徐建华为各位学员颁发了培训证书。

（文章来源:《上海高校图书情报工作研究》2017 年第 2 期）

第七届图书馆学实证研究博士生学术会议

2017 年第七届图书馆学实证研究博士生学术会议综述

王晴　路锦怡

在社会科学领域，心理学、社会学等学科将实证研究方法的专业训练和拓展视为“必修课”。我国图书馆学研究长期盛行思辨性研究，缺乏一套体系完整的研究方法，以至于研究过程及结果的可重复性和可验证性较弱，亟待推广实证研究方法，以推动学科建设。为此，南开大学商学院信息资源管理系徐建华教授 2011 年创办图书馆学实证研究博士生学术会议，迄今成功举办了七届。本文对第七届“图书馆学实证研究”博士生学术会议进行综述。

本次会议于 2017 年 7 月 14-19 日举行，由南开大学商学院主办，信息资源管理系承办，继续秉承“全免费、年轻化、同一平台多群体平等自由交流”原则。220 名参会代表主要来自北京大学、南京大学、浙江大学等 40 多所高校，40 多家图书馆和信息机构，《图书情报工作》《图书馆建设》《图书馆论坛》等期刊，以及出版社、图书馆等供应商。

1 会议主要内容

本次会议核心内容包括：实证研究方法的基本问题和规范；实验研究方法在图书情报领域的应用；图书情报领域实证研究类文章的特点分析；扎根理论的内容剖析；问卷调查及访谈研究法规范；数理统计与 SPSS 操作；学术论文写作与投稿；图书馆员职业生涯开发与管理。

7 月 15 日上午，首先举行开幕式，南开大学商学院副院长张继勋教授在致辞中表示，“图书馆学实证研究”博士生学术会议是该院“双一流”学科建设的重要组成部分，已成为知名品牌会议。中国社会科学院学部委员、国家社科基金图书情报与档案管理学科评审组组长黄长著教授在致辞中表示，“图书馆学实证研究”博士生学术会议为图书馆学及相关学科实证研究提供了很好的交流平台，受到广泛好评。随后，南开大学陈浩副教授围绕社交媒体、搜索引擎与行为科学研究主题，从大数据与计算行为科学切入，重点分析基于社交媒体和 Google 搜索引擎数据的研究进展及趋势；黄长著教授从选题、研究框架设计、论证、学术规范、创新等方面讲解国家社科基金项申请的注意事项和关键性成功因素。下午，天津师范大学杨海波副教授做了题为“眼动追踪技术与图书信息检索研究”的报告，从基本原理与指标选择两方面展开；美国北卡罗来纳大学教堂山分校 Sturm 副教授介绍了美国图书馆学界研究重点与现状；英国 Emerald 出版社中国市场主管秦靓婷女士介绍了 SSCI/SCI 期刊论文写作与投稿经验，图情期刊编辑介绍了各刊特色和用稿规律。

16 日上午，美国佛罗里达州立大学俞碧飏博士做了题为“问卷调查的研究设计”的报告，以“图书馆员刻板印象”研究为例，结合 D-7 方法，评析从研究缘起到数据采集、从数据分析到研究推广的细节性事项，展示了操作方案；天津师范大学马惠霞教授作了“问卷与量表辨析”报告，对量表评定、选择等关键议题进行了评判；南开大学信息资源管理系路锦怡同学分析了 2016 年图书馆学期刊问卷调查法文章的特点。下午，南开大学人类学博士冯琳介绍了扎根理论，澄清了该方法与实证研究方法的关系；俞碧飏博士介绍了美国图书馆情报学与实证研究动态，强调用证据说话、凭证据决策的重要性。晚上，举办“出国留学经验与申请”分享会，Sturm 副教授、俞碧飏博士和南开大学信息资源管理系王翩然博士介绍了美国图书馆与信息学 PHD（哲学博士）项目、美国 LIS（图书情报学）读博及访学等。

17 日进入实践阶段。天津师范大学徐晟助理研究员带领与会代表上机操作，围绕数据录入与审查、因素分析和信效度检验，描述性统计、均值比较和回归分析进行理论讲解和实务操作。下午，王翩然博士介绍了问卷调查类论文写作经验，分享了从数据到论文的“六法”。

18 日上午，南开大学社会学系郭大水教授做了“访谈技巧及实施”报告，从访谈基本理论、分类及特点、实践等方面阐述访谈的程序、技术；徐建华教授做了“图书馆员职业生涯开发与管理”报告。下午，南开大学信息资源管理系于良芝教授和李月琳教授介绍了各自的研究项，分享了科研经验。

2 会议特征

（1）国际化。本次会议特别邀请美国北卡罗大学教堂山分校 Sturm 副教授、佛罗里达州立大学俞碧飏博士做报告；邀请英国 Emerald 出版社中国市场主管秦靓婷女士解读 SSCI/SCI 期刊论文写作与投稿经验，拓展了参会代表的国际视野。

（2）公益性。本次会议经费由徐建华教授自筹，免收会务费，且向学生群体免费提供食宿。杭州市图书馆事业基金会、北京人天书店有限公司、上海上业信息科技股份有限公司、湖北三新文化传媒有限公司、广州图创计算机软件开发有限公司、天津大学出版社等鼎力支持会议。

（3）跨学科。实证研究不属于某一特定学科，而是作为一种通用型方法惠及更多学科。本次会议邀请心理学、社会学、人类学、图书情报学等专家提供学术支持，为图书馆学实证研究的未来合作提供了机遇。

（4）实践性。黄长著教授表示：“理论的认知、提升及应用都离不开实证，理论最终要回到解决实际问题中去。”本次会议报告均彰显了实践特色，而上机操作一天，安排问题诊断，提升了参会代表的实践操作能力和数据分析能力。

（文章来源：《图书馆论坛》2017 年 37 卷第 9 期）

第八届图书馆学实证研究博士生学术会议

第八届图书馆学实证研究博士生学术会议综述

杨济霞　吴颖颖

1　引言

自 2011 年以来，徐建华教授团队秉持“平等、多元、免费”的原则，已连续成功举办了七届全国性博士生学术会议。会议获得了很大的成功与极高的赞誉，在图书馆学领域掀起了规范化实证研究的浪潮，弥补了我国图书馆学长期以思辨性研究方法为主的缺陷，推动了学科建设的全面发展，并以“知名品牌会议”的身份成为南开大学商学院“双一流”学科建设的重要组成部分。

2　参会人员

参加本次学术会议的人员共计 200 余人，分别来自北京、上海、湖南、江西等 20 多个省市。他们有高校青年教师及博士、硕士研究生，包括北京大学、南京大学、武汉大学等 10 所高校 5 个二级学科的博士生 20 人，34 所高校 6 个二级学科的硕士生 103 人，2 所高校的 5 位本科生，7 所高校 5 个专业的青年教师 8 人。其中不乏导师带着博士研究生和硕士研究生一起来。还有来自湖北省图书馆，江西省图书馆，太原市图书馆等 7 个省、市级图书馆的从业者 45 人，以及部分图书情报领域核心期刊的编辑和一些中盘商与数据库供应商。

3　会议内容

本次博士生学术会议于 2018 年 8 月 23 日上午 9 时正式启动，其主要内容包括：海外图书馆学研究热点、研究动态与规范性要求，近年发表的图书馆学实证研究论文点评，问卷调查的规范与实施、问卷调查方法中量表与问卷的辨析、SPSS 数据分析全过程讲解、数据分析与发文关系，面向儿童用户的研究方法、内隐刻板印象实验方法、眼动实验与 SC-IAT 实验在图书馆领域的应用，国内外学术期刊发文技巧，南开大学信息资源管理系前沿研究介绍，与会者实证研究中所遇问题的诊断等。

南开大学商学院徐建华教授主持了此次会议的开幕式，南开大学商学院副院长、信息资源管理系主任李月琳教授致辞，对与会人员共聚南开大学商学院进行学术交流表示热烈欢迎并向参会嘉宾简要介绍了南开大学信息资源管理系的历史背景与发展现状，鼓励与会的博士、硕士生，教师以及图书馆从业者多到南开大学学习交流。随后《图书与情报》杂志社编辑魏志鹏先生，吉林大学管理学院马捷教授，湖北省图书馆谢春枝副馆长，南京农业大学童万菊博士分别发言，四位代表均对本次“公益性”“全免费”的实证会议表示感谢，并对徐建华教授十余年来坚持规范化实证研究的治学态度与学术热忱表达了认可与敬仰。开幕式结束后，中国社会科学院学部委员（国家社科基金图书情报与档案管理学科评审组组长）黄长著教授做了题名为“我的治学之路：烦恼与快乐”的报告。报告中黄教授结合自己的成长道路和工作体会，向与会者传达了正确的治学态度与治学方法。黄教授指出要扎实做好学术积累，切勿急功近利；强调多用平实、准确的语言而不要乱造新词，哗众取宠；重视科学的研究过程，确保层次分明；此外，提出学术研究过程中需要处理好的“六大关系”；最后，黄教授以“学习不止，探索无尽”鼓励与会人员在学术道路上不断进取，勇攀高峰。

随后，天津师范大学的杨海波副教授给大家带来第二场题名为“眼动追踪技术与图书信息检索研究”的精彩报告，杨教授用诙谐的语言与经典的案例让与会者了解到“什么是眼动追踪”，“眼动追踪的实践价值”以及“眼动指标的选择与解释”。除此之外，杨教授还分享了将眼动追踪技术与图书信息相结合的有关研究、实践，使在座高校师生与图书馆从业者深受启迪。23日下午，南开大学图书馆学博士生王翩然做了主题为“面向儿童用户的研究方法”的报告。她强调儿童用户是图书馆研究中不可忽视的研究群体，然而由于该群体的特殊性，图书馆界对儿童用户的研究存在缺失抑或研究方法不严谨的问题。基于这一现状，王翩然博士提倡使用针对儿童用户开发的研究方法，包括马赛克法、任务中心的数据收集方法、阶梯法等。随后王博士介绍了其团队基于这些研究方法开展的、以学龄前儿童为研究对象的实证研究，探索出了学龄前儿童对图书馆服务的认知与偏好，为图书馆开展儿童服务提供了诸多宝贵建议。23日下午的第二场报告由美国佛罗里达州立大学图书情报学院的俞碧飏博士围绕“图书馆员内隐刻板印象”展开，俞博士首先向大家解释了什么是“实验与实验范式”以及“内隐联想测验（IAT）”，随后以

“图书馆员内隐刻板印象”为例，从研究问题出发，详尽地介绍了从研究设计、实验方法、数据分析到实验结论的完整过程，使与会者切实感受到作为实证研究方法之一的实验法的魅力。第三场报告中，英国 Emerald 出版社主编秦靓婷女士向与会者介绍了 Emerald 的投稿指南，她尤其强调英文学术论文写作的规范性，从文稿的构成着眼，深入浅出地讲解了一篇合格的英文学术论文应该具备哪些特点，为与会嘉宾的英文投稿提出了全面的、指导性的意见。24 日上午，俞碧飏博士做了关于“美国图书情报学与实证研究”的报告，介绍了图书馆实践（包括用户研究，图书馆管理，馆藏建设等）与实证研究密不可分的关系；她特别强调在实证研究过程中研究问题的重要性，关注 Research Problem 到 Research Question 的衍变，从而不断推进可操作性的研究设计；在实证研究与实证研究方法论的定义上，俞博士给出了清晰的界定与辨析。随后，天津师范大学心理与行为研究院的马惠霞教授作了关于“问卷与量表辨析”的报告。马教授指出“问卷”和“量表”并不完全等同，量表是一种问卷标准化后的工具，因而其标准化的过程尤为重要。此外，马教授还解释了心理测验与评定量表的差异，使与会者更深刻的理解了量表的概念。

之后，来自《图书情报工作》等 3 个杂志社的编辑与参会嘉宾进行座谈、答疑。24 日下午，俞碧飏博士做了关于“研究设计与问卷编制”的报告，提出问卷调查研究设计的“七步法”。她认为问卷调查研究就像车间流水线，问卷的标准化和规范化会直接影响到问卷测试结果的准确性。因此，标准化和规范化应该贯彻于问卷调查的每一步。随后，南开大学图书馆学的 2014 级本科生路锦怡同学作了关于“2017 年图书馆学期刊问卷调查法文章分析”的报告，其根据数据分析的结果发现，在已发表的基于问卷调查的文章中仍然存在诸多不规范和不完整的问题并呼吁重视问卷编制的规范化。最后徐建华教授做了主题为“我的实证研究之旅”的报告，回顾了致力于“图书馆学实证研究”十三载的喜与忧。徐教授指出，图书馆掌握实证研究方法存在诸多益处，他认为用数据说话才能实现言之有物，才能真实了解施测对象，进而有针对性地开展图书馆服务；报告接近尾声时，徐教授向与会青年发出“中国的图书馆事业应该由我们来支撑，图书馆学的历史也应该由我们参与书写”的号召。25 日，天津师范大学心理与行为研究院助理研究员、硕士生导师徐晟老师带领大家在机房进行 SPSS 的实践操作，从数据导入、描述性分析，到方差分析、多元回归方程的构建，深入浅出地讲解了如何应用 SPSS 进行数据分析。下午 16 时，王翩然博士做了关于“问卷调查研究的论文写作”的报告，介绍了如何将数据在统计软件的分析下转化为一篇合格的学术论文，提出通过“六步走”的方法由表及里、由浅入深的描述数据、解释数据、总结规律、得出结论。参会嘉宾针对数据结果与实际现状存在差异的问题与王博士展开热烈讨论。26 日上午，南开大学社会学系郭大水教授做了关于“访谈技巧及实施”的报告。郭教授用幽默的语言、趣味的表达向参会者讲授了做好访谈应该具备的研究方法和访谈技巧。下午，南开大学于良芝教授与李月琳教授分别向与会者分享了其已经完成的研究成果与正在进行的前沿研究。随后，会务组收集了与会人员几天来产生的问题与困惑，开展问题诊断环节，由徐建华教授、徐晟老师、俞碧飏博士与王翩然博士进行现场答疑。最后，徐建华教授发表闭幕词，宣布“第八届图书馆学实证研究会议”圆满结束。

4 结语

徐建华教授团队举办的“图书馆学实证研究博士生学术会议”历年来坚持会议议题前沿化、与会主体年轻化、研究方法规范化，秉持平等、多元、免费的办会原则，为图书馆各界同人提供了平等交流的学习机会，创造了获取前沿信息的偶遇平台。徐教授多年来致力于推行规范的图书馆学实证研究，并将其作为自身的学术担当，对当今图书馆学的研究范式与学术生态具有不可估量的影响。徐教授呼吁，当代博士、硕士均应承担起一份学术责任，用严谨的治学态度和规范的研究方法不断要求自己，为图书馆学与图书馆事业的蓬勃发展贡献力量。

第九届图书馆学实证研究博士生学术会议

第九届图书馆学实证研究博士生学术会议在南开大学召开

郑卫光　伍巧

为进一步深化和拓展中国图书馆学实证研究，2019 年 7 月 13-18 日，第九届“图书馆学实证研究”博士生学术会议在南开大学召开。会议由南开大学商学院主办，信息资源管理系、公共文化创新研究中心、杭州市图书馆事业基金会承办。议题包括图书馆学研究热点与动态、论文点评、问卷设计与实施规范、SPSS 数据分析、跨学科研究方法应用、期刊发文及课题申请技巧等内容，具有鲜明的实用性和前沿性，体现了公益性和国际化的学术精神。全国 40 余所高校的博士、硕士研究生及 30 余家图书馆的 60 余名图书馆员、10 余位教师、《图书情报工作》《图书馆》等期刊代表参加了本次会议。

7 月 14 日，教育部“青年长江学者”、南开大学商学院博士生导师王芳教授在开幕式上致辞。她表示，图书馆学实证研究博士生学术会议已形成鲜明的学术影响，成为图书馆学及相关学科博士硕士生、业界人员接受方法论洗礼的重要平台，彰显了南开大学图书馆学的专业实力，希望与会嘉宾广泛参与、加强交流与合作，共同推动图书馆学研究的科学化和规范化。天津师范大学心理学部副部长、博士生导师杨海波教授做了题为“眼动追踪技术应用于图书情报研究：基本原理与指标选择”的主题报告，在解释了眼动指标的基础上，通过问题的提出和案例分析，展示了眼动追踪技术的研究现状和动态，最后引入到图书情报研究领域，对可借鉴的理论与范式以及研究方向进行了评析。南开大学王翩然博士后做了题为“面向儿童用户的研究方法”的主题报告。报告提出了儿童用户的研究主题、视角转向、研究方法等问题，并以“学龄前儿童视角下的公共图书馆儿童服务研究”为例，从研究目标、研究设计以及研究结果等方面揭示了学龄前儿童对公共图书馆服务的感知、偏好及认知机理。美国克里夫兰州立大学社会学系孙荣军教授在题为“社会科学研究方法的几个基本问题”的主题报告中，阐述了广义社会科学研究中“认”“知”“行”的问题，提出其分析范式的六个阶段。并提出狭义社会科学研究方法的中心环节，即数据→归纳→理论→演绎的循环过程，同时提醒人们警惕伪实证研究。南开大学路锦怡硕士从问卷编制、研究设计、标准化、结果统计分析等视角，对 2018 年图书馆学期刊问卷调查法文章进行了分析和点评。

7 月 15–16 日，王翩然博士后做题为“实证研究与问卷调查”的主题报告，内容涉及科学与实证主义、人类社会与社会科学、社会科学领域的实证研究范式、问卷调查法等四个方面。在题为“社交媒体、搜索引擎与计算行为科学”的报告中，南开大学陈浩副教授介绍了行为科学实证研究的基本过程、信息科学与行为科学的关系，介绍了社交媒体数据的应用领域并以案例作为解读点，特别是介绍了团队所做的“微博情绪词库”研究项目。南开大学徐建华教授做了题为“实证研究设计”的辅导报告，以刻板印象规范性问卷调查为例，介绍规范性问卷调查方法在图书馆学研究中的使用、实证研究的“七步法（D-7Method）”，思考14年的实证历程（专题、百篇以上）和心得，强调方法和工具十分重要，规范性是根本，对使用实证研究方法要怀揣敬畏之心。在接下来的上机实际操作环节，由天津师范大学心理学部徐晟助理研究员作了专题辅导。

7月17—18日，南开大学郭大水教授做了题为“访谈技巧及实施”的专题报告，论述了访谈的类型及其概念、意义及实施的核心内容，并对访谈的三大环节（入门、谈话、出门）以及访谈中的艺术（语言、行为）和访谈资料整理和写作问题做了解析。南开大学于良芝教授和王芳教授到会并与大家进行了学术交流和探讨。同时，知名情报学家王知津教授就国家社科基金项目申请与论证做了专题报告；徐建华教授从职业生涯规划与管理的角度，为我国图书馆员的职业发展提供了战略指南，颇具创新性的观点和看法引起了与会者的强烈反响和一致好评。最后，中国科学院文献情报中心、中国科学院大学图书情报与档案管理系主任初景利教授做了题为“科学研究与论文写作规范”的报告。从“为什么要写论文”入手，针对“写论文难吗”等问题，阐述了学术能力的构成（理论构建与实践创新）、“写”论文的质疑、论文的类型、好论文质量的判断（选题、方法、内容、结果）等主旨内容。

“图书馆学实证研究”博士生学术会议是徐建华教授创立的学术品牌，自2011年起已连续成功举办八届，会议致力于将图书馆学实证研究范式推广、传承下去，获得学界的广泛好评并且形成了较大的影响力。

（文章来源:《大学图书馆学报》2019年第37卷第5期）

前进中的中国图书馆学实证研究

——图书馆学实证研究博士生学术会议5年回眸

宋志强　亢琦

引言

在科学研究活动中，研究方法决定了整个研究的深度和广度，并对研究结果产生重要的影响。实证主义认识论与方法论因强调通过现实经验了解事物与社会现象，获得了科学研究共同体的长久认可与推崇。以心理学、社会学等为代表的社会科学已经将实证研究方法的训练作为研究者的必修课。图书馆学作为社会科学的一部分，理应接纳并在本学科内培植实证研究方法，使其成为图书馆学研究者的研究手段之一。然而，我国图书馆学研究长期以思辨、感悟为主，研究成果鲜能积累、传承。其中大部分的原因是缺乏科学、可靠、有效的研究方法，使得研究过程难以重复，研究结果得不到验证。在我国图书馆学发展中，我们缺席实证研究这一重要课程，因此，急需推广实证研究，并在此基础上发展本学科的研究特色。

在如上的情境下，更新图书馆学研究方法的观念，发展与图书馆学相适应的研究方法，对于学科的发展具有十分重要的意义[1]。当今学术研究，要想赢得其他学科学术上的尊重，学术研究的标准化、规范化，以及在研究方法上与其他学科的接轨，是非常必要的[2]。在探寻研究方法的道路上，我们不难发现，1995 年之前，几乎未见实证研究的相关论文，论文数量自 2005 年才出现增长的态势[3]，2007 年“馆员快乐指数研究”[4][5][6]一组文章，正式揭开了实证研究的大幕。恰逢图书馆学实证研究博士生学术会议举办五周年之际，文章将对我国图书馆学实证研究发展进行总结，并结合五届学术会议的内容、规模和影响进行分析与整理，以期对中国图书馆学实证研究有一个阶段性的了解。

1 国内图书馆学实证研究发展简述

实证主义认为世界是客观的、可认知的，自 20 世纪 50 年代以来，一直在社会科学中占有举足轻重的地位，主要是通过实验、访谈、问卷调查等方式获得数据，再经过统计分析获得变量之间的关系，在保证信度、效度的前提下，以获得科学研究结论，其目的是理论检验[7]。曹树金在《美国图书馆学博士学位论文的研究主题及研究方法分析》一文中指出，“与研究主题所体现的直接面向图书情报工作实践的特点相对应，研究方法以实证研究方法为主。”[8]李超平在《图书馆学研究方法的互补》中指出，“从图书馆学学科建构的角度，纯理性的、思辨的思维方式永远是需要的，但对于直接面向应用，通过调查与论证、比较与分析来获得对现实的精确的、准确的认识是思辨研究所不能及的，也是不能替代的。”[9]在 1995–2009 年，对图书馆学实证研究学术论文的统计中发现，实证研究受到了图书馆学界的重视，但是在研究主题和研究水平等方面表现得参差不齐[10]。赵微等对 2004–2008 年间 12 种期刊刊载的实证研究文章研究后发现，存在样本选取上的非规范性，数理统计技术运用上的欠缺，研究者缺乏客观中立性等问题[11]。2008 年和 2009 年连续两年，徐建华呼吁规范性的实证研究、切切实实的数据调查，科学、可靠的分析研究是必不可少的，“要用数据说话，让空谈走开”[12]。尽管图书馆学实证研究相关论文数量保持着稳定的增长，但是总体比重较小，另外，对于数据的利用和挖掘的广度和深度不高，最为重要的是体现在研究设计、样本选取、数理统计技术运用等方面规范性的欠缺，缺乏对数据的科学分析手段已成为图书馆学实证研究的软肋，“实证是行动，更需要规范”[13]。笔者利用 CNKI、万方、维普三大中文数据库，对 2010 年至今发表的图书馆学实证类文章分析发现，无论是文章的数量和研究方法应用的规范性上，整体呈现良好的发展态势。其间，“图书馆学实证研究博士生学术会议”对整个图书馆学实证研究的学术生态具有重要的推动作用。

2 “图书馆学实证研究博士生学术会议”发展历程

截止到 2011 年 11 月，国内共有 27 所高校开设了本科专业、42 个硕士授权点、9 个博士授权点、5 个博士后流动站，1 个博士后工作站。虽然从数字上看还差强人意，然由于整个学科的研究基本处于思辨性占主导和引领地位，致使学术研究的积累性较差。本领域中虽有不少有识之士努力想有所改变，但见效不大，主要原因是不得其法，没有抓住问题的症结，依然试图沿用传统的思辨方法来进行改善和改变，结果自然是于事无补。在这样的时代背景下，由南开大学徐建华教授组织的“图书馆学实证研究”博士生学术会议顺时而生。

2.1 图书馆学实证研究：规范·创新·推广

2011 年 11 月 18-21 日，第一届“图书馆学实证研究：规范·创新·推广”博士生学术会议在南开大学商学院成功举行。会议上一般性地介绍规范性实证研究的特点，重点介绍问卷调查方法，运用具体的问卷调查数据，全体与会者进行了实际操作。作为首秀，会议的圆满落幕，一方面在行业内推广了规范性实证研究的方法，展示了南开大学图书馆学研究的水平与形象，同时，正式打出了“中国图书馆学研究的南开学派”的大旗。正如本次会议关键词所描述，会议对未来中国图书馆学实证研究的规范性提出了希望，并创造性开拓了免费性、实践性、草根性的办会模式，将图书馆学实证研究的方法试图推广到更广阔的研究空间。

2.2 图书馆学实证研究：规范·拓展·超越

2012 年 8 月 23-27 日，第二届“图书馆学实证研究：规范·拓展·超越”博士生学术会议在南开大学商学院召开。本次会议目的是强力推广规范性实证研究方法，巩固去年会议成果，力争引领和改造国内图书馆学研究生态。在保持上一年特色的基础上，增加了两个内容：首先，在方法上增加深度访谈，让与会者对访谈有了初步的了解；其次，来自重庆少儿图书馆的刘方方老师，针对已经公开发表的实证研究论文进行了评点，用具体的实例，告诉与会者实证研究中存在的欠规范之处。

通过这次会议，与会者对规范性实证研究的内容、程序和方法都有了更加深刻的认识与理解，了解了当今实证研究存在问题的类型，对于今后如何进一步进行学术研究更加明晰。在闭幕式上，徐建华教授呼吁“中国出现芝加哥学派的条件已成熟，当代的博士、硕士们应该有自己的学术担当，倡导规范性的实证研究”[14][15]。

2.3 图书馆学实证研究：规范·突破·延伸

2013 年 7 月 3–7 日，第三届图书馆学实证研究博士生学术会议如期而至。会议的主体安排为图书馆学实证研究三种常用方法的介绍与演示，即问卷调查、深度访谈和实验。本次会议增加了实验方法的讲授与演示。首次在国内图书馆界将实验方法推送到与会者面前，令与会者耳目一新。天津师范大学心理与行为研究院杨海波副教授详细介绍了眼动的相关理论、重要概念，展示了眼动实验在多领域的应用案例，并给出在图书馆学研究中引入眼动实验方法的建议。俞碧飏博士以“图书馆员内隐刻板印象”研究为例，介绍了实验方法在图书馆员刻板印象研究中的成功应用。

经过三年积淀，会议内容已涵盖问卷调查、深度访谈、实验三种实证研究范式的主要研究方法。会议中眼动实验方法和内隐联想测验方法的引入，大大开拓了与会者的眼界、激发了他们对实证研究的兴趣、增加了图书馆学科在方法论上与其他学科平等对话的机会[16]。

2.4 “图书馆学实证研究·2014”

2014 年 7 月 11–16 日，“图书馆学实证研究·2014”博士生学术会议在南开大学商学院召开。这是徐建华教授团队自 2011–2013 年连续成功举办三届全国性博士生学术会议之后的第四届。会议举办消息一经发布，立即得到了图书馆界的热烈响应。本届博士生学术会议开始向国际化方向发展，会议参与者范围扩大到编辑出版领域，另外，本次会议的另外一个亮点是来自 11 家期刊的主编和编辑们同与会者们座谈，为了解彼此的想法提供了一个很好的交流平台，均获益匪浅[17]。

根据前三届与会人员的反馈情况，最终决定本次博士生学术会议继续安排问卷调查、深度访谈方法、实验方法等经典内容；保留了对近年来图书馆学核心期刊上公开发表的实证研究论文进行评点、核心期刊编辑座谈、海外论文发表指导、本系教师前沿研究成果展示等主题讲座。此外，在经典的深度访谈基础之上，延长讲授时长，增加对访谈材料的编码与分析等内容，完整地展示深度访谈的全过程；在上机操作获取数据的基础上，增加基于实证研究数据分析结果撰写论文的专题。本次会议还增设了诊断环节，现场为与会者解答他们在以往实证研究过程中遇到的问题，效果极佳。

2.5 “图书馆学实证研究·2015”

2015 年 7 月 8-12 日，第五届图书馆学实证研究博士生学术会议在南开大学召开。连续五届的会议，在图书馆学实证研究方法的推广上，可以作为一个标志性的里程碑。从每一届的议题内容和影响中可以清楚地判断，中国图书馆学实证研究生态正走向美好的未来。从第一届的初露端倪，到第二届会议内容的拓展与超越，再到第三届研究方法的增加和第四届国际化元素的加入，会议一直在保留经典内容的同时，不断融入新的元素。在本次第五届的会议上，集中体现了国际性、公益性、实践性、跨学科性、草根性等特点。与前四届一致，与会者仍然包括 5 个群体，形成了以学生为主，教师、图书馆员、编辑、出版社共同参与，平等交流、相互学习的立体式学术氛围。

本次会议将国际性作为会议的重要议题，试图将会议推向国际化的舞台。会议再次邀请了美国克里夫兰州立大学社会学系终身教授孙荣军做了关于“社会科学研究方法的几个问题”的报告，重点从研究方法的规范性、结合具体研究事例和与会者讨论研究中变量控制等相关问题；美国雪城大学信息学院终身教授秦健在“Do No Harm：美国关于对涉及人的科研项目的机构审核制度”的报告中，重点讲述了美国的机构审查委员会 IRB（The Institutional Review Board）的作用、申请程序、申请内容等，对于国内学者在海外发表论文有很大的启发；美国南康涅狄格州立大学终身教授、“福布莱特学者奖”（Fulbright Scholar Program）得主刘燕权在“实证研究在美国”的报告中，对实证研究在国际中的认可度、实证研究的具体过程、类型、方法与步骤等进行了详实的解读，并肯定了国内实证研究近些年取得的进步，尤其表现在研究方法和技术等方面，但是同时指出缺乏扎扎实实的分析等问题；现就读于美国佛罗里达州立大学图书情报学院的俞碧飏博士，在“美国图书馆学系与图书馆研究特点”的报告中，分析了中美两国图书馆学培养人才方式、课程设置等方面的异同，并从多方面总结了美国图书馆学研究特点。

除了保留前四届议题内容，本次会议邀请南开大学冯琳博士结合丰富的社会学、文化人类学研究经验，向大家介绍了扎根理论方法论及其应用，澄清了扎根理论方法论与实证研究方法论之间的关系；天津师范大学心理与行为研究院马惠霞教授在“问卷与量表辨析”报告中详细分析了问卷与量表的异同对于量表编制中的项目分析、信效度检验、预测等问题的影响。

徐建华教授在闭幕发言中再次强调，“学术是天下之公器，每个研究者在研究方法面前都应是平等的，南开大学实证研究会议将承诺会议的国际性、公益性、实践性、跨学科性、草根性，为大家提供一个平等交流的平台，共同影响图书馆学的研究生态。”

3 结语

科学研究的目的是发现真理，积累知识。研究方法本身并不存在“好”或者“不好”，我们要根据具体的研究问题、研究过程和研究对象，选择适宜的研究方法，一切本着认真负责的研究态度、严谨的研究作风来开展具体的科学研究。实证研究方法在图书馆学研究中的规范化与推广必将为整个图书馆学研究方法的发展带来新的活力，从而推进我国图书馆学学科的发展。连续五届“图书馆学实证研究”博士生学术会议的顺利举行，从 2011 年问卷调查法的“播种”，2012 年访谈法与案例点评的加入，2013 年实验方法的加入，2014 年国际化初探，到 2015 年国际性、公益性、实践性、跨学科性、草根性模式的成熟，在这 5 年里，实证研究已经“开花、结果”。

作为实践性较强的学科，我国图书馆学应大力弘扬实证研究，这对改变图书馆学的学科话语权、拓展研究视野、丰富研究内容、提升整体的研究水平都有十分重要的意义[18]。但需要注意的是，切勿陷入“左”的模式中，更不要陷入“伪实证”的研究泥潭。芝加哥学派倡导的图书馆学实证研究方法引领国外图书馆学顺着研究方法的大门步入社会科学殿堂[19]。在国内，尽管我国图书馆学错过了一次次的学科改造，但可喜的是，自 2011 年到 2015 年的 5 年时间里，在“南开实证研究学派”的影响下，我国的图书馆学研究方法，正在朝向多元并存，实证研究更加科学、规范的道路上前进。五年，是一个节点，更是一个开始。

参考文献

[1] 吴慰慈. 关于图书馆学研究方法的思考[J]. 中国图书馆学报，1992（3）：18-20，89-90.

[2] 徐建华. 引言：从实证的角度研究当代图书馆员的工作满意度[J]. 图书情报知识，2007（5）：5-7.

[3] 廖利文.1995-2007 年实证研究方法在图书情报学中的应用情况[J]. 现代情报，2008（10）：57-60，64.

[4] 徐建华. 当代图书馆员的"快乐指数"值得关注[J]. 图书情报工作，2007（6）：5.

[5] 李超，徐建华，霍丽敏，田立忠. 当代图书馆员"快乐指数"调查主报告[J]. 图书情报工作，2007（6）：6-11.

[6] 秦阳，刘颖，田立忠. 当今图书馆员快乐指数对工作满意度影响的研究[J]. 图书情报知识，2007（5）：18-21.

[7] 陈晓萍，徐淑英，樊景立. 组织与管理研究中的实证方法[M]. 北京：北京大学出版社，2009：109-110

[8] 曹树金，陈忆金. 美国图书馆学博士学位论文的研究主题及研究方法分析[J]. 图书情报知识，2011（5）：28-33.

[9] 李超平. 图书馆学研究：方法的互补[J]. 图书情报工作，2001（2）：13-16.

[10] 石烈娟. 图书馆学实证研究综述（1995-2009）[J]. 图书馆，2010（6）：1-5，12.

[11] 赵微，徐建华，俞碧飏. 近五年来图书馆学实证研究的回顾与分析[J]. 图书与情报，2009（6）：45-50.

[12] 徐建华. 用数据说话 让空谈走开[J]. 图书情报工作，2008（4）：5.

[13] 徐建华. 实证是行动 更需要规范[J]. 图书情报知识，2009（5）：5-6.

[14] 卢正明."图书馆学实证研究：规范·拓展·超越"博士生学术会议综述[J]. 大学图书馆学报，2012（5）：89.

[15] 王翩然，宋志强.2012 年"图书馆学实证研究"博士生学术会议在南开大学举行[J]. 图书馆论坛，2012，32（6）：181.

[16] 陈嘉茜，王翩然.2014"图书馆学实证研究"博士生学术会议综述[J]. 图书馆学研究，2014（20）：100-101，5.

[17] 王茉瑶，付敏君. 南开大学成功举办“图书馆学实证研究·2014”博士生学术会议[J]. 图书馆论坛，2014，34（8）：125.

[18] 邱五芳. 中国图书馆学应进一步弘扬实证研究[J]. 中国图书馆学报，2008（1）：16-21.

[19] 刘璇. 芝加哥学派——中国图书馆学实证研究之殇[J]. 图书情报工作，2009，53（13）：46-49.

（文章来源：《山东图书馆学刊》2016 年第 1 期）

十年·实证篇

第一章　师资

九年间，既有国内中国社会科学院、南开大学、天津师范大学、西南交通大学，也有美国雪城大学、南康涅狄格州立大学、北卡罗来纳大学教堂山分校、佛罗里达州立大学等国内外 7 所高校和研究机构的多位学者在实证会议的平台与参会者进行交流。其中既有德高望重的教授，也有初出茅庐的青年学者；既有南开本校著名教授，也有兄弟院校的学者伙伴，他们都是实证会议九年成长历程的见证者。总体看来，实证会议的参与嘉宾呈现出国际化、跨学科、年轻化的特征。以下是历年来师资情况：

陈浩

南开大学周恩来政府管理学院社会心理学系 副教授

研究方向：计算社会心理学（大数据网络心理学、网络集群情绪与行为、亲密关系与进化心理）

授课主题：

《实证研究的方法、规范与实施》（第一届、第二届、第三届、第四届、第五届）

《社交媒体、搜索引擎与行为科学研究》（第六届、第七届、第九届）

徐晟

天津师范大学心理与行为研究院 助理研究员

研究方向：管理心理学，特别是工作投入、领导力、人员素质测评

授课主题：

《SPSS 的实践操作》（第一届、第二届、第三届、第四届、第五届、第六届、第七届、第八届、第九届）

俞碧飏

佛罗里达州立大学图书情报学院 博士

研究方向：现代图书馆管理，信息行为

授课主题：

《问卷调查设计——以“图书馆员刻板印象”为例》（第一届、第二届、第三届）

《深度访谈方法及其应用》（第二届）

《内隐刻板印象实验方法》（第三届、第八届）

《美国图书馆学系与图书馆研究特点》（第五届、第六届、第七届、第八届）《SC-IAT 实验在图书馆领域的应用》（第五届）

《问卷调查研究的论文写作》（第六届）

《问卷调查研究的论文写作》（第七届、第八届）

刘方方

重庆市少年儿童图书馆 馆员

研究方向：图书馆员和读者心理、公共图书馆未成年人服务

授课主题：

《近几年发表的非规范性实证研究论文点评》（第二届）

乔亚

Emerald 出版社中国北京办事处 公共关系主管

授课主题：

《大陆学者海外投稿存在问题的分析》（第二届）

杨海波

天津师范大学研究生院 副院长

研究方向：视觉注意控制、注意偏向、儿童注意发展、用户体验

授课主题：

《眼动实验方法》（第三届、第四届、第五届、第六届、第七届、第八届、

第九届）

董洁

西南交通大学心理研究与咨询中心 副教授

研究方向：临床与健康社会心理学

授课主题：

《深度访谈方法及其应用》（第三届、第四届）

《访谈资料的编码》（第四届）

李媛

河北工业大学图书馆 馆员

研究方向：现代图书馆管理

授课主题：

《2012 年图书馆学期刊发表的问卷调查研究论文的分析》（第三届）

《2013 年图书馆学期刊问卷调查法文章的分析》（第四届）

《2014 年图书馆学期刊问卷调查法文章分析》（第五届）

赵孟元

Emerald 高级出版经理（2012—2015）

授课主题：

《海外论文发表之路》（第三届）

《如何向国际期刊投稿》（第四届）

孙荣军

美国克利夫兰大学文学和社会科学学院 终身教授

研究方向：老龄化、人口学和研究方法

授课主题：

《社会科学研究方法的几个问题》（第四届、第五届、第六届、第九届）

王翩然

南开大学商学院图书馆学专业 博士

研究方向：学龄前儿童的图书馆与信息服务

授课主题：

《问卷调查研究的论文写作》（第四届、第五届、第七届、第八届、第九届）

《面向儿童用户的研究方法》（第八届、第九届）

《实证研究与问卷调查》（第九届）

秦健

美国雪城大学信息学院 教授

研究方向：元数据、知识和数据建模、科学交流、研究网络和研究数据管理

授课主题：

《Do No Harm：美国关于对涉及人的科研项目的机构审核制度》（第五届）

刘燕权

美国南康涅狄格州立大学 终身教授、理事会理事

研究方向：数字图书馆、数据挖掘和管理、推荐系统、索引和摘要、智能服务

授课主题：

《实证研究在美国》（第五届）

马惠霞

天津师范大学心理与行为研究院　教授

研究方向：临床心理学 心理健康教育

授课主题：

《问卷与量表辨析》（第五届、第七届、第八届）

杨柳

Emerald（中国）出版社出版部经理

授课主题：

《海外期刊投稿指南》（第五届、第九届）

冯琳

南开大学周恩来政府管理学院社会学系 博士

研究方向：医学人类学、教育人类学

授课主题：

《扎根理论方法论及其运用》（第五届、第七届）

于良芝

南开大学商学院信息资源管理系 教授

研究方向：图书馆信息学基础理论、信息社会问题、图书馆管理

授课主题：

《Logic, LIS and the knowledge to serve information search and access》（第六届）

徐婧

Emerald（中国）出版关系主管

授课主题：

《Emerald 图情资源与投稿交流》（第六届）

郭大水

南开大学周恩来政府管理学院社会学系 教授

研究方向：社会学方法和方法论、犯罪与越轨社会学

授课主题：

《访谈技巧及实施》（第六届、第七届、第八届、第九届）

李超

天津工业大学图书馆 馆员

研究方向：现代图书馆管理

授课主题：

《实证社会科学研究的要点、技术与示范》（第六届）

王茜

天津城建大学图书馆 馆员

研究方向：现代图书馆管理

授课主题：

《2015年图书馆学期刊问卷调查法文章分析》（第六届）

黄长著

中国社会科学院学部委员、国家社科基金图书情报领域召集人

研究方向：图书情报与数字图书馆、社会科学理论与方法、出版

授课主题：

《国家社科项目申请》（第七届）

《治学态度、方法与国家社科项目申请》（第八届）

Brain Sturm

美国北卡罗来纳大学教堂山分校信息与图书馆学学院 副院长

研究方向：故事与传说、儿童和青少年文学与公共图书馆服务、信息环境下的沉浸式体验与参与

授课主题：

"Research in American LIS Higher Education"（第七届）

路锦怡

南开大学商学院信息资源管理系图书馆学专业 博士

研究方向：图书馆职业，现代图书馆管理

授课主题：

《2016 年图书馆学期刊问卷调查法文章分析》（第七届）

《2017 年图书馆学期刊问卷调查法文章分析》（第八届）

《2018 年图书馆学期刊问卷调查法文章分析》（第九届）

秦靓婷

Emerald（中国）出版部主管

授课主题：

《海外期刊投稿指南》（第七届、第八届）

王知津

南开大学商学院信息资源管理系 教授

研究方向：竞争情报与竞争战略、信息管理与信息系统

授课主题：

《国家社科基金项目申请与论证》（第九届）

初景利

《图书情报工作》杂志社社长、主编、中国科学院大学图书情报与档案管理系主任

研究方向：图书情报发展战略、网络信息服务、智库理论及编辑出版领域的研究、教学与实践

授课主题：

《科学研究与论文写作规范》（第九届）

第二章 课程内容

主题一：海内外方法论研究

报告主题：实证研究的方法、规范与实施（第二届、第三届、第四届）

授课老师：陈浩

报告简介：报告通过多个翔实且贴近生活的例子深入浅出地为与会者呈现社会科学实证研究的必要性，进一步引出统计作为一种总结归纳经验的方法在学科问题研究中的意义，帮助与会者在最短时间内对统计有了一个清晰的概念，并为大家建立起了基本的统计学思想框架。同时报告还涉及社会科学实证研究的基本方法和过程，特别是问卷设计中从编写题目、评估题目、最后到问卷编排与格式化等技术环节，调查的抽样以及问卷需要注意的问题，调查数据主要类型分析以及常用的统计软件，统计的信效度分析和基本统计分析方法等内容。

报告主题：搜索引擎、社交媒体与行为科学研究（第五届、第六届、第七届、第九届）

授课老师：陈浩

报告简介：报告从大数据与计算行为科学，社交媒体数据研究等角度详细介绍了在现代信息技术与工具日益发展的情况下，社会科学研究应该如何操作并有所发展。具体包括：大数据与计算行为科学、基于社交媒体数据的研究、基于Google搜索引擎数据的研究、基于Google Books Ngram数据的研究、讨论与展望五个方面。报告结合大量生动的科研实例，说明了社会心理学的科学性，以及如何利用社交媒体这一有力工具获取信息资源，提取有效信息，帮助学者开展科研。

报告主题：社会科学研究方法的几个问题（第五届、第六届、第七届）

授课老师：孙荣军

报告简介：一方面，报告结合国外具体实践，从什么是社会科学研究，社会科学研究方法的属性、规范性，研究对象的选择，研究方法的中心环节，研究方法的焦点等方面介绍了社会科学研究方法的基本问题。孙荣军教授提出，实证方法已经被引入很多学科的研究，它是具有通用性的。另一方面，报告以 Ben Bloom 的认知六阶段理论和 Earl Babbie 定义的要点切入，阐述了广义社会科学研究中“认”“知”“行”的问题，提出其分析范式的六个阶段：①了解事件/事实；②解释，给出原因；③分析，建立关联；④应用，解决问题，实践；⑤评估，判断，立言；⑥创造。并论述了狭义社会科学研究方法的基本属性（Systematic）、对象（Social Life）、焦点（Patterns），提出狭义社会科学研究方法的中心环节，即数据→归纳→理论→演绎的循环过程，同时提醒人们警惕伪实证研究。

报告主题：美国图书馆学系与图书馆研究特点（第五届）

授课老师：俞碧飏

报告简介：报告中介绍了自己在美国学习研究的经历以及所见所闻，分析了信息、技术与人之间的关系，探讨了 ischool 与“去图书馆化”“图书馆学的教育和研究是否呈式微态势”“图书馆研究的式微态势是实然还是应然”等问题，值得各位图书馆研究人员以及从业人员深思。

报告主题：美国图书情报学与实证研究（第六届、第七届、第八届）

授课老师：俞碧飏

报告简介：结合她在美国求学和研究的经历，介绍了美国图书馆学实践（包括用户研究、图书馆管理、馆藏建设等）与实证研究的渊源及密切联系；报告强调在实证研究过程中研究问题的重要性，关注 research problem 到 research question 的衍变，从而不断推进可操作性的研究设计；报告还清晰界定与辨析了实证研究与实证研究方法论的定义。俞碧飏博士提出，实证研究深深植根于图书馆信息技术、人文精神和基础理论。

报告主题：实证研究在美国（第五届）

授课老师：刘燕权

报告简介：结合自身的实证研究经历，在报告中向与会者讲述了研究的内涵；纯科学研究、应用研究、实证研究是什么；实证研究的类型、实证研究的七步骤、研究范式等内容，并指出，“在当今国际研究领域中，实证研究更受到研究者的认可，也成为了各类研究的主要手段”。他认为，中国学生能够掌握非常先进的研究方法与技术，但是缺乏扎扎实实的分析；鼓励我国图书馆界实施更多的实证研究，获取可靠、准确、真实的资料。

报告主题： Core concepts, their logical connections and the structure of LIS

授课老师： 于良芝

报告简介： 讲述了图书情报专业的核心概念（数据、信息、知识、作品、文献、图书馆等）及其相互之间的关系，强调了界定核心名词定义对于本专业发展所产生的至关重要的作用。

报告主题： Research in American LIS Higher Education

授课老师： Brain Sturm

报告简介： 从“How Are We Evaluated”“What Topics Are We Re-searching and Teaching”“What Methods Do We Use”、“Trends I see”四个问题出发探讨了美国图书馆学界研究重点与现状。

主题二：问卷调查理论、方法与评价

实践操作： SPSS 的实践操作（第一届至第九届）

授课老师： 徐晟

课程简介： 以徐建华教授“图书馆员刻板印象调查问卷”的数据为例，带领与会人员上机实践，围绕数据的录入与审查、因素分析和信效度检验、数据的描述性统计、均值比较、回归分析等多方面讲解 SPSS 软件操作，帮助参会人员学会使用 SPSS 软件对回收的问卷数据进行科学、系统的分析。

报告主题： 问卷调查研究的基本程序（第一届）

授课老师： 陈浩

报告简介： 报告从社会科学实证研究的基本过程和方法、社会世界中的随机性和规律性、问卷设计中的技术环节、调查被试的抽样选取和问卷发放、调查数据的数量类型与数据管理以及统计分析、信效度分析和假设检验这六个方面全面介绍了问卷调查研究的基本程序。

报告主题：问卷调查设计——以“图书馆员刻板印象”为例（第一届、第二届、第三届）/研究设计与问卷编制（第七届、第八届）/实证研究设计（第九届）

授课老师：俞碧飏、徐建华

报告简介：报告以“图书馆员刻板印象”研究为例，展示了调查问卷和量表在编制框架、计分、统计方法等之间的区别，然后以科学研究的“D-7”（D-1 Definition 定义你的研究；D-2 Data collection 收集数据；D-3 Digitization 数据化；D-4 Discovery 分析发现；D-5 Design 报告设计；D-6 Dissemination 研究推广；D-7 Difference 获得影响）研究方法为主线，评析从研究缘起到数据采集、从数据分析到研究推广等不同环节的细节性事项，为大家展示了具体化操作方案。

报告主题：图书馆学调查研究学术论文中不规范问题评析（第二届）

授课老师：刘方方

报告简介：从调查抽样方法、调查工具和数据分析处理技术等方面，对国内已经公开发表的 31 篇图书馆学实证研究论文进行了点评，他指出了这些论文存在的一些问题，并列举比较规范的实证研究论文，让与会人员非常直接、清楚地明白什么样的实验研究是规范的，从而可以避免在以后的实证研究出现常见的非规范现象。

报告主题：问卷调查研究的论文写作（第四届、第五届、第六届、第七届、第八届、第九届）

授课老师：王翩然、俞碧飏

报告简介：报告以徐建华教授团队“图书馆员刻板印象”组文章为例，详细介绍了如何将实证研究中的问卷数据转化为论文的具体步骤，包括看图说话、描述数据；描述数据之间的关系与统计学意义；转为文字表达、将数据赋予意义；抽取文字规律、精练内容；综合规律、寻找启示；结合理论做出解释与推测。

报告主题：2012 年图书馆学期刊发表的问卷调查研究论文的分析（第

三届）

授课老师：李媛

报告简介：介绍了其在查阅并分析 2012 年图书馆学领域九种核心期刊上所发表的关于使用问卷调查方法的论文后发现的问题，包括：使用问卷调查法的规范化程度低、内容标准化程度低、对抽样方法概念模糊、数据分析简单，策略泛化空谈等，并对照展示了若干篇严谨规范的论文。报告突出强调要正确理解和定位问卷调查法，以敬畏、尊重的态度使用调查问卷，更正了大家对问卷调查的错误性思想。

报告主题：2013 年图书馆学期刊问卷调查法文章的分析（第四届）

授课老师：李媛

报告简介：报告阐述了问卷与量表的联系与区别，并对规范的问卷编制流程做了详细介绍。最后以 2013 年各期刊发表的图书馆学实证研究论文为例，分别从问卷编制和使用的标准化、研究设计等角度进行统计分析，指出选题在很大程度上决定了研究内容的深度，使用者对问卷调查法的认知偏差会导致不规范的实证研究，因此，应该加强对实证研究方法的规范与尊重。

报告主题：2014 年图书馆学期刊问卷调查法文章分析（第五届）

授课老师：李媛

报告简介：报告首先以“试卷”“心理评定量表”等为例，端正与会者对问卷调查方法的态度，随后对规范的问卷编制流程做了详细介绍，最后以 2014 年图书馆领域核心期刊发表的实证研究论文为例，分别从问卷编制和使用的标准化、研究设计等角度进行统计分析。报告提出，选题在很大程度上决定了研究内容的深度，使用者对问卷调查法的认知偏差会导致不规范的研究等长时间被学术界忽略等问题。

报告主题：问卷与量表辨析（第五届、第七届、第八届）

授课老师：马惠霞

报告简介：报告指出“问卷”和“量表”并不完全等同，量表是一种问卷标准化后的工具，因而其标准化的过程尤为重要。报告还详细介绍了心理测验（问卷与量表）的分类、测验的标准化、评定量表与心理测验的不同、如何选择心理测验、心理测验的用途、心理测验工作者的素养、量表编制的程序等内容。

报告主题：2015 年图书馆学期刊问卷调查法文章分析（第六届）

授课老师：王茜

报告简介：报告介绍了问卷编制的规范流程，并详细说明了 2015 年图书馆学期刊运用问卷调查法的论文情况，之后结合论文实例，对问卷调查法使用的标准化及研究设计进行分析，指出目前研究者对问卷法仍存在认知偏差、技术内涵忽视和标准化操作不到位等普遍问题，启示研究者必须要杜绝学术怠慢、在实证研究中更加认真规范。

报告主题：实证社会科学研究的要点、技术与示范（第六届）

授课老师：李超

报告简介：报告介绍了实证社会科学研究的几大要点与技术，从“选定题目”开始，经历“初步探索，提出假设，调查设计，数据采集，统计分析”过程到达最后的“报告结果”。李超细致解读了每个过程的技术要点及实施规范，阐释实证科学的要义，为与会者全面解答了规范性实证研究是什么、怎么操作的基础性问题。

报告主题：2016 年图书馆学期刊问卷调查法文章分析（第七届）

授课老师：路锦怡

报告简介：报告介绍了 2016 年图书馆学期刊发表问卷调查法文章总体情况、研究设计（调查对象、研究主题、问卷样本量、问卷涉及调查对象特征）、问卷编制和使用的标准化情况（预测试、信效度检验、抽样方法）、结果统计分析情况（描述统计、假设检验、方差分析、相关与回归分析、非参数检验、结构方程、其他方法），提出 2016 年图书馆学期刊发表问卷调查法文章存在预测试缺失、信效度检验缺失、抽样方法被忽略、统计方法使用单一、问卷的规范性明显低于量表，论文写作的规范性有待提高等问题，同时结合具体文章实例加以解释。报告提出：研究者在方法的使用上，需要持有一颗敬畏之心；尊重不同研究方法自身的科学、标准与规范。

报告主题：2017 年图书馆学期刊问卷调查法文章分析（第八届）

授课老师：路锦怡

报告简介：报告介绍了 2017 年图书馆学期刊发表问卷调查法文章总体情况、研究设计（调查对象、研究主题、问卷样本量、有效问卷回收率、问卷涉及调查对象特征、文章所属单位及资助项目）、问卷编制和使用的标准化情况（预测试、信效度检验、抽样方法）、结果统计分析情况（描述统计、假设检验、方差分析、相关与回归分析、非参数检验、结构方程、其他方法）。报告指出，2017 年图书馆学期刊发表问卷调查法文章存在研究对象较为单一，研究主题较为集中；“大样本量”的问卷调查较少；预测试缺失，抽样方法被忽略；研究者对信效度检验的重视程度不够；量表类文章的规范程度远高于问卷类文章，数据分析方法使用较为单一，缺乏对数据的深入挖掘的问题。

报告主题：2018 年图书馆学期刊问卷调查法文章分析（第九届）

授课老师：路锦怡

报告简介：报告首先阐述了问卷与问卷编制，并介绍了 2018 年图书馆学期刊发表问卷调查法文章总体情况（发文量，占文章总数的比例）、研究设计（调查对象、研究主题、问卷样本量、有效问卷回收率、问卷涉及调查对象特征、问卷形式、文章所属单位及资助项目）、问卷编制和使用的标准化情况（预测试、信效度检验、抽样方法）、结果统计分析情况（描述统计、假设检验、方差分析、相关与回归分析、非参数检验、结构方程、其他方法）。报告指出，2018 年图书馆学期刊发表的问卷调查法文章存在着以下特征：预测试及信效度检验的受重视程度有待提高；样本选择时抽样方法通常被忽视；使用结构方程模型进行分析的研究逐渐增多，量表类文章总体比问卷类文章更为规范，报告呼吁重视问卷编制的规范化。

报告主题：实证研究与问卷调查（第九届）

授课老师：王翩然

报告简介：报告阐述了科学与实证主义的关系，讲解了人类社会的随机性与规律性、社会科学的定义与本质，从社会科学中的常见概念到社会科学研究的体系、实证研究体系，进一步引出社会科学的实证研究范式，讨论了定性与定量研究方法的区别，并简单介绍了常用的研究方法。最后又详细介绍了问卷调查法的由来、基础逻辑、工具体现以及全流程，让大家对实证研究与问卷调查法有了更清晰与更深刻的认识。

主题三：其他研究方法

报告主题：深度访谈方法及其应用（第二届）

授课老师：俞碧飏

报告简介：结合自身的访谈经历，介绍了深度访谈的概念、适用性、访谈前的设计、访谈时的技巧、访谈后的整理资料和数据分析等内容。报告中有关深度访谈的讲解，使与会者对图书馆学实证研究的方法有了更加深入细致的了解，对于图书馆学研究实践有着重要的指导意义。

报告主题：眼动实验方法（第三届至第九届）

授课老师：杨海波

报告简介：眼动技术是通过对人眼注视点的跟踪来获取人类的视觉信息，并以大量的视觉跟踪信息来推测人的心理与行为。杨海波教授首先介绍了眼动追踪的基础知识，分析其主要的应用领域（商业领域、工业设计领域等），在解释了眼动指标的基础上，通过问题的提出和案例分析，展示了眼动追踪技术的研究现状和动态，最后引入到图书情报研究领域，对可借鉴的理论与范式以及研究方向进行了评析，指出眼动追踪技术在网络数据库和纸质媒体的界面设计、电子书呈现方式评估、图书信息检索及书籍排列效果等方面有着重要的应用价值。

报告主题：内隐刻板印象实验方法（第三届、第八届）

授课老师：俞碧飏

报告简介：报告首先解释了什么是“实验与实验范式”以及“内隐联想测验（IAT）”，随后以“图书馆员内隐刻板印象”为例，从研究问题出发，详尽地介绍了从研究设计、实验方法、数据分析到实验结论的完整过程，使与会者切实感受到作为实证研究方法之一的实验法的魅力。

报告主题：深度访谈方法及其应用（第三届、第四届）

授课老师：董洁

报告简介：报告首先对深度访谈和调查问卷这两个不同的实证研究方法进行了对比和区分，解释了深度访谈方法的主要研究意义，讲述了采用访谈法前期该进行的准备，访谈过程中的核心技能以及访谈后数据的处理等内容。

董洁副教授以众多实际的案例并结合心理学的一些知识，生动地介绍了如何在访谈中建立关系、保证信息真实度以及扩展信息的广度和深度等核心技能，并针对相关的一些访谈误区和错误做法进行指正与建议。

报告主题：访谈资料的编码（第四届）

授课老师：董洁

报告简介：报告详细地介绍了访谈结束之后的数据处理方法、访谈稿的及时整理、数据要素的处理、语义分析和过程分析、信度计算方法等内容。报告指出访谈资料编码的关键是扎根理论，要围绕研究问题的意义进行单元描述性编码，要持续比较分析，上下左右反复比较，要寻找不符合该理论（框架树）的例子，且构建的框架树能够对现有的编码材料完全解释。

报告主题：Do No Harm：美国关于对涉及人的科研项目的机构审核制度（第五届）

授课老师：秦健

报告简介：结合自身研究经历展示了实证研究中机构审核委员会（IRB，The Institutional Review Board）的约束力，对 IRB 的申请程序、申请内容做了具体介绍。使与会者了解到尽管 IRB 审核制度目前在我国尚未实施，但发表国际期刊论文，凡是涉及人的研究对象，必须遵循该制度规定的程序。

报告主题：SC-IAT 实验在图书馆领域的应用（第五届）

授课老师：俞碧飏

报告简介：报告介绍了实验范式与 SC-IAT 实验方法在图书馆领域的应用案例。

报告主题：扎根理论方法论及其运用（第五届、第七届）

授课老师：冯琳

报告简介：从关于扎根理论的“误解”：扎根理论不是什么；关于扎根理论的“迷思”：扎根理论是什么；关于扎根理论的实例：一项扎根理论的研究如何开展。总结：如何开展一项研究的再反思四个方面介绍了扎根理论方法论及其应用，并以案例讲解的方式澄清该方法与实证研究方法之间的关系，发人深省，给与会人员带来了不同于传统实证主义研究的全新视角与思路方法。

报告主题：访谈技巧及实施（第六届、第七届、第八届、第九届）

授课老师：郭大水

报告简介：报告首先通过讲述社会科学研究与自然科学研究的区别，从而引出了访谈在社会科学研究中的意义；随后，根据不同的分类标准，介绍了访谈的几种类型，并对各种类型的访谈做了详细介绍；接着，对访谈三大环节，即：入门环节、谈话环节、出门环节做出解释，并对在这一过程中所涉及的“问与听的基本技术”做了详细的介绍。在谈到访谈中的行为艺术——听、坐、走、站、表情时，郭教授在讲台上为学习者做示范，并通过介绍自己所做的两个项目为学习者讲解了访谈记录的整理与分析；最后，呼吁研究者要有勇于担当的科学精神、气质和品格。郭教授幽默风趣的授课风格和个人魅力，让参会人员明白访谈不是简简单单的交谈，而是一种艺术。

报告主题：面向儿童用户的研究方法（第八届、第九届）

授课老师：王翩然

报告简介：报告强调儿童用户是图书馆研究中不可忽视的研究群体，然而由于该群体的特殊性，图书馆界对儿童用户的研究存在缺失抑或研究方法不严谨的问题，基于这一现状，王翩然博士后提出了儿童用户的研究主题、视角转向、研究方法（马赛克法与阶梯法）等问题，并以“学龄前儿童视角下的公共图书馆儿童服务研究”为例，从研究目标、研究设计以及研究结果等方面阐述有关论题，揭示了学龄前儿童对公共图书馆服务的感知、偏好及认知机理，并提出对策建议。

报告主题：科学研究与论文写作规范（第九届）

授课老师：初景利

报告简介：报告首先介绍了《图书情报工作》期刊的情况，其次，初教授以期刊主编的视角，从“为什么要写论文”入手，针对“写论文难吗”等问题进行了解释，接着阐述了学术能力的构成（理论构建与实践创新）、“写”论文的质疑、论文的类型、好论文质量的判断（选题、方法、内容、结果）等主旨内容，并从编辑的视角提出论文撰写的要求，即前沿性选题、适宜的方法、充分的分析论证、创新性研究结论。

主题四：申请课题、海外发文、职业生涯与历程

报告主题：国家社科项目申请（第六届）

授课老师：徐建华

报告简介：深入浅出地解释了申请国家社科基金项目的过程及技巧，包括国家社科基金的总体状况、申请过程以及申请要点等，结合自身的经历给出了具有很强可行性的建议。

报告主题：治学态度、方法与国家社科项目申请（第七届、第八届）

授课老师：黄长著

报告简介：结合自己的成长道路和工作体会，向与会者传达了正确的治学态度与治学方法。黄教授指出，在树立正确的研究方向的前提下，要扎实进行学术积累，切忌急功近利；强调多用平实、准确的语言而非乱造新词，哗众取宠，确保层次分明，重视科学的研究过程；此外，黄教授提出学术研究过程中需要处理好的"六大关系"；最后，黄教授以"学习不止，探索无尽"八个字鼓励与会人员在学术道路上不断进取，勇攀高峰。

报告主题：国家社科基金项目申请与论证（第九届）

授课老师：王知津

报告简介：介绍了国家社科基金项目的概况，2019 年申报评审通过情况，重点介绍了项目选题、项目总体框架、问题提出、重点和难点（工具、方法和手段）、达到的目标和目的。王知津教授特别强调，申报国家科研项目一定要创新点，选题方面要符合时代特征、符合问题导向、体现国家水准，对于基础研究要体现原创性，开拓性和较高的学术思想价值；应用研究要体现现实性、针对性和决策参考价值。

报告主题：大陆学者海外投稿存在问题的分析（第二届）

授课老师：乔亚

报告简介：报告介绍了 Emerald 图情期刊与国际期刊投稿相关内容，包括 Emerald 图情期刊的概况、投稿注意事项和相关学术基金与支持情况。

报告主题：海外论文发表之路（第三届）

授课老师：赵孟元

报告简介：报告介绍了国内作者投稿国外期刊的整套流程，然后就中国作者经常出现的一些错误做法进行了分析并提出相关建议。

报告主题：如何向国际期刊投稿（第四届）

授课老师：赵孟元

报告简介：报告介绍了图书情报学相关的国际期刊的用稿特点，并以Emerald出版社为例，给出向国际期刊投稿建议和常见问题解答。赵孟元先生的介绍让与会者切实感受到了中外学术界的差异，了解了海外发文应该注意的事项，有利于提高中国图书馆界的国家影响力。

报告主题：海外期刊投稿指南（第五届、第九届）

授课老师：杨柳

报告简介：报告从图情领域国际发文分析、Emerald图情资源介绍、英文学术论文写作、国际期刊投稿指南四个方面介绍了海外期刊投稿指南。报告还强调英文学术论文写作的规范性，从文稿的构成着眼，深入浅出地讲解了一篇合格的英文学术论文应该具备哪些特点，为与会嘉宾的英文投稿提出了全面的、指导性的意见。

报告主题：Emerald图情资源与投稿交流（第六届）

授课老师：徐婧

报告简介：报告系统介绍了Emerald出版社所负责的图书情报类国际期刊的投稿流程，为与会者的论文发表提供指导。

报告主题：海外期刊投稿指南（第七届、第八届）

授课老师：秦靓婷

报告简介：报告从Emerald图情学资源、中国地区图情作者分析、英文学术论文写作、国际期刊投稿指南等四个方面，阐述了如何成功的向海外期刊投稿，同时解读了SSCI/SCI高水平期刊论文写作与投稿的成功经验。

报告主题：我的实证研究之旅（第二届、第八届）

授课老师：徐建华

报告简介：回顾了致力于“图书馆学实证研究”十三载来一路的喜与忧，徐教授指出，图书馆掌握实证研究方法存在诸多益处，他认为用数据说话才能实现言之有物，才能做到真实地了解施测对象，进而有针对性地开展图书馆服务；最后，徐教授面对与会青年发出“中国的图书馆事业应该由我们来支撑，图书馆学的历史也应该由我们参与书写”的号召。

报告主题：图书馆人职业生涯规划与管理（第三届、第四届、第五届、第六届、第七届）

授课老师：徐建华

报告简介：详细分析了当今图书馆行业的从业现状与职业特征，针对不同职业生涯发展阶段的特点，给出了极具针对性的职业生涯发展建议。徐建华教授指出，图书馆职业本身是不可控的，但个人职业是可选择的，个人的职业规划与发展是可以自己把握的，使与会成员全方位地对自己的学术研究和未来的职业生涯有了更加清晰的认识。

报告主题：图书馆员职业生涯开发与管理（第九届）

授课老师：徐建华

报告简介：描述了图书馆目前的社会地位和图书馆员的职业特征，指出当前图书馆已经承担了为政府提供信息，向大众提供阅读推广服务等重要职责。此外，徐教授从从业者、隐性从业者的不同角度以及管理层、业务层等不同层次，给我们展现了一个立体的图书馆职业结构，为不同层次的从业者提供了进入组织和职业生涯初期、职业生涯中期、职业生涯后期等阶段的建议，为我国图书馆员的职业发展提供了战略指南。

十年·感悟篇

第一章　嘉宾寄语

Brian W. Sturm（美国北卡罗来纳大学教堂山分校信息与图书馆学学院教授、副院长）

Dear Professor Xu:

I am delighted to help celebrate the 10Ih anniversary of the Conference of Empirical Study in Library Science at the Department of Information Resource Management in the Business School of beautiful Nankai University. I remember with fondness and admiration the 7th Conference which I attended in the summer of 2017. I was very impressed with the depth and breadth of research presented at the conference, and the pre-eminence of the faculty, the brilliance of the students, and the incredible kindness and support from everyone involved left a lasting impression on me of Chinese hospitality and intellectual rigor. I remain honored to have been part of this wonderful conference, and I wish you, your students, and your colleagues from around China and the world all the best, as you mark this decennial. May the conference prosper and continue for many years to come.

Sincerely,

Brian W. Sturm

孙荣军（美国克利夫兰大学和社会学院终身教授）

社会资本与图书馆学实证会议的意义

在图书馆学实证会议即将迎来十周年之际，应徐建华教授的邀请，能为这部纪念文集写些文字感到非常荣幸。经翩然的提醒，才意识到在 2014 到 2019 的几年里参加了四届会议。时间过得真快。记得第一次是在 2014 年夏天，我的大学同学王芳教授邀请我来南开参加徐老师主办的实证会议，主讲的题目是社会科学研究方法。因为这恰是我在美国这边经常讲授的一门课，也就欣然答应了。不过最初脑子里还是有疑问的，那就是徐老师为什么要办这么一个活动。但这个疑问很快就得到解答。徐老师明确地讲他有一个宏愿，那就是要把实证研究的理念和方法引入中国的图书馆学，并且要把这个实证会议连办十届。当初那个听来雄心勃勃的愿景今天已成现实。这是一个了不起的壮举。它对今后中国图书馆学的发展将有深远的影响。我在这里抛砖引玉，讲一些不成熟的东西，供大家参考。以前我读过一些社会资本（Social Capital）方面的东西，在这里我就移花接木，从这个角度谈一谈南开实证会议的意义。

英国前首相布莱尔在 1999 年一次大会上做主旨演讲时曾说，“我们总说人力资源是新经济的核心。渐渐地我们发现社会资本也很重要，它能解决问题，促进合作，发挥魔幻般的作用。以前政府的一些措施侵害了社会资本，它们忽视了社区的组织结构，只是投资于硬件建设而忽略了人。我们在投资于个人技能和硬件设施的同时，也要投资于社会资本。”布莱尔在上面这段话中显然没有对社会资本给出明确的定义，但他指出了社会资本的一个重要性质，那就是它超越了个人能力的范畴，存在人与人之间的互动，并且限定在一个特定的社区或社会组织内。

社会资本这个概念已经被广泛应用于社会科学的许多研究领域，譬如在政治经济学里被用来解释区域间经济和社会发展的差异，在公共健康学里解释社区乃至国家间在死亡率和公民健康指标上的差距，在社会学里解释未成年人受教育程度的差异，以及贫困和犯罪，甚至在工商管理学里用来研究企业的成长条件等。一些实证研究令人印象深刻。（此时，新型冠状肺炎正在世界肆虐，是否可以用社会资本解释它在各国的传播差异呢？）但一个有趣的现象是，虽然社会资本频繁出现在文献里，当前并没有一个统一的界定，许多不同的提法并存。在社会资本研究方面比较有影响力的人物有美国哈佛大学的 Robert Putnam 和英国剑桥的 David Halpern 等。Putnam 认为社会资本基本存在于社会的层面，是成员间共享的社会网络，行为规范，互信等，以利于达到共同的目标。对比之下，Halpern 的定义比较宽泛，他认为社会资本存在于社会生活的各个层面，包括个人、社区，乃至国家。两者之间的差异我就不在这里展开了。基本上，我个人比较倾向于 Putnam 的观点，即社会资本是一种成员间的共享资源，并不被一部分人所独占。

此外，Halpern 对社会资源根据其作用做了如下区分：我将其翻译为凝聚资本（bonding capital）和外联资本（bridging capital）。凝聚资本体现在通过社区或族群建设，成员间形成凝聚力和认同感，彼此间互助合作，从而形成资源共享，提高了每个成员的生存能力。一个现成的例子就是存在于许多国家的外裔聚居地（enclaves），如在美国许多大城市的唐人街。在 20 世纪或更早时期，唐人街为很多初到美国的中国人提供了巨大的生存基础，使得很多人在人生地疏的情况下得以生存，以致一些人到老不会讲英语也一样生活。相比之下，外联资本则是与外界建立联系，展开横向联络的能力，同外界交流及融合的能力。一个社区、社会组织或者学科，若专于与外界划定界限，故步自封，从长远来讲就会失去竞争力，变成一潭死水，于社区和成员的发展是不利的。Halpern 引用的一个研究表明，成功的企业不只是专注于自身发展，同时还积极参与和同行的交流与合作，从中寻找新的机会，跟上行业发展新的潮流。

从上面的简略描述中我们至少可以从两方面体会图书馆学实证会议的意义。一是学科规范建设。大家可能已经注意到，根据 Putnam 的定义，社会资本的一种表现形式就是行为规范。规范既可存在于某个地域性的社区内规范人们的行为，也可以存在于其他形式的社会组织里，例如在某个学科领域内，规范科研行为、研究方式等。规范非形成于一朝一夕。首先需有领军人物（Champion），新规范的积极倡导者。再就是长期的，扎扎实实的规范建设和传播。徐老师十年来的努力就是最好的例证。但最后的成功还赖于学科内广大同人的认可和参与。在我参加的四届里，每次都看到很多新面孔，有在校的研究生，有大学老师，有图书馆学刊的编辑老师等，与他们的交流让人感到鼓舞。感觉徐老师播撒的种子正在生根发芽。规范一旦形成，便会成为业内共享资源，也就是一种社会资本，惠及人人。

第二个方面的意义可以从外联资本的角度看。图书馆学在研究对象和研究方式等方面有其独特性，在这方面向深度发展，建设本学科的特有的内容和文化，理所应当。只是在保持本学科特色的同时，还需要保持外向视野，关注其他学科的发展与优势，及时借鉴。社会科学研究方法已广泛应用于许多学科，在理论和实践上已经成熟。将其引入图书馆学的研究，无疑将增强科研质量，强化专业人员素质，提高服务水平，是向业内注入了一泉活水。

尤其在科技大迸发的今天，新媒体、新技术、新数据层出不穷，图书馆人需要强有力的手段去处理和分析。向业内广泛推广社会科学研究方法，正当其时。需要指出的是，社会科学研究方法在图书馆学界并不是全新的事物。三十多年前我在读本科的时候（时间过得太快了），已经有老师讲授这门课了。我想图书馆学的专业期刊也在注重这方面的要求。但将这套方法标准化和普及化，完整、自觉地被业内同人所接受，必将是一个长期的过程。徐老师在南开大学主办的图书馆学实证会议就是这一过程中令人钦佩的努力。这对于保持图书馆学的活力，扩大与其他学科乃至与国际同行的接轨有不可限量的作用。

最后，祝贺图书馆学实证会议圆满成功！

2020 年 3 月 26 日于美国克利夫兰

杨美华（台湾政治大学图书信息与档案学研究所教授）

祝福与期许：南开大学图书馆学实证会十周年庆祝贺词

过去的事没有远近，闭上眼，彷佛是昨天；
岁月之流，也没有界线，总在梦与非梦之间。

接到徐建华教授的邀稿，彷佛走入时光隧道，让我再一次回味 2013 年的盛会与美好。南开大学在海峡两岸的学术交流，向有“领头羊”之称，笔者因缘际会，参与了第三届图书馆学实证研究会，充分感受大陆同行的学术热忱，见证徐老师及其研究团队效率、细腻、凝聚与凝结的能量。“很多事情在没有感动别人之前，就先感动自己”，与会成员都表示：“一次又一次被感动，满满的收获，满满的幸福。”

一个起心动念，就能卷起千堆雪，鼓动风潮，造成时势；自 2011 年起，徐老师的研究团队积极宣扬图书馆学实证研究的学术风气，传播南开大学开放、包容、严谨、求实的良好学术形象，形塑中国图书馆学研究南开学派的核心地位，扩大国内外的学术影响力。十年成长，铸造品牌，十年努力，塑造权威！

有道是：十年磨一剑，有朝一日，拔来问君，问问谁家有不平事！徐老师一柱擎天，不鸣则已，一鸣惊人，走出一片天。给我的感觉就是侠义之士、使命必达的勇士。在他身上，我看见：成功不是他的目的，信仰才是他的目的！历届会议在图书馆界实证研究方面起到了引领、推广和示范的作用，以小搏大，小兵立大功；而提供博士硕士生免费的学习机会更是一种传承与功德。

作为一门学科，有两个意义，一个是透过这个学科，认识世界；一个是透过这个学科，改造世界。研究产生知识，理解需要知识，理解与技能相结合方能导致有效行动。学术研究是一种传承、累积和创新的历程，唯有站在前人的基础上才能发扬光大，蔚然成风。没有规矩，不能成方圆，图书馆学实证研究是规范的建立。图书信息从业人员须致力于各种新研究方法的发展，拓宽研究领域，思考如何善用质化与量化的研究方法以提升研究水平。

“当我们埋首一角，汲汲于清理过去的包袱之际，不要忽略世界正在如何变形，如何远离我们而去。当我们自行其是，却慌乱于前所未见的难题和变动之际，不要忘记别人已经发展出的规则与答案。”

促进图书馆学实证研究成果的推广与普及，是当代图书馆学人的学术责任之一。诚如图谋博客所言，实证研究是有“门槛”的，不仅需要有良好的学术精神且受过较为系统的研究方法训练，还需要具备经费保障、团队协作等良好的研究条件。期许未来，图书馆学实证研究能由量变产生质变，有量的分析，也有质的诠释；经由科学研究，丰厚图书馆学的理论基础，提升图书馆员的快乐指数。以中英文双语的课件，加速国际化的力道，拓宽国际视野；丰厚会议网页的内容，提供文件下载的功能；以数字传播的方式，嘉惠无法实体参与的同道，吸引更多的海外学者专家共襄盛举，发挥更大的影响力。

图书信息学是一门理论与实务并重的学科。圕人是有梦想、有实践的一群，中国的图书馆事业应该由我们这一代来支撑，图书馆学的历史也应该由我们来书写！让我们一棒接一棒，棒棒不落空！不管我们在哪里，都只是在前往另一个世界的途中，不管我们在做什么，都只是在为另一个更好的未来做准备。我们没有成功的目标，继续不断的努力就是我们的目标。因着我们的关心，人们就跟进一步；因着我们更接近真理，就代替他人多行一里路。

美华写于记忆中一场不散的筵席

冯琳（南开大学周恩来政府管理学院社会学系助理研究员）

“火星”撞“地球”何以可能？

——兼论学科碰撞、思想碰撞与人生碰撞

白驹过隙，一晃图书馆学实证研究会议已走过10年。在这里我想跟大家讲这样一个“故事”，故事的主要内容涉及我与这个会议神奇的缘分。枯燥乏味是我所不能容忍的，因此我尽量以大白话和轻松的语调来加以讲述，如果大家在阅读此文章时能会心一笑，我便达成目的，而如果你能在轻松欢乐之余触动了些什么，收获了些什么，那我便算“功德圆满”，不算辜负徐建华老师当初“大胆”的决定以及后续盛情的邀请。

那么，一个学社会学和人类学的我，是在怎样的机缘巧合下竟然跟八竿子打不着边的图书馆学产生了碰撞，并稀里糊涂地参与了两次图书馆学实证研究会议的讲座的呢？

一切始于“意外”。如果不是因为2015年第五届实证研究会议原本一直讲授“质性研究方法”老师的“缺席”，如果不是因为这位老师向会议组委会推荐了我的一个师姐，如果不是这位师姐因即将毕业以及妊娠不能参加从而推荐了我，如果不是徐老师在跟我交流后“相中”了我，那么，我的这门“扎根理论方法论及其应用”便压根没有出现的机会。如果不是那么多“如果不是”，那么你就听不到这个故事，如此看似不可能的小概率事件集合在一起，才促成了我与会议延续至今的缘分。所以，你看，人生中，其实会有很多“神奇”时刻，这些微小的联系慢慢积攒、聚集，最终汇集成就现在的你，现在的我，我们都是由千万个“奇迹”所组成的独一无二的个体，所以，请干了这碗人生鸡汤，请你继续珍惜自己。

我至今仍觉得神奇的，是徐建华老师“清奇”的脑洞与“大胆”的魄力：他竟然让一个只有一面之缘、只简单交流过一次的“小丫头片子”，在会议闭幕的压轴讲座上，连续讲4个小时与实证研究方法一点儿都不搭边的、甚至可能参会人员都没人听说过的扎根理论方法论！如果你恰巧参加过当年那场会议，如果你恰巧没因为不感兴趣或没听过说而放弃这节讲座，如果你恰巧在这长达4小时的讲座中没有昏昏欲睡，那么恭喜你，你一定见过我，还真是一个小丫头片子的模样。这个看似“初生牛犊不怕虎”、在讲台上从容自若

的小丫头片子，实则心里慌了一团：万一我讲得不好怎么办？万一别人听不懂怎么办？万一别人觉得枯燥怎么办？万一要互动时冷场怎么办？（等等，你说我怎么没有事先安插“抢手”？还真是没想到！谢谢提醒，以后我会的！）当一万个万一在心中奔腾而过的时候，不知不觉间，我口若悬河地竟然讲满了 4 个小时，大家还颇有余兴地连续追问了我好几个问题，甚至讲座结束后也私下与我交流，并对我所讲内容抱有相当的热情。或许是内容耳目一新，或许是讲授方式轻松自然，管他的，不想了，总之反响貌似不错，不至于丢了咱社会学系的脸（虽然至今我博导依然不知道我竟然“背”着他做过这样的“勾当”）。所以，请你不要因为害怕而拒绝一项你从未做过的事情，不要对自己妄自菲薄而低估自己的能量，怀揣一副“非老娘不可”的姿态，展现出自己的自（hou）信（lian）心（pi）。

说到这里，你肯定有些纳闷，既然反响不错，为什么我就只参与了两届？还是说是我自己自视过高，由此产生反响热烈的幻觉？真不是这样好吗！2016 年，邀约如期而至，而我却情理之中的“意外”缺席：沉迷于自己的研究，在“田野”里不能自拔。人类学是一门“极其较真”且“费时”的学科，持续长时间的蹲点，通过历时性的切身体验去完成对“他者”行为、意义和文化的诠释，而从今往后也需要定期回溯与进行跟踪，有点类似实证主义方法里的历时性跟踪调查，只是对于我们而言，这些由许多生命故事汇集而成的人生百态，需要“深描”来赋予其厚度，以时空的转换来赋予其广度。这是一门对研究者本身要求极高的学科：在田野里你必须是细致入微的“观察者”与善于沟通的“聆听者”，在后续知识产出阶段你还必须成为擅长绘声绘色讲故事的“写作者”，这就需要研究者自身葆有强烈的好奇心与理论敏感度，在熟悉中寻找陌生感，在陌生中摸索熟悉感。也正是在这里，让我“不小心”触碰到不同学科间、特别是人文社会学科那条似有似无的隐藏联结脉络：虽然秉持不同的学科态度，但我们从不同面向关注着同一个世界，都关心过同一个群体，都聚焦过同一起事件。从整体论的是视角着眼，我们甚至都生活于此间而无法抽离，作为人类共同体，这是我们能相遇与碰撞的“原点”。只是我们都过度匍匐于各自学科的理论视角，带着各自学科特有的学科滤镜去看待这些不分学科的社会事实，从此一叶障目。而作为研究这些基本社会事实的方法论与具体方法技术，虽然路径千差万别，但是最终都是为研究整体的社会事实所服务的。所以，请你不要管中窥豹，打开你的理论视野，才有了跨学科的可能。从此请你心有猛虎，而细嗅蔷薇。

缘分的“红线”终于在2017年让我和实证研究会再度“牵手”，我又拥有了做（chui）讲（niu）座（pi）的机会。对于我这个不喜欢做PPT的人（一个字：懒）来说，我猜想，来听讲座的你们应该很是辛苦，因为必须全神贯注于盯着我这张脸而非PPT，还需时刻保持清醒的头脑以至于不会无聊到睡着（你要是睡着了我也会装作不知道）。我用以搪塞自己懒得做PPT的理由是，我就是要给习惯看PPT并以“拍照”做笔记的你们一点“别扭感”：要想听懂我讲述的内容，必须拿起笔做笔记，或者至少，需要自己打字输入电脑。过眼与过脑，完全是两码事。信息化爆炸的时代，我们选择的选项变多了，但是我们选择的能力却变弱了；我们做研究的技术变多了，但我们也逐渐被这些方法技术“异化”，变得循规蹈矩、变得小心翼翼，甚至些许人自恃“方法论的捍卫者”高举“技术的大旗”却最终沦为“技术的奴隶”，从而丧失了敢于创新与思辨的能力。我也妄自揣摩过，当初徐建华老师之所以在这个以量化研究为核心的实证研究会议中穿插“质性研究”的初衷，也许就是想营造一种“异质感”的存在吧。要不是因为蚌的外套膜受到异物（要么是砂粒、要么是寄生虫）侵入的刺激，怎会分泌含碳酸钙的珍珠质从而形成璀璨夺目的珍珠？同样如此，一门学科要有长足进步与发展，必须要有“异物”刺激，以保持学科的开放性和反思性，“别扭感”就是必要的存在。所以，无论你是量化方法的坚决拥护者，还是质性方法的兴趣爱好者，请你大胆地想象，不要拘泥于既有形式的束缚，不要纠结于方法的孰好孰坏上，因为没有最好的方法，只有最适合的方法。

2018年的“意外”来得很“意外”，当这届会议如期而至的时候，我身处非洲大草原上追逐着东非草原上的动物大迁徙。人生的道路说长不长，说短也不短，当人开始变老的时候，我最期盼的，就是每年增加的不仅仅是年纪、脸上的皱纹（当然还有身上的肉），还能攫取生命的厚度与扩宽生命的广度。让生命充盈着意义，让生命之线能与更多的生命线条交汇，人与人间的相遇、相识、相知甚至相伴，在这个生命的平行世界里总会有共同交融的可能，才能在谈笑怒骂间，体验地道的各路人生。所以，也请你不要一直一直处于“象牙塔”之中，让生命遇到多种可能，并保持独立思考的能力与一直前进的动力，“读万卷书，行万里路”，与人结识、与人同行。而无论哪种，身体和头脑，至少要有一个在路上。

当地球再度绕着太阳公转了一圈，我又“不出意外”地再度缺席了，这一次我没有“不务正业”，而是重新回到我的田野，去感知这些年悄然发生的变化。生命的历练和阅历的丰富会让你变得睿智与开阔，我逐渐悟出人生中最大的“意外”就是“意外”本身。所以，拥抱它吧，它会让你上瘾，能为你有限且不断走向消亡的生命生发出不同的阡陌，就当是生命旅程中的冒险，或许有一天，你就“柳暗花明又一村”了。生命或者有很多拐角，人的一生中，也会走很多弯路，但是这并非无用功，走过的每一步，留下的每一个脚印，都是生命的印记，所以，请你大胆地迈出每一步，无论是做研究抑或是做人，因为你的每一步，都算数。

那么，你是否期待 2020 年再度见到我？嗯，如果不出“意外”的话……

郭大水（南开大学周恩来政府管理学院社会学系教授）

写给徐建华教授

连续十届免费在南开大学举办全国范围参加的“图书馆学实证研究”，实在是一件难能可贵的事情。这不仅对于提高当下图书馆人士特别是青年后生的科研能力，而且对于图书馆事业的长期健康发展，都是很有益的工作。我应徐建华教授之约，连续参与后五届访谈方法的讲授研讨，感到十分荣幸。

培养社会科学研究者的科研素养和品质，是长期的艰苦的任务。费孝通教授曾经强调，学者只能够“用知识来促进世人的幸福和美好社会的实现”。实现这个职责，专业人士必须有系统的理论学习、科学方法磨炼以及科研品质锻炼。社会科学与自然科学在研究成果中，都必须兼具效度和信度的要求是一样的。但是，在研究者、研究对象、研究结果接受者这三个科研要素中，社会科学面对的三者都具有意识和社会属性，并以揭示研究对象的社会属性为核心任务。因此较之自然科学，社会科学研究者更容易受到来自研究对象、成果阅读者的影响，因而也就更需要科学气质品格与理论和方法的融合磨炼。在与多届学员的交谈中，我感到这个研究班不仅仅探讨了理论与方法如何统一，而且让他们受到了一次难得的科研品格的研习。可以说，科研工作者的理论、方法、品格的统一，是这十届图书馆学实证研究的共同特色。或许也正是这样的特色，不断吸引着全国各地图书馆专业人士不畏七月下旬酷暑，前来天津参加熏陶磨炼。

再次祝贺全国“图书馆学实证研究”连续十届成功举办！

何青芳（同济大学图书馆副馆长）

十年树木，根深叶茂

祝贺图书馆学实证研究博士生学术会议十周年

在2013年大约7月份的一次图书馆界学术会议上，听与会同行说南开大学的徐建华教授在举办“图书馆学实证研究”博士生学术会议，已经举办了三期，很受博士生欢迎。那个时候，实证研究在图书馆工作研究中刚刚起步，这个消息引起我很大的兴趣，我当即找到徐教授，向他提出参加下一年实证研究会议的请求。2014年6月，我如期收到了会务组发来的参会邀请。7月11日至7月16日，我和一帮年轻的博士生、青年馆员坐在一个教室，认认真真做了5天学生，系统学习了实证研究中的调查研究设计、问卷设计与编码、统计数据分析、深度访谈、实验方法等内容，第一次了解到眼动实验、图书馆学如何与心理学、统计学等学科相结合进行跨学科研究。这次学习开拓了我这个工科出身的图书馆工作者对图书馆学研究方法的认知视野，学到了图书馆实践、研究工作更为有效的科学方法。随后的两年里，我馆又先后选派了4名年轻馆员参加了实证研究班的学习。从21世纪初开始，许多高校图书馆因转型发展的需要不断招新，这些新进的馆员多为非图情专业毕业生，用非所学，他们对于社会科学的研究方法、图书馆论文写作、图书馆工作研究如何开展均处于懵懂状态，特别需要图书馆学理论研究方法、科学研究方法的启蒙引导。但因条件所限，每年有幸参加南开大学实证研究会的人员非常有限。为了满足社会需求，2017年5月，由上海市图书馆学会牵头组织，特邀徐建华教授及其团队到同济大学图书馆针对上海地区图书馆员特办了一期“图书馆学实证研究研讨班”。由于场地有限，报名人数限制为120人，上海市图书馆学会网站报名通道一开通，名额很快报满，除了上海本地图书馆员，还有不少外地馆员报了名。至今记得当年培训班的情景，研讨会于5月12-13日在同济大学德文图书馆举办，2天的培训日程排得很满，授课教师有来自南开大学的心理学系教授、社会学系教授、信息资源管理系教授和博士，还有来自天津师范大学心理与行为研究院的博士。授课内容从大数据及其应用、行为科学实证研究的基本过程、问卷调查的研究设计、访谈技巧及实施、数据的统计分析等理论方法到如何将问卷调查的数据转化为学术论文，以及如何申报社科基金项目的具体实践案例，甚至于图书馆人的职业生涯规划与管理，有方法、有理论、有实践，内容系统而全面，教师讲得精彩，学员们学得认真。上机实际操练安排在星期六，那天也是同济大学的教职工运动会，我一大早赶到实习教室，离上课时间还有20多分钟，教室里已经坐满了学员，大家都在认真地安装调试软件，王翩然博士也已经到现场跑前跑后地开始指导。徐教授及其团队当年播撒的种子，逐渐地开花结果。现在，调查问卷、访谈等方法已经是我们馆员研究、分析和解决图书馆服务问题的常用方法，并发表了相关学术论文。

徐建华教授举办的“图书馆学实证研究”博士生学术会议，为图书馆员及图书馆学研究人员提供了一个提高研究能力、提升工作水平、接受新的方法论洗礼的重要平台，开拓了图书馆研究人员跨学科研究的眼界，有力推动了图书馆学研究的科学化和规范化发展。今年是“图书馆学实证研究”博士生学术会议举办的第十个年头，“图书馆学实证研究”已在实际工作中不断发展并指导研究管理工作，事实充分证明了实证研究充满了无限的生命力。在“图书馆学实证研究”会成功举办十周年之际，衷心感谢徐建华教授和他的团队十年来为我国图书馆学情报学的实证研究不断走向成熟做出的勤奋努力与无私奉献，祝愿“图书馆学实证研究”学术会议越办越好！

马捷（吉林大学管理学院副院长、教授、博士生导师）

丹心系桃李，清誉满乾坤

——写在第十届图书馆学实证研究会议之前

时光荏苒，南开大学图书馆学实证研究学术会议已经走过了九个年头，九年间，徐建华教授怀着一颗对图书馆学事业的赤子之心，带领团队开展了一场又一场图书馆学实证学术研究盛宴。盛夏时节，来自全国各地的图书馆学专家、研究生导师、研究生慕名而来，会聚于南开大学商学院聆听精彩的学术报告，讨论焦点问题、畅所欲言发表自己的观点和看法，技术与方法碰撞，知识与智慧交融，给每年参会师生的心中留下不可磨灭的印记。

记忆爬上心头，在人生的历程中拧成不可替代的节点，在2018年第八届图书馆学实证会议上，我很荣幸受邀担任会议报告的主持人，我也由此领略到了徐建华教授团队在会议组织、内容安排上的严谨和充实。参会的经历至今仍历历在目，从会议食宿到报告内容无不反映着团队对组织这场盛会的至诚之心。会议报告内容既涵盖了图书馆学实证研究方法运用的宝贵经验，又呈现了研究方法扎根学术研究，严谨、规范而又具有创造性的应用。报告台上分享学识的学者话语铿锵，报告台下求知若渴的研究生们聚精会神，从理论到实践，从分享日积月累的科研经验到有序有节地介绍科学研究方法，处处闪现着知识和智慧的思想之美，也映射着生动有趣灵魂之非凡。

第八届实证研究会议上，我对自己主持的其中一项主题报告“内隐刻板印象实验方法”印象非常深刻，围绕这一研究主题，为了收集第一手可靠资料，徐建华教授不辞劳苦，奔赴了全国大江南北，但对图书馆学事业的热爱与敬畏并未因为重重困难而停歇，反而随着研究的不断深入而愈发要将这一研究主题探个究竟，这在徐建华教授的研究团队围绕这一主题发表的系列文章以及徐建华教授在介绍这一研究之旅时言辞中所透露的诸多自信与兴致里可见一斑。师者，所以传道受业解惑者也，徐建华教授组织的实证研究学术会议，不仅在专业知识、研究方法上给人以启迪，也更是在学术研究的钻研精神以及科学探究的敬畏之心上激励着每一个参会人员，感谢徐建华教授团队给我和我的学生们提供的宝贵的学习和交流机会！

历经风雨而不歇，严谨的学术态度融合于风趣的人格魅力，徐建华教授兢兢业业地耕耘着实证研究学术会议这方天地。十年磨一剑，时值第十届图书馆学实证研究学术会议即将到来之际，我由衷祝愿第十届南开图书馆学实证研究学术会议取得圆满成功，希望我们的图书馆学事业结出更多更璀璨的学术成果！

唐琼（中山大学信息管理学院副院长副教授）

构建更良好的中国图书馆学研究生态

——南开大学图书馆学实证研究博士生学术会议十周年随感

2020 年，南开大学“图书馆学实证研究”博士生学术会议（以下简称“图书馆学实证研究”会议）即将迎来第十届。从 2011 年到 2020 年，该会议在我国图书馆学界、业界树立起规范性实证研究的旗帜，推动着我国图书馆学实证研究向更加科学、规范的道路上迈进。

中国社会科学院学部委员、国家社科基金图书情报与档案管理学科评审组组长黄长著教授曾高度评价“图书馆学实证研究”会议，认为它为图书馆学及相关学科实证研究提供了很好的交流平台。[①] 会议发起者与组织者徐建华教授曾言：“学术是天下之公器，每个研究者在研究方法面前都应是平等的，南开大学实证研究会议将承诺会议的国际性、公益性、实践性、跨学科性、草根性，为大家提供一个平等交流的平台，共同影响图书馆学的研究生态。”[②] 作为曾经的参会人员与受益人，我认为，该会议的举办对构建中国图书馆学良好的研究生态能够产生持续有益的影响，是由其独有特征决定的。

一、全面、立体、生动展现了规范性实证研究是什么，怎样做

每届“图书馆学实证研究”会议内容均涵盖“实证研究范式的基本认知—具体的实证研究方法及其应用—数据的统计分析—研究成果报告”这一完整的实证研究认知与实施环节。

（1）实证研究方法的基本问题和规范。帮助与会者明确社会科学研究方法的定义与属性、研究方法的规范性、研究对象的选择、研究方法的中心环节是什么；纯科学研究、应用研究、实证研究是什么；实证研究的类型、实证研究的七步骤、研究范式等内容。

（2）实证研究方法的具体类型及其应用。涉及问卷调查的规范与实施、问卷调查方法中量表与问卷的辨析、深度访谈方法及其应用、扎根理论方法论及其运用、实验研究方法在图书情报领域的应用等。主讲人往往结合自身研究经历，既有理论介绍，又有具体研究案例的演示与分享，生动有趣。

（3）数据统计方法研习。每届会议均安排了 SPSS 数据分析全过程讲解与上机操作，围绕数据录入与审查、因素分析和信效度检验，描述性统计、均值比较和回归分析进行理论讲解和实务操作。

（4）实证研究论文写作与投稿。徐建华教授团队成员往往结合团队研究，分享问卷调查类论文写作经验，并分享从数据到论文的“六步法”，克服论文数据分析流于表面、缺乏深度等问题。该会议还有颇具特色的安排，通过点评图情领域已发表的实证研究类论文，帮助与会者了解规范性的实证研究论

① 王晴，路锦怡. 第七届“图书馆学实证研究”博士生学术会议综述[J]. 图书馆论坛，2017（9）：128-129.

② 宋志强，亢琦. 五年：图书馆学实证研究的节点——“第五届图书馆学实证研究”博士生学术会议综述[J]. 图书馆，2015（10）：27-29.

文应如何写作，易出现问题的环节在哪里；而会议的“核心期刊编辑座谈”环节，又搭建了编辑与学者有效沟通的平台，帮助与会者了解国内外学术期刊发文技巧。

二、倡导开展跨学科、国际化的规范性实证研究

会议组织者并未将视野局限于图书馆学这一特定学科，历届会议均邀请来自心理学、社会学、人类学、图书情报学等学科专家提供学术支持；参会人员也涉及社会学、政治学、会计学、公共管理、图书情报学等多个学科。这有利于图书馆学引入其他学科的视角、方法，促进跨学科的交流与合作。而徐建华教授团队身体力行，与心理学相关学者合作完成的“图书馆学刻板印象”等系列研究成果即证明：开展跨学科的规范性实证研究将进一步丰富图书馆学学科研究。

会议亦倡导以国际化视野来认识、开展规范性实证研究。曾邀请克利夫兰州立大学的孙荣军教授，美国雪城大学信息学院终身教授秦健，美国南康涅狄格州立大学终身教授，“福布莱特学者奖”得主刘燕权，美国北卡大学教堂山分校 Sturm 副教授，佛罗里达州立大学俞碧飏博士等做报告，了解国外图书馆学研究热点、研究动态与规范性要求等。会议还邀请 Emerald 相关人员解读 SSCI/SCI 期刊论文写作与投稿经验。

三、关注图书馆学研究的新生力量

历届图书馆学实证会议典型特征之一即为“年轻化”。参会人员以博硕士生为主，来自高校、图书馆、编辑部与出版社的参会人员亦多为青年人。会议组织者徐建华教授对青年人寄予厚望：“当代博士、硕士均应承担起一份学术责任，用严谨的治学态度和规范的研究方法不断要求自己，为图书馆学与图书馆事业的蓬勃发展贡献力量。”① 而会议也一直秉承公益性质，免收会务费，且向学生群体免费提供食宿，体现了对青年群体的关怀与爱护。在青年时代，即能接受规范性实证研究的洗礼，形成严谨的治学态度，这是会议赠予参会的青年学人的宝贵财富。

四、构建多群体平等自由交流的学术平台

会议报告人除了业界专家，也有来自高校的青年教师、博士硕士研究生，以及图书馆的青年馆员；不同群体的研究感悟与实践分享，使得与会者更容易产生共鸣。与会者涵盖 5 个群体，以学生为主，高校教师、图书馆员、编

① 杨济霞，吴颖颖. 第八届图书馆学实证研究博士生学术会议综述[J]. 图书馆，2018（12）:109-111.

辑、出版社共同参与。会议主办方多次安排了诊断环节和与核心期刊编辑座谈，解答与会者在以往相关研究中所遇问题，构建了平等交流、相互学习的立体式学术氛围。

作为一名图书馆学专业的青年教师，我有幸参加了第三、第四届会议的学习。两次学习，深化了我对于规范化实证研究的认识，多学科国际化的交流亦拓展了我的研究视野。参会中，也常为徐教授及其团队坚持规范化实证研究的治学态度与学术热忱所感染。之后，虽然因工作等原因无法每年参加，但我都会推荐指导的硕士生申请参会。因为，这样的学习机会对于他们而言，是宝贵的，必然对他们之后的规范性实证研究之路产生潜移默化的影响。

希望会议能够一直举办下去，继续引领我国图书馆学规范性实证研究的开展。

我们深知，即将走向第十个年头的“图书馆学实证研究”博士生学术会议，徐教授及其团队为其倾注了极大心血；个中艰辛，作为旁人亦可想象。谨以此文向具有情怀的徐教授及其团队致敬！

黄令贺（河北大学管理学院副教授）

“真”“平”“交”“综”实证会学术十年
“情”“易”“提”“酒”徐建华图林潇洒

我参加过两次徐建华老师主办的图书馆学实证会，一次是2015年，一次是2016年。记得非常清楚，2016年会议前，全国各地普降暴雨，交通不便，但参会者仍想尽各种办法参会。我与徐老师有过四面之缘，2015年一次，2016年两次，2017年一次。就是这两次会议、四面之缘，我认识了徐老师，结识了主办即将十年之久的图书馆学实证会。今天，我想送徐老师和图书馆学实证会一副对联。

上联：“真”“平”“交”“综”实证会学术十年

真：图书馆学实证会是“真”会议。主讲嘉宾是有烟火气的“真”人，讲授内容是“真”干货，讨论内容是研究中的“真”问题，参与人是“真”有收获。

平：图书馆学实证会上，无论是徐老师、主讲嘉宾、参会人，还是初入学术的硕士研究生，大家是地位一样、吃饭一样、各种交流平等，这才是学术界应有的气象。

交：交流、交心的好平台。

综：会议综合了理论研究、实证研究、期刊投稿、课题申报、相声娱乐等各种内容。

下联："情""易""提""酒"徐建华图林潇洒

情：徐老师是性情中人，对图书馆学有情、对图书馆事业有情，对夫人有情，对图林后辈有情。

易：平易近人，有大专家之才，无大专家之傲。

提：提携后辈。就我所知，凡可造之才，无论是否自己学生，都不遗余力地提携。

酒：性情中人，不能没有酒，潇洒之人不能没有酒。

希望图书馆学实证会再创辉煌！！

希望徐老师永远潇洒！！

王宗义（《图书馆杂志》前常务副主编）

关于实证研究的一些回忆

一年前，建华教授与我聊起，他组织与推动的实证方法研究项目，整整开展十年了。希望能集体回眸，各抒己见，合册纪念文集。未料疫情管控持续，此事也被搁置。转瞬一年过去，建华教授又提起此事，再一次体会了他特有的坚强毅力与韧劲儿。

说实话，近年对图书馆学与专业实践发展的关注度已经逐渐减少，以致面对建华教授的要求，居然有了一丝茫然。只好请他让学生把十年来项目活动的史料发给我，帮助记忆复苏。在浏览材料的过程中，十多年前，建华教授每逢专业会议，必是手捧大叠调查问卷八方奔走采集数据的形象，又栩栩如生地回到眼前，萦绕于脑海。

对于建华教授及其团队的实证方法实践与教学研究，惭愧的是我至今依然不甚了了，难以评说。十年史料中阅读较多印象较深的，是年度活动之后的学员反响。虽说其中感性的抒发，多于实证方法与技能的领悟，但转换角度想想，要求通过一次短期学习和操作，即能熟悉基本技能，掌握完整方法，也是难以企及的目标。这一项目在图书馆界中产生了多大成效，相信历年来参加学习者会在文集中把各自的收获、实践与思考分别一一展示。南开科研与教学团队十年辛勤耕耘的成果，必定能让建华教授收获欣慰，也能让专业同行们看到这一项目在图书馆人基础素养提升中的科学价值。

意外的是，在史料中居然看到了 2012 年我应邀参加活动后的一篇博客文字。那些年，我在新浪博客和“书社会”上，陆续写过一些随笔漫谈。当时秉持个性化自主出版的理念，文字上网前一般会有所斟酌，也多次想着要汇拢留存，但始终没有时间去做。去年底离开单位后再上网，已经找不到获取的路径了。当年信马由缰的思考记录，想来也有好几万字，这次能够看到幸存的一篇，也需要对建华教授和他的团队同行们作揖道谢！

那篇博文触发了十多年来图书馆界实证研究活动的一些回忆。世纪之交时，学界风行“图书馆价值”讨论，原本是为了走出单一依托信息技术发展图书馆事业的思维局限，可又陷入了理想正义的道德高标怪圈，理论指引与专业实践的距离也越发扩大。好在图书馆人适时地遇到了社会生活中张扬实证主义研究的潮流，为图书馆科学研究与工作实践提供了一个新的契合点。史料中看到当年“技术酒徒”“人文烟鬼”等熟悉语词，不觉莞尔。接着还看到了“实证茶客”一词，有点诧异，意识到自己真是与主潮流拉开距离了。

建华教授基于本人和团队的实践体验，南开大学和其他高校相关领域专家鼎力支持，为图书馆界同行提供了专业科学研究的方法指引，他们为之付出了极大的精力，建华教授的坚韧定力与职业担当更令人感佩。联想到同一时期上海某高校图书馆在文献管理领域的实证研究探索，他们于 2008 年开始在文献价值评价领域，分层次、有序列地应用现有的多种文献评价方式，组合进行文献价值评价系统的构建，全程采用专题实证模式，步步扎实推进。组织者和参与者也是以极大的热情，持续做出了巨大的付出。三四年后随着一批批研究成果发表，评价体系初具雏形。通过每年一次的行业交流，在一些高校图书馆同行中逐渐得到认可，并在各自馆藏资源建设过程中探索有效应用。更有意思的是，部分专题文献评价研究成果引起了出版行业的关注，一些专业出版社也来参与年度交流会议，希望借此获得图书馆资源建设与需求的前沿信息，以此完善自身的出版规划和设计。在我看来，这是图书馆专业成果产生了行业溢出效应，当属可喜。遗憾的是，当他们正筹划进一步探索应用计算机信息处理技术，提高评价活动工作效率的关键时刻，研究团队的核心人物因为年龄原因而到点退休，这一研究项目就此失去了灵魂。没有了科学掌舵人，研究活动与管理渐渐失序，勉强维持几年后就难以为继了。而那位理论与实践兼修的图书馆专家，办理退休手续后即被另一所高校图书馆聘用，至今仍在继续工作。可惜那是个较小的平台，也没有原先图书馆所具备的人才资源基础，想做也做不起来了。我相信南开大学是一所了解科研工作传承价值的学术重镇，一定会让实证方法研究项目稳定持续地进行下去，更好地服务于当代图书馆建设事业。

在史料中还看到了刘方方先生的一篇文字，提及本人当年的话语，“学习图书馆学还要广泛涉猎其他学科知识，这样思想才能浑厚，思维才能敏捷，角度才能全面，研究才不至于狭隘。”为此要感谢方方先生的记述，尽管我已经想不起当时的话语场景，但恰好用来作为本文结束语。

王波（《大学图书馆学报》常务副主编）

贺徐建华教授图书馆学实证研究培训班开办十周年

徐建华老师学问渊博、口才上佳，用时尚的话说，他是一名跨界教授、斜杠博导，他在图书馆学、文献学、出版学、佛学等领域都有深入涉猎，经常活跃在这几个领域的讲坛上，是这几个行业的从业者所熟悉的大家。

徐教授做的多是传统学问，按照一般人的想法，他只需博览群书，熟用考据、钩沉、互证、思辨等这些传统的治学方法，足可以维持自己的学术地位。但是徐教授并不满足于对传统学术方法的娴熟掌握，也不满足于独善其身，他视野开阔，极富科学精神，尤为关心青年。他积极主张以实证方法研究社会科学，以提高社会科学研究的客观性、准确性，尤其渴望青年一代熟练运用这种方法，及早与国际接轨，提高中国学术的品质及其在世界学术界的地位。

基于对国内图书馆学研究方法的不足与缺失的痛心疾首，十年前，主要利用自己的科研经费，徐教授在南开大学信息资源管理系的支持下，于暑期在南开大学举办图书馆学实证研究培训班。一时间此班犹如图书馆界的一个吸引力超大的学术“黑洞”，吸引了大批有学术志向的研究生和青年馆员报名参加。为了尽量减免学员负担，徐教授还贴心推出诸多优惠服务，如尽量选择经济型宾馆、向在校生免费、到学校食堂用餐等，其一心传播学术、提携青年的拳拳之心令人感佩。前些年流行评选年度人物，我曾经在网上提名徐建华教授为感动中国图书馆界的年度人物或最美图书馆人，受到很多同行的赞同。

实证研究方法培训班也吸引了图书馆界一批相对小众的人员参会，那就是图书馆学期刊编辑。多年来，图书馆界面向行业编辑的有针对性的培训不多，徐教授这个培训班传授最新科研方法，对于迫切希望提高学术成果判断力、品鉴力的期刊编辑而言，无疑是雪中送炭。我们《大学图书馆学报》编辑部这十年来的历任编辑，都曾轮流到这个培训班接受过培训，的确是受益匪浅，对编辑们评判稿件、修改稿件、提高经手论文的学术质量起到很大作用。

说到培训班的吸引力，让徐老师有些得意、津津乐道的是，图书馆学界还发生了多起名教授送子参训的事例，一些出身名门的“馆二代”悄悄地潜入了他举办的这个培训班，很多学员不知道，坐在班上的某个青年，其父就是业内著名的某教授。由此可见这个培训班的学术含量之高。

徐教授这个培训班，还有许多相当美好的副作用。其一，让学员们有了访问紧密相邻的两所名校——南开大学、天津大学的机会，南开大学的马蹄湖畔、周总理雕像下，天津大学的钟亭旁，都留下了下课后、夕阳下，学员们悠闲散步、谈天说地的身影，大家结下了深厚友谊。其二，让一些年轻学员收获了爱情，据我所知，有几对研究生就是在这个培训班上一见钟情，最后喜结连理。

正是因为有班内班外的丰厚收获，徐教授这个培训班纵然伙食一般、住宿勉强，一轮培训下来，学员们肚包略瘪、蚊包群起，但是回忆起来，仍然是甘之若饴、一致点赞、口碑甚佳。

转眼之间，徐教授的实证研究培训班已举办十年，相当于在全国的图书馆学研究生院之外另办了一个短期研究生院，培训了大批人才，对规范图书馆学研究方法、提升图书馆学期刊质量起到了显著作用，发挥了可贵的社会效益。徐教授自己和他指导的研究生，更是在实证研究方面走在前排、勇立标杆。徐教授每到一地，都到各类图书馆里发放事先设计好的调查问卷，人称国内发放调查问卷最多的图书馆学教授。徐教授的研究生跟着他开展图书馆员快乐指数等主题的研究，取得累累硕果，多名研究生被美国名校录取，攻读更高学位，有的已回国成为骨干教师。

应该说，以十年时间苦心操持，国内图书馆学界的实证研究渐成气候，徐教授举办实证研究培训班的目标已基本达成，成绩之大有目共睹，值此十年之庆，特向徐教授致以热烈祝贺！由衷敬佩！但依徐教授的个性，他的事业雄心、学术野心、创意精神绝不会止步于此，让我们擦亮眼睛，期待着徐教授带给我们更多的惊喜吧。

刘方方（重庆三峡医药高等专科学校图书馆副馆长）

“十年树木，百年育人”用在徐老师对图书馆学实证研究博士生学术论坛的坚持上很合适。

徐老师潜心图书馆学实证研究十余载，倾注心血倡导图书馆学实证研究博士生学术论坛亦有十年。有了徐老师的十年坚持，实证研究在图书馆学、业、编辑界已经开花结了果，实证研究的范式、程序、规范等已扎根在图情协（学）会组织、图情教学单位、各类图书馆的学术骨干、图情专业期刊编辑的学术相关活动中。十年来因参加论坛而获益开展高质量学术研究，发表高质量学术论文，获得各类基金项目的个人不胜枚举。

2012 年参加完论坛，我也从公共图书馆的服务岗位走到高校图书馆的管理岗位，跨越图书馆类型和岗位类型的双重跨越，对图书馆业务工作和学术研究又有了新的认识。没有简单的业务工作，也没有单纯的学术研究，不论工作还是研究都需要感性认识和理性思考，工作和研究都是解决问题的过程，都要重视思路、方法和规范。从不同学科视角、用不同的方法研究同一个问题，会让问题更加清晰而接近真实。用混合研究方法研究同一个问题应该是未来图书馆学术研究中提倡和重视的。这其中，有关规范的学习、方法的实践尤为基础，是研究生及相关学术研究工作人员学术训练及提升学术素养的重要环节。十多年来，徐老师及其团队一直在坚持这件事情，看得到的是成果，看不到的是实证研究理念和思想在图情学界的传播及图书馆学教育中特别是研究生教育中的实践。所以，徐老师的十年坚持看似是规范的坚持，其实是教育的坚守。

第二届图书馆学实证研究博士论坛上，量化和质性研究的方法就同时进行着，不但有调查研究数据处理的相关培训也有访谈研究访谈内容的编码相关讲座。我想这是徐老师有意布的局吧，期待下一个十年。

庚子三月初六再记于万邑虚静斋

刘宇（云南大学历史与档案学院教授，博士生导师）

实证研究与图书馆学的学科合法性

——祝贺“图书馆学实证研究”十周年

2000年高考填志愿之时，我孤陋寡闻地始知大学里还有一个叫“图书馆学”的专业。坦诚地说，像很多同侪一样，图书馆学对我来说是一个命运的安排。诚如王子舟教授在总结中华人民共和国成立后60年图书馆学的发展历程时指出[①]，1980年之后中国图书馆学进入了“彷徨的时代”，学科地位不高、学科认同度较低。随着学习的不断深入，我发现学科认同问题在同学中普遍存在，有些老师也会在不经意间流露出对学科地位的担忧。记得当时教“文献分类”课的吴昌合教授经常在课堂上说，图书馆学不受国家重视，全国只有北大、武大、中科院有图书馆学的博士点。后来，同学之间开始盛传“丑陋的图书馆学”的争论。不论同学们对争论的内容是否有准确的理解，“丑陋”二字的修饰对同学们学科认同的影响可想而知。可以说，学科合法性危机的种子在我步入图书馆学的大门时即以种下，以至于后来成为我从事学科研究中最为关注的议题之一。

图书馆学彷徨的根源何在？或者说为什么图书馆学的学科认同度低、学科地位不高？图书馆学的知识生产模式和话语表达方式是重要的直接原因。正如王子舟老师所言，“图书馆学专业期刊中充斥着经验总结文章，这给其他学科研究者诟病图书馆学提供了口实。”[②]经验总结的知识生产模式的确与中国尊崇宏大叙事的学术传统不相吻合；但是，经验总结并一定会导致授人口实。比如，以成功管理经验推广为终极目标的管理学知识生产，并未导致其他学科的严重诟病，其知识生产的逻辑在本质上与图书馆学是一致的。图书馆学的问题究竟出在哪里？除了学科本身所面对的问题域之外，我们认为话语表达方式是产生这种差异的关键问题。

话语表达方式源自学术训练。从发生学来看，中国当代图书馆学的发展在学术训练上存在先天不足。“在70年代末和80年代初建立起的一批图书馆学专业的师资主要来源于图书馆员。和其他社会科学相比，实践经验丰富、

---

① 王子舟. 建国六十年来中国的图书馆学研究[J]. 图书情报知识. 2011(1):4-12.

② 同①.

研究经验不足和缺乏社会科学研究训练是80年代中国图书馆学研究队伍的特点。”① 学术训练不足致使图书馆学的话语表达不符合主流学术界的话语模式，直接导致专业期刊中充斥着经验总结文章。更值得注意的是，学术训练的不足会因学术传承而产生传递效应，影响学科的进一步发展。

为了实现“从边缘到中心”的转变，图书馆学人一直在积极努力，通过模仿不同学科的话语模式和研究方法弥补自身学术训练不足的短板，在图书馆学内部构建了不同的研究范式和话语表达模式。回顾改革开放四十余年来的发展历程，图书馆学已经形成了四条比较稳定的学术训练路径。

一是模拟“哲学”，强调思辨方法和理论构建。这一研究范式在20世纪最后二十年极为兴盛，先后形成了“矛盾说”“文献交流论”“知识交流论”“信息资源说”“知识集合论”“知识组织说”等众多成果。正是在这些理论学说的基础上，“出现了所谓的中国图书馆学学派”②。然而，图书馆学是一门经验学科的学科性质限制了模拟“哲学”进行学术训练的路径有效性。图书馆学的研究问题大多起源于图书馆的业务工作或图书馆事业的发展实践，“哲学的概念抽象而微妙，过多借用只会掀起更多的知识‘迷雾’”③。这一研究范式的过度兴盛会图书馆学理论研究与图书馆实践之间的脱节④。

二是模拟“历史学”，强调叙事、以史为鉴。目前来看，图书馆学的这一学术训练路径比较成功，获得了图书馆人较高的认同度⑤。尤其是一批80后的图书馆学青年学者的崛起，他们的研究大量采用档案等一手资料，使得图书馆学界的历史研究彻底转型。在图书情报学界已经形成了一个比较稳定的历史研究的圈子，这个圈子在非技术流的图书情报学中比较具有影响力。对图书馆学来说，历史研究极为重要，它关系到“学科记忆”的书写。但是，由于图书馆学界的历史研究的对象离社会普遍关心的经济、政治议题较远，同时也并非那种易引起大众兴趣的社会化议题，因此很难引起学科圈子之外人的兴趣和注意力，也就是说很难承担起植根在中国人心灵深处的历史研究的

---

① 黄纯元. 论芝加哥学派(下)[J]. 图书馆，1998(2):6-9.

② 于良芝. 图书馆学导论[M]. 北京：科学出版社，2003:143.

③ 梁灿兴. 透视图书馆学的本质主义与反本质主义之争[J]. 图书馆论坛，2018(9):43-51.

④ 刘宇，谢欢，顾烨青. 实践相关性与科学严谨性:论图书馆学理论与实践的脱节[J]. 图书情报工作，2016(24):33-42.

⑤ 李刚，孙建军. 从边缘到中心:信息管理研究的学科范型嬗变 [J]. 中国图书馆学报，2008(5):5-13.

社会功能——“以史为鉴”。因此，除了图书馆界的同行在意图书馆界的历史，社会其他各界却鲜有兴趣。如何突破这一困境，关键取决于图书馆学的历史研究者们能否与从事书籍史、文化史等相关议题的其他学科学者进行学术对话，能否融入专门史研究的大家庭。

三是模拟计算机和信息技术应用的相关学科，强调用ICT（信息与通信技术）解决信息管理中的实际问题。信息组织和检索研究一直是图书馆学知识体系的核心，也是图书馆学区别其他学科最为特色的研究领域。随着ICT技术在图书馆业务工作中的大量应用，信息组织和检索也再次成为图书馆学中的显学。然而从整体上说，图书馆学的主体是被动地应对信息技术所带来的机遇与挑战。技术知识的习得相对人文社会科学来说门槛较高、知识内容更新速度快，绝大部分图书馆学人的知识背景并非系统的信息技术教育（计算机及相关学科），少数受过系统信息技术教育或对技术具有强烈好奇心自学成才的学人成为图书馆学界的技术宠儿。因此，图书馆学界的技术应用研究经常产生一种被计算机等学科牵着鼻子走的被动形象，这种被动的姿态与学术研究追求创新的精神本质是不吻合的，因而影响学科的认同度和学科地位。

四是模拟数理统计的学术训练，用统计学方法描述文献信息世界中的各种客观现象或“规律”。数理统计范式的计量研究是目前图书馆学界国际化程度最高的一个领域，由于可以借助通用的数学、统计学语言，计量研究在国际化过程中没有出现太多的表达障碍。因此，在现今的科研政策体制下，计量研究通过“出口转内销”的方式，在亟待树立自己文化大国形象的官方那里获得了足够的肯定和认可。同时计量研究也是图书馆学与其他学科“对话”的一种重要途径，文献计量的方法已越来越多地运用于其他学科。然而，计量研究存在的主要问题是，这个领域还比较年轻，真正的发展还是在数据库成熟之后的近20年，所以大部分研究还是描述性的；追求现象背后的机理解释，目前主流的计量研究还做不到这一层次。此外，计量研究在一定程度上，无法有效地向世界展示中国图书馆事业的现实问题，让世界了解中国的图书馆界。因此，也就无法突破汪丁丁所提出的中国社会科学的第二重困境[①]。

2000年之后，研究方法的重要性在国内人文社会科学界逐渐成为共识，各个知名高校的强势学科分别在暑期主办面向博士生和青年教师的研究方法培训班，如中山大学管理学院前沿研究方法研讨班等。图书馆学界也同样注

① 汪丁丁. 中国社会科学的研究方法导论[J]. 财经问题研究，2008(10)：3-13.

意到了研究方法的重要性，徐建华教授应该是最早在中国图书馆学界践行并向整个学科推广社会科学实证研究方法的图书馆学家。

虽然西方的社会科学界早在20世纪六七十年代就开始对实证研究的进行反思（参见《社会学的想象力》），但是实证研究依旧是以美国为首的西方社会科学界的主流话语模式。同时，也是欧美图书情报学强化自身学科地位和学科合法性的主要路径①。在中国图书馆学中推广实证研究，不仅是一条和西方图书情报学接轨、构建图书馆学学科认同的一条有效途径；同时，实证研究的学术训练与中国当代图书馆学人的整体知识背景相吻合，避免了ICT技术知识门槛高、习得成本高的问题。在更为深层的学理层面，实证研究与图书馆学社会科学的性质相吻合。无论是传统的芝加哥学派对图书馆学的定位，还是iSchool联盟视域下的information study，人、文献/信息、技术都是构成学科知识体系的三大要素，只有实证研究的包容性方法论视野，才能既避免技术应用和数理计量的简单机械视角，又避免陷入相对主义无休止的纯哲学论争。因此，社会科学的实证研究学术训练是图书馆学界争取学科地位、获得学术界普遍认可的一种相对较优路径。

早在2004年，徐建华教授的团队就开始和心理学领域的专家进行合作，开展图书馆员的快乐指数研究。为了将实证研究方法的学术训练向整个图书馆学界普及，2011年徐建华教授的团队开始在南开大学举办“图书馆学实证研究”研修班，向图书馆学的青年教师、学生和一线图书馆员免费提供规范的社会科学实证研究方法的学术训练。本人曾于2014年有幸参会学习。时光如白驹过隙，转瞬间“图书馆学实证研究”研修班持续举办了十届，惠及图书馆学人数千计，使得实证研究方法尤其是量化的实证研究方法在图书馆学中得到了一定程度的普及。在微观上，研修班对于提升图书馆学研究队伍的学术素养具有直接影响，有利于改善“图书馆学专业期刊中充斥着经验总结文章”的窘境；在宏观上，这一举措对于提升图书馆学的学科认同度和学科合法性更是功不可没。若干年后的图书馆学史上，中国图书馆学实证研究必将和徐建华教授联系在一起；“中国图书馆学实证研究之父”的名号，徐建华教授当之无愧。

---

① 李刚，孙建军. 从边缘到中心：信息管理研究的学科范型嬗变 [J]. 中国图书馆学报，2008(5):5-13.

王涛（湖北省图书馆副馆长）

图书馆理论研究的学术园地

——记第九届图书馆学实证研究博士生学术会议

2019年7月，我收到一份南开大学“第九届图书馆学实证研究”博士生学术会议的邀请函，正值儿子在日本读博士预科，心里总是牵挂着儿子的学业，脑子里总在想怎样才能成为一个好的博士生呢？常年被事务工作缠身的我，决定抓住这次机会，抽出时间去学习领悟博士们都在干嘛，怀着这样的小私心来到这个会议。我是武汉大学数学系应用数学专业毕业后被分配到湖北省图书馆工作的，主要从事图书馆信息化建设方面的工作，作为非图书馆专业出身的我，在行业摸爬滚打三十多年，往往对图书馆具体业务拎得很清楚、工作起来驾轻就熟，但上升到理论的高度就会感觉还有很多提升空间，虽然多年来努力学习了图书馆学的相关课程，有一些文理结合的优势，但如何将工作实践中有很多感悟和积累提升到理论的高度，还不能做到得心应手，参加这个会议在提高理论研究的意识、觉悟和能力上有明显的益处。

“图书馆学实证研究”博士生学术会议由南开大学研究生院批准、南开大学商学院承办、南开大学商学院信息资源管理系博士生导师徐建华教授团队负责具体实施。会议秉承国际性、公益性、实践性、跨学科性、草根性的宗旨，围绕着图书馆学规范性实证研究、跨学科合作、国际化而开展，参会人员汇集来自国内外的专家学者、青年教师、图书馆员、期刊编辑、博硕士研究生等，主要内容包括实证研究中涉及的问卷调查法、实验法、扎根理论方法及其运用，还有图书馆行业职业生涯规划、国内外学术期刊发文技巧等内容。第九届会议是在2011-2018年成功举办八届的基础上的进一步延续与提升，具体内容包括：海外图书馆学研究热点、研究动态与规范性要求，近年发表的图书馆学实证研究论文点评，图书馆学研究的跨学科开展，问卷调查的规范与实施、SPSS数据分析全过程讲解、数据分析与发文关系，面向儿童用户的研究方法、眼动实验在图书馆领域的应用，国内外学术期刊发文技巧，科研课题申请，本系教授前沿研究介绍，与会者实证研究中所遇问题诊断等，这次会议给我留下了深刻的印象。

一个充满活力的办会团队

会议是在假期的南开大学商学院信息资源管理系举行的，会议的组织工作全部由徐建华老师带的硕士生、博士生和部分学生志愿者完成，这是一个能干、高效、年轻且充满活力的团队。他们将新技术应用到办会的各个环节，会议的组织者专门建有“南开图书馆学实证研究会议”公众号，会议期间通过公众号开展活动加深学员之间相互了解，学员可以在公众号上在线提问以便会上安排具有针对性的集中解答。为方便互相认识和沟通，与会人员都加入本届会议专门群，并统一规范群名片，方便会后信息反馈。会场的布置也是井然有序，在上机课程之前整个会场布置了充足的插线板，便于二百多人同时使用电脑，并提醒大家提前安装好软件，下载好相关的数据集。会议还在公众号上挂接了小程序，设置抽奖赠送南开大学小纪念品环节，同时每一个参会人员都有一次几分钟的上台分享时间，提供进一步的相互了解和学习。会议餐的安排也令人新奇，因为会议具有公益性，经费以个人募捐为主，每天都会有一个关于您是否在会上就餐的小问卷调查，非常简单高效，杜绝浪费。每天的课程也非常紧凑，没有浮夸的仪式，课程从早八点到晚上六点半，中午只有一个半小时的吃饭休息时间，这些好的办会经验值得公共图书馆学习。

一场氛围浓厚的学术交流

公共图书馆的馆员每天被成堆的事务纠缠，往往没有更多的时间关注和参与图书馆学术活动，来到这个会议上最大的感受是浓厚的学术氛围，来参会仿佛又回到大学时代，几天的会议生活把你带到纯粹的学习和思考状态。在内容安排上注重操作性、实用性、前沿性、规范性、国际化，包括海内外专家的理论介绍、案例演示、规范辨析、上机操作、核心期刊编辑座谈、问题诊断、交流研讨等。有关于实证研究中规范的问卷调查、深度访谈、实验方法、数据分析及发文技巧的详细讲解，使与会者熟悉和掌握图书馆学研究方法；还有郭大水、陈浩、杨海波等南开大学教授关于社会学和心理学等方面的专题讲座，讲师渊博的知识，深入浅出地讲解，让人受益匪浅。还请来图情学界的专家来与大家交流海外图书馆学研究热点、研究动态与规范性要求、中外图书情报学人、探索图书情报事业与学科的未来发展路道路等，会上他们拥有众多粉丝，仰慕他们的学员争相提问，对知识的渴望散发出勃勃生机。徐建华教授团队中，以王翩然博士为代表的年轻的学者们也使人难忘，图书馆员刻板印象的形成与矫正研究，对调查问卷设计、访谈的技巧等图书馆学研究方法，科研课题申请，SPSS 数据分析，论文写作，如何去解释所研究的问题和验证所提出的研究假设等，他们思维敏捷、表达清晰、激情四射、滔滔不绝，学术态度严谨、学术造诣深厚，对与会的图书馆同人是激励和鞭策。我看到图书馆界朝气蓬勃的生命力在燃烧，我看到每一个优秀的人都在努力，我看到每一个人都有自己专注的领域，我们怎能不怀揣理想，砥砺前行。

一块图书馆界的学术园地

“图书馆学实证研究”博士生学术会议是图书馆从业人员、图书馆专业学子们一块学术交流的园地，在这里我们可以学习和思考图书馆专家是怎么搞研究的，我们以后有哪些可以参照的，学科整体发展中有哪些任务，应该起到什么样的作用，当前与学科有关的科技前沿，国际国内在这方面的研究水平，图书馆界的学者们的研究方向、研究方法，研究兴趣，如何促进学术创新等等，图书馆学研究关注的问题都可以在这里学习和研究。2019 年开放教育周（Open education week）活动期间，国际图联发布《开放教育资源与图书馆》（*Open educational resources and the Libraries*）简报，鼓励全球图书馆在开展支持开放教育资源（OER）建设与发展中发挥关键作用，“图书馆学实证研究”博士生学术会议就是南开大学徐建华教授团队参与开放教育资源建设的范例，特别是面向公共图书馆行业，对公共图书馆的从业人员是一个难得的提升图书馆学研究水平的平台，而提升他们的研究水平对公共图书馆事业的发展起着举足轻重的作用。思想碰撞带来的启发是喜悦的收获，而我们每一个人也许都感觉不虚此行。每年的夏天我们可以花点时间，在美丽的南开大学校园里通过学习和交流，启迪心智、净化思想、陶冶情操、升华境界、汲取力量，坚定为图书馆事业努力奋斗的信念，坚定不移追求我们的梦想。

十三五期间，公共图书馆事业飞速发展取得了巨大的进步和成绩，尤其是 2016 年和 2017 年相继颁布出台《中华人民共和国公共文化服务保障法》《中华人民共和国公共图书馆法》，为公共图书馆事业的发展提供了法律保障，19 届四中全会对国家治理体系和治理能力现代化提出了目标要求，2020 年是十三五规划实施和十四五规划开启的关键时间节点。2020 年夏天，“图书馆学实证研究”博士生学术会议即将迎来十周年，寄望于徐建华教授团队在第十届实证会议能给予图书馆界提供更多的指导与帮助，促进学术交流与业务合作，共谋图书馆事业发展前景。感谢徐建华教授团队为广大图书馆同人搭建相逢的平台，感谢乐于为事业奉献的各位老师，感谢鼓舞我们的年轻学子，而我也将永远记住南开大学校园的那个夏天，记住我们一起度过的时光，记住这次最难忘的会议。念念不忘，必有回响，让我们一起践行“传承文明、服务社会”的发展理念，坚持正确政治方向，弘扬优秀传统文化，创新服务方式，推动全民阅读，更好满足人民精神文化需求，为建设社会主义文化强国再立新功。

严贝妮（安徽大学管理学院教授、博士生导师）

“图书馆学实证会十周年纪念集”撰文

由南开大学徐建华教授组织的“图书馆学实证研究”博士生学术会议已经成功举办了九届，会议紧密围绕图书馆学如何规范开展实证研究的议题，助力有志于实证研究的图书馆学学人和学子，培养了具有实证思维的研究者，助益了我国图书馆学研究与图书馆事业的发展。正值“图书馆学实证研究”博士生学术会议十周年纪念日即将来临之际，在此送上我诚挚的祝贺！作为曾经参与“第八届图书馆学实证研究”博士生学术会议的学人，我收获颇丰。会议的主要特点有：

第一，严谨求真。会议从端正治学态度为起点，提醒大家去慎重规划自己的未来职业、求学、治学的方向，教导参会者牢记作为一名学者的学术追求与抱负。其次，解构了实证研究的设计与实施、调查问卷的编制、如何从问卷到形成研究论文的全流程，结合图书馆学领域已发表的实证研究论文对比了规范与不规范研究的本质差别。最后，呈现了心理学、社会学等跨学科的方法与思维，将严谨求真的态度贯穿始终。

第二，幽默灵动。会议的讲者们严谨而不乏幽默，其结合各自多年的实证研究经验，灵动而风趣地还原了他们的实证研究历程。“纸上得来终觉浅，绝知此事要躬行”，尤其是徐建华教授，他研究图书馆就跑遍大江南北的图书馆，让参会者深深地震撼和崇敬，也深切地感受到了以徐老师为代表的实证“茶客”们对图书馆学的初心、情怀与热爱。

第三，开放包容。会议的参会者涵盖了本科生、硕士生、博士生、教师与编辑老师、业界图书馆同人等，处处皆体现开放性和包容性。参会者畅所欲言，平等地讨论学术问题。图书馆学界、期刊界、业界多方对话，莘莘学子与学术前辈自由交流，形成了一个开放且包容的实证研究学术共同体，迸发的灵感与火花产生了巨大的影响。

很感谢徐建华教授十年如一日的坚持，他永葆着对图书馆学无尽的热爱，为图书馆学事业贡献出自己的力量！在此，我衷心祝愿“图书馆学实证研究”博士生学术会议历久而弥新，让这朵实证研究的瑰丽之花经久不衰，深深扎根在图书馆学的研究领域之中，盛开并怒放！

张欣（天津港保税区文化中心图书馆主任）

南开大学图书馆学实证研究博士生学术会议十周年有感

2011 年 11 月，首届“图书馆学实证研究”博士生学术论坛在南开大学召开，拉开了图书馆学实证研究交流的序幕，也开启了我与天津的不解之缘，如今论坛即将举办第十届。回想十年来，它始终坚持着自己的使命，为一批又一批的图书馆人找到了新方向。十年耕耘，图书馆学实证研究学术论坛以它的创新性、前瞻性和专业性赢得业内人士的一致认可。

十个年头，我从河北大学管理学院出发，来到南开大学连续参加了两届实证研究论坛，一路走过认识了很多图书馆同人和好朋友。2013 年 6 月，得益于会议创办人徐建华教授的赏识和推荐，我走进了天津港保税区管委会，成为保税区文化中心的一名工作人员，有幸负责图书馆的筹备建设和运营管理。2014 年，保税区文化中心计划正式开馆，我和同事又再次参加了图书馆学实证研究会议，深入学习了需求调研方法和 SPSS 数据分析技术，并应用到图书馆资源建设领域，在零馆藏和经费有限的基础下，真正实现了按需建设，精准提供文献服务，同时我馆通过发问卷搞调研，还取得了良好的宣传作用，开馆初有更多的人充分了解和喜欢上新图书馆（2014 年开馆 4 个月，吸引读者会员 2 万人，到馆阅览文献和参加读者活动达 30 万人次）。2015 年 7 月，第五届“图书馆学实证研究”博士生会议论坛成功举行，扩展了研究领域，我学习了关于新技术时代图书馆员职业生涯管理的内容，推进了我对职业生涯的认识和规划。2017 年，工作职位晋升同时获得中级馆员职称，2018 年，带领我馆获评地市级“国家一级图书馆”殊荣，2019 年，滨海新区功能区管委会机构改革，我凭借专业的优势、勤勉的作风和踏实的积累，成功竞聘科室正职……可以说十年来，我在学习和工作中取得的微小成就，都离不开在徐建华教授举办的图书馆学实证研究论坛中受到的启发和帮助。在此我真诚地感谢徐教授及其团队十年的坚持，促使很多像我一样的学子不断地成长。

近几年，我了解到图书馆学实证研究越来越被业界同人重视，受到研究者的青睐，我很激动，还有作为图书馆馆员的欣喜感。实证研究是图书馆学最常用的研究方法，也是图书馆学形成、更新、变革的基础和主要动力。我呼吁，我倡导，我希望，图书馆学应大力弘扬实证研究，鼓励更多的学生和老师积极参会，开拓视野，丰富理念，同时加强图书馆学同人之间的交流，不断提升研究水平，我相信这种学习交流对促进我国图书馆事业发展也是大有裨益。

十年会议，十年回忆，2020 年第十届“图书馆学实证研究”博士生论坛将在南开大学举行，十分期待再一次的相聚！

王景发（《图书与情报》前常务副主编）

图书馆工作者的“学术福利”

建华多年来一直致力于图书馆学实证研究的推广。“图书馆学实证研究”博士生学术会议，建华一做就是十年。这种执着，这种坚守，令人钦佩。

科研是对未知事物探索和认识的过程。一种事物，会有很多表象，需要借助一定的方法，揭示该事物表象后边隐藏的东西，发现它的本质和规律。规范的研究方法，是科研的保证。

作为编辑，在审稿过程中，碰到的普遍问题是：有非常多的论文，自话自说，不少作者并不知道论文需要研究方法的支撑。我一直很困惑：这些老师，为什么不给学生传授起码的研究方法。“师者，传道、授业、解惑也”，在校学习，尤其在读研阶段，研究方法，比专业知识的掌握更为必要。方法，不是技巧问题，它既是研究方法，也是思想方法，更是学术态度。研究方法的缺失，严重阻碍了一部分作者的学术之路。

出于对研究方法关注，建华的“图书馆学实证研究”博士生学术会议，让我眼前一亮。曾两次受邀参会，经历了会议全过程。感受有二：

一是课程安排很合理：外籍教授讲授“社会科学研究方法的几个问

题”“问卷调查的研究设计”“美国图书馆情报学与实证研究动态”，旨在开阔与会人员的国际视野；“问卷调查的规范与实施”“问卷调查方法中量表与问卷的辨析”“图书馆学期刊问卷调查法文章分析”“访谈技巧及实施”等讲座，是让大家掌握实证研究的基本方法和基本规范；安排 SPSS 数据分析全过程讲解和实习，是让大家了解和掌握研究工具，提高实操能力。

二是建华很用心：会议期间，安排了南开大学信息资源管理系教授介绍前沿研究，旨在开阔学生们的学术视野。安排学术期刊编辑答疑投稿问题、介绍海外投稿技巧、安排“国家社科基金项目申请中几个问题”的讲座，也是为同学们的科研搭桥铺路。

会议虽然只有短短几天，这些课程对强化同学们的方法意识，掌握实证方法的基本知识，坚定学术信心，提升科研能力，肯定是大有裨益的。

我退休以后，被聘请在某民营高校做图书馆馆长。任内四年，我力推科研办馆，用项目推动工作。指导员工申报了校级项目七个，省级项目四个，中图学会项目一个。图书馆员工科研水平提升的窍门之一，就是派员参加“图书馆学实证研究”学术会议（正常报名，没有给建华打过招呼）。参会同事告诉我：这种机会，自费都要参加；还告诉我，参会人员一届比一届多。

以上经历说明，建华实证研究的推广做法，对于帮助和激励后学成长，促进图书馆学实证研究的规范化，推广实证研究方法在图书馆学界的应用，优化图书馆学研究生态，起到了积极作用。

谢谢建华的担当！谢谢建华的锲而不舍！！

李媛（河北工业大学图书馆）

参加南开大学图书馆学实证会议后感

由南开大学商学院主办，信息资源管理系承办，徐建华教授组织的“图书馆学实证研究”博士生学术会议转眼已经连续成功举办了整整十届。而我本人有幸参加其中的三次，这些参会经历在我的人生中可谓受益匪浅。感谢徐建华教授孜孜不倦、持之以恒地致力于在图书馆学界掀起实证研究之风，更加感谢徐建华教授给我多次参会授课的机会。正所谓教学相长，在授课的同时，自己也获益良多。

南开大学徐建华教授组织举办的图书馆学实证会议最大的特点是集操作性、实用性、前沿性、规范性和国际化的特色于一体。会议形式丰富、内容多样、质量很高，包括海内外专家的理论介绍、案例演示、规范辨析、上机操作、核心期刊编辑座谈、问题诊断、交流研讨等。会议内容环节设置人性化、知识的传授开放分享，与会者通过参会可以熟悉和掌握实证研究中规范的问卷调查、深度访谈、实验方法、数据分析等非常实用的研究技能。会议所传达的意义不仅忠于学术会议的精神，更是升华了学术会议的内涵，更像是一堂实用严谨、活泼生动的课堂，可以有效地解决与会者实证研究中所遇问题等。

由衷地希望徐建华教授团队所举办的“图书馆学实证研究会议”可以长长久久地传承举办下去。学术界需要这样实实在在、真真切切的、高含金量的会议，而图书馆学界也需要用实证研究之风，突破图书馆学科研究发展道路上的瓶颈，进一步促进高校图书馆事业在科学发展的道路上更加和谐、繁荣、持续地走下去。

第二章　组织者心得

王翩然（第二届会议统筹）

我与实证会的最初

今年夏天，“图书馆学实证研究”博士生学术会议即将迎来她的第十年。我从第二届实证会做会务开始，见证了会议的成长。当徐老师要求历届会务负责人写点感想时，我找到曾经的实证会文件，翻看参会者发来的心得，初次做实证会会务的经历恍然如昨，感慨八年过去，弹指一挥间。

名称	修改日期
2012年“图书馆学实证研究”博士生会议日程安...	2012/8/21 17:57
2012实证研究会日程内部版新.doc	2012/8/21 21:42
2012实证研究会日程通知.doc	2012/8/21 20:58
2012图书馆学实证研究会议通讯录.doc	2012/8/27 1:37
2012图书馆学实证研究会议通讯录竖版.doc	2012/11/5 22:11
2012图书馆学实证研究日程安排8.19.doc	2012/8/19 15:17
FAQ.doc	2012/8/21 21:38
准备及日程.doc	2012/8/18 14:34

图 2-1　第二届实证会（2012 年）部分文件

2012 年的 6 月，我从四川大学本科毕业。因为早已确定跟随徐老师读研，我在参加了一个月的北大暑期学校后，7 月底就马不停蹄地加入实证会的筹备进程，也正式成为徐门的一分子。那时徐老师已经带着师兄师姐完成了前期的资金筹措和相关事务、发布了会议通知，便让我负责管理会议邮箱，登记报名信息。具体是怎么确定让我做实证会的会务负责人，我只模糊记得一次会议中徐老师和大家说，我最熟悉目前的报名及总体情况，所以大家有进度和问题随时告诉我，我能解决的马上处理，解决不了统一向徐老师汇报，也许这就是我正式成为会务负责人的时间点。现在想来，徐老师安排一个尚不熟悉的外校学生做上下沟通的联络工作、师兄师姐们毫无芥蒂地接纳完全陌生的我并遵照徐老师要求将所有事情都告知我，都需要极为包容开阔的胸怀。这些事情经历的时候懵懂无知，但随着见识增长，每每回想心中都充满了感念，也奠定了我对整个师门最初的热爱。

说是“负责人”，实在受之有愧。那时我初到南开，哪里都不认识，和同门师兄师姐也还不熟。会议的筹划、协调、沟通、落实，每一个阶段都是徐老师亲力亲为，我做的十分有限。有关筹备阶段的回忆里，有徐老师顶着三伏天的大太阳骑着自行车带我穿梭在校园里，一处处亲自落实会议的食住行保障；有徐老师站在投影屏幕前安排会议日程，师兄师姐们全程对负责的事务进展应答如流；有徐老师让大家查询多种参会路线和天气预报，尽量为参会人员提供最周全细致的信息。印象最深的是这样一件事：参会人的住处安排在学校的宾馆里，由于预算有限，一些学生可能会被安排在三人间，徐老师特意上楼看了一下，并问我作为学生能否接受这样的住宿条件。跟随徐老师筹备会议的过程是我当时作为本科生第一次和教授近距离接触，以前觉得教授总会有很大的架子，又久居象牙塔不理俗事，但徐老师考虑全面周详、放低姿态照顾学生的感受，完全颠覆了我的认知。

当时的实证会刚刚起步，报名者不过 70 多人。我初来乍到想要证明自己，一腔热情全部投入到了会务工作中，加之工作量小，自然对每一封邮件都认真回复。每一位来往过邮件的报名者我都熟知，以至于会议报到时，有一种老友见面的感觉。后来，这些与会者中，一些成为对我照拂有加的学界前辈、一些成为我的同学、一些成为我的好友，是这段经历给我最大的馈赠，也印证了徐老师一直教育我们的“一定要在学生时代多结交朋友，没有利害关系时的朋友都是一生的朋友”。

忙忙碌碌到 8 月 23 日，会议拉开序幕。随着会议开始，大部分的会务工作走上正轨，感觉大家都松了一口气。但徐老师仍不放心，每天晚餐后还和第二天有会务工作的学生再一次落实安排。说起晚餐，算是实证会有别于其他会议的特色之一。徐老师希望用会议搭建一个平台，推广实证研究的同时让年轻人做主角，所以会议主要的主讲人是年轻学者，与会人员主要构成是学生。徐老师心态年轻，也了解年轻人，说学生平日吃食堂没有油水，实证会这几天要让大家吃好喝好。白天日程紧，晚餐自然就成了徐老师给大家改善伙食的机会。同时，徐老师也希望实证会提供一个平等交流的平台，所以从来不搞单间聚餐，大家都在餐厅大堂聚餐、还要求参会人员每天换桌坐，多和陌生人交流。几天下来，参会人员之间也熟络起来。后来去各地开过不少学术会议，发现这种接地气的组织文化真的是实证会独一份，也是她的魅力所在。

由于之前对实证研究范式毫无接触，徐老师要求我会议期间放下一切会务工作专心听讲学习，并在会议结束时完成一篇会议综述发表。不算报到闭幕，那时的会议仅有三天，但如现在一样安排得满满当当。第一次这么高强度的听讲，还都是陌生的知识，对我压力是非常大的。所幸，徐老师也没给我定太高的要求，只说先留个印象，之后再学。会议结束当天，徐老师刚刚送走了参会人员，马上回到开会用的教室，帮我修改会议综述。我站在讲台上操作电脑，徐老师和师兄师姐一起看投影，遇到文字不通的地方就逐字修改。过程中注意到我随手按了“保存”，还告诉我文档要“另存为”，保留以前的版本便于回溯。会议结束的第二天，在徐老师和师兄师姐的帮助下，我主笔的会议综述就完成定稿，并发给了《图书馆论坛》的编辑老师，成为我学术生涯中的第一篇期刊论文。

实证会在 8 月结束，但收尾工作持续到 11 月底。后期的校内费用结算、决算、总结等工作仍旧是徐老师亲自带着我完成。结束全部工作后，徐老师讲，如此这样完整地做一次会务流程，以后再碰到任何大型活动都不怵了。这样的经历的确是我丰厚的资产，最直接的一次相关得益经历是我在 2016 年 iconference 会务志愿者申请表上详细写出了多次实证会的会务经历和工作内容，从众多候选人中被选中成为志愿者，获得了深度参加国际会议的机会。在实证会这样好的平台上锻炼过，成为我人生中最值得炫耀的经历，这段闪光的经历成为我学术生涯中最初的资本，将我塑造得更加自信。

一次读研初期的实证会会务经历使我获益良多，流水账一样的记叙都是来源于有关 2012 年第一次做实证会会务的记忆，不及有关全部实证会经历的万一。细细算来，我在见证实证会年复一年举办的过程中经历了硕士研究生、博士研究生、博士后阶段，完成了新手会务、资深会务、主讲人等一系列的身份转变，自认为是实证会的最大受益者。我进入徐门就是从参加实证会始，逐渐地，每一年实证会成为心里的一个重要节点，每年的夏天都有了一个期待：像当年的师兄师姐一样给徐老师和做会务负责人的师妹帮忙、向主讲老师学习新知、和新老朋友见上一面、检验自己这一年进步了多少。今年夏天，实证会将迎来她的第十年，也将是我经历的第九个实证会，期待中……

陈嘉茜（第三届会议统筹）

第三届实证会议感想

作为2013年第三届实证会议的负责人，收到撰写会议感想的任务，我好生纠结了一番。虽然心中有万千话语，但文笔不好，写出来怕给恩师丢人。另一方面，自己又确实感想颇多，实证会议十周年纪念，又怎能不来凑个热闹?

首先，从理工科转入图情领域，实证会议算是我与图书馆学的第一次正式见面，是帮助我打开这个领域大门的钥匙。2013年，我负责的实证会议是第三届，虽然已经有了前两届实证会议的铺垫，但实证研究对于图书情报理论发展及专业人才培养的重要性，还没有在行业中得到广泛的认知。当时，中国图书馆学研究虽然在研究方法方面已经有了跨越式发展，但在实证研究方面仍有很大的提升空间，特别是在研究规范性上，甚至成为其他学科攻击图书馆学研究规范性的武器。徐老师正是看到了这些问题，意识到了在中国图书馆界倡导规范性实证研究的重要性、紧迫性和必要性，才坚持举办实证会议。第三届实证会议议程中，徐老师邀请到了唐琼老师、徐晟博士、杨海波老师、董洁老师分别针对问卷调查、SPSS操作、眼动实验和深度访谈进行了讲解和介绍，每一位老师的教授都让我对图书馆领域有了更深刻的认识和理解，让我对图书馆学的研究范式有了更深入的思考，这是实证会议对于我最重要的一个意义。

其次，从会议主要负责人的角度来讲，实证会议为我将来的人生路奠定了基础。当时的我，还在只会做实验的理科生的角色里没有转变，刚接手会议承办工作的时候，整个人都晕晕乎乎，感觉无从下手，承蒙徐老师不嫌弃，手把手地教，从会议公告到参会回执，从议程安排到用餐选菜，在各位师姐师兄的鼎力相助下，第三届实证会议圆满结束。这份经历，以及之后两年在徐门的训练，对我以后的工作起到了莫大的帮助。我学习到的，不仅是如何进行图书馆学的研究，还包括一些将来工作中需要的技能，例如如何举办一场学术会议、如何待人接物、如何与人沟通协调，等等。时至今日，我在工作中的一些好习惯，均是跟着徐老师读书的时候打下的好基础，这些好习惯一直发挥作用，并不断督促着我前进。

最后，实证会议也让我收获了颇多的友谊，结识了许多好朋友。徐老师的实证会议，是图书馆界为数不多的对学生实行费用全免的学术会议，且会议议程中，安排了诸多非常有意思的活动。永远不会忘记2013年夏季，结识了许多行业里优秀的伙伴，我们一起学习规范的实证研究方法，一起听茶馆里的相声，一起吹着海河边徐徐的微风。即便是已经数年过去，我们分散在祖国的大江南北，却依然了解关心着对方的动态和进展。最让我意外的是，数年后，当我走进工作岗位，还能在工作环境中遇到当年参加实证会议的同伴，油然而生的亲切感和信任，瞬间拉近了我们彼此的距离，让合作变得更加顺利。

感谢实证会议，带来了如此多难忘的经历，感谢徐老师，带领我迈入人生的新阶段。祝2020年第十届实证会议圆满成功！

付敏君（第四届会议统筹）

驻足·思考·前行

时隔6年，接到师妹的信息，说起徐老师想在第十届博士生学术会议之前出一本纪念文集，惊讶于时光流逝，不知不觉已过去6年，当回忆起2014年协助徐老师策划并筹办2014年博士生学术会议这件事，原本以为已经对当时的些许细节已经淡忘了，但是当我打开电脑中保存的文件夹时，当时的点点滴滴又浮现在脑海中。

2013年我怀着无限的憧憬与满腔的热情进入徐门这个大家庭，很荣幸成为徐老师的学生，感谢徐老师的器重，能够有幸参与筹办2014年的博士生学术会议，从开始的策划到最后的会议大总结，在南开商学院305教室开了多次会议，徐老师亲自把关每个环节，师兄师姐们积极参与和配合，2014年博士生学术会议如期成功举办。还记得当时徐老师在开会的时候，提出让我主要参与筹办2014年的博士生学术会议，当时我心里有些许忐忑，毕竟从来没有策划过两百多人的会议，但是想着有徐老师的把控，徐门师兄师姐的指导，让我有勇气尝试一下，庆幸自己当时的决定，经过参与筹办这次会议，锻炼了我各方面的能力。

回忆起来，有几个点给我印象最为深刻。

谁说天下没有免费的午餐？徐门就有！

当时徐老师说会议是全免费的而且管吃管住，我内心是非常惊讶的，两百多人的会议，三天的会议日程，邀请了国内外实证研究的专家，不仅免费请参会人员学习，还负责参会人员的一日三餐和住宿，而且不是随便的盒饭，每天都安排不同的餐厅，让参会人员吃得有特色，让大家住得舒服，在会议的间隙，还请参会人员听天津的相声，这么一大笔经费，都是徐老师自己筹措的。工作之后，不少同事知道我毕业于南开大学，还问到知不知道南开每年有个免费的实证会议，说到这，真是感叹徐老师的坚持，转眼已是第十届了，这种坚持的精神，真的值得我去学习。

还有一件事儿，没有参加过 2014 年博士生学术会议的老师和同学应该想不到，因为参会人员太多，安排了部分老师住在校外的宾馆，早上无法提供早餐，这本可以请参会人员自行解决，但是徐老师居然给来参会的学生每个人准备了早餐费，来参会不仅免费，还给钱！我现在还记得当时来参会的学生们的惊讶与惊喜。

细节决定成败

从那次办会的经历，真切感受到了细节决定成败，这不是一句随随便便说出来的话。为了保证会议的顺利举办，并且能得到参会人员的肯定，从前期的参会胸卡、招贴、背景板设计、联系专家老师、安排会议日程、发放会议通知、会议材料准备、订餐、住宿等等整个过程中的每个环节都经过多次的讨论，就连会议的名称也是多次讨论最终确定下来。

在会议举办当天，徐门的师兄师姐都把自己负责的那部分事务妥妥帖帖地完成，最终保障会议的成功举办，当时虽然筹办的过程比较辛苦，但是也是收获了满满的感动与成就感。

说到这我想起来，当时确定了住宿地点之后，徐老师作为南开大学商学院的教授，还要自己骑着自行车亲自到参会人员住宿地点查看住宿环境，当时真的非常庆幸能跟随徐老师，不仅仅是学习专业知识，更是学到了一种办事做人的方式。

创新是引领事物发展的重要动力

在开始策划 2014 年博士生学术会议的时候，徐老师就提出邀 11 家期刊的主编和编辑们参会，与参会者们组织一个专场座谈会，这成为 2014 年会议的一大重要亮点和创新点，在座谈会上，他们分别介绍了自己期刊的主要栏目、审稿流程、用稿标准以及重点关注的学科研究领域，并针对与会者的提问进行了解答，双方认为博士生学术会议为他们提供了一个很好的交流平台，获益匪浅。

在办会过程中，不断总结不断创新，或许这也是为什么实证研究会议能够坚持十届的原因之一吧。

做事有始有终

原本以为随着参会人员离开了会议也就结束了，当时我觉得我可以松口气休息一下的时候，徐老师又给安排了新的任务，请参会人员发回参会的心得体会，开始做会议大总结，制作了参会人员的通讯录发给大家，方便来参会的老师和同学之间相互交流，并且在《图书馆论坛》杂志上发表了会议举办的文章，原来举办一次会议不仅仅是会议日程那几天的事情，从前期准备到后期大总结，哪个环节都不可或缺，通过总结，了解参会人员反馈回来的信息，有助于下次会议改进，做任何事要有始有终，未雨绸缪，这是我在参与办会过程中的另一个重要的收获。

驻足当年参与筹办会议的经历，在多年之后再次回忆与思考，依然感觉收获颇多，不仅仅是专业知识的学习与拓展，更是积累了一些非常重要的人生体验，这对于我后来的工作、学习和生活都有莫大的帮助，是我前行路上不可多得的一次有益的经历。

王茜（第五届会议统筹）

图书馆学实证研究的盛夏

——第五届图书馆学实证研究博士生学术会议后记

站在庚子年初，回首2015年的夏天，我仍难掩心中的激动与喜悦。激动是自己在本科毕业之际，以联系人的身份参与举办了一场规模颇大的全国性学术会议，这是本科阶段最完美的句号，更是研究生阶段学术成长和社会能力双重提升的良好开端；喜悦则是在徐建华教授的指导和师门兄弟姐妹的共同努力下，二百多图情人得以共聚南开园，接受实证知识的传播与洗礼，共商图书馆学实证研究的美好未来。

2015年7月初，第五届图书馆学实证研究博士生学术会议伴着盛夏如火如荼地开展了，来自海外和全国几十个省市的图书馆学、出版学学者齐聚一堂，包括来自北京大学、武汉大学、中山大学等 32 所全国知名高校的博硕士研究生、专业教师，53 所高校与公共图书馆的馆长与工作人员，《中国图书馆学报》《国家图书馆学刊》等 7 家国内知名专业期刊的主编与编辑。每一位与会者都收获颇丰，连续 5 天，实证研究在商学院的会场里激起了一波又一波的思想涟漪，与会者的感谢与满足的笑容让我们会务组多天来的辛劳都烟消云散了。

实证会议的筹备并不容易。发起人徐建华教授每年自年初就开始为实证会议募集基金，为了坚持会议“免费”的理念，徐老师多次辗转筹措经费，同时积极邀请在社会科学方面有影响力的规范实证研究学者作为主讲人，不断调整优化会议日程结构，以期为与会者提供一场高质量与高水平的学术盛宴。会议举办前的一个月内，我们进入了紧锣密鼓的筹备期，徐老师事无巨细地指导着我们开展每一项工作，在参会人员的选拔上，一方面要考虑商学院会场和校园住宿等多方面的承载力，另一方面又不忍心让任何一个翘首企盼的学生的实证梦想落空，经过多次艰难抉择才得出了最后的人员名单。为了体现最大程度的人性化和保证与会者充足的出行准备期，我们挑灯夜战，在两天的时间内逐一回复了 230 余份确认参会的邮件，并多次沟通住宿条件，结果当然是令人满意的，甚至有点骄傲，我们真的妥帖地满足了每一位参会人员的需求，圆满地做好了每一项会议准备工作。

第五届实证会议的成功是以往的突破与创新，更是之后几届延续与发展的基础，起到了关键的承上启下作用。实证会议已经成为了南开大学学科建设与学术研究的品牌，并获得了全国乃至全球范围内的广泛影响。这样一个以实证研究为主题的学术会议，在徐老师的多方谋划下已经连续成功举办了十届，可谓是一个壮举，徐建华教授发起实证研究会议不求名利、不计回报，唯一的初衷就是希望规范化的实证研究可以普惠更多的年轻学者，未来的图书情报领域可以在这些年轻学者的努力下实现实证研究的美好未来。我们也很欣喜地看到，近些年越来越多参加过实证会议的年轻学者开始在图情领域崭露头角，获得国家社科青年基金的支持，其中不乏徐老师实证会议给予的实证研究启蒙和奠定的良好学术基础。

我很幸运，自大二起旁听徐门学术研讨，本科阶段得徐建华教授指导完成校级创新科研项目，并顺利保研师从徐老师，现在硕士毕业两年多，仍延续着图书馆事业的梦想，时常向徐老师请教工作中的问题，导师也一如既往地倾囊相授。实证会议的举办让我多方面的组织协调能力有了显著提升，更多的是近距离看到了一位学者严谨认真的治学态度和对图书馆学深沉的爱，徐老师事必躬亲地参与实证会议前后的每一件事，无私地共享问卷数据和研究技巧，培育学生成人成才。这是我接受社会历练的第一课，是其他专业课和实践活动都无法给予的宝贵财富，徐老师不仅是专业导师，更是言传身教的人生导师。

如今回想五年前的会议经过仍觉得回味无穷，每每想起仍能从中汲取莫大力量。近几年的实证会议我也都会回到南开园，很欣喜地看到报告内容不断推陈出新，也遇到了一些从校园走上工作岗位又再次回来参会的同人，虽然大家身份有了转变，但始终不变的是对图书馆学实证研究未来的美好希冀，实证研究会议也一定会在大家的努力下越办越好！

吴子旋（第六届会议统筹）

絮言絮语——写在会议十年之际

得知要以 2016 年第六届图书馆学实证研究博士生学术会议负责人的角色写一篇感想的时候，我正待在家百无聊赖。这篇新的感想算是我在假期完成的唯一一件“正经事”。当然，写出一篇这个水平的文章，大概也撑不起正经两个字了。

想起那届会议，脑子里会浮现很多画面，零零碎碎的。似乎每一件小事都很有意思，又好像都不值得一提。遗憾自己从来没什么文字功底，没办法把那届会议中发生的事情写得有意思一点。这篇流水账想到哪里写到哪里，希望大家多多包涵。

走过十年，图书馆实证研究会议有了十位会议负责人。除了本会议的发起者徐建华教授之外，之后的会议都由徐建华教授指派了一名学生主要负责。我就是其中之一，负责了第六届会议的统筹。由此也开启了我与徐建华教授与整个师门的缘分。与其他几位学生负责人不同，我是先举办了会议才成为徐老师的学生。2016 年会议筹备之际，我正读大三，刚满 20 岁。下半学期课业压力不重就帮徐老师准备一些会议事宜，后来更是直接负责了这个会议。而彼时我连自己能否保研成功，将要去哪里继续学业都不清楚。在这样的情况下，徐老师把会议负责人的职责交给了我。这届会议就像为我开了一扇大门，让我走进了之后三年在师门的时光。可能因为性格原因，也可能我是伴着这届会议走进师门，我在师门一直是张牙舞爪跑前跑后的角色（被毕业论文折磨潜心修炼的时间除外）。师门不论师兄师姐师弟师妹，好像都被我的大翅膀招呼着。

筹备会议的过程有一点辛苦。放暑假不能回家，在宿舍一个人枯燥地整理报名资料，撰写打印各种文件。然后就是开会开会再开会，大家一起讨论确认各种工作细节。我的那盆可爱多肉在我忙忙碌碌的某一天突然枯萎，等我发现的时候已经无力回天。手机总能猝不及防响起，让你不得不回答各种各样的报名者提出的那些根本回答不出来的问题。会议临近召开的几天，北方连续几天都是瓢泼大雨。报到的当天，一个上午过去也没多少参会者报名。取而代之的是数不清的 QQ、微信、短信和电话，告知我要晚点甚至不能来。我猜当时我应该非常慌乱吧，不过现在我已经不记得了。只记得河北大学的一位老师在路上被救援人员用集装箱送到车站，记得最后绝大部分参会者依然如约而至，记得当会议正式开始，那种辛苦到晕头转向的感觉就消失了，一切很顺利地进行下去。

会议开始之后，我好像就变成了一个普通的参会者。除了会议安排，食宿等工作，大部分时间我与其他参会者一样坐在下面聆听老师的演讲。让我触动最大的是当年于良芝教授的演讲。演讲的主要内容依托于当年她获得国际奖项的一篇论文。这篇论文的一些内容是我 2013 年入学后接触图书馆学的开端。换句话说，这篇论文的观点构建了我脑海中图书馆学知识的基本框架。演讲完毕，参会者纷纷提出问题，我讶异于为何这样的基础知识还有人不理解。那是我第一次清醒地意识到学术世界里面的百家争鸣，也意识到广泛获取信息的必要性。

现在想想，我当年的工作有很多不完美的地方。能顺利办完那届会议，仰仗师门的兄弟姐妹帮助我，甚至直接揽走了一部分工作。前面五届会议积累的成熟经验范式让我只要按部就班就可以交上一份让人还算满意的答卷。从这一届开始，会议筹备有了一点点小改变。比如为了缓解与会者紧张的学习节奏，我们邀请了南开大学国乐相声协会在晚上进行相声表演，取得了很好的效果。又比如，从第六届开始，会议为团队成员提供了具有会议特色的文化衫，方便与会者在遇到问题的时候及时能找到工作人员咨询求助。现在，每年文化衫的设计都成了大家很期待的事情。最让我感到很开心的，是因为这份答卷，徐老师给予更年轻的学生充分的信任，后面几届会议的学生负责人大部分都是20岁左右的一群女孩。在她们的努力下一年年把会议延续了下来。

从2016到2020年，我经历了这个会议的后半程。这五年来，我们的会议团队，有人来有人走。当年为能否保研忐忑不安的我如今已经硕士毕业走上工作岗位，没有了为会议跑前跑后的时间和精力，从曾经的会议主办者变成了关系尤为亲近的“参会者”。我还记得去年毕业一个月之后参会时，我的身份是××单位的图书馆员，当看到会议通讯录上我的身份时，其实心情有一点点微妙。

也有很多人仍然坚守在这里。会议的发起者徐建华教授守护了这个会议十年。从上一年年底开始申请经费到彻底完成会议收尾报销工作，每一届会议的战线都长于半年，其间有太多猝不及防的问题，更遑论那些不需要学生操心的经费、教室协调等问题，都是他早就已经安排好了。十年，算很长了吧，徐老师带领团队坚持了下来。会议一旦开始，他休息时间非常有限，但每天都准时出现在会场。整个师门的人大概没人不钦佩徐老师充沛的精力。徐老师与学生负责人的关系是什么样的呢？我想就类似于造房子，徐老师打好地基，盖好框架，甚至准备好了砖头，只等着学生负责人把砖头砌好就行了。参会者来了之后看见一栋房子，然后说：“哎呀，这房子真漂亮。砌墙的人真辛苦。”其实，学生负责人也只做了那么多而已。

另外一个长期驻扎在这栋房子旁的，是曾经一届会议的负责人王翩然。她当年还是一名硕士研究生，如今已经是南开大学信息资源管理系的博士后。这是我最钦佩的师姐，年纪很轻却已经在学术上有了不错的成绩。近十年的时间，她从台下走到台上，能够在实证会议的讲台上谈笑风生，承担分量颇重的授课内容。一直在这里，与徐老师一起看着我们来来往往。她曾说，她要努力留在南开大学当老师，这样以后我们回去的时候总有人在。在这样的一个师门里度过求学最后的时光，真的是幸事吧。

絮絮叨叨了这么多，也到了要收尾的时候了。作为文笔不好的作者，也是不知道如何收尾的。在网上查了一下，结尾有自然收束式、首尾呼应式、卒章显志式、名言警句式和抒情议论式，我好像都做不来。那就这样吧，来一个戛然而止式。

路锦怡（第七届会议统筹）

我与第七届图书馆学实证研究博士生学术会议

2020 年，实证会议迎来十周年，我也即将陪伴她走过第五个年头。作为第七届实证会议的负责人，回想起 3 年前的夏天，还是有无限感慨。对我来说，第七届实证会议更像是我人生的第二导师，教育我成长，其间的一些经历也时常令我回味、深思。

记得应该是 2017 年 6 月初的某天，当时我正在太原，隔日要和徐老师到山西几所高校的图书馆发放问卷。接到徐老师的电话，听徐老师问我愿不愿意负责第七届实证会议时，说实话，我的内心是有点儿忐忑的。在此之前，我已经参加过两届实证会议，第六届实证会议更是有幸经历了会议筹备到正式举办的全过程。实证会议筹办的过程无疑是烦琐的，不仅需要与参会人员交流，还需要同酒店、饭店以及学校相关部门的负责人打交道。想到之前师姐们游刃有余地处理各项会议事宜，我内心由衷的钦佩与羡慕，但同时也担心性格内向、不善于和别人交流的自己不能胜任此项工作。然而，想到能被徐老师信任，有机会负责这么大的会议，这是何等的荣幸，内心也多了几分期许。更何况，人生本就是要不断地尝试，相信这对我来说绝对是一个非常难得的锻炼，也必将成为我回忆中最美好的一部分。所以在答应徐老师的那一刻，我内心的兴奋其实是大于紧张的，甚至迫不及待的想要为第七届“图书馆学实证研究”博士生学术会议的举办贡献自己的一份力量。6 月 5 日，伴随着会议通知正式发出，会议的筹备工作拉开了序幕，我与第七届实证会议也正式联系在了一起。

由于前几届的成功举办已经积累了许多经验，所以会议整体的筹备并没有多么的复杂，纯粹是在不断地开会、不断地讨论，不断地修改与不断地确认中度过的。在此过程中，我们团队中的每个人都各司其职。可以说，实证会议就像一个机器，徐老师就像是机器的设计者与守护者，总是冲在解决问题的第一线，凡事亲力亲为，一遍遍检查、一遍遍落实，实在令人敬佩；而我们团队中的每一个人则都掌握着其中的一个或几个零件，在会议的筹备过程中，我们不断地打磨、调整各个零件，逐渐把它们放在正确的位置，使机器有序地运转起来。

会议的筹备总体是顺利的，但不乏一些小插曲，其中最令我遗憾和自责的是在安排部分参会人员的酒店入住上出了差错。会议举办期间正值假期，加上同期学校内也有其他会议，想要找到可以大批人员入住的酒店并不容易。在逐个咨询了学校周边以及内部大大小小的酒店后，我们只能将参会人员分别安排在5个酒店。原本以为已经安排妥当，然而，没想到的是，还是出现了问题。报道当天，参会人员在某个酒店办理入住的过程中竟然被告知没有保留预订的房间。我当时可谓是又生气又着急，差一点儿就乱了阵脚，还好当时徐老师在旁边，不断地跟我说别着急，我加紧联系周边的酒店，确认是否还有合适的房间。幸运的是，距离适中的一家酒店仍有房间可办理入住，我马上安排几名已到的参会人员入住该酒店，事情才算是得到了解决。而当所有的参会人员都办理好入住后，我的心才算是真正放了下来。之后，我内心的愧疚之情持续了很久，特别是对因为我的失误而走了较远路程的几位老师。我时常在想，假如当时再多联系、多确认一下，也许就不会发生这样的事情，然而没有假如，我只能从中汲取教训，不断提醒自己，再细心一点，再落实一下。

会议正式开幕后，就成为各位老师的舞台。第七届实证会议相较于以往，在师资力量上有很大的突破，不仅邀请了中国社会科学院学部委员，国家社科基金图书情报领域召集人黄长著教授对申请国家社科基金的流程等方面进行讲解；美国北卡罗来纳大学教堂山分校信息与图书馆学学院Sturm教授也在会议上介绍了美国图书馆学界的研究重点与现状。会议还特意安排了Sturm教授、罗里达佛州州立大学俞碧飏博士和南开大学王翩然博士分享出国留学以及申请的经验，获得了参会人员的强烈反响和一致好评。此外，为了缓解大家连续多日紧张的学习压力，我们还安排了具有天津特色的相声节目，可谓是惊喜连连。

我也有幸代表我们团队在会议上做了2016年图书馆学期刊问卷调查法文章分析报告。这是一个年度分析报告，看似简单，但前期需要耗费大量的时间和经历逐篇翻阅CSSCI收录的11种图书馆学期刊所发表的以问卷调查法为主要研究方法的文章，并使用SPSS工具进行分析。这是徐老师从2013年开始就一直坚持在做的事情，目的是通过了解问卷调查法在图书馆学研究中的使用现状，进而为图书馆学研究中问卷调查法的规范化与标准化使用提供帮助。当我在徐老师的指导下完成文章分析以及论文写作时，才切实感受到了徐老师所一直强调的：对于研究方法，研究者应始终持有一颗敬畏之心，遵循相应的标准与规范。我想，这应该也是徐老师开办实证会议的初衷之一吧。

第七届“图书馆学实证研究”博士生学术会议应该是我人生中最最重要也最为特殊的一次经历，不仅锻炼了我筹备会议、处理突发事件的能力，帮助我更好地与他人沟通、交流，提醒我更加注重细节，考虑问题更加周全，认真、谨慎地做好每一件事；也让我变得更加有耐心、有信心，同时，也督促我始终怀揣一颗感恩之心。因为需要感谢的人实在太多了，感谢徐老师给予我如此宝贵的机会，无论是会议的筹备，还是会议的正式召开，徐老师始终都身处最前线，不断地督促我们落实好每一件事；感谢同门的师兄师姐师弟师妹们在会议的筹办过程中给了我莫大的鼓励和帮助；感谢各方工作人员不厌其烦地与我沟通、交流；更感谢参会人员对我们工作的支持与谅解……

回忆起来，从最初参与的第五届实证会议，到即将见证的第十届实证会议，我所经历的这五年应该是实证会议稳步发展的五年，想起闲聊时师姐开玩笑地说：“实证会议开办之初，讲课老师数都快赶上参会人数了！”从第一届到第十届，徐老师经历的艰难绝对是我们无法想象的。不过令人欣喜的是，在徐老师的坚持下，在徐门的共同努力下，草根的实证会议正变得越来越成熟，国际化的导师队伍、个性化的志愿者服装、盖着红章的结业证书……无不彰显着实证会议的与时俱进；然而，公益性、全免费以及弘扬实证的办会初心却从未改变。十年实证，不负韶华，预祝第十届实证会议圆满成功！

吴颖颖（第八届会议统筹）

第八届实证会议感想

我是徐老师 2017 级的博士生吴颖颖，也是我们徐门“第八届图书馆学实证研究”博士生学术会议的主要联系人。徐老师创办的“图书馆学实证研究”博士生学术会议在图情学界、出版学界一直享有盛誉。在我还未入学时，就有幸在 2017 年来到南开大学朝圣参加了我们第六届会议，作为一个参会者，会议的精彩内容让我目不暇接。每一场讲座都信息量爆炸，每一位老师都认真细致，深入浅出，为我们呈现了一场群英荟萃的学术盛宴。在会议中我不仅收获了满满干货，同时也被徐门的兄弟姐妹的学术素养与热情感染，无比向往成为徐门一员。

"第八届图书馆学实证研究"博士生学术会议在2018年8月22日-26日召开。每一届会议都是我们徐门的"头等大事"，我们早早地就在徐老师的指导下开始了会议的筹备。虽然会议已经办到了第八届，但是我作为一个"新手"，不免感到十分地紧张，总是有点焦虑，这可是徐老师花了多年心血为我们徐门打造的"金字招牌"啊。幸好，有经验的师姐和师妹们都给了我很多的帮助，徐门的每一位成员也都积极地为我们的会议出谋划策，从各个角度出发，尽我们所能地把会议的各个细节做到周到。每一次组会，徐老师都带着我们一条一条地过我们的会议备忘录，会议的每一个事项也都精确地分配到每一位负责的同学手中，逐个击破，力求尽善尽美。我也跟着徐老师认真确认会议的每一个流程，从会议预算的制作、会议通知的撰写宣发、会议日程的确认、会议食宿的安排、会议后勤的保障，等等。徐老师带着我走遍了我们会议的每一个教室、餐厅、酒店，检查了每个教室的插座、电灯、投影仪和话筒，一遍遍确认餐厅和酒店的情况，保证我们的参会人员在与会期间可以住好吃好。除了这些"常规操作"，第八届会议也是第一次为参会人员提供"结业证书"，徐老师和我在天津逛了好几家文具店才找到合适的纸样，采购回学院为有需要的参会人员制作结业证书。每一届会议结束后，我们会务组都认真地听取参会者给我们的意见，希望每一年都可以进步一点点，完善一点点，为我们"图书馆实证研究"博士生学术会议的金字招牌添砖加瓦。

2018年8月22日星期三是第八届会议的参会人员报到的日子。作为一名会议筹备组的成员，我们时刻准备着解决参会者遇到的各种麻烦。比如，会议报到那天，为了确保每位非天津的参会人员安全入住，我们会议筹备组的成员驻守在商学院一楼大厅，给每位没有及时报到的参会人员信息或者电话，确认他们的行程。即便是我们回到了宿舍，直到收到最后一名晚到的参会者的信息，我们才安然入睡。虽然我们在会前的筹备阶段，都尽可能地去设想可能遇到什么问题，准备各种的备用计划，但是，依旧时常计划赶不上变化。因为我们是公益性的会议，为了节约，我们每天餐前会统计就餐的人数再通知餐厅备餐，但是第一天晚上，实际在餐厅的就餐人数比统计人数多了快 20 人，餐厅没有备足晚餐，我当时就慌了。还好徐老师临危不乱，大手一挥带着我们会议筹备小组成员和其他没能就餐的参会人员在附近换了一个餐厅就餐。

现在回忆会议那五天，是“兵荒马乱”但是异常地充实。那几天大概是我和图情学界的同学、老师、大佬们交流最多的时候吧。本来我就不太擅长交流，通过这次机会，我认识了很多优秀的同学们和杰出的老师们，在和他们交流过程中我学到了很多，开拓了眼界，也看到我努力的方向。不仅如此，和徐门的师兄弟姐妹们一起筹备会议的过程也是一段很珍贵的经历，我们通力合作的同时也扬长避短，拧成一股绳，一起朝着办好会的目标一起努力。第八届会议结束又恰逢徐老师的六十大寿，趁此机会我也见到了非常多优秀的徐门师兄师姐们，再一次感叹能成为徐门的一员，真的很幸运。明年就是“第十届图书馆学实证研究”博士生学术会议，我有幸可以见证这一重要的时刻，我相信徐门将延续以往操作性、实用性、前沿性、规范性、国际化的特色，把我们会议办得越来越好！

伍巧（第九届会议统筹）

尝试·成长·收获

——第九届“图书馆学实证研究”博士生学术会议感想

“图书馆学实证研究”博士生学术会议已经办了九年，我是第六届会议的受益者，第七届、第八届会议的志愿者。第六届时，作为听众，我感受到的是知识世界火花的碰撞，到后两届，作为志愿者，我感受到的是会议举办的劳累，当听到徐老师想让我举办第九届会议的时候，我既感慨于办会的压力，又涌动着跃跃欲试的兴奋。

从 6 月 15 日到 7 月 18 日，夹杂着毕业的杂事，我感受到了整个会议举办统筹的方方面面，第九届学术会议在前八届会议的经验指导下举办得比较成功，但也在举办的时候遇到一些阻力。7 月份正值暑期，因此商学院举办的会议比较多，申请场地和预订住宿都存在一些问题。这一届会议我们只申请到了170人座的小报告厅，因场地受限，筛选名额时可谓是狠下心肠急剧压缩，也因此对一些踊跃报名但未能获得此次机会的人表示遗憾。与往届相比，我们在召集讲师队伍时受到了重重阻力，如对问卷比较熟悉的金牌讲师俞碧飏师姐因其他原因未能回国，扎根理论讲师冯琳博士因外出调研也未能赶上会议，我们尊敬的黄长著老师也因病未能参加，但幸运的是，我们邀请到了《图书情报工作》杂志社社长初景利教授，给学员们制造了一个惊喜。同时，我们的博士后翩然师姐接下了问卷大旗，将实证主义的历史沿革与问卷编制讲得绘声绘色，赢得了大家的掌声。这一届与以往不同的是还增设了赞助商展示环节，同时我们也将往年的相声表演变成了抽奖，给严肃的会议气氛增加了欢脱的元素，让大家可以学得好，也可以玩得好。

作为会议的主办方，最累的其实不是我们这些负责人，而是徐老师，因为徐老师需要考虑的更多。我们的会议是免费的，那么经费从何而来就是一个大问题。一个200多人的会议，学生免费吃住，这需要足够的魄力，也需要足够的经费。这就需要徐老师辛苦地去拉赞助了，我们的赞助也多是与图书馆界具有莫大关联的，如北京人天书店有限公司、北京世纪超星信息技术发展有限责任公司等。除了经费，会议的方方面面、一点一滴都会经过徐老师的手，由徐老师一一核对检查，徐老师作为我们的主要后盾，可谓是尽心竭力。

我们的会议需要在4-5月进行申请，待批准后，我们便开始成立会务组，进行会议的前期准备，包括会议通知、住宿餐饮等一系列的准备。到会议正式运行之后工作量会相对少一些，但也需要时时准备，以随机应变。作为会议的负责人，我觉得我收获了很多，不仅仅是处事能力，更多的是心态上的转变。

1. 遇到事情，不慌不忙

我们在做很多事情的时候都会遇到各种各样的问题，遇事沉着冷静是一种良好的品质，但对于之前的我来说，做事毛毛躁躁，因为性子比较急，总是慌里慌张，而会议期间遇到的各种事情，让我终于可以沉淀下来面对更多的事情。会议期间，每天的日程都比较紧凑，我们争取把一切都安排得刚刚好，但有一天上午，讲课老师已经讲完了上课内容，到了提问环节，这意味着上午的日程即将结束，但午饭还没有到，这个时候打电话催促，遇上堵车也不会起到太大的作用。这个时候我就有点着急了，我把事情告诉徐老师的时候，徐老师就安慰我说没事，如果饭还没来，他就上去给大家讲讲其他实用的东西，不会浪费大家的时间，任何事情都有解决的办法，不要慌。我便也因此沉静下来，而幸运的是午饭也按时到来，解了燃眉之急。这虽然是一件小事，却让我之后处理问题的思维和方式产生了很大的转变，再遇到问题时，我想到的是解决问题，而不是慌张失措。

2. 细致周到，学会变通

就拿刚才说的事情来讲，徐老师显然思考得比我要周到，也就是说做事要考虑可能发生的事情，做好备用计划。预订住宿这件事我印象很深，正是暑期，商学院里其他系也在举办会议，住宿比较紧张，我们联系了几家住宿，但有的地方价格比较高，但是老师报销一般是有额度的，于是我们就在徐老师的指导下，一直联系看中的宾馆，关注其动态，结合其他会议时间，各种筛选，终于预订到了合适的住宿。这也是做事周到的一个体现，把可以考虑的因素都考虑进去，但不能一锤定音，要学会变通和抓住时机，如此方可成事。

3. 知人善任，学会分工

办会不仅仅是你自己要去做一些事情，还要学会分工，做自己力所能及的事，把自己不擅长的事交给别人来做，比如说这一届的文化衫。于我自己而言，并不擅长 PS 等设计软件，知道我的同学可以尝试后，我便将此事拜托给了她，她设计出很多版本，使人眼前一亮，赢得了大家的认可。在会议筹备的时候，我们有一个任务分工的 word，罗列各种待办事项，每次开会前徐老师都要确定哪些事情已经办完，哪些事情没有完成，由谁负责，一件一件事必须落实到人，确定截止时间，因此我们的筹备一般都比较周到，一般都是按照谁特别擅长或者熟悉哪件事才安排谁来做，因此也算是知人善任。

4. 学海无涯，积极求知。

因为我自己也是参加了四届实证会议，所以可以充分体会到什么是学海无涯，虽然每年都会请部分相同的老师，但是老师们的讲课内容里总会有些新知识，而且每一届的学生都非常地珍惜学习的机会，积极认真地学习。这也使我大受感动，一方面觉得徐老师举办这种会议来传播知识与学术思想十分伟大，一方面觉得这份辛苦没有白费。

其实，举办一场会议后我们的收获远远不止于此，我因为有前辈们的经验，所以整个会议还是比较顺利的，同时，师门里的兄弟姐妹们也积极地配合与帮助我，令我深受鼓舞。因此，再次感谢徐老师与一众师门的师兄姐妹们，同时感谢我自己的尝试，正如徐老师所说的，年轻的时候应该多多尝试，不怕输不起，正因为尝试，才知道自己还可以做什么，才能有所收获然后成长。十周年的实证会议即将到来，在此预祝第十届会议圆满成功。

李超（2008级博士研究生）

风雨实证路，十年辟新途

——图书馆实证研究论坛十周年有感

时光如斯，转眼间，徐老师主持的图书馆学实证研究论坛已经步入第十个春秋。十年间，讲座议题有传承亦有创新，对图书情报学术界与实践界产生了革命性的影响。论坛始终如一的公益理念，新颖深入的报告内容，使图书情报专业师生与从业者均获益良多。

借助这次难得的机会，我把从2011年以来各年实证方法论坛的内容进行了回顾和梳理，将全部主题划分为四大板块。下面，我在此分享自己的一点理解与收获。

板块一：定量研究方法的系统讲授与实操训练

众所周知，实证研究方法入门非常之难，完全靠自己摸索，费时费力且易走弯路、错路，权威的、科学的、规范的引导尤为珍贵和重要。

定量研究板块可以说是整个论坛的重中之重：主题讲座“社会科学的实证研究基本过程和方法”（陈浩）呈现了社会科学研究的全过程，构建了对社会科学研究的整体性认知；“研究设计与问卷编制”（俞碧飏）揭开了问卷调查的奥秘并将其融入到具体的研究议题之中；“问卷与量表辨析”（马惠霞）进一步解答了研究者在调查中究竟使用现成量表还是自行编制问卷的疑问；“问卷调查研究的论文写作”（王翩然）致力于解决两大核心议题，即如何将问卷调查付诸实践并生成规范性的学术文本；“我的实证研究之旅”（徐建华）结合“刻板印象”等课题的实践经验，帮助学员有效规避方法错误、快速提高科研素养，切实提升学术自信；“统计数据实操训练”（徐晟）涵盖了数据回收后几乎所有环节的数理统计分析，并通过上机实践来强化记忆，巩固教学效果。

上述系列讲座立足于实证研究全局，遵循研究设计—问卷编制—数据收集—统计分析—调查写作的规范化研究闭环，为我们提供了规范性定量研究领域规范、快速的通道。

板块二：访谈法、实验法等其他研究方法的跨界与拓展

实证论坛还为我们提供了深度访谈、眼动实验等其他研究方法的主题讲座。定性研究是其中一个重要的议题，这一方法的最大特征是研究者本人即为研究工具，其需要通过观察、访谈等手段收集质性资料。因此，如何把研究者本人培养成科学可靠的调查工具，就显得尤为重要。主题讲座“深度访谈方法及其应用”（俞碧飏、董洁）、“访谈技巧及实施”（郭大水）为有效解决上述问题给予了科学指引；“访谈资料的编码”（董洁）为后续如何分析访谈文本提供了技术支持；“扎根理论方法论及其运用”（冯琳）引导大家正确认识扎根理论，明确了扎根理论是怎样从资料到理论并最终到研究结论的过程。

此外，“眼动实验方法”、“眼动追踪技术与图书信息检索研究”（杨海波）、“内隐刻板印象实验方法”、“SC-IAT 实验在图书馆领域的应用”（俞碧飏）、“面向儿童用户的研究方法”（王翩然）等其他研究方法的议题为大家带来了全新的研究方法与分析工具，实现了心理学、社会学、行为科学与图书情报学的跨界融合。

板块三：国内外图情学理论与方法的前沿视野

传统保留节目“历年图书馆学期刊发表实证研究论文的分析报告”，是论坛的一大特色，能够帮助我们明确图情学实证方法在研究主题、问卷设计、调查施测、统计分析以及共性问题等方面的发展变化，并形成一个整体性的认识，也有助于及时发现自身研究不足，评估自己调查研究的科学性与规范性。

此外，孙荣军、刘燕权、Sturm、俞碧飏等学者分享了国外（尤其是美国）图情学理论与方法的最新研究进展；于良芝、王芳等南开大学教授带来了各自研究领域的最新发现与理论成果。这一板块可以说是给所有学员开了个“小灶”，为帮助大家提升理论素养、开拓学术眼界提供了不可多得的良机。

板块四：对现在的、未来的图书馆人的学术关怀。

每年一届的论坛，不仅凝结着严谨创新的科学精神，其公益、开放、平等的办会理念也处处体现了徐老师对图书馆行业、图书馆人深刻的人文关怀。徐老师主讲的“图书馆人职业生涯规划与管理”，帮助图书馆从业者和即将进入图书馆职业的学生做好职业生涯的规划与管理；邀请国内各大王牌期刊的主编、国外专家以及中外文期刊编辑就国内核心期刊审核、国际期刊论文发表等话题进行座谈交流，为图书馆学及相关领域的师生、从业者与期刊编辑搭建了一个平等、自由的沟通学习平台；主讲并延请黄长著、王知津等学科首席专家解读国社科项目的申请与论证，为在大大小小的课题申请中迷茫困惑的研究者们带来了最核心、最有效的通关秘笈。

最后，结合自身多年来图书馆一线的工作实践与图情学方法的授课经验，我想再谈点学习与使用实证方法过程中的一些共性问题。社会科学研究方法是普适的，“图书馆学作为社会科学的一员，当然是使用社会科学的研究方法”①。长久以来图书馆学界充斥着大量的思辨性研究，实证方法的引入打破了我们的舒适圈，质疑之声也是如影相随。专业教育领域尚未发展出规范、科学的研究方法教学体系，学生们缺乏有针对性的研究方法训练，更不用说方法应用的经验积累。学生能否科学、规范地掌握实证方法存在太多的不确定性。对于馆员来说，无论是图情专业还是其他专业背景，普遍存在对理论或方法无从下手，一直在门外徘徊的科研困境。囿于方法的短板，学术研究只能膜拜不可复制，科研天花板让人喟然而叹。

时隔多年，仍然清楚地记得，读书时和同门丽敏、师妹赵微、碧飏跟随徐老师各地调查走访之艰辛。徐老师告诫我们图书馆学研究存在的问题：思辨性研究方法占主流，缺乏规范性的实证研究，且学界对实证方法存在诸多的质疑与不认同。在当时的学术环境下进行大规模的问卷调查、传授实证方法的艰难可想而知。毫不夸张地说，徐老师委实是以一己之力去普及与推广实证研究方法，为图书馆学搏一个可持续发展的出路。

如今，经过十多年的开坛论道，图书馆学界掀起了规范化实证研究的浪潮，实证方法与分析工具的使用日益规范，专业论文的数量与质量逐年提升。这是一场方法的革命，它始于坚定不移的自我革新，致力于坚持不懈地破除学术壁垒、改变研究生态，最终推动实证方法在图书馆学的平等普及、创新发展。

写作期间，我阅读了历年的会议总结，从近 60 万字的总结、反思与展望中，再次感受到了南开实证精神的传承，我想，这应该是无止境的。

① 徐建华，吴子璇，路锦怡. 规范性问卷调查方法在图书馆学研究中的运用——以图书馆员刻板印象研究为例[J]. 图书情报工作，2019，63(01)：140-145.

宋志强（2013级博士研究生）

《十年》——“实证人”

2009年春，即将硕士毕业的我，心怀“南开梦”与“图情缘”，经过初试、复试，很荣幸考入南开大学商学院，师从徐建华教授。

还记得第一与徐老师见面的场景，“我们这里很注重研究方法、研究范式，你要是来这里学习，要从头再来”。转眼间，那已是11年前的春天。

回顾10年前图书馆学领域的研究状况，尽管已有部分业内大咖在强调学术研究的科学性和规范性，但纵观当时整个图书馆学领域的研究生态，多数人仍处在一个“自拉自唱”的状态。

“工欲善其事，必先利其器”，科学规范的研究方法对图书馆学的学科发展至关重要。自2007“图书馆员快乐指数”和“工作满意度”两组文章的公开发表，意味着“南开大学图书馆学实证研究”的序曲正式拉开，这是图书馆学与心理学、社会学、人力资源管理等领域的完美“联姻”，无论是从学术性还是从应用性的角度来看，都会成为图书馆学实证研究领域永远翻不过去的山。2008年，李超师姐将图书馆馆长这一群体作为研究对象，在《中国图书馆学报》发表的文章“用数据说话”如实反映了当时图书馆管理中的问题，再一次印证了实证研究的重要性。2009年，赵微和俞碧飏师妹通过对过去五年来图书馆学实证研究的回顾与梳理，发现了图书馆学实证研究中普遍存在“伪实证”的现象。在图书馆学研究领域中，涉及图书馆学实证研究的文章数量、研究主题、研究方法等众多，但这些文章，良莠不齐，急需对研究方法的规范，因此，“实证是行动，更需要规范”。2010年，徐老师在《图书情报知识》卷首语中呼吁图书馆界研究方法的多元化，并建议“规范性实证研究”，意味着“图书馆学研究多元化的后感悟时代的到来”。在具备以上前期研究基础上，结合研究过程中积累的成功经验，本着“匡正时弊”的出发点，“图书馆学实证研究”会议应时而生。

研讨会，作为徐门的“家常便饭”，是最为直接、高效的头脑风暴。305会议室，那是接受“洗礼”的圣堂，是孕育学术论文的“母体”。每一篇论文的生产，都必须经得起导师，在校内所有师兄和师弟、师姐和师妹“劈头盖脸”的“轮番轰炸”。在305会议室“牺牲”的ideas不知道有多少，也不知道有多少次想化身一道闪电，从地缝中逃走。每次会后，二食堂的肉菜是必点的，要不来份“老王豆腐皮”也未尝不可的，以补补“潮湿的心”和战死的脑细胞。真心感谢徐门优良的学术研究传统，感谢提出宝贵意见的所有人！设想如果没有一次一次的研讨与批判，自娱自乐、闭门造车，不经过“修理”，一篇合格的文章是出不来的。

对于“图书馆学实证研究”博士生学术会议最初的研讨，也秉承徐门一贯的传统。经过所有在校师生无数次研讨与论证，最终确定会议的宗旨、会议对象、会议议题、会议场地、会议经费、会议宣传、会议组织等各项事宜。第一次的会议场景仍然记忆犹新，2011 年 11 月 18 日，南开大学商学院 10 楼会议室犹如一艘小船，承载着图书馆学界的梦想，正式驶入图书馆学史册。来自京津冀周边高校的 30 多名师生参加了本次会议，自此，南开大学图书馆学实证研究的大旗正式打起，并确定了“免费性、实践性、草根性”的办会宗旨，以服务整个图书馆学研究领域。

从“规范·创新·推广”到“规范·推展·超越”，再到“规范·突破·延伸”，“图书馆学实证研究”博士生学术会议已经稳稳崛起于“图林”，成为业内耳熟能详的学术会议。会议内容中所涉及的研究方法的多样化、研究视野的国际化、学科交融的多元化、与会人员的众多，已经印证这是一场难得的学术的盛宴。

今年，将是“图书馆学实证研究”会议的第十年，“十年树木，百年树人”，会议的初衷即是为图书馆学领域研究培养更多的合格人才。十年，一个本科生变成了博士；一个硕士生变成了硕士生导师；一个博士生变成了副教授；一个陌生人变成了学术道路上的挚友。十年，多少个意气风发的少年已成了孩子他爹/妈；十年，实证会议不知道影响了图书馆学领域多少人，有受人尊重的图书馆学研究前辈和学者，有图书馆职业从业者，有图书馆学专业的求学者，有图书馆学期刊编辑，还有其他研究领域的同人。

都说习惯的养成一般需要 21 天，坚持，是最难可贵的财富。当把图书馆学实证研究当作一种爱，十年，就是一种习惯。

亢琦（2013级博士研究生）

栉风沐雨，砥砺前行

——记图书馆学实证研究博士生学术会议十周年之际

渤海之滨，白河之津，2020年7月份“图书馆学实证研究”博士生学术会议将盛大启幕，也将迎来学术会议十周岁的生日，届时，图书馆学、情报学、出版编辑学界和业界的专家学者、博硕士生翘楚齐聚南开大学，相约第十届会议。就在全国疫情得到初步控制和持续向好的2月24日下午，客厅的手机响了，此时我正在书房撰写“Environmental Impact of Print and Digital Formats: A Systematic Review”一文，这也是在攻读博士期间学会的一种研究方法——系统综述（Systematic review①），研究的主题是综述纸质与数字资源生命周期对环境的影响，是博士论文的进一步细化研究，恩师徐建华教授对此项研究寄予厚望。打开手机一看是恩师高足、世界好师妹翩然的信息，说道：“咱们的实证会议即将迎来第十年，徐老师正在筹办一个纪念集，师兄写点东西……”激动的心情难以言表，十年，十年坚持真的不容易，想起“十年寒窗”“十年磨剑”“十年树木”“共君一席话，胜读十年书”“十岁该上四年级了”……酸甜苦辣，其中不易，可能恩师最能体验得到。接下来的十天，除了宅家进行网络教学，陪伴女儿，用实证研究方法论（methodology）开展研究之外，就在于与恩师、与徐门、与会议的点滴。

“图书馆学实证研究”博士生学术会议是南开大学信息资源管理系徐建华教授创立的学术会议品牌，自2011年以来，徐建华教授团队秉持“草根、国际、免费”的原则已连续成功举办九届，会集来自国内外的专家学者、青年教师、图书馆员、期刊编辑、博硕士研究生，会议致力于将图书馆学实证研究范式推广、传承下去，对实证研究中涉及的问卷调查法、实验法、扎根理论等研究方法在图书馆学领域的应用进行深入的学习与探讨，培养后学掌握图书馆学规范的实证研究方法，搭建起学科间平等的交流平台，促进图书馆学学科的整体提升和发展。会议获得了很大的成功与极高的赞誉，在图书馆学领域掀起了规范化实证研究的浪潮，改变了我国图书馆学长期以思辨、感

① Xu, J., Kang, Q., & Song, Z. (2015). The current state of systematic reviews in library and information studies. *Library & Information Science Research,* 37(4), 296-310.

悟为主的学术生态，以“知名品牌会议”的身份成为南开大学商学院“双一流”学科建设的重要组成部分。中国社会科学院学部委员、国家社科基金图书情报与档案管理学科评审组组长黄长著教授在2017年和2018年两届会议致辞中表示，“图书馆学实证研究”博士生学术会议为图书馆学及相关学科实证研究提供了很好的交流平台，受到广泛好评。

徐建华教授研究团队从2005年以来一直在身体力行地开展和推广规范的实证研究，15年的实证历程，已发表多组专题和相关文章百篇以上，如“政府主管部门对图书馆员刻板印象的实证研究”“规范性问卷调查方法在图书馆学研究中的运用——以图书馆员刻板印象研究为例”“图书馆普通员工职业胜任力影响因素研究”“图书馆管理者职业胜任力影响因素研究”“图书馆学与问卷调查研究”“当代图书馆员‘快乐指数’的实证分析”等，他多次呼吁“用数据说话，让空谈走开”“实证是行动，更需要规范”“不应该追逐和趋向感悟和思辨，而应该踏踏实实，实证研究就是这样一种选择”“开展图书馆学研究，方法和工具是重要的，但规范性是根本”“规范化实证研究是图书馆学研究整体提升与发展的重要路径”“方法和工具十分重要，规范性是根本，对使用实证研究方法要怀揣敬畏之心”“学术是天下之公器，每个研究者在研究方法面前都应是平等的”“当代博士、硕士均应承担起一份学术责任，用严谨的治学态度和规范的研究方法不断要求自己，为图书馆学与图书馆事业的蓬勃发展贡献力量。”

听君一席谈，胜读十年书，有如醍醐灌顶，每次参会都有非常大的收获。我是从第三届开始参加，也就是2013年5月份被南开大学图书馆学专业录取攻读博士学位，师从徐建华教授，该年7月份第一次参加盛会，此后一直从未间断，2016年6月取得博士学位，7月份继续回到学院，在恩师身边帮忙做些会务的工作和聆听报告。毕业后每年回去，见到恩师，师母唐承秀馆长和徐门子弟以及二百多与会人员，甭提有多高兴了。即使2019年7月15号在西安外国语大学参加出国留学人员培训，也提前回到老师身边参加会议和开幕式，开幕式结束才依依不舍地赶往天津西站乘坐去往西安的高铁。原本如果没有新冠肺炎疫情全球蔓延的影响，就在这几天到伊利诺伊大学厄巴纳-香槟分校（UIUC）开展为期一年的国家公派留学，最终把出国计划延迟到了8月份，正好可以参加第十届的学术会议，共享饕餮盛宴。

参加了七次图书馆学实证研究博士生学术会议，我想最大的收获有六点：

一是会议信息量大、前沿性强，帮我巩固了专业思想，开拓了学术视野。

二是我近年开展实证研究时，谨记“用严谨的治学态度和规范的研究方法”。研究方法的规范使用，取得了较好的研究成果，也获批了教育部、省级社科等课题。近年来我在国内外高水平期刊发表中英文论文 20 余篇，其中海外论文被 SSCI 收录 5 篇，还有一篇外文论文在匿名评审中（under review），还有一篇就是开头提到的正在完成，CSSCI 收录多篇，发表的期刊有 *Library and Information Science Research*, *Journal of Librarianship and Information Science*, *The Journal of Academic Librarianship* 等。主持教育部人文社会科学研究和省级社科规划项目各一项，参与国家社科基金重点项目、教育部人文社会科学研究项目和文化部国家公共文化服务体系制度设计研究课题各 1 项。这些成果的取得离不开南开大学信息资源管理系老师们的精心培养、恩师的辛苦指导和徐门师兄师妹们的耐心帮助。

三是在研究方法的使用上，时刻保持一颗敬畏之心。这也是我这几年一直没有采用问卷调查来开展研究的原因，就是担心砸老师的牌子。并且我的学生做毕业论文用到问卷调查，我会反复告诫他们一定要学习规范的问卷调查研究方法如何实施，不是简单的问题罗列和描述统计与比例的分析，应注重数据的挖掘与利用。我在使用系统综述、访谈法、案例研究等研究方法开展了尽可能规范的研究，使得研究结论有说服力。

四是使命和担当。恩师多年来致力于推行规范的图书馆学实证研究，并自筹经费，免收会务费，且向学生群体免费提供食宿的形式办会，并将其作为自身的学术担当，对当今图书馆学的研究范式与学术生态具有不可估量的影响。这点深深地影响着我，激励着我，鞭策着我。2016 年 7 月，图书馆学专业博士研究生毕业，怀着一颗感恩的心，饮水思源，扎根边疆，服务西部，到祖国最需要的地方建功立业，到专业教师匮乏的图书馆学专业任教，争做四有好老师和践行“高教大计，本科为本”，潜心教学。坚持每学年同学生发表论文的稿酬来奖励品学兼优的学生，春季学期奖励优秀毕业生，秋季学期奖励新生。

五是通过会议结识了一批学科大家、在读的博硕士生、期刊编辑和图书馆同人。恩师提供宝贵的机会，让我接待专家，如业界泰斗黄长著先生，2017 年和 2018 年连续两年往返到北京住所接送黄老师，同黄先生成为忘年交，去年金秋十月带学生们到北京实习，专门看望了黄老师。另认识一大批业界知名教授，如马捷老师、刘平老师、杜杏叶老师、魏志鹏老师，等等，与未来的中坚力量——在读的博硕士生，都成了很好的朋友，他们都给了我很多帮助。尤其难忘的是一天会议结束的晚饭后，带领30位左右的博士生沿着南开湖畔，走出东门，坐公交车到海河和意式风情区畅游畅聊，乐此不疲。

六是恩师的谦逊、平等和大爱。每年的会议筹办，都会反复开会研讨，讨论方案和分工，联系与会嘉宾，订餐，发放早餐补助，等等，做过会务联络人的王翩然、陈嘉茜、吴子璇、路锦怡、吴颖颖等师妹做了大量的会务工作，徐老师都亲自参与。难能可贵的是，从会议开幕的前天晚上，徐老师每天晚上同全体参会人员共进晚餐，一直陪伴到最后，和大家聊天叙旧，许多人相聚饮酒尽欢，觥筹交错，第二天早早地就来到会议室，迎接参会嘉宾的到来。这种付出和大爱，值得我们学习，潜移默化地影响着我，指引着我踏踏实实前行。

栉风沐雨，犹记恩师和志强师兄说当年创办艰难，十年坚持不懈，会议茁壮成长并持续发展壮大，从最初的不足30人到300人的参会规模。十年育会，共同成长，很多十年前默默参会的会议代表今天已成为学术骨干，科研中坚。十年风雨历程一同走过，十年辉煌成就共同见证，本着“实证求真知”的理念，是金针度人学术盛会，恩师是图书馆学实证研究方法推广的功臣，反映了恩师不俗的学术见地、规范的学术引领意识、开阔的学术视野和有力的职业担当和学术担当。30年后，将为后学留下非常宝贵的资源。作为有使命感的图书馆人，都应有责任担当起振兴、提升和发展中国图书馆学的历史使命，让图书馆学真正立于学术之林，让世界聆听到中国图书馆学的声音。

注：本文参考了徐建华教授团队历年发表的系列组文章、“图书馆学实证研究”博士生学术会议综述，规范性问卷调查方法在图书馆学研究中的运用等相关论文，特别感谢。

张幼君（2016级硕士研究生）

难以离开的南开实证情

——记五年“图书馆学实证研究”博士生学术会议志愿者感想

2016年的夏天，第一次参加图书馆学实证研究博士生学术会议，也是那一年，我正式成为徐门中的一员。算上第六届，我已经参加了四届会议，不仅收集了四件不同颜色、不同意义的志愿者版衫，也和徐门的师兄弟姐妹们成了一家人。

第一次参加会议时，我刚从新疆毕业，带着对新学校新环境的憧憬，暑假提前来到了南开大学商学院。那个时候，很紧张，也很忐忑，是学妹们亲切地喊着“学姐”“学姐”，让我慢慢地开始融入了志愿者队伍。那种感觉就像是换上了版衫，就成了一家人。大家在商学院大厅热火朝天地忙碌着，徐老师也和我们一起，招呼着不远千里赶来参会的嘉宾。从前期的签到，再到后期的会议收尾，徐老师都和大家一起坚守着。很多次，都能看到徐老师衬衫的背后都被汗水打湿。关于第一次参加会议我印象很深刻的一件事，是徐老师总是坚持和志愿者们一起最后一拨儿吃饭。那个时候，我就在想徐老师真的和我想象中的导师形象很不一样。

虽然我们都是志愿者，需要处理会场上的问题，但是，徐老师会提醒我们在会场里多听听专家的讲座，多和参会者交流。徐老师的实证研究分享，陈浩老师的社会心理学研究，徐晟老师的 SPSS 统计分析，碧飏师姐、翩然师姐的主题汇报等等都让我更加了解实证研究。参会人员之间的交流，让我更加了解图书馆界的学术研究动态。而这些讲座和志愿者经历都成为日后我最珍贵的宝藏。

毕业后，我很幸运地留在天津工作。举办第九届会议时，我已经工作了近一年，那个时候回到南开，听学妹们说，徐老师把我们这些学姐们毕业了回来做志愿者称之为“回娘家”。虽然我嘴上没说，但是心里别提有多骄傲。毕业后当志愿者，和学生时代的感触有很大不同。学生时代的我可能更关注会议中演讲者，在我的心里，他们都是业界“大牛”，是我们景仰的对象。而身处图书馆工作环境中的我，会被不远千里来参加学习的业界同人所感动，他们在工作岗位上依然怀有对图书馆学实证研究的学习热情和动力；会被分工明确各司其职的志愿者们所感动，他们总是不辞辛苦、充满着活力和能量；会被师兄弟姐妹所感动，不论他们身在何方，无论烈日炎炎或是刮风下雨，都会专程赶来担任志愿者。

从 2011 年到现在，图书馆学实证研究博士生学术会议已经走过十年岁月。任何一件事情，坚持十年，都必然付出常人难以想象的努力，以及保持一颗时刻热忱的初心。这十年间，参会人员可能不清楚举办会议的前期准备工作，而徐门中的志愿者们最清楚。每一次会议的筹办，小到版衫的颜色，会议室里的插排等这样的细节，徐老师都会跟我们再三确认。会议举办中的点点滴滴，都是在徐老师和大家的不懈努力中不断完善。徐老师总是打头阵，把我们护在臂膀下前行。学生时代，我觉得我们徐老师是超人，永远逻辑清晰、精力充沛；毕业之后，我愈发能够理解徐老师的坚持是多么的不易。

2020 年，我已毕业两年，但我依然是徐门中的一员，也依然是“图书馆学实证研究”博士生学术会议志愿者中的一员。我相信，难以离开的不仅仅是南开，更是十年南开实证情。下一个十年，我们依然在南开等你！

赵雅（2016 级硕士研究生）

从相识到相知

——记第六、七届图书馆学实证研究会议参会经历

在 2016 年举办的第六届图书馆学实证研究会议，我就有幸参与其中。因为当时也才刚刚本科毕业，无论是对于在南开即将展开的硕士研究生阶段的学习，还是对跨专业选择的图书馆学专业都还有些懵懂。这么说来，第六届图书馆学实证研究会议可能算是开启我对图书馆学研究认识的第一道门。

当时虽然是以志愿者的身份参加，但因为对会议还不太熟悉，为大家提供的服务可能也没有很多，反而更像一个初入门的学习者一样，对每一场报告都感到新鲜。会议包含了十二场主题报告和上机操作等相关课程，有多位知名教授学者和大家分享了图书馆学与其他学科（心理学、社会学）的跨学科研究、海内外图书馆学研究热点和动态、图书馆学实证研究论文点评、问卷调查的规范与实施等，自己对每一场报告和每一次课程都存在着一些困惑以及想要进一步了解的想法。通过参加这次会议，自己对图书馆学实证研究似乎开始有了一点认识，同时也带着这些困惑和求知欲，开启了自己下一阶段的学习。

2017 年，我再次参加了第七届图书馆学实证研究会议，真正作为会务组成员参与到会议的筹划安排中来。第七届会议是 7 月 15 号开始的，而早在几个月前，关于会议的筹备议程就已经被纳入我们日常组会的讨论当中。从大方向上，课程内容和时间的确定、授课嘉宾的邀请、会场机房等各场地的预订、食宿预订等，到细节方面，会议 logo 和主题标语的确定、LED 屏幕、机房设备、微信公众号、会议手册等相关设备和材料的准备，方方面面都需要考虑到，并且安排到专人负责。现在回忆起大家聚在一起讨论的场景还觉得

十分有趣：师妹“小路老师”提出“如 7 而至”这个标语时，大家都很赞叹，觉得巧妙又贴切；徐老师提议会议 T 恤衫的颜色要不要做成荧光黄色，鲜艳醒目，方便参会人员很快能找到会务组成员，但提议好像没有被大家采纳；讨论会议日程安排时，大家也会想到尽量要照顾各方面的时间安排以及听课的效率，比如说实操课尽量集中安排，某个时间段内大家可能容易犯困，尽量少在那个时间段内安排课程，等等。

第七届实证会议中，自己承担的会务工作其实也不多，但印象都还比较深刻。一个是和师姐一起接待北卡罗来纳大学教堂山分校的教授。说来惭愧，自己本科专业虽然是英语，但和外国朋友的交流经历并没有很多，特别还是国外的专业学者。刚接到任务的时候还是有点紧张的，后来发现 Brian 教授一行人都非常友好，我们全程的交流也很顺利愉快。另一个任务是和同学一起负责会议期间“南开图书馆学实证研究会议”微信公众号的推文，包括拍摄照片、挑选素材、编辑文字、调整格式，简要回顾一天的会议内容。还记得有 2 篇推文在准备编辑的时候已经很晚了，我们还想赶在当天发出，两个人在编辑审核的时候都争分夺秒，结果稍微做了些修改和调整，发出去的时候还是到次日凌晨了。

对于我来说，这两次参会的经历都十分珍贵。会议中高质量的讲座课程内容本身让我受益匪浅，会议提供的交流机会还让我幸运地认识了一些新朋友，在参与会议筹备的过程中，更是了解到组织一场大规模的学术会议背后的整体流程和种种细节，在自己完成每一项具体的任务分工的过程中也都很有收获。从第六届到第七届，我对会议从原本的好奇新鲜变成了后来的熟悉亲切，通过两次参会经历，似乎也可以看到自己在其中的一点点成长和进步。会议在徐老师和不断补充新鲜血液的团队的努力下，仍在持续地进行着，并且不断地优化和调整。

2020 年，图书馆学实证研究会议即将要走过它的第十个年头，这其中包含了徐老师及团队成员对图书馆学学科、图书馆事业的热爱和对职业理想的坚持，能作为这个团队曾经的一员，我倍感荣幸。

马玥（2019级硕士研究生）

实证会志愿者感想

2020年，乃是徐老师实证研究会议的十周年庆。学生不才，无以为贺，只得借征集志愿者感想之机，叙写些与实证会之间的故事。

自2016年夏初次旁听实证会算起，我与实证会结缘四届五载，既不算长，也不算短，刚刚好见证一半。当过两届旁听生，又当过两届志愿者，且后一个数字约莫还会继续累加。虽然征集的是志愿者感想，但为完整计，我姑且便依时间顺序记叙吧。

之所以有幸在2016年大一结束时就接触“图书馆学实证研究论坛”，是因为徐老师是我所在本科班的班导师，自入学时起，便教导我们实证研究对图书馆学学科发展的重要意义，并为我们训练实证思维与研究方法大开方便之门。因此，徐老师每年夏天的实证会自然也就成为我们这届学生的必修课。不过，第一次听会给我留下的印象着实不深。时日已久是一方面，再者大一学生没有知识储备可言，满耳灌进的全是新鲜知识和思想，再加上实证会历来紧凑的时间安排，最终导致的结果必然是信息过载，接着就是遗忘。我又是个字迹令人发指到自己都看不清的，即使留下了笔记也没什么用，只有郭大水老师讲的访谈方法（可能因为同是天津人，方言口音好理解，郭老师讲话又声如洪钟抑扬顿挫）至今记忆犹新。这就是第一年。

第二年情况便好许多，大约有了两年本科的知识积累，又有第一年听会的经验，也就略略有余了些。但那年印象最深的，仍然不是传统的、以大规模问卷为基础的实证研究方法，而是冯琳老师讲的一节扎根理论。徐老师将扎根理论引入实证研究会议，正是为了在对比中显现出两者的区隔与优缺点，使与会者眼界更广博、思路更开阔，最紧要的是避免一知半解两头不靠（徐老师曾云：“图书馆学界现在发表的所谓扎根理论文章，都不是扎根理论，而是‘图书馆学扎根理论’”）。本科摸索了两年问卷访谈，突然听见grounded theory这个新鲜名词的感受，对我来说犹如初逢前世故友。尽管到现在也没成功做出过一个完全遵循传统扎根理论范式的研究，但我个人偏质性研究的路子，大概很大程度上是受了这节扎根理论课的影响。

第三年是我第一次加入实证会的志愿者队伍，开始从办会者和参会者两个角度同时考虑问题。于是我才知道，想以一师门之力连续成功举办如此规模的一个学术会议，是多么难的一件事。要提前一两个月着手准备，会前两周几乎天天开碰头会抠细节，只为了现场能少出些纰漏。那年我第一次穿志愿者版衫坐报告厅头两排，基本只轮上做个表签个到递下话筒之类的事务，却已经感觉殊为不易。

这一年终于算是把大规模问卷如何做、如何分析听得比较完整仔细，也算是补足了之前两年的缺憾。也是在这一年，我第一次听王翩然师姐做关于学龄前儿童对图书馆印象的报告。我想大家都能够理解，在某地遇见与自己兴味相投的同行，是一种怎样的喜悦。记下这一笔，并不是单纯地纪念当时的震撼与感动，也是想要表达一个观点：参加学术会议是为了偶遇兴味相投的人。这是之前两年一直和同班同学一起听会的我，一直没有理解过的。徐老师一直强调，与会的学员不能每天坐在同一桌吃饭，志愿者要加入到每一桌中帮大家活跃气氛，安排住宿时也要尽量考虑如何促进不同人群的交流。因为，徐老师一贯的观点就是，“在学生时代结交的、没有利益冲突的朋友，是最宝贵的”。实证会议不只是学习场所，更是结交朋友的好场合。徐老师的实证会一般持续四到五天，如果每天都能认识一些新朋友，碰见谈得来的人的概率势必大大提高。谁又说得好，人和人在什么时间点上，会以何种形式相遇呢?

除此之外，2018 年的实证会还要记一笔的，是当年徐老师的六十整寿。当时我升学情况未定，不算正式入了徐门，因此仍是以徐老师本科班学生的身份，有幸参与了这场大聚会。一轮甲子回首，满园桃李簇拥，八届实证会毕，明朝未来可期。现在想来，那天的徐老师该有多么喜悦啊!

再后来就是第九届实证会，也是我迄今参与最多的一届实证会，因当年实证会的负责老师，恰是我由同学升为同门，又由朋友晋为室友的伍巧老师，我也就跟着帮了些倒忙。这倒忙主要体现在一部分我担纲的设计上。我实在没有设计天分，（大概是）历届最糙之 PPT 大屏，以及最终没机会出来现眼的一楼竖屏，就是妥妥的明证。版衫最终定稿的设计图纸几乎是大家集思广益凑出来的（比如前襟的“天长地九”谐音梗，后背的大面积弹幕），能称得上是我自己原创的想法的，最多也就是个配色罢了。这衣服能不被诸位嫌弃，甚至得一句半句夸赞，都是徐门各位的功劳，我在这里给大伙郑重道谢了!
谈及内容，这一年最喜欢的讲座仍出自翩然师姐，是一场配了许多有趣例子的实证研究范式讲座（而且 PPT 的巧妙设计反而比内容印象更深刻）。其他内容，想必在纪念集的其他部分有完整回顾，在此不作赘述。

徐老师的实证会议，每夏耕耘，年年不辍，目下便是一整个十年。十年时间，足够引领一代学子，打造一个品牌，开创一个时代。我想，这三点，实证会议都已经做得功德圆满。无论它是否会继续下去，抑或将以何种形式继续下去，我作为徐老师的学生，必当无条件地支持，并献上绵薄之力。

预祝第十届实证会圆满成功！愿各位老师、前辈、同侪、后辈，都能在实证研究的道路上，不走偏、有方向，高举实证火把，不负大好辰光！

陈昌明（2019 级硕士研究生）

实证会议志愿感想

我是徐老师 2018 级图书情报专硕的学生陈昌明，在第九届图书馆学博士生实证会中主要做了一些志愿者工作，也完整地参加学习了整个实证会议，受益良多。

说起来这个实证会，很多细节均已遗忘，我只能回忆一些印象较深刻的事情。按照徐老师的传统，做什么事情之前都会通过开组会的方式来推进，在读的本硕博，甚至我们的博士后师姐也每次都会来参加讨论，大家集思广益，且畅所欲言，不用担心说错话。实证会相关事宜提前几个月就已经在着手准备，徐老师会让大家各自自愿领一些任务，要紧的事下次组会大家再拿到台面上一起讨论。很多事情真的是过了一遍又一遍，细节性的事情徐老师也都会带着我们一起抠一遍，这让我感觉与他粗犷豪迈的性格不是很符合。徐老师为了锻炼大家，每年也都会在自己的学生中挑选一位作为主要负责老师，放手把很多事情让自己的学生去做，伍巧是第九届实证会的主要负责人。按照惯例，我们喊她伍老师，伍老师负责的东西真的很多，虽然有往年的经验，但是每年都会根据实际情况做一些相应调整，那段时间伍老师超级累，印象中伍老师负责的那些东西过了若干遍，徐老师每次都不厌其烦地带着大家一遍遍梳理细节，并给出指导性的意见。这让我想到了一句话：心有猛虎，细嗅蔷薇”，不知是否贴切，但我想说是徐老师看起来是个粗线条不拘小节的人，但真正做起事来也是超级认真，并且很多细节的东西我们想不到的，徐老师却能第一时间考虑到并提醒我们注意。整个实证会的准备过程就这样在一次次组会，一次次激烈的讨论中完成。

记得当时虽值暑期，但在商学院举办的学术活动还挺多，而实证会人数又较多，能够容纳的与会场所却不多，徐老师为了协调好场地亲自跑了很多趟。最终考虑到前前后后为期一周的会议，前来参会的老师同学们能够从住宿的酒店到会场近一些，还是决定在商学院举办。当然，徐老师采取了应急预案，准备了很多可移动的凳子。当时徐老师交代给我一个简单的任务，就是每天上午开会前半小时把会场的空调打开，并调试好投影、话筒等设备。说实话，我是最抵触这些东西的，主要因为我从来没有鼓捣过这些设备。徐老师鼓励我没事，很简单的，并让商学院负责设备的相关老师教会我怎么去操作，有什么注意事项，留下联系方式防止出现紧急情况。为期近一周的实证会使得我一个很抵触设备、担心出错的人在这方面增加了信心。记得有一次，我起床迟了些，匆忙赶到会场，虽然没有迟到，但比我平时到会场的时间晚了些，徐老师已经到会场，并把空调和灯都已打开。我以为完蛋了，要被说了，没想到徐老师对我说别着急，没事，来得及，让我吃完早餐再去调试投影那些。

还有一件印象较深刻的事就是吃饭，徐老师在我们眼中是个美食家，他对全国各地的美食都有所了解，并能讲述这些美食背后的故事，同时他自己也很会做饭。总的来说，徐老师在我们的印象中对吃饭这件事还是有一定研究和追求的。徐老师主办的实证会是个对广大学生免食宿费用的公益性质的学术会议，课程安排得较为紧密，上午八点到十二点，下午两点又继续开始，中午吃饭休息的时间就较短，徐老师直接联系了快餐公司，把盒饭送到了商学院，大家排队取餐可以带回酒店吃也可以在商学院直接就餐。这时徐老师总会和大家一起吃盒饭，为了把位置留给大家，他还总是站着吃，手捧盒饭吃得还很香。一个年长的教授与我们一群学生挤在一起，这样的景象真的让我很敬佩徐老师。晚餐也是给大家免费提供的，是在学校西门的沁香园订的桌餐，徐老师给饭店老板提的要求是尽量每天的菜式都不一样，且荤素搭配，食材要新鲜。辛苦学习一整天的与会者，吃着丰富可口的饭菜，大家都对徐老师的周到安排赞不绝口。我没有参加过很多的学术会议，但这样免收会议费、包吃住、没有专业限制的交流学习真的很少见，而且徐老师一坚持就这么多年，真真是着实不易。

每年的实证会议都会邀请实证研究领域较为知名的一些专家学者做报告，可谓是阵容豪华。徐老师自己也会负责一些模块，也正是这次的实证会让我再一次为徐老师的个人魅力所折服。我们专硕没有徐老师的必修课，但是我也去听过徐老师给本科生讲课，他的课堂往往没有那些精美的幻灯片，因为一切内容早已经了然于胸，看着课堂上引经据典的徐老师，我们不得不佩服老爷子惊人的记忆力与广阔的知识面。他的课很有意思，很多都是书本上了解不到的东西。其实在平时的组会或是日常的交流中，我也能感受到徐老师是个拥有有趣灵魂的学者，他不会千篇一律，见解往往很独到，这些言行也在熏陶着我们。当有新一届的学生在选导师时问我徐老师怎么样，我都会告诉他们徐老师很有趣，教会我们的不仅仅是专业知识，更多的是为人处世的道理。感觉又扯远了，说回这次会议，会议中徐老师还负责图书馆员职业生涯这一模块，其实徐老师给我们讲过职业规划，但我再一次被徐老师幽默的语言，独到的见解所吸引，大家也都听得很认真。这俨然是一场脱口秀，无比的精彩，一次次主动响起的掌声热烈回荡在礼堂久久不能散去，大家都听得意犹未尽。很多前来参会的学生直言这是什么神仙老师，哈哈，我也感觉自己能够在徐老师门下学习何其幸运。

我想每年的主要负责的同门肯定是受益最大的，在操持这种大型活动的过程中他们各方面能力都得到了实践的验证与提升。作为徐老师的学生，在这个过程中我们也受益颇多，学习了很多关于实证研究方面的知识，认识了不同图书馆、不同学校的老师同学，在此要感谢徐老师为大家搭建这么好的平台。今年即将迎来第十届实证会，预祝顺利、圆满，也希望徐老师健康、顺遂！

庞天慧（2019级硕士研究生）

2019年的暑假是我成为硕士研究生后经历的第一个暑假，在这个暑假里，我第一次跟随徐老师和徐门的兄弟姐妹们一起筹备和组织了第九届“图书馆学实证研究”博士生学术会议。当时的我只是一名刚加入徐门不久的“新人”，以前都只是去“开会”，从来不知道一场会议是怎么“开”起来的，尤其是这样一场内容丰富影响巨大的学术会议。这次新鲜的经历让我收获良多。

由于学校要放暑假，会议所有的事项都要在南开大学放假之前确定下来，于是暑假前的那一个月，我们这些“工作人员”几乎每周都要跟徐老师开一两次组会来讨论举办这次会议的各种事务。大的方面有徐老师千方百计地协调各个上课老师的上课时间和内容，力求在有限的时间内放入更多课程；小的细节比如会议通知书逐字逐句都要进行校对，防止有表述不清的地方造成误会。开会过程中最欢乐的一次就是确定版衫的时候，我还记得马玥当时给出了三种设计，每种设计都有众多支持者，大家对选哪一款争论不休，差点儿决定全都要，每人拿三件衣服。当然最后还是忍痛抛弃了一些设计，选择了现在版衫的样子。也许这就是这次会议最大的遗憾，没能每人都得到三件衣服。

终于到了七月份，我们都提前三四天就从家里回到学校，为开会做最后的准备。其中最重要的一件事是分装资料袋。一共二百多个袋子，每个里面都要放五六样东西，很是烦琐。我们所有人都出动了，每人负责放一样东西，开始了“流水线”作业。可能最后还是难免有错漏的情况，但我们尽可能地高效率少失误。这个小任务让我深刻感受到我们师门的每个人都超级可爱，团结友爱是基本操作。大家都认真完成自己的工作，丝毫没有消极抱怨，自己的部分完成了还会主动去帮别人完成剩下的工作。

报到的那一天是最忙乱的时候，签到一直从早上持续到晚上八点多，也算是顺利没有差错的过去了。到最后虽然也有些疲惫，但更多的是兴奋，准备了这么久的会议终于要正式开始了！

志愿者的工作主要都在前期，会议开始之后我们除了要比别人早到一些，和其他听众没有什么区别。每天主要任务也是认真听课，在知识的海洋里畅游。不过这次会议还对我产生了一个意外的影响。会议的议程安排得很满，中午基本没有午休时间，这让有午休习惯的我很不适应。正好南开大学西门加油站那里新开了一家瑞幸咖啡，有各种优惠很便宜。于是每天我吃完午饭就到处问师姐师妹们：“一起去买瑞幸啊！”开会的那几天真的是每天至少一杯咖啡来让自己保持下午的精力。在这之后每次再喝瑞幸，我都会想起那个疯狂喝咖啡的一星期。

对上课内容的感想我就不多说了，都是优秀老师精心准备的高水准课程，努力学习就对了。除了丰富的学术知识，我想大多数参会人员印象最深刻的就是每天丰盛的餐食。我们会议对学生吃住都是免费的，但标准一点都没有缩水。每天上课疯狂消耗的脑力都被补回来了，开完会的那一个星期我都不敢称体重，怕被那个数字伤到。相信很多参会者跟我有一样的烦恼吧。

会议整体可以说是非常成功和顺利的，非常感谢徐老师连续九年都举办图书馆学实证会议，引领图书馆学的发展也培养我们这些学生的学术能力。这次会议让我一个“学术小白”对规范的学术研究有了更深刻的认识和理解，无论我以后是否会走学术研究这条道路，这种收获都是受益终生的。也感谢会议上讲课的每位老师，感谢他们愿意来到徐老师的会上将自己的研究进展和多年来的研究心得倾囊相授。最后，我更要感谢师门的兄弟姐妹们，在这次会议的举办过程中我们互相帮助，结下了深厚的情谊。2020 年将是图书馆学实证会议的第十年，希望我能见证它的下一个十年。

时红花（2014 级本科生）

团结友爱 尽职尽责

——忆第七届图书馆学实证研究博士生学术会议的会务服务

三年时光转瞬而逝，第七届实证研究学术会议的许多情境还历历在目。

2017 年，作为南开大学商学院档案学专业的一名准大四学生，我的会议志愿者身份由来也算是一个巧合。我的室友作为徐老师的学生，是第七届“图书馆学实证研究”博士生学术会议的主要组织者和联络者。2017 年春夏之交，我从室友那里获悉第七届实证研究学术会议正在筹备，当时希望可以有机会参与。会议召开时间正值暑期，同学们按照计划中的社会实践、实习、研究等安排，各自忙碌着，当时我也在准备保研复试和暑期交流活动。在一次宿舍交谈时，室友说会议正在招募会务志愿者，而我刚好在会议召开那一周没什么事情，就幸运地成为一名志愿者参与会务服务工作。

虽然时隔三年，会议期间专家和老师们讲授的内容已经日渐模糊，但是会议组织和服务的某些情节还记忆犹新。会务组人员的忙碌奔波和悉心服务，参会人员聚精会神聆听和踊跃提问，老师们倾心讲授和耐心解答，现在回想起来这些身影仍旧保留在记忆中。我的室友作为会议的主要组织者，那段时间一直在尽职尽责地忙碌着，即使在宿舍休息时，也会时不时有邮件和电话来访，但她总是第一时间处理和解决问题，从未抱怨。记得会议召开的第一天，早晨就下起了雨，从宿舍到商学院的道路上积了比较深的水，她为了早点赶到会议现场，来不及吃早饭就骑着自行车出发了，到了之后，不顾已经湿了的衣服和鞋子，便立即安排起了现场工作，确保会议按时顺利召开，会议期间的她一直如此，当时作为室友的我很心疼，也很敬佩。当时，会务组成员的年级从大二到博士不等，在会务服务期间，我们团结友爱，服从安排、各司其职、相互配合，相处十分愉快。此外，会务组和老师们也对于我这个突然加入的成员多加照顾，记得会议召开前一天，我同会务组成员一起在商学院一楼大厅组织报到工作，那天下午我和室友在商学院一楼大厅待到很晚，徐老师还特地嘱咐其他同学用餐完毕后过来换班。会议期间，来自全国各地的参会人员也积极配合会议各项工作，遇到问题与我们积极沟通解决，整个会议期间大家十分和谐，彼此感觉非常舒心。

作为档案学专业的一名本科生，很荣幸能以志愿者的身份参加第七届实证研究学术会议。在这之前，我也参加过很多志愿服务，如劝募、宣教、植树等，但多是社会实践性质的活动，这次参加实证研究学术会议的会务服务，是我第一次参加大型学术活动志愿服务工作，当时很兴奋，也很忐忑，由于之前没有接触会议筹备工作，很多细节不是很了解，因此私下曾多次向室友询问会议相关情况和注意事项。从刚开始的忐忑，到与会务组成员熟悉后很快融入工作团队，十分感谢室友的帮助和关心、会务组其他伙伴的理解和包容。参会过程中我也意外收获了很多，包括专业认知和思维方式方面的提升，从大三到研究生毕业，在这次实证研究学术会议中学到的实证研究方法和学术精神一直影响着我的学习。

2020 年，是南开大学图书馆学实证研究博士生学术会议举办的第十年，欢迎全国各地的专家、老师和同学们，来到美丽的天津卫，走进南开，一起研究讨论图书馆学实证研究问题。值此第十届会议筹备召开之际，预祝图书馆学实证研究博士生学术会议十周年生日快乐。“路漫漫其修远兮”，衷心祝愿图书馆学实证研究博士生学术会议越办越好，我们一起期待下一个十年！

陆逸辰（2014 级本科生）

求学南开园时，作为徐建华老师的学生，曾有幸以志愿者的身份为“图书馆学实证研究”会议的会务工作出一份薄力。

“小学期”一至，渤海之滨溽暑蒸人。回想会务小组在商学院会议室的每日例会，真可谓一段“闪亮的日子”。在徐老师的带领下，大家就宣传策划、资格审查、会场布置、后勤接待等环节分工协作、集思广益——学长学姐是“主力军”，我们则在筹备阶段按照分工各自忙碌，会议当天做签到和住宿的引导。

虽尽是些琐碎小事，却令毫无会议筹备经验的我着实难忘。一边要联系食宿、调试设备，一边要布置会场、准备会议资料、胸卡。会务组工作的精细繁复远超想象，我惊觉以往参加各类会议、论坛讲座时几乎从未考虑过幕后工作者的付出。离开南开已有两年，偶尔还会回想起某个和同学一道“踩点儿”住宿宾馆的夏日午后。

作为学院“双一流”学科建设的重要组成部分，实证研究会议为图书馆学及相关学科实证研究提供了平等的交流平台。作为参与“资格审查”环节的会务组成员，我的直观感受之一就是会议在国内外业界已积攒了良好口碑，形成了品牌效应：与会人员数量众多、来源广泛，不仅吸引来自众多高校图情、出版学科的青年教师、博硕士研究生参与其中，也不乏就职于图书馆、信息机构、出版社等图书出版行业的信息工作者。

国际化、公益性、实践性和跨学科是会议的四大特点。海外高校、信息机构学者的分享为与会人员打开国际视野；心理学、社会学、人类学、图书情报学等多领域专家的支持为跨学科合作提供契机；上机操作环节帮助学生将数据处理、数据分析中的理论讲解与实务操作有机结合。

得益于这段志愿服务经历，我在本科阶段就接触到了包括海内外专家理论介绍、案例演示、规范辨析、上机操作、核心期刊编辑座谈、问题诊断以及交流研讨在内的议程紧凑、内容充实的学术会议。难得的机会不但使我得以了解学科前沿动态、熟悉实证研究中各类规范，学科思想的渗透和主动参与的归属感也成为我于本科毕业后在图情领域继续深造的动力之一。

在方法论创新和学科建设上，会议是展现良好南开形象的窗口。不仅将图书馆学实证研究的“南开学派”进一步发扬，也将南开“开放、包容、严谨、求实”的学术形象传播海内外。

值此“图书馆学实证研究”博士生学术会议十周年之际，作为曾经的会务组的一员，作为现在的“图情档人”的一员，作为永远的南开人的一员，心中满怀真切的祝愿。说到南开学派、南开形象，自然也就忆起南开的马蹄湖、南开的青莲紫。多希望早些再游南开园呀！

杨丽娟（2016级本科生）

很幸运连续两年（2018年、2019年）到徐老师的实证会议做志愿者，既为参会的老师同学服务，又可以旁听图书馆学实证研究方法与研究前沿，同时在会议期间结交很多志愿者朋友，很是充实、愉快。逢此2020年实证研究会议十周年之际，很荣幸作为志愿者分享感受。

做志愿者是很辛苦很充实的一件事。虽然实证会议只有 5 天，但是在徐老师的领导下，主办方团队和志愿者们要提前两个月开始策划准备，包括会议内容、专家邀请、会议安排、场地设备、会议资料、会议通知、会议预算、赞助商联络、预定宾馆餐厅、设计志愿者服装，等等。当会议报名开始后，每天会有很多的报名表发到主办负责人邮箱，我们需要开会讨论、筛选参会人员。会议开始前几天，便需要分配宾馆住宿，准备参会人员手提资料袋，安排接站人员、报到处人员、宾馆与餐厅的引导人员。会议报到期间，我们志愿者需要每天 7 点前到达商学院，迎接前来报到的专家、老师、同学。会议期间，我们需要在会前会后调试设备、做好场外场内的引导、解答参会者的疑惑、订餐以及引导就餐，等等。一直忙碌到晚上，直到所有的参会者在餐厅吃完饭离开，我们还需要回到场地收拾服务台的摊位，总结一天的工作，安排第二天的计划。最终回到宿舍，已经是晚上十点有余，累到瘫在床上不想动。实证会结束后，志愿者们陆续地还需要做一些收尾工作。最终，才算是完成了志愿者的使命。

做实证会的志愿者是一件很锻炼人的事情，时刻保持精神紧张、不能出现任何差错。从早上六点睁开眼睛到晚上十点回到宿舍，都需要时刻待命，不能离开服务范围，尽全力做好服务。前后两个月的时间，充满了辛苦与汗水，以行动服务参会者，用实践保障会议的顺利开展。

做志愿者是很幸福的一件事。在这里，我收获到了满满的经验，见证了一个大型学术会议如何从策划开始到成功举办再圆满结束。其中各个重要环节、各种材料的修改，都是倾尽整个团队的力量，一丝不苟。在这里，我学习了很多图书馆领域的理论与实证知识：海内外专家学者的讲座、各位老师分享研究团队的成果、各位参会者交流学术思想和领域知识，这对我这样的初入图书馆专业的小白而言，是一场饕餮盛宴。在这里，我结交了很多志同道合的志愿者朋友，我们一起集合，互相为对方带早餐，互相关心；结交参会的老师同学，在专业知识领域内进行探讨，在会议结束后分享经验和生活趣事，也为远道而来的朋友介绍天津的旅游景点，宣传天津文化。在这里，还能享受到美味的午餐和晚餐，午餐是餐车为我们现场打饭，可以吃到热乎营养的快餐；晚餐是餐厅的桌餐，有饮料和水果，大家结束了一天的学习和工作，边吃边聊，十分愉快享受。

连续两届实证会议，我都收获了满满的知识与快乐。徐老师也会参与到志愿者团队，与我们一起并肩奋战，亦师亦友。这段时光是快乐的、难忘的、值得怀念的。

今年2020年，是不平凡的一年，也是徐老师举办实证会议的第十年，多么具有纪念意义！今年我还要参加到志愿者队伍，为实证会议贡献自己的力量！

张钊绮（2016级本科生）

第八届图书馆学实证研究博士生学术会议在2018年夏天顺利举行，我有幸参与其中，成为会议的一名志愿者，从不同的视角感受到了会议的浓浓情怀。

在会议进行的几天时间中，为参会者创造良好的学习交流环境是我们志愿者的首要任务。诚实地讲，这是非常烦琐的工作。从会议开幕前到结束后，我们需要对会议手册等物品进行分装，需要负责住宿和用餐的安排，等等。但是，这些工作也让我从中有所学习，获得了深深的满足感。

在服务中，我最大的感受就是整个会议安排体贴细致。正所谓“天下大事，必做于细”，我们的参会人员众多，想让每个人都能获得好的服务，需要我们在每一个小细节下功夫。

在正式会议进行过程中，我们工作严谨认真。印象很深的是，由于Spss软件教学部分的内容需要参会人员使用计算机进行操作，因此，学院的机房被开放为会议场地。但是，由于机房平时使用频率不高，因此需要彻底的检查和打扫。为了保证会议的顺利进行，我们部分志愿者在前一天就对机房的所有设备进行检查。每一台设备我们都需要开机操作，对硬件进行试用以确定其是否存在问题。在检查过后，我们还需要对存在问题的设备进行更换调整，对整个机房进行打扫。甚至，我们还要把各种连接线整理好，以免使用的时候造成缠绕。正是这样仔细有序的工作，才能保证会议的每一环节都能顺利进行。这让我觉得十分满足。

除了会中提供保障，会后的服务也是十分周到。为了减轻参会人员经济负担，我们对与会人员全免会务费，还对学生免费提供食宿。特别的是，为了让大家感受到天津的文化特色，老师还安排了专门的相声表演。可以看出，这样的学术交流活动不仅仅是一场理性的思想碰撞，更具有浓浓的情怀。

在会议召开期间，作为志愿者，我们除了提供服务，也有参与进整个学术交流中，有幸聆听各位老师的报告，同参会者一起沟通讨论。这个会议为所有人，无论是学生、教师、相关工作者还是我们志愿者，都提供了一个平等的、开放的平台，让我们可以有充分的机会去吸收知识，展示自己。至今，我仍与当时参会的一些同学老师有着交流。这次会议带给我们的不仅是为期几天的一次培训，更是长期的学习机会。而作为志愿者的我，不仅是服务的提供者，也是服务的享受者。

我想，如果以后有机会，我一定会再次争取参与其中的。

王业强（2016 级本科生）

参与实证会，收获有三：其一为有幸作为听众学习会议内容，各方学者实证方法及相关研究的分享让作为本科生的我大开眼界，深受启发，受益匪浅；其二作为志愿者，虽未参与会议组织，但也参与协助工作，在参与中学习会议组织的严密安排，受益良多；其三作为南开信管系的一员，其间有幸与全国各地不少学者相认相识，于会议间、餐桌上相聚甚欢，有些至今仍有联系，机会难得。

第三章　参会者感言

参会老师感言

第二届图书馆学实证研究博士生学术会议

规范是学术态度，更是责任和担当

重庆少年儿童图书馆　刘方方

下午，由津返渝，我战战兢兢的心终于有所平复。一方面是完成了徐老师交给的任务，没有辜负他的厚爱与提携；另一方面，与会大编的大度，尤其是书骨精先生，我将其刊物刊发的文章当成反面典型评析，他却向我抛出绣球，北大兼容并包的精神可见一斑；再有乔木先生的鼓励和教诲，诸位与会老师、博士、硕士及同行的支持。

我并不是自信的。做完交流报告后，文彦同学说我有点紧张，其实紧张没有的，真的是缺少自信。现在回过去想的话，其实我无须在意自己的学历，用表哥的话说就是“不要妄自菲薄，也不要妄自尊大”，加倍的努力和用心就够了。

方法论是科学研究的基本要素，实证研究作为实证主义方法论的范式，自然也是科学研究的重要内容。掌握规范的研究方法是每一个科研人员应该用心去做的事情。徐建华老师这些年致力于图书馆学实证研究方法论及其规范的推广，是一件授人以渔的好事。我想，十年之后，这两年参加图书馆学实证研究博士学术会议的博士硕士们，大多会成为领域内的科研生力军，等他们回首时，我相信他们中很多人一定会感谢徐老师策划举行的这些会议；二十年后，他们中的一部分会有自己的博士、硕士学生，他们也一定会向他们的学生强调实证研究，强调研究的规范性。徐老师在图书馆界倡导、践行，并致力推广实证研究及其程序的规范性，是当今“图林第一人”，就像业界搞图书馆建设，开创图书馆服务新形式的人很多，而真正扎根图书馆阅读推广的人不多一样，所以，王波老师会场上的“徐老师免费举办图书馆学实证研究博士学术会议的事迹，可以评为2012感动图林十大人物”这样一句略带调侃的评价，其实也是对徐老师此举的真心认可。

当然，不是说徐老师只是倡导、践行、推广实证研究方法及其规范性，他和他的团队做的就完美无瑕。他和他团队的早期实证研究在学界也是颇有微词的，我也曾经在自己的文章中鲜明的指出其一些可以更规范的地方，就如同这次会议上我对其他学者研究结果的评析一样，但瑕不掩瑜，我想这也更体现了在图书馆学业界、编辑界推广这种方法和其规范性的价值。徐老师和他的团队一直在努力改善、改变，我觉得，对学术研究方法和规范至善至美地追求是严谨态度的表现，是学术责任，更是一种担当，不知读者诸君以为然否？

实证研究的核心还是研究设计，在规范和高超的技术，对于不严谨、不够巧妙的研究设计，也起不到锦上添花的作用。而研究设计取决于我们的思想和基础，乔木先生建议学图书馆学还要广泛涉猎其他学科知识，这样思想才能浑厚，思维才能敏捷，角度才能全面，研究才不至于狭隘。这不正是强调研究者的思想和基础吗？我们应该谨记于心。

最后，还要再说一遍，谢谢徐建华老师。

2012年8月27日午夜记于三多室

图书馆学实证研究之感想

河北大学管理学院　白献阳

2012年8月23至27日，受徐建华教授邀请，我有幸参加了南开大学商学院承办的博士生学术会议“图书馆学实证研究：规范・拓展・超越”。会议围绕图书馆学规范性实证研究和跨学科合作开展，结合问卷调查与深度访谈，各位专家进行了主题演讲、案例演示和上机操作等内容。

重庆市少年儿童图书馆的刘方方老师结合图书情报类期刊发表的实证论文，进行了主题报告“近几年发表的非规范性实证研究论文点评”，明白了许多刊发的论文存在的问题。南开大学应用心理学系陈浩副教授做了题为“实证研究的方法、规范与实施”的主题报告，了解了社会科学实证研究的基本过程，理解了问卷设计中的技术环节、调查被试的抽样选取和问卷发放、调查数据的数量类型与数据管理。南开大学商学院信息资源管理系俞碧飏同学做了“问卷调查设计——以‘图书馆员刻板印象’为例”和“深度访谈方法及其应用”两个主题报告，教会了我们需要研究方法的知识，同时对她的研究能力非常佩服。南开大学应用心理学系徐晟博士做了题为“数据录入与审查、因素分析和信效度检验”与“描述性统计、均值比较、回归分析”的报告，并上机进行了演示，我们上机练习，掌握了许多在研究中用的 SPSS 数据分析方法。南开大学商学院信息资源管理系徐建华教授结合自己的实证经历，做了“我对实证研究的一点感悟”的报告，鼓励我们学习和掌握实证方法。

通过参加徐老师组织的图书馆学实证研究会议，感想和收获颇多：

首先，徐老师自己出人出钱花这么大力气组织图书馆学实证研究会议，体现出他大公无私的精神，想通过这个活动推动实证研究方法在图书馆学研究中的规范使用，在会议中毫无保留地把他团队的研究方法和数据交给大家。在大家的印象中，我们普遍有“教会了徒弟，饿死师傅”和“留一手”的想法，不会倾囊相授。从这里，我感觉到了徐老师的执着和无私，这是我们学习的榜样。

其次，跨学科的研究团队，翔实的会议内容。主题报告的嘉宾大都具有心理学科背景，掌握规范的研究方法，具有丰富的研究经历。从宏观的研究设计和研究程序，到具体的某种研究方法，再到研究中所用到的数据收集和分析方法，辅以上机实习，无不体现出了针对性和实用性。这样，可以很好地吸引我们，使我们能够快速上手，给自己很强的“我要好好学和用”的冲动。

最后，我自己得到了很多启发和收获。实证方法是当前国内外社会科学研究的主流，是一种跨学科的通用语言。结合自己的实际情况，我认为在以后的研究中要有所突破，加强实证方法的应用是我努力的方向。会议极大地鼓励了我在未来研究中学习、掌握和应用实证研究的方法，在很多方面给我普及了研究方法知识，使我知道了如何进行实证研究的学习以及如何快速上手。

让我再向徐老师和他的研究团队表示感谢，感谢他们的无私奉献，感谢他们的辛勤劳动，感谢他们给大家提供的机会和交流平台。衷心地希望这个会议能够延续办下来，希望它越办越好，希望大家更多地熟悉和应用实证研究方法。

第三届图书馆学实证研究博士生学术会议

参加第三届图书馆学实证研究会议（博士论坛）有感

辽宁师范大学管理学院教授　张秀兰

我是来自辽宁师范大学管理学院的一名图书馆学专业教师，非常荣幸能够参加第三届图书馆学实证研究会议。作为一名图书馆学专业的教师，在多年的教学与科研工作中，我深刻体会到实证研究对于图书情报理论发展及专业人才培养的重要意义。

南开大学图书馆学实证研究会议已成功举办了二届，我参加的这是第三届，图书馆学及其相关领域的人员参加了此次会议，此次会议的报名十分火爆，从其火爆程度上我们能体会到这个会议的知名度及社会影响力。徐建华教授一直致力于实证研究，本次会议是 2011 年、2012 年会议的进一步延续与提升，会议内容有专家主题演讲、案例演示、上机操作、座谈交流研讨等多种形式，向与会人员呈现了图书馆学实证研究的一场盛宴。

我本人是图书馆学专业的教师，最近获批了省级课题，内容围绕我国公共图书馆的公共文化服务展开，本课题分三大块，一块侧重研究辽宁图书馆公共文化服务存在的问题，一块侧重于我国不同地区图书馆公共文化服务的比较研究，一块专门研究我国图书馆公共文化服务中的政府行为，这三块均属实证研究的领域，都要用到本次会议讲授的深度访谈、问卷调查等实证研究的方法及手段，同时还要对调查来的数据通过本次课程讲授的 SPSS 软件进行分析。所以此次会议的讲授及研讨的内容正好切合我实际研究的需要，真正使我获益匪浅。以前我在研究中也使用过问卷调查、专家访谈等方法，但经过这次学习之后，才意识到自己以前使用的所谓实证研究方法并不规范。“工欲善其事，必先利其器”，因此，我深切感受到此次会议将对我今后的研究产生事半功倍的效果，同时提升我研究成果的水平和档次。

经济学上有一个不是原理的原理——没有免费的午餐，但南开大学确实为我们提供了免费的盛宴，本次会议的一切都是免费的，而且已经成功举办了三届，徐建华教授也许会使经济学上这一不是原理的原理被彻底颠覆。

徐建华教授及其团队不辞辛苦筹划、组织、安排此次会议，在会议的举办期间，我们时刻能见到徐建华教授忙碌的身影，他亲力亲为的工作态度打动了与会的每一个人，在此谨向徐教授及其团队表示诚挚的敬意和衷心的感谢。尤其是徐建华教授亲自登台授课，他幽默的谈吐，渊博的学识，精湛的讲授以及独特的人格魅力深深地吸引了与会者，也由此成为了此次会议一道亮丽的风景。

最后，希望南开大学的实证研究会议能够不断地举办下去，造福图书馆人。

第五届图书馆学实证研究博士生学术会议

参加第五届图书馆学实证研究博士生学术会议心得

上海大学图书情报档案系　刘宇

我的“实证方法梦”做了四年了。2012 年我忙着准备出国访学，2013 年我尚未回国，2014 年时我被领导派往党校学习，2015 年我终于圆梦了。

徐老师让我作为代表对这次会议进行总结，我愧不敢当。因为我的实力不够，熟悉我的同行大概知道，我主要是运用社会学的相关理论和方法揭示期刊之间的等级现象，还做一些学科史的研究。对于实证研究，我是初学者。这次会议是我到目前为止参加的所有学术会议中，收获最多的一次，没有“之一”。所以，我今天在这里主要谈谈我这次参会学习的感受。我用四个关键词进行概括：

一是扎实。这一点主要是指徐老师、徐门的青年才俊们研究做得扎实。图情界有很多人呼吁强化实证研究，但是徐老师从来不呼吁，而是做给我们看，徐老师从来不写“论实证研究方法在图书馆学中的运用”这类的论文，而是实实在在地做快乐指数、刻板印象，让我们这些晚辈看，实证研究究竟是什么样的！喊口号容易，做起来却非常难。

二是真诚。徐老师待人真诚。9 号会议那最后二十分钟，徐老师和我们分享了社科基金申请的隐性知识。现在大家为了申请社科基金，做各种公关，我们每个单位都在这么做，我也听过很多场。徐老师的 20 分钟，比之前我听过的所有的那些场加起来的总价值还多。我们午餐的时候大家有没有发现，徐老师都是最后一个吃。

三是开放。我们这个学科长期以来比较自我封闭，自娱自乐味道比较重。

这次培训，大家看看和徐门团队进行交流的人都从哪里来——社会学、心理学。这种开放的学术视野是图情界鲜有的，将这种开放的学术视野付诸行动是图情界仅有的。

四是交流。学术交流非常重要，非常感谢徐老师提供的这个交流平台。通过这次会议，我想大家都认识了不少新朋友。我从新朋友这里获得信息和激励力量让我震惊。江山代有才人出，我在这次学术会议上认识的新朋友，他们的学术成果，让我作为刚刚毕业五年的青年教师感到惭愧，极度危机。诚实的说，以我当年毕业时的科研成果和他们一起竞争、毕业找工作，失业的那个人肯定是我。这一方面给我以巨大危机，同时也是极大的激励，更让我们看到了我们这个学科的科研的水平在将来蒸蒸日上的兴旺趋势。

最后，我们学科虽然内部存在很多不同的研究范式，实证范式是最值得、也必须成为学科主流的研究范式。为什么呢？因为从目前我们学科的形态来看，只有实证范式的研究才可以平等有效地和社会科学其他学科进行有效的对话。具体理由，大家有兴趣的话可以参考我 2014 年发表于《大学图书馆学报》的论文。

在未来的图书馆学史上，我相信可以看到这么一句话语：在中国图书馆学研究转型和社会科学化的过程中有一个传奇人物，他第一个打开了图书馆学与其他学科进行直接学术交流的大门、他向图书馆学的青年学人身体力行地传播实证研究方法、他是中国图书馆学实证研究的“教父”——南开大学徐建华教授。

第五届南开大学图书馆学实证研究培训班学习心得体会

郑州大学信息管理学院　杨瑞仙

2015 年 7 月 8-12 日有幸到南开大学参加了由徐建华教授及其科研团队共同举办的第五届图书馆学实证研究培训班，其间，我认真听取和学习了徐老师团队的在图书馆学乃至社会科学领域研究过程中所采用的实证研究研究方法，收获颇丰。下面我将参加培训的心得总结为以下几个方面：

第一，实证研究定将成为图情学科开展学科研究的主流。图情学是计算机科学和管理学的交叉学科，有自己的研究方法，如分类法、主题法、内容分析法等，但是传统的研究方法已经满足不了目前复杂环境下的问题解答，因此，我们有必要借鉴和学习相关学科的研究方法来解决本学科的问题。会上，我认真听取了社会学、心理学等科研人员的研究方法介绍，问卷法、访谈法等都是典型的社会科学研究方法，以前也看过国外这些方法的使用，但是没有具体应用，或者即使使用了，也没有如此规范，形成体系。通过学习，让我掌握了方法本身及其在图情学科的应用，即如何设计调查问卷、如何获取和录入数据、如何分析数据提炼结论等。

第二，实证研究是科研走向规范化的基础。只有将科学研究的过程规范和标准化了，科学研究的结果才能体现出科学性、合理性、有效性和可靠性。因此，我们应该多关注国外相关研究及其规范化程度，来规范我们自己的研究。

第三，学科的交叉融合趋势日趋明显。有人说过，不管采用什么方法，只要能解决问题，这个方法就是好方法。在当前科研环境下，我们有必要去寻求和借鉴相关学科的研究方法，将其合理移植或引用到我们学科领域，这将会带来不一样的看问题的视角，达到意想不到的效果。

第四，科学研究离不开科学交流与科研合作。思想的火花往往是在不同学科背景、不同经历的多个人之间的交流和谈话中碰撞出来的。徐老师为我们搭建了一个非常好的交流平台，有来自图书馆、图书馆专业、情报学专业、社会学、历史等不同专业背景和不同学历层次的老师和同学聚集在这里，大家学习、交流，不仅增强交流，更促进合作。科研团队的组建不能仅仅局限在本学科领域，需要将计算机、社会学等相关学科的相似研究的学者团结起来，形成良好的科学研究链，这将会大大提高科学研究的效果和效率。

第五，一个图书馆学家的博大胸襟和人文关怀。徐建华老师不仅教书育人，还主动承担起社会责任，这在图书情报学领域、乃至全国各个学科领域不曾见到的。徐建华老师不仅自己研究做得好，带的学生好，更重要的是他勇于承担社会的教育责任，将其知识传授给很多素不相识的年轻人，帮助年轻人在科研起步阶段实现提升或者转型。他主动为大家提供吃住、提供学习环境，这需要多少经费、多大奉献和付出。他没有架子，他走近学生，他为学生提供服务。他为了保证大家都吃好饭，他每次都是最后一个吃饭的。他不仅为大家传授知识，还为大家传授职业规划，还毫不保留地讲述做人的道理。这些本不应该是他讲的，这些经验的价值是一个人花多少钱都买不来的，是一个人一辈子的精神财富。因此，我想首先我作为一名老师，一定要向徐老师学习，一方面为学生传道授业解惑，在生活上、精神上帮助学生实现成长成才，另一方面，扎扎实实做好自己的研究，为学科发展贡献自己的力量；

其次，我是第一次来参加这次会议，也是这次会议的受益者，但以后如果徐老师需要且不介意的话，我愿意拿出自己的经费为徐老师这个培训班的举办尽绵薄之力。

以上是我自己的一点心得和体会，想到哪写到哪，不当之处还请多多包涵！

最后，祝愿徐老师身体健康！事业更上一层楼！也祝愿徐门蒸蒸日上！

2015 年 7 月 13 日

第六届图书馆学实证研究博士生学术会议

关于实证研究方法的几点思考

西藏民族大学管理学院　赵生辉

从南开大学参加实证研究方法研修班归来，确有一种满载而归的感觉，觉得有很多东西需要记录和表达，却一时理不出个头绪。作为图书情报学研究的一个流派，徐建华教授及其团队通过“图书馆员刻板印象”“图书馆员快乐指数”等项目，向我们展示了这个学科进行科学研究的一种新的风格。正如许教授所言，将来有人写图书馆学术史的时候，实证研究肯定会成为他们无法绕开的一座高山，必须记下浓墨重彩的一笔。

首先，实证研究方法的缺乏实际上反映了图书情报学科目前在研究方法方面的规范化程度，这个学科总体上不能得到别的学科的充分尊重，与研究方法的差异性有着很大的关系。人类的知识总体分为人文学科思想、社会科学知识和自然科学知识三个层面。哲学、历史学、美术学、伦理学等学科重在讨论社会发展的价值观问题，因而其研究成果的主要形态是对人类思想的记录；自然科学知识是对自然界的客观记录和认识，主要通过实验、计算等方式获取对自然界及其发展规律的认识；社会科学则是介于两者之间，涉及人文理念，但是也有一些社会发展的客观规律。图书情报学属于社会科学，因而沿用人文学科的思辨论证方法是不足以得出让人信服的结论的；在这方面社会学、经济学、公共管理等学科有非常严谨的研究方法，而这些方法目前在图书情报学界使用得很少。当某种研究模式成为一种国际通用的科研“语言”的时候，不去适应潮流，满足于在小圈子里孤芳自赏，只能离科研的正途越远。图书情报学界一直在抱怨没有学术尊严，但是获取学术尊严的第一步，就是所使用的研究方法，对方是信服的。

其二，实证研究方法当前不受重视原因是多方面的，也是可以理解的。个人认为，当前图书情报学界不太重视实证研究方法的原因主要有：第一，绝大多数科研人员缺乏系统、严谨的实证研究方法训练，对于定量分析工具力不从心。即使学科一些大牛也是如此，本着扬长避短的原则，他们会抨击实证研究的浅薄性；实际上，所谓深刻性也不是贴标签就可以深刻起来，实证研究要是实现某个小问题的全方位透视，才是真正的深刻。第二，实证研究耗时、费力、费钱、成果周期太长，对于动辄就要填写多篇成果的考核体制而言，仅仅研究设计就要最少半年时间的实证研究自然不受人待见，相反，思辨类的文章则可以快速成文，短期内就可以“硕果”累累。第三，我国的整个社会科学研究受哲学影响深远，大家都喜欢宏大叙事，喜欢选择一些听起来特别高大上的题目，而不太愿意关注一些实际的小问题。例如，图书馆员“刻板印象”这种选题在宏大叙事的作者那里最多一篇对策型的文章就可以解决问题，说一些对而无用的话，却不关注背后的机理是什么。因此，阐述类、思辨类的论文也不是不能写，但是不能满足于这一步。

其三，实证研究方法是实现个人研究能力飞跃的重要途径，是所有具有远大抱负的人应该尝试的。作为攻读博士学位的研究生，利用几年时间彻底把某个问题的机理搞清楚，是对其研究能力影响非常深远的训练过程。任何一项规范化的研究，真正投入其中之后，会发现面临各种各样的问题，等把这些问题一一解决之后，则从思维模式到实践能力都得到了全面的提升。然而，工作以后要长期投入到一项具体的研究上，面临的时间冲突、精力冲突等问题会更突出，因此，可以在初期为解决职称问题适当妥协，多发一些思辨类的文章，等自己敢于自由安排时间的时候，则可以更多地投入精力到实证研究上。一句话，向实证研究转型，是实现个人职业竞争力持续提升的有效途径。

就我个人而言，此前出版的专著和发表的八十多篇论文基本上属于思辨类的或者阐述类的论文，状态好的时候，甚至一个下午就可以完成某一篇论文的主体部分。参加了实证研究研修班之后，回头看这些论文，我觉得绝大部分只能算是 Interpration（理解），而并非 Research（研究）。科研这件事，本来就是西方文化的东西，自然也包含了西方文化对研究过程的理解。科研成果并不是你如何想，而是你所想的东西确实被证明言之有据，值得信服。

至少这一点，在社会科学领域是适用的。计划在如期拿到职称之后，放慢速度，心平气和地慢慢体验国际通行的科研惯例和规则，真正适应并可以得心应手地应用。与此同时，更多关注国际期刊论文，分析其中的行文逻辑，体会研究设计的理念和方法，为将来的某一天再次出国做好准备。

衷心感谢徐建华建设及其科研团队为我们开辟的这条以询证哲学为核心理念，以研究现实社会问题，解决现实社会矛盾为己任的实证主义研究方法。预祝徐教授的实证研究方法研修班越办越好，可以让更多的青年学生尽早接触国际通行研究规范，少走一些弯路。

第七届图书馆学实证研究博士生学术会议

点石成金，不虚此行

河北大学管理学院　宇文姝丽

通过参加第七届图书馆学实证研究会议，对于一个跨行的新人来讲，我学到了许多知识，身心愉悦、收获良多，总结起来一句话就是亢奋和充实。

一、紧张激情的会议安排

第七届图书馆实证研究会议的安排非常紧张，会务组提前给了我们相关的书籍和资料让我们现行阅读，如此快速的节奏让我们四天一直处于烧脑的学习激情中：

难忘徐建华老师对图书馆人的谆谆教导和职业规划的管理，以及对科研基金的详细讲解和精心的教诲；还有于良芝老师和孙荣军老师的深入浅出的领域详解，让我快速深入地了解这个学科的理论和相关方法；

难忘郭大水老师用风趣幽默的天津话给我们讲解的访谈技巧，还有其他的教授和博士给我们上的相关的实证方法的介绍以及应用；

难忘徐晟老师的上机实验操作，徐老师用风趣幽默的方式来讲解枯燥死板的操作，让我们获益匪浅；

难忘各个期刊和赞助商的关于期刊投稿的交流，让我们的投稿有了方向；

难忘……

二、茅塞顿开的心理感受

第七届图书馆实证研究会议给我最大的收获是，改变了以前的思维定式，开始有了新的思维模式，让我学会了思考，学会了从哪里下手去分析问题、解决问题了。

首先，感谢徐建华老师及其精英团队和能干会务组，无处不在的身影，无微不至的关怀与体贴是我这次参会的最大印象。由于一系列原因，到达天津已经晚上 7 点多了，还是看到了会务组的温馨的笑脸和热情的接待，让我奔波疲惫的心得到了休憩。

其次，从学习体会上老说，对于一个跨专业跨行的人来说，第七届图书馆实证研究会议给了我一个全新的研究视角和研究方向。入职多年来，我一直对于自己从计算机和图书情报视角的转换定位不好，看问题的角度总是和别人格格不入的感觉，通过这次系统的学习，让我了解到了图书情报的研究方法和思路，对我的新的职业规划有着不可逾越的意义。

再次，第七届图书馆实证研究会议上的教授和博士的授课风格也让我感触颇深，改变了我讲授式的教学理念，创新思维，重新树立了我新的教学理念，从学生角度出发来设计教学方案，让学生参与进来，从而提高学生的实际能力。

会议是短暂的，但收获是充实的。第七届图书馆实证研究会议让我站在了一个崭新的平台上审视了自己的职业规划，对今后的工作也有了明确的方向。这一次会议活动后，我要把所学的科研和教学理念，咀嚼、消化，内化为自己的科研和教学思想，指导自己的科研和教学实践。

最后感谢徐建华老师和他的团队，期待后续图书馆实证研究会议和的召开!

参会学员感言

第二届图书馆学实证研究博士生学术会议

一个很实诚很实诚的会议

大连理工大学博士研究生　姜海

当收到“图书馆学实证研究：规范·拓展·超越”博士生学术会议通知的时候，自己着实兴奋了一把，因为知道，出来走走总是可以学到很多东西的，几天的紧张会议之后更是让自己感到一个字“值”，这次来参会的有图书馆学界的顶级教授、期刊编辑，还有众多硕博学子，自己收获了很多，同样对于这次会议感触也不小。

一是学者独立办会，彰显大侠之风。南开大学商学院的徐建华老师着实让我佩服，可以说是以一己之力承办的这次学术会议，不收会务费，食宿由会议组免费安排，还用我多说什么呢？！连日来，徐老师一直和大家在一起，凡事亲力亲为，所付出的是无法用物质来衡量的，那份对于后进学子提携之意更是让人感动，虽然说，在会议的过程中，一直在表达着对徐老师的那份敬意和感谢，在这里还是想说一句：徐建华老师，大侠风范，向您致敬！

二是青年学子盛会，明日之星绽放。青年人登上了学术舞台，展示自己的学术力量，这是我认为这次会议的最大的特色，开篇刘方方老师敢于对于图书馆学学界的当今大腕们的论文提出一己之见的勇气和有理有据的事实分析让人大开眼界，更让人意想不到的是俞碧飏所做的两个关于实证研究过程的报告，让我想说“后生可畏吾知子，不禁汗颜愧不如”，于我于人，我相信都是一个最好的鞭策和激励。同样两位指导教师陈浩和徐晟老师也是那么年轻，真是让我感受到了作为年轻人的那份力量和担当。

三是会议内容实际，细节设计精巧。这次实证会议的内容从第一天就直接切入实证研究的主题，可以说内容不大，但是很直接很切实际。少了大师们的一点远见卓识，但增加了几分亲近感，每位与会者都会感到收获颇丰的。我最欣赏这次会议中的一个细节：在会议最后一天下午，当几位图书馆学界的大腕展示出睿智之后，徐老师提出让每一位与会的同学上台讲讲参会的感想和自己研究的内容，我真是紧张啊，没有准备是其一，台下这么多的前辈，让我不知如何开口，但是大家知道，这是徐老师给大家一次锻炼的机会，展示的机会，如果说自愿上台，可能很多人都不会上去讲了，但是这是“必选题”啊，可以想象得出，语无伦次缺乏逻辑多么正常啊，就是这样让我体会到了一种感觉，那种无以言表的感觉。

由衷的向尊敬的徐建华老师致敬，向勤勉细致会务组的同学们致敬，向各位参会的同人们致敬，还是那句话——相见有时，望共进！

2012年8月30日

南大归来话感悟

武汉大学信息管理学院博士研究生　邢文明

在QQ群里看到了南开大学商学院发出了以“图书馆学实证研究：规范·拓展·超越”为主题的博士生学术会议通知，并且不收会务费，食宿免费，我非常激动，立刻报了名。

作为一名摸爬在图林的新人，我们每个人在学习和研究过程中都会或多或少地接触或使用一些实证研究方法，如问卷调查等。然而，由于缺乏完整系统的实证研究知识与方法，我们在进行调查研究过程中遇到了各种各样的问题，如由于问卷设计不科学而难以达到预期效果、由于缺少系统的数学统计与数据挖掘知识，导致无法对调查的结果做深入分析，使得对调查结果的分析停留在表面，难以深入等。因而，看到这次会议的主题是关于实证研究的，并且主办方提供食宿，我立刻怀着激动的心情报了名。

虽然万分希望能够参加本次会议，但得知会议名额只有40名时，心里一下子凉了不少。作为一名博士生，自己尚无任何建树，不胜惶恐和惭愧。然而，不久就收到了参会通知，使我惊喜莫名，心想一定要加倍珍惜这次机会，认真学习和掌握实证研究方法，为今后的研究打下基础。

怀着激动和喜悦的心情，我和同伴唐义一起来到了美丽悠久而充满浓郁学术氛围的南开大学。到了之后的发现更让我吃惊不已：首先，本次会议参会者不仅包括来自全国各图书情报培养单位的优秀博士、硕士，还有各个院校的青年教师才俊、高校图书馆优秀馆员以及数十家图情期刊的编辑。其次，本次会议其实是徐建华教授一人倡导发起和主办的。为了给图书馆学的青年学子提供一个学习、交流的舞台，徐老师多方奔走，筹经费、邀专家、联系会议场地并制定会议日程。最后，为了便于大家学习，徐老师无私地贡献出了他项目开展过程时获得的来之不易的数据。

会议举办过程中我不止一次为徐老师和他所带领的会务同学的细心周到服务所感动。每场讲座，徐老师都忙前忙后，直到所有的同学都找到位置坐好，并为大家准备了矿泉水，每次吃饭时都会看着每一个同学都吃好了之后才开始吃饭。精心的安排、细致的服务使每一个参会的老师和同学都能带着温馨愉悦的心情认真学习。

时间如流水，不知不觉中会议已接近尾声。在进行会议的总结时，徐老师指出，费了这么大的力气举办这样的会议，一不是为了图虚名，二不是为了谋私利，而是一种强烈的使命感推动的。学科间的交流需要共同的学术语言，这就是实证研究的方法；图书馆学研究需要用规范的研究方法来赢得其他学科的尊重；图书馆学学科的持续发展离不开规范的研究方法；同时，实证研究的方法还能为学科的发展夯实基础。

会议虽然已经结束，但会议带给我们的思考和探索才刚刚开始。专家讲授的知识还需要进一步消化吸收。更重要的是，徐老师给我们指出了正确的道路和应该努力的方向，我们每一个人都应该沿着正确的道路和方向努力奋斗，共同推动中国图书馆学的进步。

第三届图书馆学实证研究博士生学术会议

开实证研究之法，源知识共享之道

南京农业大学信息资源管理专业博士生　沈军威

期刊开源、科研数据共享，国外研究人员用开放共享的理念推动着科学研究的前进步伐，国内也积极效仿。但，作为一位图书馆学专业的研究生，在阅读期刊论文时，每看到一篇使用实证研究方法的优秀文章时，总想按照文章介绍的方法和数据模仿学习下。毕竟创新不是凭空来的，尤其是像我这样的学术新人，只有不断模仿，才能实现自己的创新梦想。可是，研究数据就像天上的月亮，可望而不可即。

救星来了，南开大学商学院徐建华教授从 2011 年开始举办图书馆学实证研究会议，拿出自己团队近几年的研究数据，推广图书馆学的实证研究方法。

今年，终于有幸参加会议。于是 7 月 3 日，我带着一颗激动的心，从南京一路北上到天津。

5 天来，除了舒适的住宿，除了可口的饭菜，除了天津特色的小剧场相声，更重要的是聆听了一场场智慧的讲座。首先，帅气的陈浩老师领我们进入了实证研究方法的大门。在问卷调查方面，大神级别的俞碧飏同学用自己的亲身科研经历讲解了调查问卷的设计，更新了我很多之前的认识误区。女神唐琼老师通过分析 2012 年图书馆学期刊发表的问卷调查研究论文存在的问题，用实例具体指出使用问卷调查的注意事项，以及在写作时的技巧。极具幽默的徐晟博士用单口相声的方式讲解了 SPSS 分析的原理和具体操作。在实验方法上，杨海波老师介绍了眼动这一新颖的实验方法，而俞碧飏同学又一次震撼到我们，讲解了内隐刻板印象实验的设计和具体执行。西南交大的董洁老师，带我们领略了深度访谈方法的魅力。

使用合适的方法做出规范的研究之后，就需要考虑论文写作和发表的问题了，徐建华教授邀请了 Emerald 出版社的赵孟元讲解了国外期刊发文的技巧及注意的问题。

曾经我调侃说“一入图门深似海”，但听完徐建华教授“图书馆人职业生涯规划与管理”的报告，对于未来，我信心满满。

尽管遗憾未能见到于良芝大牛的身影，但李月琳老师、王芳老师、闫慧博士介绍的研究，也使我大开眼界。

国际知名的报告有 TED，而徐建华教授举办的实证研究会议，报告之精彩，团队之热情，筹备之精良，堪称国内业界的 TED。

如果说有什么不足之处，倘若在讲解 SPSS 操作和分析时，能把图书馆员刻板印象用到的分析具体详细地过一遍，有效把 SPSS 和图书馆学专业背景结合起来，必将促进今后图书馆学实证研究之风盛行。

再次对徐建华教授及其团队致以深深的谢意。

希望明年还有机会继续参加。

南开大学图书馆学实证研究会议收获

辽宁师范大学硕士研究生　牛国强

作为一个对于图书馆学研究略窥门径甚至找不到门路的后辈，此次能有幸参加南开大学图书馆学实证研究会议对我意义极大，收获极多。绝非仅仅在研究方法和研究工具上，更重要的是开拓视野和提高认识。

一、实证研究方法的推广

在本次会议安排的课程中，主要是由社会科学中运用实证研究比较成熟的心理学领域的专家学者做报告和演示，并且结合南开大学徐建华老师团队一个实证研究的成功例证从而达到理论与实践双管齐下，使不同层面的研究者都为实证研究的力量所打动所激励，并且还从会议中汲取到了将这种力量融合于自身工作和学习研究中的方法。

此次会议所力倡的实证研究思想以及与其相关的调查理论和软件工具这

一切组成了一股实证研究的清流，对某种程度淤结于部分研究者中较多存在的认识比较浅、基础不扎实却空谈理论的学术泥沼，做了一些清洗思想环境、改变研究生态的工作。

甚至可以预见到，这次与会的图书馆界研究者和工作者如全部能将实证研究的方法和工具掌握，并且被会议上感受到的实证研究的学术魅力所带动，而纷纷在自己所处地区所在各高校和公共图书馆进行一些或大或小的调查分析。那么这些获得的数据和针对数据做出分析结论将是图书馆界一笔巨大的财富，上到为各种研究提供理论联系实践的桥梁，下到为各个图书馆具体工作设置了规范化的路标。一个更大胆的设想是，未来甚至能够为此次会议所带动下的一系列图书馆学实证研究论文和数据建立调查结果和研究论文的数据库。相信照现在会议的发展势头和学习热情来看，这种设想也并不是天方夜谭。

二、开阔视野的交流平台

相比较其他学科，图书馆学中为各地方各层次的研究者工作者提供的交流通道很少，几乎仅仅停留在各高校图书馆学高级或者资深专家学者之间，这使得正在努力学习的博士硕士研究生和实际工作中的图书馆专业人员特别是层次较低的人员，很少得到机会开阔眼界、提高认识。这次会议主办方徐建华老师及其团队利用一切资源辛勤工作保证整个筹备和安排坚持免费，并很全面兼顾地将各地方各领域的业内研究者工作者会集于一处，成功地搭建了这个平台，不惟扩大了学者专家们的影响力，也为本专业的持续稳定发展铺设了一段轨道。

从我个人来说，自从因缘际会踏入图书馆学这片领域以来，几乎每增加一些新的了解，与之伴随的就是更深刻更复杂的困惑。这些困惑造成我在图书馆学的学习过程中一直以来都缺乏一个完整的认识，犹如盲人摸象，常常将自己学习到的一部分研究范畴当作了整个图书馆学的主干。也正因为这种眼界的狭隘，我的论文几乎很难有什么创见，陷入亦步亦趋，跌跌撞撞的境地。我相信这或许也是图书馆界研究层次较低或者说研究领域新生后辈们普遍的一个现象吧。所以，有幸能来参加这种级别的会议对于大多数一般研究者和工作者都实在是一次难得的能够完整认识整个学界和行业生长状态的机会。

最后，祝会议未来越办越好，并且成为图书馆学界一件学术盛事。

第四届图书馆学实证研究博士生学术会议

总有一片纯粹的记忆

中山大学硕士生　李珂然

一别天津已经两周有余，但在南开大学度过的那数日充实的学术会议时光依旧分外清晰，让我难以忘怀。

由南开大学研究生院主办，南开大学商学院、南开大学亚洲研究中心承办的第四届博士生学术会议“图书馆学实证研究·2014”于7月11日至7月16日在南开大学商学院顺利召开。机缘巧合，接到我们学院老师的会议消息通知，我作为中山大学资讯管理学院2013级图书情报专业的硕士研究生，在图书情报领域实证研究基础和技巧等方面的知识薄弱，抱着渴望求知、与学界前沿专家学者、业界前辈学习交流的心态，报名参加了此次会议。

六天的学术会议，让我不论从知识经验等学术积累，还是为人处事的社会哲学都受益颇多，亦感触良多。7月11日上午，我们与会者在商学院报告厅短暂而正式的开幕典礼后，来自美国克利夫兰州立大学的孙荣军教授做了“关于社会科学研究方法的几个问题”的主题报告，从宏观上为我们解答了图情研究中的思路和逻辑问题。接来下的紧凑的会议议程中，有来自天津师大、南开、河北工大、西南交大等高校的多位老师和研究生展开了关于眼动实验、实证研究方法与规范、问卷调查法分析、图书馆人职业生涯规划管理、数据录入审查与信效度检验分析、问卷调查论文写作、深度访谈法等各自研究领域的精彩授课或学术报告。

现在回想，这其中我的心得与收获归纳起来主要有三方面：

其一，这次会议强化了我应具备的科学思维与逻辑思维。逻辑思维作为基于概念、判断和推理等形式的对客观世界的认识与反应，是一种基本的科学思维。这次的系列报告松散而又紧密地将宏微观社科研究、图情研究理论与方法打包成了整体，潜移默化影响和强化了我对学科现象和内部规律的把握能力，也提高了我思维的效率——科学的逻辑思维和方法使我以前很多相互缠绕的问题截弯取直，思考时更加通顺。培养这样的科学思维，同样将帮助我的科学创新，研究中创新的重要性不言而喻，创新的过程本身是逻辑思维和非逻辑思维相互作用的过程，然而非逻辑思维本质上也是要依靠逻辑思维而存在的，是逻辑思维的产物。

其二，给我印象最为深刻的是问卷调查方法与数据检验分析系列课程内容。甚至在我的浅见中，这是咱们此次会议最令研究生群体关注和期待的内容。毕竟在目前国内的图情领域实证研究中，问卷调查法占据了相当大的比例，也是研究生们较为倾向使用的实证研究方法。然而，越是使用频繁，见诸报端，我们暴露的问题也越多。其中样本量大小、信效度检验、预调查等常见又容易出错的问题，在河北工大李媛老师、天津师大徐晟老师、南开大学王翩然博士等人深入浅出的讲解中一一得到了解答，他们的心得和经验规范了我的研究方法使用，这为我即将进行的学位论文选题以及开题、撰写将提供极大帮助。

其三，这次会议的主办承办方、赞助商的热情、诚意，以及对会务细致精心妥当的接待、安排让我感动与感谢。会议方除了在学术上提供了学习交流盛宴，在待人接物、会务筹办等处世细微之处亦值得我作为一个在校学生学习。徐教授的亲切和蔼，王师姐、亢师兄、付同学、李师妹等所有会议组织人的热情周到使我们这个“草根会议”更加切题，而且，我们在会议之外还品尝到了会议方安排的具有天津、北京地方特色的美味饮食，这样的文化交流似乎更加多元了。

此外，我还要感谢来自全国各出版社、期刊的编辑老师，你们为我们图情研究提供了重要的展示平台，在会中也提出了许多宝贵发文意见和建议，这些珍贵的意见必将为我们今后的文章撰写和发表提供指导作用。我还要感谢来自五湖四海各高校的老师和同学们，是大家的思想交流才有了这样的学术大餐。

最后，通过这次会议，我结识了许多的新同学新朋友，有武大的晓宇、华师的杨阳、梓阳，福师大的几位师姐，主办方南开的李师妹，等等。我一直坚信，人与人之间相识的缘分是比学术知识更大的财富收获。我同小伙伴们领略了渤海明珠，海河之畔——天津这座美丽又质朴的城市，津卫海河之眼的浪漫、津湾广场的华丽、意式风情街的复古，天津图书馆的现代、狗不理包子和天津茶馆相声的传统，这些记忆都将珍藏于我心。

还有，这个夏天，美丽的南开校园，那声不竭的蝉鸣，那片纯粹的蓝天。

2014 年 8 月 1 日

相聚有时，后会有期

北京大学信息管理系博士生　梁宵萌

今年，我有幸考取了北京大学信息管理系刘兹恒教授的博士研究生，在正式步入师门前，刘老师给我的第一个任务就是去南开大学参加图书馆学实证研究会议。带着恩师的叮嘱，对会议的期盼和对徐建华老师团队的仰慕，我从长春来到了天津。7 月 11 日下午 3 点到达南开大学商学院，会务组的同学热情而又不失条理地接待了我，安顿好住宿后，我与参会的同学一同来到商学院附近的酒店赴徐老师团队的欢迎宴席。晚宴期间，见到了各位专家学者、业界精英和图书情报、编辑出版的老师、同学。徐老师团队热情周到，让我们这些素不相识的人很快地就相熟了，这也让我对未来几天的会议充满的期待。

7 月 12 日，会议正式开始。我有幸地作为学生代表发言，我非常地感谢徐老师团队给予我这样的机会，能与众多学者专家同在台上就座，学生真是愧不敢当。其实，我来到南开大学参加这次会议之前，就对它有了一些了解，无论是我的导师还是我师门的师兄师姐都对它赞不绝口。每年博士生入门前，来南开大学参加图书馆学实证研究会议已然成为了我们师门不成文的惯例。

在 7 月 12 日到 16 日中午的这四天半时间里，我们听取了来自美国克利夫兰州立大学、南开大学、天津师范大学、西南交通大学的诸位专家、老师的精彩教学，也与国内著名图书情报出版领域的杂志编辑进行了座谈。这一系列的课程、讲座和交流让我充分地意识到规范性的实证研究方法的重要性，这些内容对于我的影响也一定会体现在我今后的学习和研究当中。

在南开大学的几天里，我深切地感受到了什么是知识的传承和精神的发扬光大。与会者中，不乏已经在图情出版领域取得重大成果的前辈，但是他们却仍然以学生的身份与我们一样交流与学习，这让我们感受到了榜样的力量。这次会议不但让我们在知识上有所进取，也增加了我们每一位与会者的行业认同感和融入感。从大学本科开始就学习图书馆学专业的我，长久以来都认为从事图情、编辑出版的人都是比较“闷”的，然而这次会议彻底地改变了我的看法。徐建华老师团队的热情洋溢，与会老师同学的积极交流，都让我心生敬意并对行业的未来充满信心，我坚信这样多元开放的平台一定可以帮助到参会的每个人，从而推动行业的发展。

感谢南开大学商学院徐建华老师，是您的高瞻远瞩和一呼百应促成了这次盛会；感谢徐建华老师团队，是你们的周到细致和无微不至让我们在南开拥有了舒适愉悦的参会体验；感谢各位专家、老师、同学和业界精英，是你们的诲人不倦和热心向学让我们在工作与学习的道路上不觉孤单并且怀抱希望！

易曰：始于“乾”，终于“未济”，生生不息。愿我们相聚有时，后会有期。

2014 年 7 月 19 日

“图书馆学实证研究·2014”学习心得体会

广西民族大学硕士生　李伶思

有机会参加南开大学举办的“图书馆学实证研究·2014”，心中充满感激之情。我认为为期一周的研讨与学习收获很大。本期的学习行程结束，在此我对本次学习感想体会作一小结。

一、举办方的负责精神深深感染着我

南开大学商学院的徐门同学们从报道的第一天就非常认真负责，记得报道的第一天我的火车晚点了，敏君姐和徐门的同学一直在等我报道，然后为我安排住宿，一切都非常细心周到，真心非常感谢你们。徐老师的团队不仅为我们提供了良好的住宿条件，讲座的每一顿饭都是由徐老师亲自选择，变着花样的为我们学员提供美食，除了为我们提供非常好的生活条件，而且从网络资源利用等方面尽量为学员的学习提供方便，我们学员都珍惜这次难得的学习机会，这些都使我们深切感觉到他们的细心与负责。在此我要再次感谢徐老师，感谢南开大学商学院的工作人员，感谢他们为本次活动付出的辛勤劳动！

二、高规格的授课队伍使我们受益匪浅

本次暑假学校聘请的授课老师规格非常高，不仅有南开大学、天津师范大学 、西南交通大学、美国克利夫兰州立大学等国内外知名院校的多位教授，而且还聘请了在图情领域核心期刊的编辑前来为我们分享发文的注意事项。授课的这些学者都是在其所在领域知名的学者，所有的授课老师工作起来都兢兢业业、一丝不苟，充满了人格魅力，他们的讲授使我感受到享受到难得的学术盛宴，对众多的前沿知识有了感性的认识，也让我领略到了国内外图情届多位学术大师的风采，他们所教授的知识与实证研究方法对我目前学习的许多方面都有着或多或少的触动与帮助。

三、对几次讲座的切身体会

本次暑期学校聘请的授课教师给我们带来了多层面的视听享受。由于篇幅的关系，这里仅就我感受最深的几次讲座谈点体会。

天津师范大学杨海波副教授做的《眼动实验方法》讲座虽然对我来说是全新的内容，内容专业性很强，也有相当的深度，但他的讲授浅显易懂，推理性强，在开始、结束等很多环节都注重启发、引导学生思考，令我震撼的是我们的眼睛给学术研究带来这么多值得研究的学术价值，眼动追踪与图书信息研究的结合是值得未来我们学习研究的内容。杨教授还适时检验学生的听课效果，课堂教学富有思想性。

给我印象深刻的另一场讲座就是王翩然老师关于《问卷调查的研究设计》的授课不仅讲述了问卷调查研究设计的的基本步骤，还向我们全面地展示了他们的团队当前取得的主要成果，一项研究到最后可以发表如此多的文章，我想跟开始的充分准备与研究过程的一丝不苟是离不开的，是跟团队之间的有效合作密不可分的。翩然的讲课让我们深切认识到从问卷设计开始到出成果实属不易，翩然的讲授思路清晰明确，同样跟自己是学生，在武大参加图情档暑期学校的时候就已经听到过翩然的提问，给我留下深刻印象，没想到讲座也非常精彩。

徐建华教授做的讲座《图书馆职业特征与图书馆员职业生涯规划》给我留下的印象最为深刻。徐建华教授在图书馆届是德高望重的教授，徐老师的授课热情和认真程度丝毫不亚于其他教授。徐教授上课准备非常充分，这从其精心准备的课件也能看出来，其课件内容逻辑层次性强，授课非常生动。更重要的是，在这次讲座上，徐老师结合他的人生历练，把他多年来的科研心得也毫无保留地传授给我们，让我和其他学员深受感动与启发。徐老师说自己已经亲力亲为的下基层馆 200 多家，对于徐老师这种学术大师还这样脚踏实地的做科研，一家家图书馆的各地跑，这种敬业精神实在让我佩服。徐老师这种活到老学到老、淡泊名利、平等待人的处世观让我感动良久，这种无私奉献把自己的科研分享给大家的精神值得我们每个人学习。徐老师说“一个人如果按照自己的本心做事，世界都会反过来迁就你。”这就话深深的印在我心里，将影响着我未来的学习科研生活。

四、来自各地的学员之间建立起了深厚的友谊

围绕“图书馆学实证研究”的主题，本次活动录取了来自全国各个省份高校的硕博士以及一些图书馆的工作人员参加学习，这些学员们普遍优秀，学术功底较为深厚，在讨论当中很多学员的发言非常精彩，我的思维由此受到很大的启发。由于我们有着共同的爱好、共同的追求，再加上此次活动为我们提供了多次活动交流的机会，我们在七天时间里建立起了深厚的友谊，这对我们今后的学术研究以及生活、工作都有很大的帮助。

总而言之，从这一周的学习过程中，我学到了很多东西，有很多所思所感是无法用言语表达的，我想，这些影响应该是一个潜移默化的过程。我觉得这段时间给我的精神洗礼远远胜过曾经走过的二十多载，学者们的博学、睿智、勤奋、勇于实践都让我既佩服又感动。只恨自己才疏学浅，没有抓住那些逝去的宝贵时间。往昔不可追，希望自己以后不管是继续深造还是投身社会实践，都能以这些优秀的学者为榜样，踏踏实实做学问，打开眼界来研究各种问题，不要固守一隅，更不要亦步亦趋，学会在同中求异，在异中求同。最后，能够来到南开大学学习还要感谢徐老师的支持和亢琦师兄的帮助，感谢徐老师团队所有人员的盛情款待，希望以后能有更多机会参与到此类的学术交流活动！

最后祝愿徐老师工作顺利，所有学员事业有成，并期盼未来再次重逢的那一刻！

2014 南开大学实证研究会议学习总结

天津农学院图书馆　潘宏

一、缘起

早在 2008 年接手同事的培训讲座组织工作时，也学习了同事每年让学生填写问卷了解学生需求的长处，以了解学生入学前信息素养的基础和入学后的需求。但是设计问卷时问题就来了，什么样的问卷题目能得到真实客观的结果？怎么抽样发放？有同事的老父亲是教统计学的，拜托同事回家请教。得到的答案是，全部发放得到的结果是最好的。那一年，我们部门全体同事仔细讨论问卷题目并分成本科生版和研究生版，向全校 4000 名本科新生和 2000 名研究新生发放了问卷。结果，回收到 5000 份问卷。而统计问卷时问题又来了。这么多的问卷，有些题还是多选，如何快速准确地得到统计结果？幸好我们有一个统计问卷的勤工助学的学生非常爱动脑，他想出了一个方法，把问卷中的答案转成 0 和 1 等数字，然后两个学生配合，一个同学拿问卷读答案，另一个同学用电脑记录结果。那年为了增加学生回答问卷的趣味性和积极性，我们还设计了一个按问卷上的学号抽奖的活动，经过一个学期的努力，这次问卷调查工作圆满完成了。但是耗时费力的统计却让我望而却步第二年没有继续进行。而且有个问题困扰着我：问卷调查是这样做的吗？

做培训，除了必须的图书馆主要资源的使用方法外，要想使培训工作的效果更好、吸引更多的学生参与，我们需要知道学生对什么样的培训内容感兴趣。对于培训工作的评估，我们更需要知道，参加过培训的学生与没有参加过培训的学生，在信息素养方面有没有差异？参加过多次培训的学生是不是在信息素养能力方面更强？信息素养在学生的在校生活中起什么作用，如何衡量信息素养对他们的个人成长和发展的作用？如果长期跟踪，信息素养高的学生未来的人生是否更为充实，更能实现自己的愿望，对自己的满意度更高？图书馆怎样才能更好地促进学生的成长和发展？

面对这些问题，我发现，仅用我手里的“信息素养标准”是远远不够的。如果深入研究这些问题，我们实际上是在研究教育和人之间的关系。而我们现有的图情期刊登载的所有关于信息素养的研究论文里，找不到相关的研究和可供参考的研究方法。我发现，如果我要把工作开展得更为深入，需要借鉴社会学的调查和访谈研究方法以及大量心理学的理论；而且最重要的，是需要这类问题规范的研究方法。但是这些都是我的知识空白。

记得是去年还是前年夏天，在书社会上看到有社友发了一篇参加南开大学的“实证”班的帖子，当时看了博文很是羡慕。今年看到 burufangshou 在书社会上发的 2014 南开大学实证研究博士会议通知，并且不收会务费，喜出望外，立即向领导汇报。“不收会务费”对于一个经费有限的小馆来说是非常重要的。果然，馆里批示我们部门可以多去几个人。

二、学习

7 月 16 日中午，学习结束，16 日下午和 18 日下午，整整睡了 3 个半天才缓过乏来。

这次培训主要针对图书馆在校的博士生和硕士生，一共有 190 人参会。其中约一半是学生一半是图书馆员。学生应该是在老师们的要求下来参加培训的，像我这样的馆员则是带着问题来学习的。不知道学生们的感受如何，而我真真正正是接受了 4 天的社会学和心理学的方法指导，完成了夙愿。

1. 第一天的主题报告是由来自美国的社会学教授孙荣军先生做的

他本科是北大的图书馆专业，博士是布朗大学的社会学专业，他的报告是“社会科学研究方法的几个基本问题”。这个报告对于我这没有任何社会科学背景的人来说，无疑是最好的启蒙教育。

孙老师按自己的理解总结了社会科学研究方法的 4 个问题：systematic，social life，find and understand，patterns。

社会科学的研究方法的属性是系统的而非随意的，有一定的流程和标准。与自然科学不同，社会科学研究的是人类生活，它的研究对象具有复杂性和主观性。牛顿定理在美国成立，中国也成立；但是社会科学的研究理论就没有这样的普适性，它仅能有一定的解释力。另外，社会科学研究的对象不仅复杂，而且对研究会有自己的反应。这一点，孙老师举了一个社会学研究中的实例：霍桑效应。霍桑是美国一家工厂的名字。研究的主题是“改变工作环境可以提高工作效率”。研究者认为，如果改善车间的照明会提高工人的生产效率，但实验的结果是，照明亮度增加的车间工人生产效率提高了，而亮度变暗的车间工人的生产效率也同样提高了。最后研究者的结论是，工人工作效率的提高与工作环境无关。工作效率提高的真正原因是，工人们意识到了自己在被观察。受到注意的工人，会加倍努力。

孙老师举的另一个社会科学研究的实例是芝加哥热浪造成居发死亡背后的社会因素。1995 年，芝加哥有一周的时间持续超过 40 度，有 739 人非正常死亡，造成社会混乱。当地政府将非正常死亡的原因归为自然灾害。研究者通过查找档案，研究社区人口结构和环境，发现相同贫穷程度的黑人社区和拉丁社区相比，黑人社区的死亡率远远高于拉丁社区，原因是死亡的黑人多为独居的老年男性；拉丁裔生育率高，家庭观念强，因为有邻里的相互关照，死亡率低。社区的环境与死亡率也有非常大的关系，那些社会治安良好，人们可以在街头公园乘凉的社区死亡率远低于治安不好、无人敢在夜晚露宿的社区。研究者的结论是，死于热浪不能简单归因于自然灾害，其背后含有深层次的社会原因。

社会科学的研究是一个从数据归纳为理论、再由理论提出假设进行验证演绎的循环过程，定性研究可以带来重大的突破性发现，定量研究在问卷之初研究者已经知道自己要研究什么，会带来研究的局限性。

个人行为无法预测，但一类人的行为可以通过统计得到行为模式。

社会科学的研究不是一锤定音，允许阶段性的理论发现。关键是研究要深入、要有细节。

2. 眼动实验方法 主讲：天津师范大学心理与行为研究院 杨海波

说起眼动实验，孤陋寡闻如我，第一次听说这回事是在2009年华科鼠兔班上曾蕾老师介绍的她们学校的一个实验室，可用此类设备评价图书馆主页的设计是否合理。这次培训班上学习了它的原理和大量应用实例，在商业和工业领域，眼动实验能很好地检验出设计的效果是否实现了设计者的目的。与图书馆相关的，数据库界面的设计、电子书呈现的方式、纸媒的界面，甚至图书摆放陈列的效果等都可以用眼动实验来研究。

3. 实证研究的方法、规范和实施 主讲：南开大学社会心理学系 陈浩

跑题一下，这次培训班的主讲老师全是出自南开的俊男美女，单是看人已极为养眼，而他们的讲课虽然风格不同，但全都无比清晰流畅，俊美的容颜背后是才华和聪慧的头脑。坐在南开商学院的教室里听课是审美和思想的双重享受。

主要内容：社会世界中的随机性和规律性，例如人的寿命，个体是随机的、无法预测的，但人群的平均年龄在一定时间段里是稳定的。通过对研究对象的代表性样本进行调查，可以依靠假设检验和参数估计等统计学方法，对研究对象总体做出以概率形式表述的推论，在一定程度上把握研究对象总体的规律。

统计与数学的不同在于，统计是以归纳为主要思维方式。统计的方法可以应用到各个学科领域，诸如心理统计、社会统计、生物统计、计量经济、数据挖掘等。一个从来没有研究过“红楼梦”的统计学家通过词频建模可以判断出从哪一段开始不是曹雪芹的手笔。陈老师展示的几组人脸画面非常有意思，就是用统计方法把一类人的照片特征重新组合成一个面孔。那些由各国明星照片合成的新面孔确实比普通人要漂亮多了。可用的软件有Morphthing。另一个有实用价值的例子是网络情绪可预测股市行情。那些平时工作中有机会炒股的馆员可以使用这个理论。

陈老师从选题、文献研究、确定研究内容、提出假设、设计实验、实施调查、数据统计、撰写报告几方面介绍了实证研究的流程。

研究的方法有描述性的和实验性的，主要有观察法、问卷法、访谈法、作品分析法、档案调查法等。

在问卷设计中，研究者先要分析问题，提出研究假设和操作性假设，确定有解释力的研究变量，依据研究假设建立变量之间的关联性，建立系统的分析框架。列出变量清单，将要调查的内容分为几个类别，列出每个类别下需要测量的指标。问卷的题目是变量及其指标的转化形式。编写了问卷题目后要评估题目。问卷题目一次问一事，免语义不清，免不合理假设等。

问卷要有封面信和指导语，回答问卷的时间以 5-10 分钟为宜，最好不要超过 20 分钟。

问卷中的称名变量表示分析对象的种类，如性别、职业、民族、居住地等；顺序变量提供的信息由高而低的排序，如教育程度等；等距变量指多大程度赞成、符合等；等比变量比等距尺度多了绝对零点，如身高等。

常用的统计软件有 SPSS、SAS、R、Excel。

最后也是最重要的是，问卷要有信效度分析。信度指衡量答案的一致性，要描述的状态一致，答案也一致。效度指测量结果的正确性，例如提出一系列生理、心理指标与未来表现是否一致？这就是预测的有效性。

4. 2013 年图书馆学期刊问卷调查法文章分析 主讲：河北工业大学图书馆李媛

对图书馆学期刊中刊登的采用问卷调查法的文章进行了剖析。我觉得最主要是问题是，作者可能对问卷和量表概念比较模糊。另外就是问卷没有做信效度检验。

5. SPSS 数据分析与操作主讲：天津师范大学心理与行为研究院 徐晟

7 月 14 日全天都是徐晟老师的上机操作。单是工作量已让人钦佩，而能把枯燥的统计讲得让我这个一听课就催眠的人一整天都没有打瞌睡，足见讲课人的功力。

以前没有接触过 SPSS。本科学的统计早已还给老师，硕士虽选修了统计，但也是学得云里雾里，SAS 软件实习过，但始终不得要领。在工作中，面对一拨又一拨研究生呼声越来越高的 SPSS 讲座要求，曾找统计老师探讨过开讲座的可能性，但是老师说软件使用不是主要的，背后的原理最主要……

但是年轻的小徐老师在不讲原理只讲操作的大前提下，把原理也同样介绍清楚了。在他的演示下，从未谋面的 SPSS 界面变得亲切友好，这也是很神奇的感受。

另一个收获是，他说，社会学主要用相关，经济学主要用回归。而这是之前我从没有想过的问题。

6. 问卷调查研究的论文写作--以“图书馆员自我刻板印象”文章为例 主讲 南开大学徐建华教授的博士生 王翩然

这个项目按徐老师的说法，是他带的一个本科生提出的问题，后来他就被牵着鼻子走了。为了完成这个项目，徐老师带着学生跑遍了国内大大小小的图书馆，走访那里的图书馆员。

在报告中，小女孩详细介绍了如何使用统计数据，怎样描述数据将其变成文字。如何从问卷中抽取文字规律，精炼内容，并作出解释。在分析数据时，如何经由数据的单样本 T 检验、单因素方差分析、多因素方差分析、多元线性回归等分析得到了一系列的结果，最后如何整理这些结果形成一系列的文章。

7. 深度访谈方法及其应用 主讲：西南交通大学 董洁

7 月 15 日全天讲深度访谈方法。瘦弱的小美女老师给我们讲完以后应该喝点鸡汤补补气才好，实在太累了。

对我个人而言，这一天的收获不是如何去做访谈研究，而是如何处理日常事务。访谈中用到的心理学知识，很多是我日常中无意用到的，或者因没有注意过而产生失误的。

作为以咨询为主要工作的馆员，有相当多的时候是在与人聊天。例如和数据库销售人员的聊天。如何通过有意义的聊天更多地了解他们推销的数据库产品的优点和缺点，对于是否向馆里提出采购建议至关重要。再如，在培训中差不多每场讲座结束，都会有学生或老师留下来继续咨询，咨询的问题也并不全在资源检索范围，而可能涉及学生生活的方方面面，甚至包括找对象、与导师相处等。日常接听电话处理读者投诉等等。这其中的过程，如果有心理学知识支持，可能会让很多馆员少走弯路，得到读者更为满意的工作效果。

如何在越来越深入的交谈中避免馆员个人的表现欲望，使聊天对象更能充分地表达他们的思想，是我这一天里学到的最重要的东西。

三、结束

这次培训整体安排是环环相扣的，但我把其中四个内容分离出来，放在最后总结。

（1）是图书馆学和情报学相关期刊与学员见面。本次培训班有 10 几家期刊派出了编辑全程听了课，我想这对于编辑们拓宽自身的知识结构非常重要，因为编辑的素质与期刊文章的质量还是有一定相关性的。而编辑与馆员面对面交流，对于馆员了解期刊文章发表流程也非常有意义。

（2）实证研究问题诊断。这个环节用来解答与会者在填写报名表时填写的自己研究中的困惑。这也是一个很有意义的环节。因为普通馆员在为写晋职称的文章进行的研究中，可能会遇到很多困难，如我这种非图书馆学专业出身的半吊子馆员，困难就更多一些，听一听别人的问题对自己也是启发。

（3）徐建华老师做的报告：图书馆职业特征与图书馆员职业生涯规划。如果了解了徐老师多年走访基层图书馆，就不难理解为何他的报告中对图书馆员职业有中肯的陈述。徐老师的观点我都赞同，也有切身感受。其中，关于新技术时代图书馆员职业生涯管理的原则：不是为了职务的提升，而是有一个圆满的、可享受的职业过程和离开职业后的高质量生活。从我这个“过来人”的角度是感同身受的。应试教育使有些学生工作后不知道如何在工作中与人相处、在工作的小群体中立足，人际关系紧张，而其中最主要的一个原因，还是因为工作的质量得不到群体的认可。有一个良好的个人成长的动机对年轻馆员应该是非常重要的。

（4）南开大学商学院信管系教师研究介绍。这个环节由于良芝和王芳两位教授参加。说实话，听和写这部分内容时心里是无比惭愧的，在图书馆从业 10 年里，主要精力放在了了解图书馆数字资源的使用方法及图书馆技术发展上，对于国内图书馆学的研究没有做深入了解，图情的期刊虽然偶有浏览，基本以看不懂为主。

所以当于良芝老师讲述她的“对信息不平等的整体性研究”时，基本上除了震惊以外没有别的词可形容了。尽管于老师说她研究到现在还是没有找到信息富人和信息穷人之间差异的主观原因，但是她的研究实际上在解答我多年培训中的疑问：为何 80 后本科生对图书馆的培训海报反应强烈而 90 后入主校园后培训越来越难做？为何同样的海报内容，有的人可以被吸引，而有的学生无论如何都无动于衷？而我之前一直都没有看过于老师发表的任何论文！

王芳老师主要研究政府信息如何为公众获取。讲后下面有提问农民工的信息鸿沟问题，王老师的回答非常值得深思，她多年的研究表明，农民工这个群体信息获取渠道并不缺乏，手机上网率非常高，而找工作也都是利用网络，并且有来自家乡或同一工种的社交网络。从这个角度来说，我们许多人的研究问题的提出是不是没有深入实际而仅凭主观猜测？

于老师和王老师的研究内容都不仅仅是图书馆学的问题而是具有社会意

义的问题，都需要借助访谈和问卷调查完成。而她们的研究让我感受到的是一种图书馆学人的人文关怀意识。前不久刚好读过齐邦媛的“巨流河”，是作者 80 多年生活的回忆录，作者的教育背景是南开中学和武汉大学。我想我在这次培训中感受到的两位老师的人文关怀意识应该和南开大学的历史相契合吧。

实证班的最后，由同济大学图书馆慎金花馆长做了总结。虽为馆长，且年龄可能是现场学生的 2 倍，却全程都在听课，这也是非常值得尊敬的。

徐老师在最后致辞说明年继续办这个班并且保持免费的传统。这应该是对许多中小馆爱学习馆员的好消息，对于学生来说也是好消息。这个班免费学习而且提供免费的午餐晚餐、水、纸巾等等，主办者非常细致周到。

我想，徐老师在报告中说的观点应该是适合实际做图书馆工作的馆员的：传统图书馆学是思辨式的，需要馆员花很多大块时间思考才能有结果（文章），而图书馆员的工作性质使我们缺少整块的时间，一个思路进行到一半被其他事务占去精力后，研究很难继续下去。而实证研究可以利用零散的时间，问卷什么时间发放都可以，回收的问卷有时间时就整理一份，研究思路不会因被打断后接不上。这确实是我们工作的实情。我想对于从事实际工作的馆员来说，研究采用什么方法并不是最重要的，重要的是有问题意识，有科学的研究方法，最终能得到令人信服的结果，使自己日常的工作努力得以理论的提升。这应该是实证研究的真正意义，也是南开大学信管系的师生为馆员带来的人文关怀。

第五届图书馆学实证研究博士生学术会议

开阔学术视野　明晰努力方向

福建师范大学硕士生　王俪凝

7 月 8 日至 12 日，我有幸来到美丽的国家中心城市天津，参加了由南开大学商学院主办的第五届图书馆学实证研究会议。作为一名即将进入福建师范大学图书情报专业学习的研一学生，这次全国性的图书馆专业学术盛会让我受益匪浅，感受良多。在这短短的四天时间里，会议密集安排了多位资深教授、博士的讲座，他们给我们传授了许多非常可贵的前沿研究思维和研究方法，不仅让我了解到本学科的最新研究动态，领略了与本学科密切相关的学科知识体系，更让我树立起了对自己未来职业发展的良好构想。对我来说，这次会议为我打开了图书馆学实证研究殿堂的大门。我的收获主要有以下几点：

一、个人职业定位。就我个人而言，收获最大的讲座是徐建华老师关于职业特征和职业规划的讲座。我的本科专业是人力资源管理，而研究生的学习还没有开始，所以我对于图书馆学这个专业的特点和发展存在着很多弱项。并且，我认为对于职业特征和职业规划问题的回答不是单单的课本知识的积累所能够解决的。记得徐老师讲座说过一句话："每个人都需要对自己负责，对自己的职业发展负责，对自己的人生负责。"所以，职业规划是必不可少的。徐老师将职业划分了五个阶段，让我对这个学科的发展、图书馆员的职业发展的框架有了清晰的了解，也让我对自己未来的发展有了明晰的认知，由此，我确定了自己的努力方向。以现在的阶段来说，我需要做的是：第一，夯实基础的专业知识；第二，学习了解相关的专业知识体系，比如：心理学、统计学等；第三，让自己拥有除本专业以外的兴趣专业；第四，汲取知识的同时，可以写一些论文，并尝试寻求发表。

二、图书馆学实证研究所运用的相关知识。这方面的讲座在这次会议中占有非常重要的部分，对我来说更多的是开阔了眼界，拓宽了思维。这部分的讲授内容，大多都是我以前没有接触过的，所以知识点的密集度、学科的信息量极大。当然，仅仅听完一个讲座就会去运用是有一定困难的，这需要若干个必经的学习阶段。但是，对于我思维的发散以及未来做研究时对问题的理解、数据的处理都是非常有意义的。

比如，杨海波教授的有关眼动试验的讲座，这是我从来没有了解的知识板块，而这个实验诸多结果却如此地有规律，让我甚至感到震惊，这个实验可能更多地需要一些心理学和行为组织学的知识分析、解释和总结，这对于我们研究读者阅读、对于书摆放的设计等等，都是非常实用的。另外一个对我较为重要的讲座是spss软件的使用，我之前所用的统计软件只有excel，对于spss仅仅是听说过，这次的老师的讲解让我知道了spss的实用、便捷性。而spss所做的表格可以多角度的分析，甚至横纵列同时分析，我会在今后的学习中尝试使用。

三、图书馆学最新趋势。俞碧飏博士对于美国图书馆学系的讲座，让我对图书馆学的发展有了不一样的认知，也以更开阔的眼界来思考自己未来可能对于这一学科的研究方向，俞碧飏博士提到了美国现在学科的“去图书馆化”运动后，让我更加认识到自己在知识的丰富度上比较欠缺，现在很多学科的研究发展不单单是倚靠本学科的知识体系，是需要其他学科相互的配合，用多角度的眼光思考问题。而刘燕权教授的讲解让我看到国外对于实证研究的严谨态度以及了解到了国内与国外对于研究过程中的不同点。

四、问卷研究与论文写作。这是最为实用的一个方面，在以后论文的任何一次写作中都毫无疑问的可以使用。就我而言，影响最大的是论文构建的固定模式和写论文、做问卷的规范性。冯林博士的扎根理论给我带来了另一种写论文的思考方式，不是从问题与现象着手，而是从兴趣为开始，做一项实证研究。这些都需要我今后在实践中总结经验，同时思考对我是否适合。

最后，我想特别感谢南开大学的徐建华教授，是徐老师给了我这次宝贵的学习机会，让我拥收获了如此多的知识，而且还有幸结识了许多良师益友，这些收获都让我感到弥足珍贵。其次，非常感谢南开的师哥师姐们的盛情而周到的接待，你们在整个会议期间工作的认真、细致、负责以及投入的热情都是值得我铭记和学习的。

衷心祝愿南开组织的高规格图书馆学术会议越办越好，祝徐老师身体健康，祝南开的师哥师姐们学业有成，也期待自己能有机会再次与会！

谢谢！

2015 年 7 月 31 日

南开大学图书馆学实证会议心得

武汉大学博士生　刘玲武

2015 年 7 月 9 日至 12 日，我有幸通过严格筛选，参加了由南开大学信息资源管理系徐建华教授及其科研团队组织的第五届图书馆学实证研究博士生学术会议。本次会议邀请国内外众多学者专家和图书馆学领域核心期刊的编辑参与会议讨论。各位学者专家通过理论、案例分析、实际上机操作演示、面对面答疑解惑等方式给与会者们讲解了实证研究中关于问卷设计、问卷调查、深度访谈、实验方法等规范性问题；各位核心期刊的编辑们也就论文发表等与会者较为关心的问题做了耐心而详细的解答。

作为本次会议为数不多的出版专业的博士生，第一次较为系统地接触实证研究，从理论到实际真真切切地感受到了实证研究在科研中的重要性，就较为缺乏实证研究的出版学科来讲，极具启发意义；而这次会议从内容到方法，没有那些华丽的、高大上的、缥缈虚无的东西，有的只是实实在在的“干货”，就我个人而言，这次南开之行，受益匪浅。

出版学虽然与图书馆学分属不同的学科门类，但科学的研究方法是相通的。那么什么是科学的研究方法呢？所谓的研究方法是人们在从事科学研究过程中不断总结、提炼出来的，用于揭示事物内在规律的工具和手段。而科学的研究方法就是从事科研的人们按照一定的步骤，以保证所发现事物内在规律的可靠性。科学的实证研究正是通过对数据的梳理、处理对所发现的内在规律（理论）进行论证的过程。

以我所研究的版权机制为例。版权即著作权，是作者对其创作的作品所享有的人身权和财产权。信息网络技术的不断发展和广泛运用，特别是在新媒体技术迅猛发展的当下，媒介融合已是大趋势，这对传统版权制度形成了前所未有的挑战。面对挑战，各国立法部门对版权制度做了适应数字环境的修订和完善，以平衡版权人及相关版权人与社会公众之间的利益冲突。当下对媒介融合背景下的版权机制的研究多集中在版权保护、著作权集体管理组织、传统媒体面临的版权困境等方面，但很少人从生产、流通、消费这三个环节对版权机制进行研究。要想通过对这三个环节的理论研究，建立一种既能在生产环节解决授权难、认证难，又能在流通环节解决交易难、代理难，还能在消费环节解决保护难等问题的版权机制，恰似闭门造车。即使绞尽脑汁造了出来，也很难在实际中运用。此时对版权相关产业的调研就尤为重要，通过调研，不仅能搜集第一手的资料，了解我国当前版权机制在相关版权产业的应用情况，还能从实践上探析我国版权机制所存在的问题，以便有的放矢。通过这种实地考察调研，在理论上找出存在问题的原因，并通过理论指导实践，也希望建立的新的版权机制能够实际运用到版权相关产业中去。这就是我所理解的实证研究。

紧张而充实的学习之余，受到了主办方的热情款待，尝到了天津的美食，领略了天津卫的美景，感受了南开的气质。感谢主办方南开大学商学院，特别是徐建华教授亲力亲为的精神和不遗余力的坚持；感谢南开大学宋志强师兄、叶飞、亢琦、王翩然、王茜等人热情的接待；感谢徐老师整个科研团队的辛勤付出，有了你们的付出，才有了这次会议的成功和圆满。

2015 年 8 月于珞珈山

集各家之所长，提升学科竞争力

河北大学硕士生　孙盟盟

首先，我相信在这里，大家都会先对徐教授今年夏天给大家提供的这一个学习机会表示感谢，开心的是学习到新领域的新知识。谢谢徐教授，以及您的团队，给了我一个了解实证研究的机会，对于这个较我来说比较新鲜的领域来说，我对它真的非常感兴趣。

从第一天孙荣军教授带我们进入社会科学研究方法这一领域之时，我就深深感觉到了实证研究方法这个“游戏”吸引人的程度，当然，题外话就是我也被孙老师的社会学勾走了“学魂”！他说社会科学专注的是社会行为、社会属性。在我看来，个人行为难以预测，一旦能够捉住某一社会行为的特征，就可针对社会现象进行比较准确的分析和预测。这种成就感，比高三做出一道已思考好几天的数学题更让人兴奋！他所列举的学生 Roland Fryer 的关于“学习上的种族差距”的实例，也启发到了我一个很重要的点：研究方法真的很重要。不知道以前听哪位老师说过，真正的学者，他的学识是没有学科限制，没有学科上的国界的。比如古希腊著名的数学家和物理学家阿基米德；毕业于维也纳大学，先后获哲学、人文学和法学博士学位著名社会学家、传播学家拉扎斯菲尔德等，在我看来，除了到达一定高度的学识，要想贯通各学科，打破学科之间的壁垒，研究方法也是一个必要的桥梁支撑。

其实，我记得最清楚的是刘燕权老师的一句话，他说：“本科生是学习，研究生是应用，博士生是创造”。这一句话，震撼了我好久。我一直不明白，本科生、研究生、博士生应该怎么去学习，应该是个什么样的阶段，就算已完成本科学业，我还是不甚清楚，直到被刘老师的这一句话点醒。硕士转学图书馆学一开始只是想拿个毕业证就好，后来才发现这个学科是那么深奥，那么宽广。我喜欢的，是它为读者的无私。这一点，在徐老师，还有您的学生身上也是展现得淋漓尽致。记得我们学姐在吃饭的时候曾说，她真的很佩服徐老师，这一天下来，总看到徐老师是站着的，这样的坚持和躬先表率，真的很佩服。还有在徐晟老师的 SPSS 课上，俞碧飏姐姐在两个课堂来回“奔波”，还要时不时地被徐晟老师调侃，真的很为你们无私的分享感到震撼！这应该就是一门的学风吧。翩然姐姐在介绍问卷调查研究的论文写作时，我是真心被她的快乐所打动的。她以徐老师团队所做的“图书馆员的快乐指数”

为实例展开讲述，她传递给我的那种研究的快乐，对团队的热爱以及对研究成果的自豪深深地震撼到了我。回归主题，刘老师的这句话，也让我在研究生的学习生活中找到了主流，因为是转专业，所以，我的任务不仅是应用，还要再加上之前的学习。当然，别人的话只是一个参考，如果我可以在学习和应用的基础上学会创造，那也是极好的，只不过要前两者基础够硬才可以，当然，能不能做到，还是后话。不过，我还是被碧飏姐姐大二就加入了徐老师的研究团队并能提出建设性意见震撼到了，真的很佩服，五体投地的那种啊!

其实，回来之后深深地思考，想到现如今图书馆学界发展的局面，我认为，这些图书馆学流派，像姚明老师在他的文章《新时期我国图书馆学研究流派分析》中提到的三种研究流派：以社会认知为研究对象，以理论思辨为研究方法，提出关于图书馆现象本质和规律的基本看法和理性认识的人文学派；以技术主导为研究理念，以现代信息技术为研究方法，将图书馆学研究构建在更为广阔和坚实的信息技术基础之上的技术学派；以论据支撑论点的实证为理念，以数据的获取与分析为研究方法，为提出的图书馆学理论假设而展开论证性研究的实证学派。在我看来，一个学科想要发展，是必须要进行融合提升的。就以徐老师的实证研究学习为例，对于对实证研究认识不深的我来说，您和您的团队带我初步领略到了实证研究这个领域的风采，让我认识到了实证研究以及方法在调查研究中的重要性；而对于已经对实证研究有所了解和建树的其他老师而言，这是一次学习、交流与提升的过程，当然，这种交流和提升是双方面的是对于老师和徐老师团队两者而言的。在这里面，最重要的是，您带领我们学习到了实证研究方法，给予了我们又一种思考和创造的能力，思考和创新，对于一个科研人员来说，十分重要。而对于一个学科来说，拥有独立思考和创新能力的科研人员，是学科发展的主要推动力。所以，我想说的是，我建议徐老师联系其他不同图书馆学派的资深学者，就图书馆学领域内不同学科的不同研究方法，对图书馆学研究人员组织专门的学习培训。这样，既给了像我这样对图书馆学知之不深的研究人员以学习取经的机会，培养出具备独立思考能力和创造性思维的科研人员，又增强了学科领域内各学派之间的交流与互通，给予了彼此甚至是图书馆这个学科一个提升的机会。可能是受“以人为本”思想熏陶的时间长了吧，我一直都认为，学科竞争力的核心所在，一直都是人才。若个学派通力合作，都能举办像徐老师这样的学习班，那或许，我们科研人员的视野，会更加广阔，学科的前景，也会更加光明。只有不断培养优秀的科研人才，才能提升学科的竞争力。

就像欧洲文艺复兴一样，当然我们一个学科的繁荣局面并不能与文艺复兴相提并论，但是在开放知识，繁荣学科的这些意义上，至少是有些相通之处的。我认为，要集各家之所长，图书馆学各学者通力合作，不遗余力地付出，科研人员全面学习，重点发展，才是学科繁荣的曙光之所在。

第五届图书馆学实证研究博士生学术会议参会心得

深圳大学城图书馆　王向民

这次有幸参加了南开实证研究会，不虚此行，收获颇丰。会议的日程安排别具匠心，浑然一体；会务工作周到细致；更难得的是徐建华老师推动实证研究的这种精神让人感动，令人难忘。南开一行，在精神上和专业上都令人视野开阔，心中焕然。

为使这个实证研究会继续办得更好，提一点自己的建议，算是自己做一份调查问卷吧。主要是各个课程的评价。

孙荣军	社会科学研究方法的几个问题	言简意深	建议保留
俞碧飏	美国图书馆学系~~~	大帽子小题目，建议修改后保留	建议保留
刘燕权	实证研究在美国~~~~~	太浅泛，如果能具体举一个例子说明如何研究、写作、投稿就好了	
秦建	Do no Harm~~~~~	开眼界，距离我们太遥远	
李媛	2014 年图书馆学~~~~~	实在	必须保留
陈浩		开眼界、接地气	必须保留
杨海波		开眼界	建议保留
马惠霞		还好	建议保留
徐晟		超实用、接地气	必须保留
王翩然		超实用、接地气	必须保留
冯琳		云里雾里	
徐建华	图书馆职业生涯	大气，指导性强	必须保留
	社科基金申报	极具指导性	必须保留
期刊投稿推介		很好	建议保留

个人的一点意见，希望实证研究会越办越好。

第六届图书馆学实证研究博士生学术会议

事业成功的基石：热爱、专注、奉献、团队合作

陕西科技大学图书馆　王娟

7月20日全国多地暴雨，天津亦然，火车停运、飞机延迟、公交中断，然而7月21日仍然有来自全国各地260余名图书、出版界同人克服重重障碍、困难、波折，来到南开大学商学院，参加第六届图书馆学实证研究博士生学术会议。有的人甚至生平第一次坐集装箱通过被淹的地方；有的人奔波多个火车站只为买一张能去天津的票；有的人因暴雨火车晚点深夜才到达；笔者也是已经赶到火车站却被告知火车停运，想都没想就立即改买机票。是什么原因让我们克服一切困难奔赴南开？是什么吸引着我们勇往直前？

第一，是徐建华教授及其团队对图书馆事业的热爱、专注。2016年已经是徐建华教授及团队组织的第六次图书馆学实证研究会议，是在2011—2015年成功举办五届的基础上的进一步延续与提升，会议不收会务费，学生食宿费用由会议承担，是公益性会议。此次会议围绕图书馆学规范性实证研究、跨学科合作、国际化而开展，与会的不乏学术大咖，比如南开大学于良芝教授、华南师范大学束漫教授、美国克里夫兰州立大学孙荣军教授等，也不乏学界的新生力量，国家社科基金项目的获得者、美国图情专业的博士、来自全国各个高校的图书情报学研究生、业内核心期刊编辑、图书馆从业者，还有图书馆资源与系统供应商，等等。本次会议原定参会人员为120人，报名的有500多人，最后参会的有260余名。所有与会人员在三天半时间里，听了十二场主题报告，两堂上机操作，一场图书馆期刊编辑交流，都极端认真，踊跃交流。会议有开幕，有过程，有总结，有闭幕，完整紧凑，是专业层次和学术水平都非常高的会议，举办得非常成功，受到与会人员的一致好评。会议分享了海外图书馆学研究热点、研究动态与规范性要求，近年发表的图书馆学实证研究论文点评，图书馆学研究的跨学科开展，问卷调查的规范与实施，眼动实验与SC-IAT实验在图书馆领域的应用等丰富且有深度的内容。公益会议能够连续、成功举办六届，并且具有很高的专业水准，是非常不容

易的，没有徐建华教授及其团队对图书馆事业的热爱与专注是不可能完成的。

第二，是徐建华教授及其团队的奉献精神。从会议的筹备、经费的安排、参会人员的遴选、联系报告专家、所有参会人员的日程安排、住宿、学习资料准备、发放，包括教室的安排，饮食，等等，每件细微的小事都需要花费他们的心血和精力。徐建华教授凡事亲力亲为，为大家搬纯净水，他的短袖也常常因干活而汗湿；因参会人员增加，徐教授和他的团队一起为大家搬凳子；每次都等大家都吃饭后他才吃，经常没有座位都是站着吃。团队中的每个成员随时解决大家碰到的任何问题，制作会议手册、通讯录、会议报到等工作。徐建华和其团队成员不计报酬、不计名利、细致入微地服务，是他们的奉献精神深深吸引着我们，打动着我们。

第三，团队合作让事业更精深、影响更广泛。徐教授和其团队在“图书馆员快乐指数”的研究成果共有35篇文章，在“图书馆员刻板印象”的研究成果共21篇文章，成果丰硕，影响很大。团队合作让南开大学的图书馆学实证研究影响到全国，甚至国外。现在的学术个人通过单枪匹马已经很难做出大批量的研究成果，想要事业做得精深，影响广泛，必须要团队合作。团队合作能够完成个人无法完成的事，能够取得惊人的成效。我们每个人都可以在自身关心的领域联合本单位、外单位、甚至可以跨省份、跨国开展合作，形成学术团队。

此次会议，收获的不仅仅是图书馆学实证研究的方法和知识，还让我们清楚徐建华教授及其团队对图书馆事业的热爱、专注、奉献和团队合作精神是图书馆事业成功的基石，最重要的是精神的传承，希望我们能将这种热爱、专注、专业、公益、分享、奉献、服务的精神传扬，希望我们在事业上能够取得成绩，能够为国家，为更多的人做出贡献。

南开大学第六届图书馆学实证研究博士生学术会议学习心得

宁波市图书馆　洪敏

2016年7月22日至25日期间，我参加了2016南开大学第六届图书馆学实证研究博士生学术会议。初到会场，总有一种“圈外人”的感觉，参加学术会议的大多是高校图书馆、博士在读以及图书馆情报学专业的同人们，因为没有扎实的情报学理论基础，担心学习晦涩难懂，但是在学习的过程中，海内外专家对案例的演示、实际上机操作、实证研究中规范的问卷调查、深度访谈等方面进行的介绍，让我对图书馆的工作有了新的认识，也有了一些思考。

一、心理学或社会心理学对图书馆工作发展的新认识

心理学运用于图书馆工作是我此次学习最“惊艳”的收获。这次会议邀请了许多心理学方面的专家，当时还纳闷这与实证研究有什么关系，但是在学习后发现，心理学或社会心理学对图书馆工作有着相当重要的积极的作用。

其中印象最深，颇为新奇的是眼动实验方法。眼动就是根据眼球的运动轨迹来记录人们在阅读、欣赏过程中，注视、眼跳、追随运动的变化，从而来判断人们对某样事物的关注点。举个例子，就广告而言，眼动实验可以全面的采集观众对于广告，眼睛所关注的信息和关注点，从数据的和收集处理和分析就能得出这款广告的好与不好。比如广告的三大元素是：商标、商品、宣传语。人们的关注点是否落在了这三点上，结果用户全去看其他地方，这三个重要信息全都没看，那么这就是一款失败的广告。

那么运用在图书馆的工作中，通过眼动实验可以对图书馆用户的信息关注点做采样与研究，这对数据库界面设计、电子书呈现形式、网页设计、海报设计、微信设计、书籍上架排列、电视图书馆界面设计等都有很好的参考价值，通过目光引导，可以让每种信息都得到最有效的获取。

二、实证研究的方式是否完全适用

此次学习中涉及最多的就是图书馆学实证研究的方法，总结起来，运用最多的就是访谈与调查问卷。

访谈就是通过对研究对象的询问，对问题的记录及整理，分析问题得出研究结果，换言之，就是在不断的询问回答过程中，将“研究者自我逻辑的检验”转变为“被研究对象逻辑的发现”。访谈中涉及许多细节，例如访问人的专业性、访谈的问题设置、访谈中的语言以及举止行为等，这些都需要通过专业的培训，同时面临的一个最大的问题就是被访问者的配合度及可信度，这对研究分析的结果会有很大的影响。

调查问卷也同样存在这样的问题。调查问卷需要大量的信息收集，少则几百份，多则上千份，尽管有专业的统计软件对问卷进行分析，但是事前的数据录入需要大量的时间和人力，同时存在数据录入错误的可能性。

对此，我就一直在思考，在没有足够的人力、时间以及专业统计学软件运用的能力下，能不能完全用这样的方式做一次研究。当然，就单纯的研究而言，这两种方法无疑是最有价值的，用大量的数据“说话”，才能得到相对最真实的最有力度的研究结果。

总而言之，此次学习每天八个多小时的学习量填充了四天的生活，虽然有些理论知识是一知半解，但仍然让我对图书馆的工作、图书馆界所做的研究有了进一步的认识。理论与实践操作的结合，让我接触到了新的领域——统计学以及 SPSS 软件，烧脑但有乐趣。

参加第六届图书馆学实证研究博士生学术会议随感

北京农学院图书馆　秦疏影

在 6 月初，看到有朋友转发的“第六届图书馆学实证研究”博士生学术会议，感到似乎与自己无关，也没有打开看看。后来，群里有朋友说去年参加过这会议，感觉很好。我就随口问了一句，图书馆很难有博士的啊，所以这个会议可能不太适合发到我们图书馆群呀。朋友解释说，这个会议并不仅仅针对博士群体，图书馆工作人员也是可以参加的。这顿时激发了我的兴趣，打开会议通知，看了看，果真有欢迎图书馆工作人员参加的字样。

仔细看了看会议通知的内容，感觉似乎离我很远，但是又似乎离我很近。实证研究听说过，自己在工作中也采用过问卷调查的方式，但是似乎都很随意，并没有太严格的程序和科学性。虽然依然觉得博士论坛离自己很遥远，但却觉得也许可以试一试。于是，按照报名表的要求，填写了报名回执。

忙碌的工作让我很快忘记了会议报名这一件事情，6 月底，群里突然有朋友问大家有没有接到同意参会的答复。赶紧查看邮箱，没有收到参会通知，于是，发邮件询问，回复再等等。松了口气，没有直接被拒，看来还有希望。又等了几天，还是没有回复。于是，忍不住发了封邮件给会务组，询问是否能参会，还是没有收到邮件，不死心，又发了封邮件追问。心想，即使不让参会，估计也会回复一句不能参会吧。让人开心的是，没过多久，收到了同意参会的邮件。我不清楚会务组筛选参会人员的标准是什么，但是能让参会足够让人开心的了。开幕式上才知道居然有五百多人报名，虽然到会人数比当初通知所说的 120 人翻倍了，提高到了二百多人参会，但依然有一半报名的没有能来参加会议。在替其他朋友惋惜的同时，又替自己感到很庆幸。

这次会议与其他会议有很大的不同，课程安排很紧张。从早晨 8 点到下午6点，信息量非常大，大脑一直处于高速运转的状态。不过，后来碰到一位去年就参会的老师说，去年是从早晨8点安排到晚上10点，今年已经算不太紧张的安排了。哦，好吧，我脑海中顿时闪现出高三的场景。刚开始，我很怀疑自己是不是能坚持下来，后来证明自己还是很能坚持的，即便第三天徐晟博士讲述的各种各样的陌生名词、陌生软件，半懂不懂，自己也坚持下来了，当走出机房的那一刻，感觉自己好伟大，居然没有中途逃跑。当然，能让完全不懂，犹如听天书一样的我坚持到最后的除了对讲课内容抱着一点点能听懂的希望以外，还因为徐博士幽默的讲课风格，在枯燥的公式和原理中，还能给大家带来欢乐和笑声。在不经意的欢声笑语中，徐博士已经把深奥复杂高大上的学术语言翻译成了我们能听懂的接地气的通俗语言。虽然没能完全理解老师讲述的内容，但总是能留下一星半点印记，相信在以后的工作和研究中，这一星半点的记忆能带给我启迪。

在日常工作中，我也会运用到问卷调查的方法。听完老师讲述的课程，我才知道什么叫无知者无畏。从来没有按照老师讲述的这种规范的方式来做过问卷调查，我开始怀疑自己以前的问卷调查得出的结论是否经得住考验了。虽然在日常工作中，我也很清楚自己所做的问卷肯定是不规范的、不科学的，在报名回执中我提问的也是“怎样才能设计规范有效的调查问卷”，但我依然没想到我平常所作的问卷居然离科学规范有效的问卷有着如此遥远的距离。如果我把会议培训中所学的每一点都落实到每一份问卷中来，相信以后无论在工作中还是研究中，都会有所提升的。

我们经常写工作总结，却很难把工作总结上升到研究论文的高度，虽然图书馆人很渴望发表文章，但编辑老师非常客气非常礼貌地告诉我们，“很对不起，因为被引率的问题，我们不能采用工作实践总结类文章。”一瓢凉水让我们的心沉到了谷底，难道图书馆人就只能沮丧地干基础性工作，关闭上晋升的通道？或者干脆拒绝这些琐碎的基础性工作，专门坐下来做科研、发被引率高的理论性文章？何去何从，选择哪条路呢？放眼一看，哪条路都不好走啊。悲催啊，还给不给人活路啊！别急，俞碧飏博士的报告“问卷调查研究的论文写作”“美国图书情报学与实证研究”告诉我们，可以从实际工作中找到问题，寻找解决问题的方案，通过研究驱动改变……哇，这样下来，是不是就不完全是工作总结了，有点像一篇研究论文的样子了啊？虽然我一直说“工作促进研究，研究带动工作”，可总是天狗吃月亮，不知何处下口，俞博士的报告可谓是给了一个着力点了。嗯，回头把课件翻出来，好好学习学习，仔细琢磨琢磨。同时，也谢谢俞博士针对我的具体工作提出的很好的建议。

以前参加的会议，都是图书馆员，甚至局限于高校图书馆员。如果某次会议，有公共图书馆员参加，就觉得参会人员范围很宽了。但这次，不仅有高校图书馆员、公共图书馆员，还有老师、编辑，学生也不仅仅是博士生，还有硕士生、本科生，不仅有国内博士生，也有国外博士生，参会人员不仅有图书馆学的、情报学的，还有管理学的、心理学的……总之，这是我第一次在会议上能同时结识如此众多领域的朋友，也第一次领略了什么叫跨学科。

会议闭幕式通常都是领导讲话，而这次的闭幕式很特别，是让每位参会人员介绍一下自己的情况和工作研究范围，我暗想，这么多人，哪里能记得住呢？但是，恰好是这种让我存疑的交流方式，让我记住了几位做阅读推广的老师，添加了微信，也向他们请教了阅读推广中的问题和经验。不过，还有一个小小的建议，除了这种方式，是否可以在下次的实证研究会议通讯录中，添加一栏，把每位参会人员的工作内容、研究方向附上。这样的话，如果有听漏的可以按照通讯录的提示按图索骥，找到合作者。

虽然没有收取会务费，但各位老师带给我们的都是极为精彩的高质量的报告，让我们从中收获颇多。尤其是我一直存疑的怎样才能设计规范有效的调查问卷得到了完全的解答，以后在工作研究中按照课堂上学习的内容来慢慢实践，相信对自己的工作和研究会有很大的提升。但比较遗憾的是我一直期待的“扎根理论”报告没有能听到。

除了紧凑的课程安排，更让我意外的是，如此庞大的一个会议，饮食起居的安排，居然都是学生来完成的，向这些志愿者表示感谢。参会过程中，索取课件往往是一件费神的事情，有的会议即使全程结束之后，也未必能获得课件。但这次会议培训中，只要课程结束，我们当天就能及时获得老师的课件。效率之高，得益于认真负责的志愿者们的辛勤劳动，相信以后你们步入职场，也会是优秀的职员、单位的顶梁柱。谢谢你们！

我们只是听课都已经感觉到精力耗费太大，无法支撑了。可是，徐老师在会议现场不仅主持，还统管全局，照顾到方方面面，即使在吃饭的时候，从上菜到茶和酒，也都丝毫没有遗漏，很奇怪徐老师何来如此充沛的精力？但听了徐老师的图书馆员职业生涯规划的报告，我想，徐老师与其说在给我们做报告，在替图书馆从业者做职业规划，不如说他用自己的行动告诉我们职业生涯不仅仅是一份职业，更是人生未来，而这种关爱自己、充实自我的学习，与自己的职业规划相结合，带给我们的将不仅仅是一份工作，而是充满热情和快乐的人生。也许，这是徐老师充沛精力的秘密所在？如果我们图书馆员，人人都对自己的职业充满热情，那将是什么样的场景？那将是什么样的图书馆？

说到热情，说到快乐，突然想到一个问题，徐老师说十年前的图书馆员快乐指数研究的问卷调查，今年十周年了，要重新再做一次，看看十年过去了，如今有什么样的改变？我想问的是，十年过去了，变化很大，有的可能退休了，有的可能离职了，图书馆可能进了很多新人了，怎么去找以前的这些被调查人呢？印象中是匿名调查问卷啊，难道记错了？把《科学发展观与图书馆员快乐指数》翻出来看了看，确认是匿名问卷。很好奇啊，怎么去找呢？

杂七杂八写了这些，算完成徐老师交代的任务了吗？对明年办会算提供了一点实证吗？

最后，再次真诚地感谢徐老师及整个团队，感谢你们的辛苦付出，感谢给我们这样一个学习交流的机会和平台。谢谢你们！

学道功夫要汲深，尘生麈尾坐图林

福建师范大学硕士生　俞雪莲

由江南以南的有福之州至白河之津的学府北辰，所行不过两千公里；居数日，上蒸下煮，饱尝暑气，所求却不止于实证之道。本乘兴而行，兴尽而返，更有感于“安道”。

初到南开，恰是伏日炎炎暑正嚣，单枪匹马而来的我，内心再忐忑不过。这种忐忑在开幕式当天见到济济一堂的图林同人时更是升至顶点，而在私下交流时获知邻座为福师大的校友，错愕之余更添几分与有荣焉。回顾这四天五夜充实又精彩的与会经历，作为一名在读的图书馆学研一学生能与图书馆学等各界老师同学平等地坐在一起交流研讨，我确实是深感荣幸的，在此也衷心感谢为我们提供这一广大平台和至臻体验的徐建华老师团队的各位老师及同学们。

今年四月中旬，徐建华教授曾应我校（福建师范大学）图书馆和社会历史学院的邀请，为我校馆员及师生带来一场题为“图书馆学前沿研究之我见”的学术报告，其间提及应高度重视图书馆学研究正在从实证研究转向以大数据统计为基础的研究，令我印象深刻。而本届会议中来自国内外图书馆学界专家学者带来的形式多样的规范性实证研究的主题报告，堪称为一场精彩绝伦的头脑盛宴。实证恰似麈尾，御于徐老师等诸君手中，既可充盘俎，又能拂秽清暑，令坐客忘疲，不觉漏长。其中的上机操作课程中，徐晟老师专业又不乏风趣的讲述，让我再次意识到此前对 spss 回归分析的学习过于浅显（感觉像学了假的 spss），需要继续深入学习；郭大水老师分享的使用访谈技巧让我对此前的一些访谈经历进行了重新梳理，认识到被忽略的不足之处；让我尤为惊喜的是见到了于良芝老师，除开教科书式的人物，还有什么比见到编写教科书的人更让人激动的事（于老师早年所著的《图书馆学导论》为福师大图书馆学考研参考书目）！会议的最后一天，包括于老师在内的南开大学商学院信息资源管理系的几位老师向我们分享了各自的研究进展，为我们提供了更广阔的研究思路与前沿资讯。此外，编辑座谈这一环节的设置，对一直以来就对编辑这一职业很感兴趣却苦于无门的我而言，犹如瞌睡送来枕头，恰是时候。

前人栽树，后人乘凉。怀着朝圣的心情我徜徉于这座有百年积淀的校园里，欣飨着来自徐建华老师及其团队提供的臻以至善的实证内容，而另一方面，徐老师等人七年来为推动实证研究的发展背后所遇到的重重困难，虽所知不多，亦不难想象，是以在此致以真挚的敬意。亦难忘在忙碌运转了一天的会议结束后，徐老师骑着共享单车风驰电挚地赶往馨香园的背影（我都蹬不过他），深感其接地气的同时，也让人想到每一个学术路上上下求索的背影，合该是这般永远年轻，永远充满活力。而徐老师及其团队所展现出的标准化、规范化实证研究思想也尤其可贵，愿我在学术探索的路上也能一直保有这份赤诚与思索，一如圆规画圈，脚步不停，初心不动。

来之前看到一段对“图书馆的力量”的阐释：进来时，我们可以尽情地汲取知识；离开后，我们会更好地认识和了解这个世界——献给本次实证会议想来再合适不过。而这四天来与诸君一同听实证、飨佳肴、赏相声的画面，犹历历在目，南开一别不知何日同斟绿醑，聊以记之，权作纪念。

点赞南开！点赞徐建华教授！

福建省图书馆　刘丽清

在今天课间，徐建华教授说从今年开始办会越来越难。此处的“会”，用他的话来说是“草根会议”。他希望大家写点东西好让他老人家拿去给院领导看，以期支持会议来年能继续举办。其实，就算他老人家不说，我也会写下一些文字记录这次难忘的学习经历。

首先，“图书馆学实证研究”这个主题很好，很有讲解学习的必要。作为社会科学研究方法中的重要内容，不论是对于高校学术研究人员，还是公共图书馆的图书馆人，都是有必要掌握，并且经过努力可以习得的研究方法。但是，很多研究人员和图书馆工作人员，对“实证研究”缺乏正确的认识和操作方法上的学习。因为自己文科背景出身，我看理论思辨的东西比较多，定性定量的研究也做过，对实证研究也有所涉猎，但是复杂的问卷调查这类实证研究方法我还没采用过。还好这完全不妨碍我对实证研究的热爱，在此还是要感谢我本硕阶段的老师们，他们为我展示过实证研究的魅力。来天津之前，我特意把马克斯·韦伯的《社会科学方法论》这本书搬出来温习，想当初，我们老师用一整学期的时间讲解“社会科学研究方法”这门课程。

这几天的学习：有实证研究的课题示例，有实证研究和其他研究方法（比如扎根理论方法论）的比较，有问卷调查的设计和操作，有 SPSS 软件的使用，有美国实证研究的介绍，还有徐教授亲自讲授的图书馆人职业规划等课程内容。课程设置循序渐进而丰富，主讲人讲授内容精彩而新颖，主讲人还不乏大咖。这也可以看得出徐教授为这次会议课程做了很精心的安排。当然，几天的学习终于把大家领进门看个究竟，但是能理解多少能运用得多好，还需要大家回去之后主动加强学习，不断探究，不断实践。

其次，也是让我相当感动的是徐教授团队对会议认真负责的态度。这几天，天津的气温相当高，在报告厅里尚且有空调，但是一出报告厅就有暖热的气流袭来。进进出出报告厅是让人很不舒服的事。而我们经常能看到徐教授进进出出忙前忙后为会议做各种准备和协调，他还亲自搬运矿泉水到会场。没多久，你就能看到徐教授身上的衬衫全部湿透，汗淋淋地贴在皮肤上。其实，很多体力活，他完全可以让自己的学生去做，可他还是亲力亲为。

每天的课程早上八点开始，十二点多结束；午餐，在室内运动场，大家各自领个盒饭，有位置就坐着，没位置就站着，扒拉几口就解决午餐；下午一点半又继续课程；傍晚六点多课程结束。课程安排相当紧凑。下午一点多到两点多是我眼皮最不争气的时候，经常听着听着，眼皮就合上了，赶紧睁开，却又合上，两点半之后我才总算彻底清醒。而徐教授呢，他也不午休，每次课程，他都站在会场前面跟着我们一起学习。就算午餐，他也跟我们一起，学员敬重他，会给他让椅子。他把盒饭往乒乓球桌上一放，拉过一把椅子就简单开吃了。

18号晚上，徐教授特意为学员安排了一场天津相声演出。演出人员是南开大学的学生，地点设在学生活动中心音乐厅。有很多学员听一半，因为各种原因就陆续离场了。徐教授坐在第一排，我当时坐在第四排。前面两场相声，他还不断被逗乐。但是，几乎从第三场相声开始，我估计他当时实在是又累又困，他靠在椅子上眯眼了。一整天下来，我们学员只需坐在台下听课，可他老人家忙前忙后，做各种协调，还得回答学员各种提问。他可比我们忙多了，累多了。其实，这场演出，他大可不必参加，早早回去休息即可，但他仍坚持和学员一起。而且，明早他仍会比学员早到会场。

最后，这次“图书馆学实证研究”博士生学术会议连续举办七届，且参与人数越来越多，这本身就能说明这个会议的吸引力。好的东西，大家都会争先恐后去争取；不好的东西，肯定就没有这样持久的魅力。更重要的是，这个会议把高校图书情报学教师、高校图书馆人员、公共图书馆人员、图书情报学专业本硕博学生，这四类跟图书情报有关系的人员都聚集在一起，是一次难得的学界业界大聚会。这次参会人员有220名，且参会资格是经过审核筛选确定的，可见报名人数远多于实际参会人数。经过几天的学习和讨论，来自各界的各位人员还在最后一个下午畅所欲言，对学界和业界之间而言，就是一次难得的交流机会。除了参加中图学会的青年学术论坛，这是我第二次参加有如此多来自各界的图书情报人员共商学术研究。

中图学会做学术论坛是工作安排，而南开大学商学院徐教授团队以公益为目的牵头做学术会议，这就是一位学者师者风范、时代担当的体现了。这一切不也正是南开大学校训“允公允能，日新月异”的体现吗？

点赞南开！点赞实证研究会议！点赞徐建华教授！

2017年7月19日凌晨于天津

第七届图书馆学实证研究博士生学术会议心得体会——以两次参会者的视角

南京农业大学博士生　马坤坤

感谢徐教授团队再次给予我这次宝贵的学习机会，正如会议举办方所秉承的举办理念所说，“让每年暑假到南开参加实证会议成为一种时尚”，的确，暑假伊始获得参会资格的同学心情无比激动，参会中总是激情澎湃感觉自己又离实证研究近了一大步，会后更是能将所学直接应用到自己的论文写作中，犹如及时雨解燃眉之急。下面，从自己参加两次会议的经历，来谈谈心得体会。

首先，做人品格及人生态度的洗礼方面。让我钦佩的是徐教授本人、团队以及南开商学院这种无私奉献的品格、对图书馆学行业发展及其实证人才队伍培养所做出的努力与贡献。两次参会都因举办团队的认真、细致及人文关怀所感动，从授课日程安排到食宿安排每一个细节都让人贴心。让我感概徐教授及其团队不仅自己在团队建设、科研论文写作方面取得硕果，更令人佩服地是能将实证研究中自己积累的满满“干货”无私传授给大家，这给以后会走上科研之路的我们年轻一代上了一课，让自己在心里埋下一颗种子，如果自己以后有成果一定也会毫不吝啬地与同学、同仁分享。

其次，实证研究相关知识收获方面。授课教师阵容上，不仅有我们图情专业的“大咖”、教授、优秀学者，还邀请到心理学、社会学等方面的专家为我们授课，更是具有国际视野，邀请到美国北卡罗来纳大学教堂山分校的 Brain Sturm 教授为我们呈现海外图书馆学研究热点，令我印象深刻的是 Sturm 教授的授课语速刚刚好，顿时扫除自己对讲授内容很期待、担心自己听不懂的心理障碍，快速进入到学习状态。俞博士所讲的“图书情报学与实证研究”让我开阔了视野，让我学习到“循证图书馆信息实践”的相关知识。徐晟老师以及王博士所讲，对我当前迫切需要的实践操作层面的技能提升起到重要作用。与去年相比，今年有自己参与问卷设计流程的经历收获更大。坦白来讲，截至到去年自己并无问卷设计方面的实践经验，自己当时也是满心期待，我自己在心里把参加 2016 年实证会议当作是自己重回科研之路的起点（因为自己之前从事档案管理工作，平时接触更多地是档案操作层面的问题，自己跟很多图书馆从业者一样面临不知道怎么将实践操作经验提炼成科研论文写作的困境），有了第一次参会的启蒙，自己也查看了许多专业文献资料，有问题的时候也会时常翻出培训课件来复习，最终在今年 5 月底设计好一份问卷，6 月-7 月开始发放、整理综述、研究设计等，做好了基本的数据清洗，就是期待能赶快参加实证会议学习 SPSS 上级操作和从数据分析如何到论文写作的“落地”指南，带着问题根据所讲对比自己操作的错误，补充自己没有考虑到的问题，可以说今年自己有迫切答疑解惑的需求，会议参与感更强，收获更大。冯博士所讲的“扎根理论方法论及其应用”也是我会前很期待的一个环节，之前看过李月琳老师在中图学报上刊发的文章，对扎根理论方法及其应用疑惑很多，通过学习解答了部分疑惑，仍有一些问题，自己感觉从方法论到实践“落地”仍需要加强学习。学部委员黄老师有关社科基金申报几个问题的讲解和徐教授讲授图书馆人的职业规划可以算是整个会议的两次高潮。黄老师从国家社科基金图书情报领域召集人的高度，结合多年总结出来的成功经验和失败教训为我们做深入浅出的讲解，让我们领略了大家风范，也为以后基金申请做好储备工作。徐教授带我们面对作为图书馆人的职业处境，告诉我们要不卑不亢，勿忧虑，有规划，职业之路终会美好。

综上，对我来说，南开大学商学院徐建华教授组织的第 6 届图书馆学实证研究会议是实证研究的“启蒙课”，第 7 届图书馆学实证研究会议是“答疑解惑课”，在此由衷地感谢徐教授及其团队、南开商学院对我的帮助，衷心祝愿图书馆学实证研究会议越办越好！

2017 年 7 月 27 日

第八届图书馆学实证研究博士生学术会议

南开图书馆学实证研究会议参会小记

福建农林大学图书馆　曾金晶

本人于 8 月 22-26 日有幸参加了南开大学商学院信息资源管理系主办、徐建华教授组织的第八届图书馆实证研究博士生学术会议。该会议在前七届的基础上进行了改进和提升，并在这一届引入了新的研究人员和研究内容，针对图书馆学规范性实证研究开展了为期四天、内容满满的交流与培训。

我这次来参加这个会议有两个身份，一个是高校图书馆的馆员，另一个是图情专业的博士生。首先作为一名馆员，我在本硕期间获得的是理工类学位，最初参加工作的时候对图书馆和图书馆学都有很多不解；在会时参会的许多馆员提出的很多疑虑我也曾感同身受。所以更加能体会到徐建华教授团队对我们图书馆同志的一片良苦用心；实实在在为我们着想，花钱出力授我们以“天下之公器”。我想作为一名平凡的图书馆工作人员，对徐建华教授和他的团队，致多大的敬意都不为过；你们的这种精神深深打动了我，我也想成为这样的人；有生之年，我也希望能为这份事业出一份力。

作为一名半路出家的图情专业的博士生，我一直在调整对学科的认知，也一直在产生新的疑虑。会议结束后回到福建，我的导师张文德教授也刚从美国交流回来，很肯定地问我“收获颇丰吧”，我说确实是。因为半路出家，对学科的认识就比较浅薄，懂一点再懂一点，都是不连续的，就好像图打了马赛克，一次清晰一点，但清晰的点都不连续；这次参会主讲人老师们的演讲，把一部分的点连在一起，展开了一片大一点的图。徐晟老师的演示倒是理解无障碍，因为这些本科的时候都学习过。这点也让我很有感触，以前我一直觉得图情专业写作没有做实验，现在觉得，社会科学和自然科学也有共通点；本科时学生物工程，学了很多统计和工程工具，没想到今后的学习融汇在一起了。

主讲老师们和博士们严谨的治学态度也深深打动了我。特别是扎扎实实做学问、耐心回答任何学术交流问题，还有对学科的热爱，这些都让我感慨良多。四天时间听着讲座，给我种“从前慢”的感觉，真的要沉下心来求学做事；俞碧飏和王翩然博士是我仰视和学习的榜样。但四天时间真的过得太快，忽一下已经到了回程的路上。感谢会务组的悉心关照，中午的盒饭和晚上丰盛的炒菜，真的都太合我胃口，天津和南开直接在我心中打上了美食的烙印。

四天时间，我收获了满满的感动和感悟。这里想对这次会议提一个意见和建议。一天是无法学会 spss 软件的，甚至如果从未接触过该软件的学员，到学习的那天下午就放弃了。所以建议在会前先让学员自行熟悉一下 spss 的操作，可以附一两个简单的例子，让他们自行操作学习；可以推荐一两本相关的教材让有兴趣但毫无头绪的人事先知晓怎么回事。这样老师上课的时候也可以更收放自如。

期待南开图书馆学实证研究会议得到更多的关注与支持，衷心祝愿这个会能越办越好！

培训心得

云南大学历史与档案学院硕士生　马梦丹

2018 年 8 月 22 日—26 日，由南开大学商学院主办，信息资源管理系与公共文化创新研究中心承办，徐建华教授组织的第八届图书馆学实证研究博士生学术会议在南开大学商学院召开。我作为云南大学的硕士生代表，非常荣幸能够参加此次会议，经过历时 4 天的文化盛宴，收获颇丰。

会议第一场报告是由国家社科基金图书情报领域召集人、中国社科院学部委员黄长著教授讲授的，在 2 个多小时的时间里，黄教授为我们讲述了治学态度与方法，对自己的发展方向一定要做到“心中有数”，找准一个方向，准备为之奋斗终生。这就是进行学术研究的方法与态度。黄教授还告诉我们学术积累的意义，一定要养成好的读书习惯，无论是论文写作还是外语学习，平时都要随时记录和摘抄，灵感稍纵即逝，及时捕捉才能取得进步。黄教授的谦虚严谨的治学态度深深地感染着我，老学者的魅力散发四溢。随后是天津师范大学心理与行为研究院的杨海波副教授的主题报告——眼动实验方法。此场报告为我打开了新世界的大门，初步了解了眼动追踪技术与图书信息检索的关联，并知晓了该领域的几大研究方向，跨学科研究必将成为大势所趋。南开大学商学院信息资源管理系的王翩然博士带给我们的是“面向儿童用户的研究方法”，王博士介绍了研究团队做的两组关于儿童用户的研究设计与实施，针对不同的用户群体要采用因人而异的研究方法，这也为我的硕士毕业论文写作提供了若干思考与思路。来自美国佛罗里达州立大学图书情报学院的俞碧飏博士分别为我们带来了三场主题报告，内容包括美国图书情报学与实证研究、研究设计与问卷编制等，使我更进一步熟悉实证研究方法的“精髓”，为今后的学术研究奠定了基础。最难忘的还是第三天的上机操作课程，天津师范大学心理与行为研究院徐晟助理研究员用时 6 个多小时讲解了 spss 数据分析全过程，从数据录入与审查、因素分析到信效度检验，再到描述性统计、均值比较、回归分析等，最烧脑的课程，但越是值得。作为理科背景差的文科研究生，学习 spss 软件还是相当吃力的。今后要加强学习 spss 软件的知识，多实验多操作，争取提高问卷调查结果的严谨性。会议最后一天，南开大学社会学系的郭大水教授做了“访谈技巧及实施”的主题报告，访谈也是实证研究中用的较多的一种方法，在这场报告中我了解到了一些访谈的技巧和过程，以及访谈后续材料整理。同时，结合暑期毕业论文访谈过程，找到了若干不足与缺失，也为今后使用访谈法进行研究提供了思路。

南开大学图书馆学实证研究会议带给我的收获总结如下：第一，进一步了解实证研究的方法与技巧，尤其是问卷调查、访谈法、spss 软件的基本数据分析；第二，学者们的治学风度，为人处世之道；第三，团队合作的重要性，三人行，必有我师，在学术研究中讲究协作是非常必要的，尤其是跨学科的交流沟通，能够擦出精彩的火花；第四，结识了来自全国各高校的一些教授、学生，各馆的老师，与他们的交流使我豁然开朗，更加坚定内心的想法。

感谢南开大学徐建华教授，感谢南开信息资源管理系安排的一场场学术盛宴，让我在渤海之滨天津收获知识、收获友情。最后也要感谢我的导师赵益民研究馆员对我的推荐，让我有机会参加本次会议。记住路上遇到的可爱人，大步向前!

第九届图书馆学实证研究博士生学术会议

第九届图书馆学博士生实证研究会议学习感悟

南京农业大学博士研究生　高丹

为期五天的图书馆学实证研究博士生学术会议已结束，15 位专家的报告令我获益匪浅。越学习，越发现自己还有非常多的不足，这个学术领域优秀的人太多，前辈们学识渊博为人谦逊，同辈们理论基础扎实且能推陈出新。感谢徐建华教授、南开大学商学院和筹备会议的工作人员们，感谢您们为大家提供了相互学习、与名家直面交流、学术研究解疑的宝贵机会。

对于此次学习，我有几点感悟，希望能将本次会议的所学所知所感应用到新的研究中。

第一，对于系列论文写作的认知。

在学术创作过程中，完成一篇极为有条理的文章并不是易事，更何况是一系列互为联系、分别侧重的文章。学术文章的结构看似简单，归纳起来无非“引言、文献、理论、数据、方法、结果”而已；然而一篇文章的段落与段落之间，每一句话与下一句之间，到底应该如何安排才算是有条理、有逻辑？为什么自己会觉得有的文章没有条理？为了把一个要点说清楚，到底要怎样论证、如何组织论证的递进和结构才算是好文章呢？哪些话需要写，哪些不需要写？

王翩然博士的报告给了我很多启示，调查数据得之不易，一定要物尽其用，发挥其最大效用。我发现，好文章的结构总有共性的，可以将此比喻为“雨伞”。好的文章结构，或者是系列论文的结构，应该是能把文章里最主要的大观点按照逻辑顺序连接起来，同时又能把这些大观点分别一个个打开成小观点，把小观点也用一条横向的线联系起来，就好像雨伞合起来的时候就是连起来的文章主干，张开的时候每个主干观点都有其他横向小论点来支撑。

第二，对于实证研究的新认识。

在参会之前，我对实证研究的认识还很浅层，甚至以为实证研究只与数据有关，查阅资源后得知，实证研究有三大特征：以证据为依托、有数据、可以验证和重复验证。看一个研究是不是实证研究，最直接的办法是看它文章里有没有呈现数据，但这里的数据并不单指“定量”数据，而是既包括定量也包括定性的数据。

我在几年前做过校园广播的影响力研究，只有自己真正做起来实证研究的时候，才会发现各种研究方法各有其优势和劣势，所以看起来好像不难的事情其实里面需要考虑和权衡的细节非常多，因为无论你选择哪种抽样方法、数据收集办法、测量的方式，你都真切地知道它们不会是完美的方式。然而，如何在不可能出现完美的情况下，做出尽量去无限接近完美的设计，或者说如何在已知困难的事情面前想出巧妙的方法，这就是做研究的巨大魅力。我总觉得这世界上可以自己决定的事不多，而亲手做实证研究时，你就像是坐在驾驶舱的位置，通过每一步自己亲手做出的设计去观察和了解这个世界。每一个步骤都必须一丝不苟，做得精良一点再精良一点。大概没有什么事是比看到自己亲手设计和创造的东西做出了好的效果更有成就感了。

第三，对于数据分析工具的总结。

数据分析是实证研究的重要步骤之一，当数据收集好之后，需要用统计学或其他合适的分析方法来验证结果了。我最欠缺的能力是，在分析数据时不知道使用哪种工具。各种数据分析的方法都是我们实证分析研究的不同工具，它们都有自己最擅长的领域，而面对自己的数据、研究问题，我们需要找到最适合自己的那一把工具，我们还要知道自己的数据满不满足能够使用这个工具的条件。这个能力，是要不断通过看教材、看别人的实证文章和自己做实证研究进行积累的。

我觉得在这一步骤，重要的并不是你要记住所有分析工具的具体使用步骤，这些都能在网上和教科书里轻松地查到，而是要知道到底在什么时候去拿起哪种工具。在徐晟老师的讲座中，他也曾数次强调这个问题，知道在什么情况下使用什么功能就足够了。

第四，关于会议学习对实际研究的应用。

在听了王芳教授的报告后，我收获了很多，为自己的学术研究有了改进与提高。王芳教授团队关于“情报学理论识别”的一系列研究构思严谨，从全方位多角度多层次进行了分析与对比。如，情报学在理论应用上是否有新的变化？中国情报学研究中的理论应用与国际情报学是否仍然存在差距？不同国家情报学研究中理论的应用、学科来源是否存在差异？哪些国家的学者对情报学理论体系的构建贡献较大？学者之间的合作研究能否促进理论的应用？该报告多角度的分析为我个人的学术研究开拓了新思路，我先前的研究视野非常狭隘，对数据的分析只局限于一个层面一个小角度，这个报告令我获益良多。

另一个收获是，王芳教授提出了一种融合词典和规则抽取的理论自动识别方法。该方法依据构建的情报学理论词典，在分析理论表达特征的基础上，首先制定规则抽取出包含理论词条的句子，然后人工判读句子筛选出正确的理论词条。我有一篇论文的构思是学术文献摘要的结构化识别，苦于一直没有找到合适的识别方法，所以迟迟没有进展，王芳教授提出的理论自动识别方法为我打开又一扇大门。

第三个启示是于良芝教授团队关于信息单元的研究。于良芝教授提出信息单元至少包括作品、作品章节和作品主题片段三个级别，一份作品就成为信息的一个单元；作品之下的章节、章节之下的图、表、小节、公式等主题片段，也都有可能成为独立的信息单元。在上述各类单元中，作品是最大的信息单元，作品章节次之，作品主题片段最小；它们依次构成信息单元三个级别。我感兴趣的地方在于信息单元的未来研究方向，对于信息单元的主题片段，可归纳出典型的主题片段类型（如概念片段、事实片段、传记 片段、图、表、公式等），考察不同单元适用的职业活动及其对信息查询或获取效率的影响。未来可以通过更大范围的实证研究对三级信息单元进行验证，考察不同单元对不同职业活动的适用性和使用效果，对最小信息单元（作品主题片段）的形式进行归纳和分类。这篇论文为我自己的学术研究提供了强有力的理论支持，不至于空有想法，写出来却很空洞。

本次学习我还有个小遗憾，即对于 SPSS 的学习还不够深入。因为我先前并没有高等数学基础，对于 SPSS 功能分析的理解有限，所以对于徐晟老师的讲座一知半解，辜负了老师们的谆谆教诲，非常惭愧！在课后与其他同行交流时，我发现很多人也存在类似问题，只能对照着老师的操作步骤模仿，对于 SPSS 功能和背后原理一知半解，这导致使用自己的论文数据时，又不知道该如何运用了。个人愚见，大多数人不会用 SPSS 是因为：一，面对繁杂的数据，不知道该使用 SPSS 的哪些功能；二，得到复杂的数学公式，看不懂也不会分析。举一个例子，当我想对比数据的差异性时，我不知道该使用 T 检验还是方差分析还是卡方？经过学习我才清楚，T 检验仅可对比两组数据的差异，如果为三组或更多，则使用方差分析；如果刚好仅两组，建议样本较少（低于 100 时）使用 T 检验，反之使用方差分析。同时，经过讲座我也得知了，学习 SPSS 的重点并不在软件本身，而是相关的统计学知识，也就是我们要学会怎样去分析"输入数据后，软件给你呈现的结果"。课后我已购买吴明隆老师的《问卷统计分析实务——SPSS 操作与应用》，准备开始进一步学习，希望经过学习后，下次再听徐晟老师的讲座能有新的心得。

最后，千言万语还是感谢，感谢徐教授年复一年地坚持筹办实证研究会议，感谢南开大学商学院提供的宝贵参会机会，感谢 15 位专家含金量十足的学术报告，感谢会务人员、志愿者的辛勤工作和默默付出！谢谢您们，为我们提供的学术交流的平台，让我们拥有能够领略学界大咖的博学风范、结识年轻有为同辈、解答心中学术问题与疑惑的机会，希望明年我还能有幸再来参加第十届图书馆学博士生实证研究会议。衷心祝愿图书馆学博士生实证研究会议越办越好，每一个学术追梦人都能如愿以偿，高涨云帆，起航共进！

第九届图书馆学实证研究博士生学术会议参会感想

南京大学信息管理学院 2019 级博士生　张思瑶

2019 年 7 月 13 日至 18 日，我非常幸运地获得了参加由南开大学商学院信息管理系主办的第九届图书馆学实证研究博士生学术会议的机会。会议的课程安排充实而紧凑，既有对实证研究的理论介绍，也有对研究中需要用到的相关技术、方法的培训，还有非常具体的案例解析。正式的课程阶段从 7 月 14 日开始，在四天半的学习中，我不仅学习了许多新知识，还交到了新朋友，并且对未来的博士学习生涯有了更加具体和方向性的思考，感到获益良多。非常感谢会议主办方能够给我这次学习的机会！

实证研究是近年来比较常用的研究方法，但使用的程度和效果往往呈现较大的差异。本次培训的过程中，课程安排完全围绕着实证研究这一中心，大致可以分为四个方面：

实证研究的理论介绍

客观说，在参加课程培训之前，对于实证研究，其相关的理念、定义，操作的方法以及能够达到的目的等，我都处于较为模糊的地带。本次培训中，有部分课程集中介绍了实证研究的相关理论，让我对实证研究有了较多的了解，同时指引了我今后学习并实施实证研究可以采取的方向。如在“实证研究与问卷调查”报告中，王翩然博士后首先带领大家了解了整个科学史研究的过程，解决了一直让大家疑惑的“范式”是什么的问题。

同时，关于社会学、心理学等学科研究理论和方法的介绍，也让我颇有收获。如孙荣军教授的讲授中，为社会现象找出社会性原因的观点让我感触很深。对日常生活中的现象注意观察和思考，而不是轻易略过，从而挖掘出背后的社会原因，形成理论再反过来指导实践，向我们展示了社会科学研究应该的样子。

实证研究的技术和方法讲解

实证研究中常用的方法有访谈法和问卷法，同时，对这两个方法所获得的数据（尤其是问卷法）需要进行编码和分析。以往，我们在进行问卷设计和访谈方面，虽然有相关资料的学习和积累，但是并没有完全反映专业特点的设计方式。在这次的学习中，我了解到如何将问卷设计、访谈和后期的编码、分析结合起来的全过程，对如何能够进行更严谨的实证研究有了认识。如王翩然博士后的几篇报告，“面向儿童用户的研究方法”详细地展示了她在随机访谈过程中如何围绕自己的研究主题与儿童对话，在看似随机的问题中不断接近自己的提问目的，以及是如何将收获到的无序的自然语言，提取其背后的真实意义，并以学术的视角来推进自己的研究。“实证研究与问卷调查”在缕清了研究范式的问题后，介绍了问卷调查方法的方方面面。“问卷调查研究的论文写作”则展示了在进行了前期的准备和研究工作后，将自己的研究过程和结论与同行分享，写成研究论文的方式。郭大水教授的报告“访谈技巧与实施”向在场的同学们展示了如何单独利用访谈法进行研究，介绍了访谈法适用的情况，以及操作的方法和需要避免的“坑”。

徐晟助理研究员有关 SPSS 软件的讲解与分析，是非常具有实操性的一堂课。在座的大家或多或少都对 SPSS 有所了解或接触，但如此全方位的学习与了解恐怕还是第一次。这堂课，解决的是如何在搜集数据以及对数据编码后，对数据进行分析，以获得大量数据背后所体现的问题和现象，而这些问题和现象是纯描述的问卷分析无法达到的。因此，掌握一定的统计学知识和原理，对我们能更好地使用 SPSS 等分析软件，从而服务于我们各自的研究有非常重要的意义。

实证研究的具体案例

这部分课程主要向我们介绍了如何将实证研究方法应用在自己的研究当中，而这种应用不仅仅可以用在图书情报领域，还可以应用在其他领域，同时，其他专业和领域的常用研究方法，也可以应用到图书情报领域。这部分的内容，让我们对什么是实证研究，实证研究具体该怎样进行有了直观的了解。如杨海波教授有关眼动实验方法的讲座，在如何利用眼动实验及其成果来对人们提高信息搜寻的能力以及提高阅读能力、理解能力提供了方向性的指引。

对科研和工作的关怀

除了理论和实践性兼具的课程以外，本次课程还安排了有关投稿和就业指导方面的内容。如杨柳经理介绍的“海外期刊投稿指南”，就为我们打开了研究与发文的新大门。历来，在国外期刊上发表文章，似乎都被看作理工科的专属，人文社科的科研工作者们对于英文发表处于不了解和有些惧怕的状态，因此这次的培训让学员们对海外期刊的投稿有了深入的了解，同时，对将自己的研究不仅仅是与国内同行交流，更应该作为一个研究者与全世界的同行交流这一点有了更加明晰和深刻的认识。除了海外期刊的投稿外，本次课程中还安排了若干优秀期刊的主编或编辑与大家进行现场交流。

而徐建华教授有关图书馆员职业生涯规划的报告，用轻松的氛围，有趣的话语让参会者了解到图书馆员是一个什么样的职业，要做哪些事情以及能做哪些事情。我曾有过五年的图书馆工作经验，因此，这份报告在我听来，结合自己过往的实践经历，有了更加实际的指引性收获。

王知津教授介绍了国家社科基金项目的申请与论证方法，让我对国社基金有了更加全面的了解，也通过报告，了解到自己在过往项目申请过程中出现了哪些问题，在以后的申请中要注意避免，以及提醒自己要在研究课题上有前期的积累，对项目申请才比较有帮助，这也是比较符合逻辑的方式。

近五天的学习中，除了学习系统的知识外，还聆听了于良芝、王芳两位教授对自己近期研究的介绍。其思索的出发点和使用的方法也给予我巨大的启发。在收获到丰富知识的基础上，我还交到了若干新朋友，这其中有硕士生，也有已经读博一两年的前辈，还有跟我一样即将开始读博生涯的同级。在与他们的交流中，我一步步得以从之前的工作习惯中，重新唤醒全职读书时候的心情与感想，同时，与读硕士时有所不同，这种体会和期待则更加成熟。

通过与不同学校的同学交流，了解到各自不同的研学生涯；听他们说对课程的看法和感想，也让我自己的看法和感想更加丰富和完善。不仅如此，课余时间，我们还一起游览了部分天津的景点，由此对这个可爱的城市增添了些许了解。

在未来的三年当中，自己要如何读书，如何全心全意地学习并研究，如何一步步完成自己的毕业论文，如何采取不同方法，让自己从一个不那么入门的学生逐步成为一个合格的科研工作者。这样的转变和思索，我认为是在课程学习之外，最重要和最宝贵的变化。这次的经验让我更加认真审视自己的选择，以及要如何才能将这个选择引导到尽可能好的方向。

最后，再次感谢会议主办方能够给我这次宝贵的机会，让我能够聆听大咖、牛人的报告，与优秀的人们相遇、相识，并能够对自己的学习生活产生思索。感谢徐建华教授的持续组织以及南开大学商学院信息管理系诸位师长的支持与引导。感谢各位工作人员的贴心服务，让所有参会者能够潜心学习，宾至如归！

第九届图书馆实证研究博士生学术会议参会感想

郑州航空工业管理学院硕士生　丁林鑫

首先在此感谢徐建华老师团队在众多参会申请中筛选出我们这些幸运的学生来参加这次学术会议，身为学习者、聆听者，切切实实感受到了会议中各位主讲人“授人以渔”的真心与苦心，近距离接触图书馆学实用的研究方法与著名学者，更感受到了徐老师为图书馆学发展不辞辛苦的奉献精神，身为一个还在图书馆学界摸爬滚打的新手，在这次会议上学到满满的干货，从天津领略到的不只是满眼的风景，对南开的向往，更有这次会议中比任何物质都要珍贵的知识！

本人于 7 月 13 日到 18 日于南开大学商学院参加第九届图书馆实证研究博士生学术会议，参会是幸运，更有幸的是被选中成为本次会议的志愿者。首先从志愿者的经历说起，在这个团队中短暂的 5 天我已经感受到徐建华老师科研团队的活力与魅力，徐老师为人博学、风趣、大度，他团队中的学生无论从本科到博士甚至是高校老师们也都发扬着这个师门的特色，对外礼貌、幽默、有问必答、态度严谨，身为这个团队暂时的一员感觉与大家的合作十分轻松愉快并且能学到很多东西，幸运的是可以与大家共事，遗憾的是只能共事这么短暂的时间，我记得这次经历中大家在饭桌上开心的笑声，也记得在会场上辛劳的汗水。

我既是一个志愿者，同时也是学习者。参会过程中如果用一个字来形容，我会毫不避讳地说——累！确实是实实在在的累，每天早上 8 点准时开始听各位主讲人讲学，中午只有一个多小时吃饭和休息时间，下午 1 点 30 分准时继续讲学，时间紧凑对我来说倒是没什么，但是本次会议各个主讲人的内容实在诱人，我带了一本还算厚的笔记本过去，本来以为写不了多少，没想到每天我的笔都没有停过，每天从开始动笔的那一刻精神紧绷，大脑飞速运转，特怕遗漏了重要的知识点，这是一种久违的、质朴的累，本次学术会议重内容，不靠形式与场面包装自己，相信看到这段文字的你也会为了吸收可贵的知识而想去“享受”这种累。不同于过去参加的某些会议，身居高位主讲人仅仅在讲自己那些离我们学生身份太远的成就，台下除了惊叹，一时也难以追逐这些差距，这样的会议记笔记也没有用，我认为这次会议所收获的知识是用来给大家创造未来成绩的重要因素，如果把这次会议的内容比喻为食物，不但回味悠长，我还没吃饱。接下来就我在本次会议中印象较深的部分来逐一总结我的个人感受。

首场讲学——杨海波老师的“眼动追踪技术应用于图书情报研究：基本原理与指标选择”，引起了我深深的共鸣，本人在硕士期间研究内容着重于将新的技术与图书馆管理与服务相结合，例如本人毕业论文题目为《增强现实（AR）对图书馆服务与管理的提升研究》，虽然顺利完成论文，但总是也有一定的自我怀疑，虽然理论上将两者研究结合的有条理，但真的实际应用起来有多困难呢？然后在我参加实证研究学术会议的第一天这些疑惑便得到了解答。杨老师研究的眼动科技与我感兴趣的增强现实技术有一定的相似性，都是有潜力在图书馆中发展的新技术，既然学问比我更高深的学者已经涉足此领域，那么对我所做的研究也就增加了些许的底气与自信。本场讲学也对我改进科研方法起了重要作用，我之前都是着重从功能的角度研究新技术与图书馆的结合，但是这样做的缺点是很难继续深入研究，所得到的结果也都比较基础、肤浅。杨老师的讲学让我更加明白并且重视研究某一事物的指标选择，在他所讲的眼动指标中，指标有很多大类，每个大类都有不同的小类，例如眼动中最基础的眼动轨道、注视时间，每个指标的变化都能给这门研究带来可靠的数据支持进而证实其实践意义，甚至每一项指标都能再挖掘出一项技术的新功能，是开发潜力的重要源泉。在我未来无论研究何种事物，这节课对我的理性与细节性的强化都是值得铭记的。

紧接着是徐老师研究团队中王翩然博士主讲的“面向儿童用户的研究方法”，研究团队对学龄前儿童用户群体细节的了解的深度，研究方向的广度让我叹服，更让我目不转睛的是这一切的基础——研究方法。问卷调查是实证研究的重要环节，但不是人人都有填写一份标准问卷的能力，例如这场讲学中研究的主要群体——学龄前儿童，他们在这个成长阶段还不能像我们一样对问卷中每个问题都有自己看法以及充足的耐心，但既然需要对这个群体进行研究那就要收集到孩子们的观点，在他们不能填写标准问卷的前提下就需要有针对性的方法让孩子们表达出观点从而收集到研究所需的数据，王博士为我们讲解了多种针对儿童的研究方法，我对这些方法的想法就是，巧妙而理性！面对格式化的问卷，学龄前儿童更擅长用绘画的方式表达出自己的想法，一幅画或者一张照片就能展现出他们在当前年龄段对图书馆有着怎样的印象，研究者可以也可以凭自己的判断在一幅画中挖掘出更多的细节，在收集完毕儿童用户的资料赠予他们一些小礼物，既是尊重孩子的表现同时也为继续研究做出良好铺垫。当然，以上只是王博士所介绍的方法之一，我对此印象较深刻，就客观来说，面向学龄前儿童的研究思路理当如此，这场讲学对我的主要启发在于，问卷调查规范是必然，但因人而异也是合理的操作，我不能说我以后也会去用这次学习到的方法去研究儿童用户，但如果接触到了特殊群体，例如老人、残疾人等，我会根据研究群体的特殊性去设计合理的研究方法，王翩然博士这节课是一把钥匙，为我打开了一扇有无限可能的门。

在后面的讲学环节中，也领略了陈浩老师、徐晟老师这些优秀青年学者对我们研究方法的启示，更有幸现场领教了王知津、于良芝老师这些平时只能在教学课本，重点论文中才能看到的图书馆学界“传说”级学者，王知津老师在场为大家详细讲述了申请国家重大项目的攻略，目前的我只能怀着崇拜的心情去记录这些方法，毕竟本人还在求学的道路上，未来要有搞重大科研项目的梦想与决心，但当前情况下还是要脚踏实地地学习，如果连拿得出手的学术本领都没有还谈什么申请项目呢？能遇到厉害的学者是幸运，以后更要以向他们看齐为目标，为了真正能得到向更厉害的学者讨教的机会我会不懈努力。

那么本次学术会议对我印象最深，收获最大的环节，一定是会议的主题——图书馆学实证研究方法，主讲这方面的当然是本次会议的主办人，我国图书馆学实证研究中最有话语权的徐建华老师，经过徐老师本人的亲身讲学，我个人对徐老师的态度粉转铁粉！我在这个课题的讲学中所看到的就是，实证研究既简单也困难，简单在于做好实证研究最重要的因素——坚持、规范，其实不止图书馆学实证研究如此，我们都清楚无论做任何学科任何研究，甚至是学术研究以外的事情只要肯坚持，按照规范做都能取得成绩，在这个研究体系内不惧困难前往每个图书馆发放问卷，愿意为发放问卷这一件事规划好每一步骤最终都能取得一定数据，搞好研究。困难在于愿意遵守规范性的人和研究项目不多，这也是徐老师以及他的团队成员在本次会议上相关讲学中多次强调的问题，也许不同学科、不同学者之间研究步骤各不相同，但徐老师和他的研究团队在本次会议屡次讲解的实证研究规范步骤的确令我信服，从问卷的问题设计、问题数量、份数、发放途径都有严格而科学的标准，而且徐老师在此领域多年，丰富的研究成果也的确证实了他研究方法的可行性。徐老师用独特而容易理解的方式为参会者讲解了实证研究的 7D 步骤，即下定义、数据收集、数据化、分析发现、报告设计、研究推广、获得影响，每个单独的意思对我们来说都好理解，我需要做的是把这些记牢并灵活运用。最后用徐老师说给我们的这段引起我深深共鸣的话来总结，方法和工具是重要的，规范性是根本，对使用实证研究方法要怀揣敬畏之心！

想写想说的还有很多，这次会议吸收的知识直到此时仍在消化中，以后如有更多感想我会继续向徐老师的团队汇报、交流。实证思想，深入我心；实证态度，为我指路；实证行动，以身作则！

再次感谢徐老师及其团队为我们带来的精彩学术盛宴，预祝图书馆实证研究学术会议十周年碰撞出更精彩的思维火花！

十年·成果篇

近五年来图书馆学实证研究的回顾与分析

赵微　徐建华　俞碧飏

摘要：文章运用文献计量方法，通过对近五年发表在12种图书馆学核心期刊上的587篇实证研究文章的分析，介绍图书馆学领域运用实证研究方法的现状，总结图书馆学实证研究的特点，找出现阶段存在于图书馆学实证研究中的不足，以达到推进图书馆学实证研究规范化进程的目的。

关键词：图书馆学；实证研究方法；文献计量

中图分类号：G250　**文献标识码：**A　**文章编号：**1003-6938（2009）06-0045-06

Quantitative Research in Library Science: A Review of the Past Five Years

Abstract: It is a tendency that the quantitative methods are paid more and more attention in the field of library science in China. By the way of bibliometric methods, this article analyzed 587 articles that made use of quantitative methods and published in the 12 core journals of library science in the past five years. Then, described the current situation and pointed out some shortcomings of the application of quantitative methods in library science.

Key words: library science; quantitative methods; bibliometric methods

实证研究方法是当今科学研究的主要方法之一，广泛地应用于社会科学的各个领域。从广义上讲，实证研究方法（empirical method）是包括调查研究、实验研究、实地研究和文献研究等在内的一系列社会研究方法，可分为定量和定性两种方法论倾向；[1]从狭义上讲，实证研究方法（quantitative methods）仅是指定量研究。[2]本文采用的是后一种定义。

实证研究方法是植根于实证主义的认识论，这种认识论认为：外部世界是一个客观存在，研究者可以站在研究对象之外，以客观中立的价值标准观察与描述研究对象。[3]这就决定了实证研究方法同长期以来在图书馆学领域占据主导地位的经验总结与哲学思辨的方法有着本质上的不同。具体而言，实证研究方法是通过对研究对象的实验、调查，获得关于研究对象的数据，然后对数据进行统计分析，根据统计分析的结果来验证理论假设、描述研究对象的现状、探究研究对象的内在规律。数据和统计分析是实证研究不可或缺的重要构成要素，调查研究、实验研究以及定量的文献研究是实证研究方法的主要类型。[4]

近年来，图书馆学领域实证研究方法得到了越来越多的关注和重视。一个标志是图书馆学期刊上的实证研究文章发文量在上升，同时在图林博客上“实证”的重视程度也有明显提高，时有宣言和呼吁之类文字出现；另一个标志是在2008年国家社会科学基金“图书·情报与文献学类”的61个受资助项目中，就有7个在标题中出现了“实证研究”或“实证分析”的字样，这其中还包含了重点项目。国家社科基金项目中“实证研究”的规模出现，对于本学科研究的走向，无疑具有导向作用。

图书馆学界运用实证研究方法，也取得了一系列成果，其中较为突出的有：徐建华教授的当代图书馆员“快乐指数”实证研究，于良芝教授关于SERVQUAL适用性的定量研究，王子舟教授针对福建、内蒙古村民知识能力与图书馆需求展开的一系列调查，肖希明教授对图书馆学专业教育与图书馆员职业竞争力的调查研究等。

然而，从整体上看，长期在图书馆学领域占据主导地位的研究方法还是经验总结、归纳演绎与哲学思辨，有时甚至是纯粹的主观感悟，致使图书馆学的学术研究屡屡陷入了空言拉杂、学科自闭的境地，严重影响到本学科的正常发展，影响到本学科的学术辐射和其他学科对本学科的学术尊重。

出于对学科发展的责任，同时也为了图书馆学的学术研究能与其他学科乃至海外研究接轨，我们觉得，对当今的图书馆学学术研究在方法方面进行清理是十分必要的。有鉴于此，我们对近五年图书馆学期刊实证研究的发文情况进行回顾和分析，以期能够真实了解和掌握我国图书馆学领域运用实证研究方法的现状，总结出图书馆学实证研究的特点，找出现阶段存在于图书馆学实证研究中的不足，最终努力达到推进图书馆学实证研究规范化进程的目的。

1 数据来源

本文选取了南京大学CSSCI来源期刊中纯粹图书馆学类的《中国图书馆学报》《大学图书馆学报》《图书情报工作》《图书情报知识》《图书馆》《图书馆建设》《图书馆论坛》《图书馆杂志》《国家图书馆学刊》《图书馆工作与研

究》《图书馆学研究》《图书与情报》，共12种期刊作为数据来源。2004—2008年间，这12种期刊共刊载了587篇实证研究文章，表1即是对各期刊刊载实证研究文章的数量进行降序排列之后所得。通过对这些实证研究文章的文献计量学分析，本文从期刊分布、年代分布、主题、研究方法、数理统计方法等角度，全面展示近五年来图书馆学运用实证研究方法的现状。

表1 2004—2008年图书馆学实证研究文章期刊分布

刊名	年份					合计
	2004年	2005年	2006年	2007年	2008年	
图书情报工作	31	26	26	31	30	144
图书馆学研究	5	8	11	24	21	69
图书情报知识	3	14	14	16	13	60
图书馆论坛	8	10	9	10	22	59
图书馆工作与研究	5	8	4	6	25	48
图书馆建设	7	9	5	12	10	43
图书馆杂志	4	9	6	13	8	40
大学图书馆学报	3	4	9	11	8	35
图书馆	4	2	3	6	14	29
中国图书馆学报	4	5	8	5	6	28
图书与情报	2	6	3	6	10	27
国家图书馆学刊	1	1	1	1	1	5
合计	77	102	99	141	168	587
百分比（%）	13.12	17.38	16.87	24.02	28.62	100.00

2 统计结果分析

2.1 论文的年代分布

由图1可以看出，2004至2008年，图书馆学实证研究文章呈逐年增长的趋势：2004年只有77篇，经过四年的平稳增长，到2008年，达到168篇。之所以如此，我们认为是很多因素共同作用的结果。

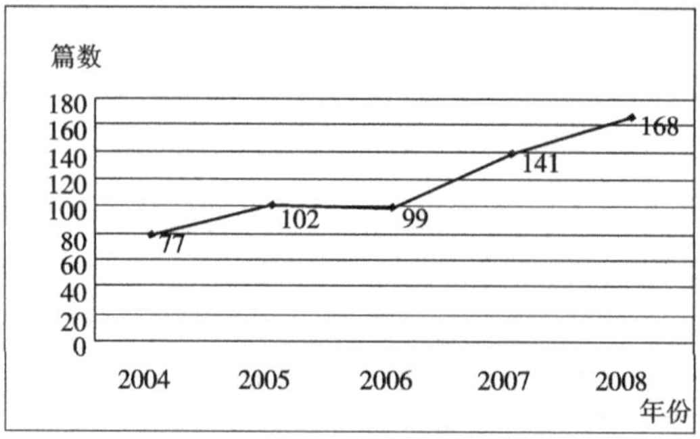

图 1　2004—2008 年图书馆学实证研究文章年代分布

首先，应该说是图书馆人逐渐认识到图书馆学原有研究方法的局限，开始积极探索新的研究方法。长期以来，经验描述和哲学思辨一直在图书馆学研究方法中占据主导地位，这两种方法的主观性和随意性致使图书馆学的研究缺乏数据支撑并长期处于经验总结式的感悟性认识的低水平上。[5]这使得图书馆学无法实现与其他学科的平等沟通，图书馆学越来越像一个脱离学科发展主流的自拉自唱的自恋之学。在这种状态下，一部分不甘于现状的有识之士主动将目光投向了实证研究，希望借助实证研究方法的客观性和精确性来弥补原有方法的缺憾，于是，社会调查、实验等实证研究方法相继开始进入我国图书馆学领域。

其次，图书馆学研究领域出现了一批实证研究的践行者，他们坚持采用实证研究方法，对图书馆学中理论与现实问题进行探讨，形成了一批有较大影响力的实证研究成果，对本学科的研究起到了引领和示范作用。

虽然近五年图书馆学实证研究文章的数量增长较快，但不容忽视的事实是：实证研究依然只是我国图书馆学研究的辅助方法之一，并没有得到充分重视与应用。因为根据 CNKI 的检索结果，2004 至 2008 年间，这 12 种期刊的发文总量为 17102 篇，实证研究文章只有区区 587 篇，仅占发文总量的 3.43%，经验描述和哲学思辨类文章依然占据着绝对的主体地位。

2.2　期刊分布

实证研究文章在各期刊的发文量及占的期刊发文总量比例的分布，实质上反映的是实证研究文章的空间分布特点。表 2 的统计显示，实证研究文章在各个期刊上的分布存在着很大的差异，《图书情报工作》共刊载 144 篇，居于首位，占整个实证研究文章总量的 24.53%，《国家图书馆学刊》居于末位，仅有 5 篇，其他期刊的刊载量则差别不大，在 30 至 70 篇之间浮动。但结合

表 2 2004~2008 年各期刊图书馆学实证研究文章相对数量分布

期刊名称	图书情报工作	图书馆学研究	图书情报知识	图书馆论坛	图书馆工作与研究	图书馆建设	图书馆杂志	大学图书馆学报	图书馆	中国图书馆学报	图书与情报	国家图书馆学刊	合计
实证研究发文量	144	69	59	59	48	43	40	36	29	28	27	5	587
发文总量（篇）	3281	1859	873	2270	1309	1537	1663	823	1166	756	1045	520	17102
所占比例（%）	4.39	3.71	6.76	2.60	3.67	2.80	2.41	4.37	2.49	3.70	2.58	0.96	3.43

期刊的发文总量来看，则是《图书情报知识》最好，虽然只有59篇，却占整个发文量的6.76%，《图书情报工作》和《大学图书馆学报》次之，都超过4%，《国家图书馆学刊》仍居末位，不到1%。之所以能够产生这样的差异，主要是由期刊的办刊理念、理论偏好、载文量、编辑的心态、自身能力、编辑的学习精神、编辑对学科发展走向的理解与把握的程度，以及对实证研究方法的认识水平等因素共同作用造成的。这种认识上的不一致，我们相信，必然会在某种程度上左右和影响期刊今后的发展与走向。

2.3 主题分布

研究主题是把握论文内容的首要标准。通过对587篇实证研究文章主题的统计发现（见表3），我国图书馆学领域的实证研究主要集中在文献计量、信息资源建设、用户研究、图书馆服务、图书馆教育与培训、图书馆职业研究等6个领域，其中又以文献计量、信息资源建设和用户研究居多。

表3 2004~2008年图书馆学实证研究文章主题分布

主题	文献计量	信息资源建设	用户研究	图书馆服务	图书馆教育与培训	图书馆职业研究	其他
篇数	204	99	94	65	46	23	44
所占比例（%）	34.75	16.87	16.01	11.07	7.84	3.92	9.54

（1）文献计量

在这里需要特殊说明的一点是，文献计量是图书馆学主要的实证研究方法之一，本不应该归为一类主题，但考虑到此类研究文章的研究主题过于分散，且与使用其他方法的实证研究在主题上很少重合，故而将文献计量归为一个主题类别。关于这类实证研究的情况，我们将在下文细述。

（2）信息资源建设

以信息资源建设为主题的实证研究文章共有99篇，占总量的16.87%。这一主题的文章主要涉及图书馆网站建设、馆藏建设尤其是数字馆藏的建设、数字信息资源的利用与评估等方面。

（3）用户研究

用户研究一直是图书馆学实证研究的主要议题之一，构成了图书馆学实证研究的16.01%。这类研究致力于对不同用户群体的信息需求、信息素养、信息行为特征、对图书馆工作的评价等方面进行探索。研究对象涉及学生、教师、市民、农民等各个群体，其中尤以针对大学生的研究居多。例如，胡杨玲等对深圳市青年农民工的公共图书馆消费行为进行了实证分析，调查结果表明：性别、家庭规模、社会阶层、来深时间、月均支出以及单位性质是影响青年农民工公共图书馆消费水平的显著变量。

（4）图书馆服务

对于图书馆服务的实证研究大多是围绕图书馆服务的现状和评估展开的，且多通过读者调查来实现。除了对图书馆传统服务项目的研究之外，图书馆在线服务日渐成为这一领域的另一个热点，研究者纷纷利用网络调查的方法，对各类型图书馆开展网上参考咨询等网上服务的现状进行调查。如黄慧薇就曾对我国 657 所高校的网上服务进行了一次大规模的网络调查，总结了我国高校开展网上服务的现状及特点。[7]

（5）图书馆教育与培训以及图书馆职业研究

图书馆教育与培训这一主题的实证研究文章主要关注图书馆学专业教育的现状、图书馆学毕业生的就业情况以及图书馆开展读者培训的现状，如王知津教授针对国内外图情专业教育事业的发展与成就做了一系列的实证研究。[8]

关于图书馆职业的研究，则主要关注的是当代图书馆员的职业体验以及馆员制度，如徐建华教授等所做的当代图书馆员“快乐指数”研究，[9]该研究运用问卷调查的方法对当代图书馆员的主观幸福感受、工作满意度和组织承诺水平进行了深入的调查研究，取得了一系列影响重大的研究成果。

（6）其他

还有一部分文章涉及的主题较为分散，如政府信息公开化、企业竞争情报、图书馆事业、图情博客等，因每一主题的数量都比较少，故将这些主题一并归入一类。由此可见，实证研究方法已经渗透到了图书馆学的各个研究领域。

2.4 研究方法分布

我国图书馆学领域的实证研究方法主要有文献计量、问卷调查、网络调查法、二手数据，用户—系统交互记录、实验等（见表 4）。

表 4 2004—2008 年图书馆学实证研究文章中的方法分布

研究方法	文献计量	问卷调查	网络调查法	二手数据	用户—系统交互记录	实验	方式不明	合计
合计	207	189	151	16	14	2	15	594
所占比例（%）	34.84	31.82	25.42	2.69	2.36	0.34	2.53	100

（1）文献计量

文献计量方法是图书馆学最主要的实证研究方法之一。图书馆学的文献计量方法是以文献为研究对象，通过对文献的统计与分析来揭示某一研究领域的历史和现状，实现对各种学术研究成果的评价。文献计量类文章在所有实证研究文章中占 34.84%，数量最多，这类文章中，又以研究综述和评价类文章为主。前者主要是对某一学科领域的文章就其期刊分布、主题、著者、词频等进行统计分析，来揭示这一学科领域的历史发展轨迹，评述现阶段的研究成果；后者则主要通过利用包括引文分析、文献离散律、文献增长规律、文献老化规律等在内的各种指标和方法，揭示各种学术研究成果的生命周期、出版及利用模式，评价期刊、学者和科研机构的学术研究水平。如《1998—2004 年 CSSCI 收录三所高校院系论文的定量分析》，[11]便是利用文献计量的方法对武汉大学、南京大学、北京大学这三所高校的信息管理专业 1998—2004 年间的研究成果进行了比较与分析。另外，文献计量学近年来表现出了很多新的发展趋势，如以网络为计量单位的网络文献计量学和对专利文献利用率的计量等。[12]

（2）问卷调查

图书馆学 31.82%的实证研究使用了问卷调查的方法，仅次于文献计量方法。问卷调查在图书馆学中的应用极为广泛，几乎涉及了各个实证研究领域，其中又以用户研究、图书馆服务居多。

（3）网络调查法

网络调查法是通过访问被调查对象的网站获得数据，通过此种方法可以考量网站建设的水平、评估图书馆在线服务的质量、了解国内外高校图情专业的设置、获悉图书馆开展网上用户培训的信息等。与问卷调查法相比，网络调查方法更加便捷和经济，因此得到了图书馆人的青睐。

（4）其他

用户—系统交互记录可以说是图书馆学和实证研究法方法相互结合的成果，这种方法利用特定软件，详细记录用户与计算机系统的整个交互过程，并对记录的结果进行统计分析，借此以解释图书馆系统的使用情况和用户的行为特征。在图书馆普遍实现了自动化的今天，这一方法的优越性更为突出，但目前图书馆人并没有充分挖掘和利用这些系统交互数据，仅有 2.36%的实证研究文章采用了此种方法。

一些学者对相关数据进行二次利用，同样得到了令人信服的研究成果。

实验研究方法则极少有人问津，仅见 2 例。

还有一些实证研究文章关于研究方法的信息十分模糊，故而将其归入了方式不明这一类，这类文章共有 15 篇。

2.5 数理分析方法统计

运用统计方法对数据进行分析推理是实证研究的一个重要特征，社会科学研究中的数理统计可以分为描述性统计和推理性统计两个阶段。在描述性统计阶段，研究者利用频数、百分比等对数据进行组织，用众数、中位数、平均数对数据的集中趋势进行测量，用离差和标准差来反映数据的变异性；在推理统计阶段，研究者则利用统计分布、相关分析、回归分析、统计检验等手段对数据进行进一步的挖掘，为从样本推论总体提供依据。

表 5 2004—2008 年图书馆学实证研究文章的数理统计方法分布

统计方法	统计图	统计检验	相关分析	回归分析	方差分析	其他	合计
篇数	587	554	30	24	9	9	4

表 5 的统计结果显示，图书馆学实证研究文章对数据的处理多停留在描述性统计上，对推理统计的运用十分稀少。特别需要指出的是，在表 5 的统计过程中，并没有加入文献计量学的各项统计指标，事实上，图书馆学对文献计量学的各项指标的运用是十分频繁且规范的。

3 研究分析

3.1 图书馆学实证研究特征

通过以上分析，我们归纳出了现阶段图书馆学实证研究有如下 5 个特点。

（1）图书馆学实证研究的文章数量虽然保持着稳定增长的趋势，但实证研究在图书馆学研究中所占的比重依然较小，实证研究方法仍然没有得到图书馆学研究者的充分重视和应用。

（2）图书馆学实证研究文章在各个期刊上分布的数量存在着很大的差异，但比例相近。

（3）图书馆学实证研究的主题广泛，其中，文献计量、信息资源建设、图书馆服务和用户研究是使用实证研究方法较为集中的领域。

（4）图书馆学研究使用较为频繁的实证研究方法是文献计量、问卷调查和网络调查法，对其他实证研究方法也有涉猎，但数量较少。

（5）图书馆学实证研究，除文献计量领域外，对数据的处理大多停留在描述性统计阶段，对数据的解释与利用的程度不高。

3.2 现阶段图书馆学实证研究中的不足

由于不能获知关于研究过程的详细信息，我们就无法对图书馆学实证研究在研究设计、测量指标构建等方面是否规范做出评判，但通过对已发表的实证研究成果的分析发现，现阶段图书馆学实证研究中存在着如下一些非规范之处。

首先，这种非规范性表现在样本的选取上。样本的数量与总体结构的一致性是决定样本代表性的决定性因素，然而，图书馆学中的调查研究在这两方面上都存在着明显欠缺。在抽样方法上，图书馆学调查研究普遍存在着这样一种误区，即把随机抽样等同于随意抽样，而事实上，图书馆学调查研究普遍采用的抽样方法是偶遇抽样和目的性抽样，这两种抽样方法都是典型的非随机抽样方法，很容易导致样本和总体结构不一致的情况的出现。在样本数量上，有些图书馆学调查研究的样本量是明显不足的，这种情况在问卷调查和网络调查中居多。由于以上操作上的失误，导致图书馆学调查研究样本的代表性大打折扣。

其次，这种非规范性还表现在对数理统计技术运用上的欠缺。可以说缺乏对数据的科学分析手段已经成为图书馆学实证研究的软肋，现阶段，图书馆学实证研究对数据的处理大多停留在描述性统计阶段。诚然，采用何种数理统计技术应依研究目的而定，如果研究的目的仅是解研究对象的现状，描述性的统计就已足够。问题在于，现阶段的图书馆学实证研究的目的并不仅仅局限于对研究对象的现状的了解上，还致力于发现研究对象的内在规律，那么，在这种情况下就必须使用推理性统计技术对数据进行进一步的挖掘，否则就只能得到没有证据支持的、令人难以信服的结论。令人遗憾的是，图书馆学实证研究似乎很热衷于此，没有进行相关分析，便断言两个独立变量之间存在着某种关联，没有经过统计检验，便由样本推论出总体的情况在图书馆学领域的实证研究中并不罕见。

第三，图书馆学实证研究存在着严重的重复现象。以对图书馆网站建设这一主题为例，共有 29 篇文章，全部采用网络调查的方法对某一类型或某一地区的图书馆的网站建设的现状进行调查，所得出的结论十分相近，却没有人在已有研究成果的基础上做出进一步的深入的探究。这可能与我国图书馆学研究本身缺乏学术积淀、无视学术积累的传统有关，致使当今的图书馆学实证研究更多的时候是在原地踏步。

此外，各种实证研究方法在图书馆学领域中的应用也极不平衡。这种不平衡主要表现在：图书馆学对文献计量方法和问卷调查方法的运用较为熟悉、普遍和规范，以当代图书馆员“快乐指数”调查为例，它在样本的选取、问卷的设计与发放、数据的录入、统计与分析上都很规范。而对其他实证研究方法的运用，如实验法，图书馆学领域则极为欠缺，更遑论运用的规范性了。

总的说来，图书馆学的实证研究并没有摆脱原有的以经验总结和主观阐发为主的研究方法的思维方式，区别只在于，运用了实证研究方法之后，原有的“很多”“大多”被具体的数据代替了而已。许多研究者并没有做到科学和严谨，在没有证据支持的情况下，便做出了论断；研究者也没有做到客观中立，而是常常将自己的价值判断带入研究中，依自己的主观意愿对数据做出解释。这样的研究，在本质上依然是定性的，只是披上了一层实证的外衣，而图书馆学真正需要的却是规范性的实证研究。

可喜的是，自 2008 年下半年以来，一方面众多学者的强烈呼吁，另一方面图书馆学领域实证研究经验的积累，图书馆学领域规范性实证研究的数量呈明显增长趋势。

4 结语

长期以来，图书馆学一直无法融入学术主流，得不到其他学科的学术尊重的一个重要的原因就是图书馆学领域缺乏科学、严谨的研究方法。这一方面使得图书馆学的研究结论不能令人信服；另一方面导致了图书馆学根本无法与其他学科进行平等交流的局面。

加强实证研究方法的运用，既可以为图书馆学开辟一方新天地，在某种程度上化解图书馆学当下所面临的学术困境，还可以为图书馆学与其他学科的交流提供一种共同的研究语言，使图书馆学得到更加广泛的认同，以提升图书馆学在现代学术之林的地位。必须要注意的是，实证研究方法作为一种科学研究方法，自有其必须遵循的准则和规范，违背了这些准则和规范，实证研究的科学性和可靠性便无法得到保证，实证研究也就失去了它的价值和意义。因此，图书馆学领域在运用实证研究方法的过程中绝不能照猫画虎、似是而非，亦不能为实证而实证，必须保证其规范性、精确性和客观性。

参考文献：

[1][4] 风笑天. 社会研究方法[M]. 北京：高等教育出版社，2006：8-10.

[2][3][10] 于良芝. 图书馆学导论[M]. 北京：科学出版社，2003：153-157.

[5] 李林华. 图书馆学研究方法：困境及其出路[J]. 图书情报工作，2008，(8)：66-76.

[6] 胡杨玲，周林刚. 公共图书馆利用状况及制约因素分析—基于深圳特区农民工的问卷调查[J]. 图书馆论坛，2008，(6)：25-27.

[7] 黄慧薇. 我国高校图书馆网上服务现状综述[J]. 图书馆建设，2005，(5)：68-71.

[8] 王知津等. 美国图书情报学硕士教育与培养模式研究：研究方向实证分析[J]. 图书馆学研究，2008，(12)：2-8.

[9] 徐建华. 当代图书馆员的“快乐指数”值得关注[J]. 图书情报工作，2007，(6)：5-11.

[11] 胡玮华，薇娜.1998—2004 年 CSSCI 收录三所高校院系论文的定量分析[J]. 图书与情报，2007，(2)：76-84.

[12] 邱均平等. 从文献计量学到网络计量学[J]. 评价与管理，2008，(12)：1-9.

（文章来源：《图书与情报》2009 年第 6 期）

对图书馆学问卷调查法论文的统计分析

周黎　宋红霞

摘要： 文章以 2014-2016 年徐建华教授团队对 11 种 CSSCI 图书馆学来源期刊的问卷调查法论文的年度分析为基础，从调查对象、样本数量、研究主题、问卷编制与使用的规范性以及数理统计方法等方面对这些论文进行分析。研究发现，问卷调查法在图书馆学调查研究中获得越来越广泛的应用，存在研究主题趋于集中、预测试及信效度检验缺失率高、数据分析不深入、论文写作需规范等问题。

关键词： 图书馆学；图书馆学期刊；问卷调查法；实证研究

Statistical Analysis of Library Science Research Articles Using Questionnaire Survey in Recent Years

Abstract: The research team of Professor Xu Jianhua analyzed articles using questionnaire surveys published between 2014 to 2016 and included in 11 Chinese Social Science Citation Index (CSSCI) periodicals on library science from the perspectives of survey object, samples size, research topic, compliance to standards and statistical methods used. It is found that questionnaire survey has been more and more widely used in library science research. However, there are still weaknesses such as the concentration on limited number of research topics, the lack of pre-test, reliability and validity tests, analyses not in-depth, etc.; and the writing style needs to be improved.

Key words: library science; library science journals; questionnaire survey; empirical research

1　引言

问卷是指将所要调查的内容，具体化为一系列有机联系的可测指标，以便进行定量测量的方法[1]。问卷调查法由英国高尔顿创立，是指研究者依照标准化的程序，把设计的问卷分发或邮寄给有关人员，然后回收问卷，并对问卷结果进行整理和统计分析，从而得出研究结果的量化研究方法。问卷调查法具有经济省时、保密度高、调查范围广等优点[2]，被广泛应用于社会学、政治学、营销学等社科领域。我国图书馆学界引入问卷调查法的时间较晚。

1984 年调查法研究文章为 20 篇左右，占比仅为 3.1%[3]。随着实证研究逐渐得到重视，问卷调查法论文增多，2012-2015 年达到井喷状态[4]，但存在不科学、不规范现象。近年图情领域诸多学者关注这一问题，徐建华团队的研究最为系统和完整。该团队 2013 年起对使用问卷调查法的文章逐年分析，形成年度分析报告。本文在这些年度分析报告的基础上进行再分析，以更好地了解发展趋势、发现问题。

2 文献回顾

1928 年，美国芝加哥学派开创图书馆学实证研究范式，它基于图书馆学的外部视角，选择与社会密切相关的研究课题，采用内容分析、田野调查、调查统计等实证研究方法，对图书馆学的问题进行量化分析[5]。而在 1972 年之前的近 50 年里，图书馆学学术论文使用的研究方法不断变化。Järvelin 等对 1965-1985 年有关图情学论文的研究发现调查方法位居第二[6]。Hider 等对 2005 年发表在 LIS 期刊上的实证研究论文进行内容分析，并与 1975 年和 1985 年得出的早期结果进行比较，发现调查方法在 LIS 领域仍占主导地位[7]。我国图书馆学实证研究始于 20 世纪二三十年代，但 70 年代末随着芝加哥学派思想传入，实证研究才有所发展但存在许多不足。石烈娟调查 1995-2009 年间发表的图书馆学实证研究论文，得出样本选取缺乏代表性、实证方法运用单一、研究结论过于空泛等结论[8]。赵安对 2003-2012 年图书馆学实证研究期刊论文进行分析，发现存在数量少、水平低、理论框架不明、缺乏系统训练等问题[9]。

我国以往关注实证研究的文章，大部分以思辨感悟为主。李超平从学科建构角度提出实证方法与思辨方法的互补意义，认为应将二者结合起来使用[10]。邱五芳从学科发展的角度，认为长期忽视实证研究导致我国图书馆学的现实基础过于薄弱，应在沿用思辨研究的同时，弘扬实证研究[11]。还有一些研究使用文献计量方法，但查全率较低，无法遍历所有实证研究论文。杨迪在硕士学位论文中对发表在 2000-2015 年间的图书馆学实证研究期刊文章进行作者、年代、主题、被引等方面的计量分析[12]；邱均平等基于相关文献，通过词频分析、共词分析、多元统计分析总结出 1999-2008 年我国图书馆学研究热点、结构、动态和发展趋势[13]；但都存在因所选数据库 CNKI 文章收录不全导致结论缺乏准确性的可能。

徐建华团队对图书馆学实证研究的关注始于 2009 年，中断几年后，2013

年重新开始。徐建华团队 2009 年对 2004-2008 年发表在 12 种图书馆学核心期刊上的实证研究论文进行分析，发现实证研究文章数量稳定增长、研究主题广泛等特点，存在抽样和数理统计方法使用欠规范等不足[14]。2013 年选取 11 种 CSSCI 图书馆学来源期刊中的问卷调查法文章进行总体分析，对问卷与量表、研究对象与研究主题进行对比分析，得出研究主题空洞缺少创新、问卷编制主观性、随意性强等结论[15]。2014 年对同种期刊的问卷调查法文章进行整体分析，发现存在研究主题集中、调查范围小和忽略抽样方法等问题[16]。2015 年对信效度检验的缺失率高、数据分析方法单一等现象进行讨论[17]。2016 年着眼于规范写作，提出规范论文应具备的要求[18]。

3 研究方法

为梳理图书馆学实证研究现状，本文将研究范围聚集在问卷调查法——这一实证研究中运用最普遍的方法。徐建华教授团队的相关研究中，由于 2009 年、2013 年被统计期刊与后续几年并不完全一样，而本文又是在年度分析报告的基础上进行的再分析，因此，为保证分析的准确性，仅选取和利用 2014-2016 年的年度分析报告，即 11 种被 CSSCI 收录的核心期刊中主要采用问卷调查法的文章的相关信息，进行对比分析。

在描述性统计与方法分析部分，由于是否提及使用预测试等数值是无序分类变量，无法使用参数统计的方法进行计算。为此，本研究使用卡方检验的方法对三年的数据合并进行推断性统计，判断三年间图书馆学研究在方法使用规范性方面是否存在变化。研究使用 SPSS20.0 对三年的数据进行合并和卡方检验，由于功能所限，后使用 R3.4.4 进行两两比较分析，以进一步判断组间差异。

4 研究结果

4.1 各刊文章发表情况分析

2014-2016 年 11 种期刊发表的使用问卷调查法文章的数量及占比（某一期刊所发表的问卷调查法文章的数量占所发表文章总数的比例）见表 1。从问卷调查法文章数量看，《图书情报工作》连续三年最多，累计 117 篇。从问卷调查法文章占比看，《图书情报知识》历年来最高，且呈上升趋势。综合看，运用问卷调查法的文章在期刊发文总量中的比例逐年增加，但均未高于 10%，表明图书馆学界虽然重视问卷调查法，但使用率依然不高。

表 1　2014-2016 年 11 种图书馆学来源期刊问卷调查法文章的数量及比例

期刊名称	2014 年问卷调查法文章数量（占比%）	2015 年问卷调查法文章数量（占比%）	2016 年问卷调查法文章数量（占比%）	三年累计问卷调查法文章数量（占比%）
中国图书馆学报	5（5.4）	9（12.5）	3（5.2）	17（7.7）
大学图书馆学报	10（6.5）	7（5.0）	7（5.9）	24（5.6）
图书情报工作	22（2.5）	47（7.4）	48（7.8）	117（5.5）
图书情报知识	9（8.7）	10（9.6）	12（11.5）	31（9.9）
国家图书馆学刊	6（4.7）	2（1.3）	5（3.9）	13（3.2）
图书与情报	9（5.5）	7（4.6）	12（8.8）	28（6.2）
图书馆杂志	7（2.7）	11（4.4）	7（2.9）	25（3.3）
图书馆建设	10（3.2）	6（1.9）	6（2.2）	22（2.5）
图书馆论坛	15（4.8）	25（9.4）	23（9.5）	63（7.7）
图书馆	5（1.4）	6（1.9）	14（5.3）	25（2.7）
情报资料工作	7（4.5）	13（7.6）	10（6.8）	30（6.3）
合计	105（3.6）	143（5.6）	147（6.3）	395（5.1）

4.2　被调查群体分析

调查对象的选择与研究目标密切相关。一般情况下，研究目标不同，选择的调查对象也会有所差异。在近年对图书馆学期刊问卷调查法文章的分析中，将调查对象统一归为五类：一般公众，高校师生，图书馆从业者，科研人员，政府、企事业人员。如表 2 所示，2014-2016 年图书馆学问卷调查法文章以一般公众和高校师生为主要调查对象，前者占比持续上升，后者持续下降（指包含某一调查对象的文章数量占表明施测对象的问卷调查法文章总量的比例）。这表明，虽然高校图书馆依然是研究热点，但关注度逐渐转移到公共图书馆。相比之下，对科研人员与政府、企事业人员的调查长期处于较低的比例。这表明，相关研究者在主题及视角选取方面过于集中，主要针对一般公众与高校师生，其他对象涉及较少。

表 2　问卷施测对象的种类与比例

问卷施测对象	2014 年被调查次数（占比%）	2015 年被调查次数（占比%）	2016 年被调查次数（占比%）	三年累计被调查的次数（占比%）
一般公众	31（29.5%）	63（44.1%）	68（46.3%）	162（41.0%）
高校师生	47（44.8%）	54（37.8%）	54（36.7%）	155（39.2%）
图书馆从业者	9（8.6%）	13（9.1%）	18（12.2%）	40（10.1%）
科研人员	8（7.6%）	4（2.8%）	6（4.1%）	18（4.6%）
政府、企事业人员	5（4.8%）	9（6.3%）	1（0.7%）	15（3.8%）

4.3　样本量分析

鉴于有效问卷的回收率很难达到 100%，因此在统计样本量时，未记录发放问卷数量，只统计有效回收问卷数量，形成样本数量分布图（见图 1），横轴代表样本量所在区间，以 200 为一单位；纵轴为每一区间的样本量所对应的文章数量。在 1000 以内，样本量小于 200 的研究连续 3 年最多，之后呈下降趋势，到 800-1000 时达到最小值。超出 1000 的部分因样本量较分散而未按等距处理，但从图 1 看出，有一定数量的文章也选取了 1000 以上的样本量。

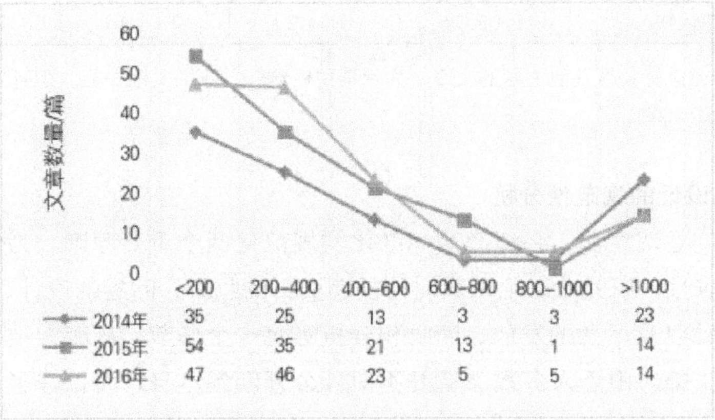

图 1　样本数量分布图

4.4　研究主题分析

2014-2016 年的图书馆学问卷调查法文章，根据研究主题可划分为六类：

信息及用户信息行为，满意度或需求，图书馆利用与管理建设，图书馆学教育与研究，政府、企事业信息管理，心理认知。由表 3 看出，以“信息及用户信息行为”为主题的文章最多，长期占据首位；以“满意度或需求”“图书馆利用与管理建设”为主题的研究相对少一些；而主题为“图书馆学教育与研究”“政府、企事业信息管理”“心理认知”的研究最少。对比三年的数据，以“信息及用户信息行为”为主题的研究持续增加；以“满意度或需求”“政府、企事业信息管理”为主题的研究基本保持不变；“图书馆利用与管理建设”“图书馆学教育与研究”“心理认知”文章不断减少。“信息及用户信息行为”研究主题的论文不断攀升，反映图书馆学界的研究热点向信息科学领域转向。

表 3　各研究主题的数量及比例

研究主题	2014 年数量（占比%）	2015 年数量（占比%）	2016 年数量（占比%）	三年累计数量（占比%）
信息及用户信息行为	35（33.3）	64（44.8）	76（51.7）	175（44.3）
满意度或需求	20（19.0）	21（14.7）	31（21.1）	72（18.2）
图书馆利用与管理建设	27（25.7）	36（25.2）	28（19.0）	91（23.0）
图书馆学教育与研究	11（10.5）	5（3.5）	6（4.1）	22（5.6）
政府、企事业信息管理	3（2.9）	3（2.1）	4（2.7）	10（2.5）
心理认知	9（8.6）	6（4.2）	2（1.4）	17（4.3）

注：2015 年还含有 8 篇其他主题的文章，为保证主题统一，删去其他一栏，但计算比例时仍按总数 143 篇计算。

4.5　问卷设计的规范性分析

使用问卷调查法，必须遵循标准化与规范化两个重要原则。为保证研究结论的准确性，研究者必须认真对待前期资料的收集、问卷的设计、预测试、信效度检验以及后期的发放、回收和分析等每一个环节，从而为结论提供科学的数据支撑。由于大多数文章并不对外公开问卷本身，而且许多论文缺少研究设计的清晰说明，因此，只能通过文章中报告的施测过程加以分析和推断。

问卷设计完成后要先进行预测试，以在实践中进行完善。对问卷型的工具，题目重复、语言歧义、语法不清或自相矛盾等问题都可以通过预测试发现；对量表型的工具，预测试扮演着更关键的角色，可检验整个理论架构是否合理、操作性定义是否准确、理论体系的组合方式是否优化等[19]。从2014-2016年问卷的设计与实施指标（见表4）看出，开展预测试的文章较少，特别是问卷类文章，但进行预测试的问卷类文章占发文比例不断提高，而量表类文章虽然比例有所下降，却一直保持较高水平。

表4 问卷的设计与实施指标

文章类型	篇数	统计方法	2014年使用次数（占比）	2015年使用次数（占比）	2016年使用次数（占比）	三年累计使用次数（占比）
问卷	207（为三年累计数量之和：63+70+74）	预测试	4（6.3%）	9（12.9%）	11（14.9%）	24（11.6%）
		信度检验	8（12.7%）	10（14.3%）	9（12.2%）	27（13.0%）
		效度检验	4（6.3%）	8（11.4%）	5（6.8%）	17（8.2%）
		抽样方法	9（14.3%）	9（12.9%）	8（10.8%）	26（12.6%）
量表	188（为三年累计数据之和：42+73+73）	预测试	18（42.9%）	29（39.7%）	28（38.4%）	75（39.9%）
		信度检验	33（78.6%）	54（74.0%）	54（74.0%）	141（75.0%）
		效度检验	26（61.9%）	48（65.8%）	49（67.1%）	123（65.4%）
		抽样方法	9（21.4%）	13（17.8%）	8（11.0%）	30（16.0%）

注：使用次数经统计得出，即使用该统计方法的问卷调查法的数量；占比=使用次数/当年问卷或量表文章的数量。

进一步对三年的预测试情况进行卡方检验（见表5）后发现，2014-2016年是否提及进行预测试存在显著差异（x2=81.971，$p<0.05$），两两比较后得出，2014年和2016年具有显著性差异（x2=64.516，$p<0.05$）；2015和2016也存在显著性差异（x2=68.285，$p<0.05$），2014年和2015年无显著性差异。结合表5统计数据判断，2016年提及做预测试的文章占全部问卷调查法文章的比率高于2015年和2014年，说明研究者在预测试方面重视程度有所提升，或在论文写作过程中报告预测试的意识增强。

表 5　年份和是否提及预测试交叉列联表

年份	预测试（篇数）		合计
	未提及	有提及	
2014	81	22	103
2015	105	38	143
2016	1	39	40
合计	187	99	286

信效度检验在问卷调查中十分关键。信度检验测量问卷的可靠性，效度检验考察问卷的有效性。问卷和量表都应在信效度检验合格后使用，这是提高问卷数据质量必不可少的条件，这样产生的研究结论才具有科学性[20]。根据表 4，2014-2016 年问卷类文章中信度检验占比 13.0%，效度检验占比 8.2%；量表类文章中信度检验占比 75.0%，效度检验占比 65.4%。总体看，量表类文章进行信效度检验的比例高于问卷类文章，表明量表类文章的规范程度高一些。

抽样是指从研究对象的全部单位中抽取部分单位进行考察和分析，并用这部分单位的数量特征去推断总体数量特征的一种调查方法[21]。所选样本是否具有代表性以及研究结果是否具备有效性取决于抽样方法的选择是否合理。在实际研究中，很少文章使用抽样方法。由表 4 看出，明确报告使用何种抽样方法的问卷类文章和量表类文章分别为 12.6%和 16.0%，可见对抽样方法的忽视是两类文章存在的共同问题。

4.6　数理统计方法分析

问卷调查中的数理统计分析方法包括描述性统计与推断性统计两种。描述性统计是指研究者利用频数、百分比等组织数据，用众数、中位数、平均数测量数据的集中趋势，用离差和标准差来反映数据的变异性；推理性统计是指研究者利用统计分布、回归分析、统计检验等手段进一步发掘数据，为从样本推论总体提供依据[22]。表 6 表明，数理统计应用较普遍，多种方法均有使用。其中，描述性统计是应用最多的方法，在问卷和量表类文章中的占比分别为 87.0%和 90.4%，且数量和比例远高于推断性统计方法。这一方面表明描述性统计方法已经为相当多的研究者所掌握；另一方面也反映出他们对收集到的数据缺乏深入分析，局限于对表象的描述，很难挖掘数据背后包含的意义，难以将成果提升到相应的高度。

表 6　问卷与量表类文章数据分析方法使用情况

文章类型	篇数	分析方法	2014 年使用次数（占比%）	2015 年使用次数（占比%）	2016 年使用次数（占比%）	3 年累计使用次数（占比%）
问卷	207	描述统计	58（92.1）	59（84.3）	63（85.1）	180（87.0）
		假设检验	1（1.6）	5（7.1）	5（6.8）	11（5.3）
		方差分析	0（0.0）	6（8.6）	10（13.5）	16（7.7）
		相关与回归分析	0（0.0）	8（11.4）	8（10.8）	16（7.7）
		非参数检验	3（4.8）	1（1.4）	4（5.4）	8（3.9）
		结构方程	0（0.0）	1（1.4）	4（5.4）	5（2.4）
量表	188	描述统计	37（88.1）	65（89.0）	68（93.2）	170（90.4）
		假设检验	13（31.0）	33（45.2）	25（34.2）	71（37.8）
		方差分析	6（14.3）	10（13.7）	34（46.6）	50（26.6）
		相关与回归分析	14（33.3）	25（34.2）	30（41.1）	69（36.7）
		非参数检验	3（7.1）	0（0.0）	4（5.4）	7（3.7）
		结构方程	11（26.2）	17（23.3）	17（23.3）	45（23.9）

进一步对 3 年的假设检验情况进行卡方检验（见表 7）后发现，是否提及进行假设检验存在显著差异（$x2=6.057$，$p<0.05$），2014 年和 2015 年具有显著性差异（$x2=6.0525$，$p<0.05$）；2014 年和 2016 年，以及 2014 年和 2015 年无显著性差异。结合表 7 统计数据判断，2015 年提及假设检验的文章占全部问卷调查法文章的比率高于 2014 年。

表 7　年份和是否提及假设检验交叉列联表

年份	假设检验（篇数）		合计
	未使用	使用	
2014	89	14	103
2015	105	38	143
2016	116	31	147
合计	310	83	393

对三年非参数检验情况进行卡方检验（见表8）后发现，是否提及进行非参数检验存在显著差异（x2=5.975，p<0.05），2014年和2015年具有显著性差异（x2=5.6906，p<0.05），2015年和2016年存在显著性差异（x2=5.4223，p<0.05），2014年和2016年无显著性差异。结合表8统计数据判断，2015年提及非参数检验的文章占全部问卷调查法文章的比率低于2014年和2016年。

表8 年份和是否提及非参数检验交叉列联表

年份	非参数检验（篇数）		合计
	未使用	使用	
2014	97	6	103
2015	142	1	143
2016	139	8	147
合计	378	15	393

5 结论与讨论

5.1 研究主题趋于集中，调查群体范围缩小

由研究主题的数量及比例情况（表3）看，研究主题趋于集中，更关注信息价值。近年图书馆学研究愈加集中在信息及用户信息行为方面，可见信息对现代图书馆而言十分重要。图书馆作为信息知识的集散地，是用户查询、获取和利用信息的重要场所，越来越多的学者转向信息及其行为研究。与此同时，对"图书馆学教育与研究""政府、企事业信息管理""心理认知"等主题的关注越来越少。

调查群体范围不断缩小，一般公众与高校师生连续三年都是主要的调查对象，而面向科研人员及政府、企事业人员的调查越来越少。前沿热点比较集中，不妨将视角拓宽至新领域，扩大调查对象范围，增强研究的创新性。

5.2 量表类文章的规范性持续高于问卷类

量表和问卷均为测量工具，但相比之下，量表更注重问卷设计的理论框架、测量指标的量化以及结果的数理统计。综合三年数据（见表4、表6），发现对任一问卷设计的指标和数据分析方法而言，量表的使用率持续高出问卷，表明相较问卷类文章，量表类文章的标准化和规范化程度更高，也反映

出研究者在对待问卷和量表态度以及严谨程度方面存在较大差异。研究者需提高认识，自觉规范使用各种指标和方法。

5.3 预测试和信效度检验缺失，抽样方法使用率下降

问卷设计完成后需要预测试，一方面可检测问卷中是否存在语言不当或界定含糊等不易暴露的问题，以便在正式发放前修订；另一方面，预测试阶段收集的数据也是信效度检验的基础。问卷和量表作为测量工具，可靠性与有效性是最基本的特性，信效度检验则是考察这两个特性的关键指标。是否需进行信度检验通常与测试内容有关，如测试的是被调查者的态度就需要信度检验，反之则不需要信度检验[23]。效度包括内容效度、校标效度、结构效度，选择哪一种需要依据问卷的研究设计而定。通常情况下，问卷调查法只对内容效度进行检验，量表则需检验多个不同类型的效度。从表 4 看出，量表类文章使用预测试和信效度检验的比例均高于问卷类文章，表明量表的设计与指标更规范，但规范程度仍然不够。严格意义上这 3 项指标都应达到 100%，也就是说每篇文章都要对使用的研究工具问卷或量表进行预测试，信效度检验合格后才能使用。

抽样方法在问卷调查中也容易被忽视。抽样方式的合理与否直接影响测试结果能否推广到调查对象整体，抽样设计要遵循目的性、可测性、可行性、经济性的原则[24]。表 4 表明，样本的选取大多缺乏充分且科学的依据，因为只有低于 20%的文章明确阐述使用的抽样方法，而且所占比例逐年下降。当然，也存在作者的确使用了抽样方法但在撰写论文时忽略描述的可能。但缺少清晰的叙述，就会给读者一种主观性和随意性的印象，从而影响对论文学术性的评价。

5.4 统计方法单一，数据分析不深入

在 2014-2016 年图书馆学期刊问卷调查法文章中，描述性统计方法的使用率最高，而假设检验、方差分析、非参数检验、结构方程等数据分析方法只被很少的文章使用。统计方法仍然比较单一，而且绝大多数研究还停留在对数据表象的分析，尚未深入挖掘其内在联系，导致研究结论过于浅显和空泛。研究者应该熟练掌握多种研究方法，并根据研究设计与所获数据的不同，选择最合适的方法开展调查分析，以最大化发挥数据的效用和提升研究的价值。

5.5 论文写作的规范性需提高

撰写问卷调查论文的过程就是实证研究重现的过程。论文写作需要投入

极大的耐心与精力，但并非没有章法可循。一般而言，问卷调查类论文含有3方面内容。首先，在研究设计方面，应明确研究问题与调查对象，报告抽样方法与样本情况，总述问卷设计与施测过程以及采用的数理统计方法等，充分显示研究的可行性。其次，在问卷编制与使用方面，先对问卷进行预测试和信效度检验，修订合格后再正式发放，以保证数据的准确性与可靠性。最后，在数据分析方面，需根据研究设计选取恰当的数理统计方法，对数据进行由表及里、由浅入深的分析，得出科学的结论，并将原本复杂的数据转化成易被读者理解的文字，使其具有借鉴和推广价值。

总体来看，现阶段问卷调查法在我国图书馆学领域的应用总体呈现向规范化的良好态势，但也存在不够规范、不够合理等问题，主要原因在于研究者对问卷调查法缺少正确的认识和科学的定位。问卷调查法要求严谨的态度和规范的使用，而大多数研究者并不具备这种意识，设计环节和应用方面的欠合理操作影响了结论的科学性与客观性。长此以往，研究者本身的学术怠慢将使问卷调查法失去社会对它的学术尊重，研究的价值也就不复存在。因此，在图书馆学教育和馆员培训中，应加强方法论的训练以提高规范意识。我们衷心希望，通过规范性的问卷调查，用真实的数据说话，能够成为图书馆界的自觉与共识；更希望在实证研究方法的使用上，研究者都能够持有敬畏之心，尊重各种研究方法自身的科学、标准与规范，更好地开展研究。

参考文献：

[1] 刘蔚华. 方法大辞典[M]. 济南：山东人民出版社，1991：372.

[2] 彭克宏，马国泉，陈有进，等. 社会科学大词典[M]. 北京：中国国际广播出版社，1989：224.

[3][5] 刘璇. 芝加哥学派——中国图书馆学实证研究之殇[J]. 图书情报工作，2009（13）：46-49.

[4][12] 杨迪. 新世纪我国图书馆学实证研究方法应用现状及改进思路[D]. 哈尔滨：黑龙江大学，2016.

[6] Järvelin K，Vakkari P. The evolution of library and information science 1965-1985：A content analysis of journal articles[J].Information Processing and Management，1993，29（1）：129-144.

[7] Hider P，Pymm B. Empirical research methods reported in high-profile LIS journal literature [J]. Library & Information Science Research,

2008（2）：108-114.

[8] 石烈娟. 图书馆学实证研究综述（1995-2009）[J]. 图书馆，2010（6）：1-5.

[9] 赵安. 关于图书馆学实证研究的新思考[J]. 大学图书情报学刊，2014（6）：44-48，70.

[10] 李超平. 图书馆学研究：方法的互补[J]. 图书情报工作，2001（2）：13-16.

[11] 邱五芳. 中国图书馆学应进一步弘扬实证研究[J]. 中国图书馆学报，2008（1）：16-21.

[13] 邱均平，丁敬达. 我国图书馆学研究的实证分析（下）[J]. 中国图书馆学报，2009（6）：79-87，118.

[14][22] 赵微，徐建华，俞碧飏. 近五年图书馆学实证研究的回顾与分析[J]. 图书与情报，2009（6）：45-50.

[15] 李媛，杨明，张言.2013 年图书馆学期刊问卷调查法文章的对比分析——问卷与量表[J]. 图书与情报，2014（6）：33-36.

[16] 徐建华，李媛.2014 年图书馆学期刊问卷调查法文章分析[J]. 图书与情报，2015（6）：92-96.

[17][24] 徐建华，路锦怡，李媛，等.2015 年我国图书馆学期刊问卷调查法文章计量分析[J]. 图书与情报，2016（6）；124-128.

[18][20] 徐建华，路锦怡.2016 年图书馆学期刊问卷调查法文章分析[J]. 图书馆建设，2017（12）：46-50.

[19][21] 徐建华，王翩然，李盛楠.2013 年图书馆学期刊问卷调查法文章的总体分析[J]. 图书与情报，2014（6）：24-27，108.

[23] 张力为. 信度的正用与误用[J]. 北京体育大学学报，2002（3）：348-350.

（文章来源：《图书馆论坛》第 39 卷第 2 期）

近10年实证研究方法在图书馆学的应用分析

石婷婷　路锦怡

（南开大学商学院 天津 300071）

摘要： 为了探究实证研究方法在图书馆学研究中的应用现状，本文对近十年来图书馆学领域核心期刊发表的实证研究论文、采用实证研究方法的国家社科基金项目、以实证研究方法为主题的会议与培训进行系统梳理与总结。研究发现，近十年来，实证研究方法在图书馆学期刊载文中的应用呈现出平稳发展的状态，在国家社科基金项目中则表现出一定的波动。在对实证研究方法的科学普及与推广上，会议与培训发挥着重要作用。总体而言，图书馆学领域实证研究方法的应用还有很大的提升空间，未来的实证研究应向着规范化、跨学科、混合化与大样本化发展。

关键词： 实证研究方法　图书馆学　研究方法

分类号： G250

Analysis of the application of empirical research methods in library science in recent ten years

Shi Tingting　Lu Jinyi

（Business School of　Nankai University，Tianjin）

Abstract: In order to explore the application status of empirical research methods in library science research, this paper systematically reviews and summarizes the empirical research papers published in core journals, national social science fund projects with empirical research methods, and conferences and training with empirical research methods as the theme in the field of library science in recent ten years. It is found that, in recent ten years, in the field of library science, the application of empirical research methods has developed steadily from the articles published in journals, while it shows certain fluctuations in the national social science fund projects. Conference and training play an important role in scientific popularization and promotion of empirical research methods. Generally speaking, there is still much room for improvement in the application of empirical research methods in the field of library science, and the future empirical research should develop towards standardization, interdisciplinary, mixed and large sample.

Keywords: Empirical research methods　Library science　Research methods

1 引言

"工欲善其事，必先利其器"，为提升研究的质量，确保研究的科学性与可靠性，选择恰当的研究方法至关重要，而实证研究方法作为社会科学领域广泛应用的方法之一，在图书馆学研究中占据重要地位。实证研究，是基于客观的观察数据，并使用科学的研究方法，遵循相似且严格的流程控制的研究，基本程序是明确研究问题、数据收集、数据化、分析发现、报告设计、研究推广、实际影响[1]。从广义上讲，实证研究方法是包括调查研究、实验研究、实地调查和文献研究等在内的一系列社会研究方法，可分为定量和定性两种方法论倾向[2]，定量包括实验研究、调查研究、内容分析、二次分析（对现有统计资料的再分析），定性研究包括实地研究和历史比较研究[3]；从狭义上讲，实证研究方法仅指定量研究[4]。本文采用狭义的实证研究定义，认为图书馆学实证研究是指从客观的观察、分析和研究中得出真相的研究，即有明确的研究对象、有相关的观察数据、有观察基础上的分析和结论[1]。

近年来，实证研究方法在我国图书馆学领域愈发获得重视，其中，不仅体现在图书馆学期刊越来越强调实证研究方法在提升论文层次中的作用[5]，国家社会科学基金项目中也频繁出现"实证研究""实证分析""调查""测量"等字眼，而且多所高校的图书馆学情报学专业的培养方案中也出现"图书情报研究方法"相关课程，课程内容涵盖实验法、问卷调查等多种实证方法[6]。此外，相关学者也积极倡导实证研究方法在图书馆学领域的使用，如叶鹰等人认为只有通过实证研究才能为图书馆学的发展奠定坚实基础[7]，建议通过培训、图书馆学教育等方式使图书馆学界重视实证研究、普及实证研究；徐建华教授则是身体力行的推广实证研究，不仅运用实证方法多次开展研究、发表文章，更是连续多年免费为学生和科研人员提供实证研究方法的培训，为宣传和推广实证研究方法做出了巨大贡献。这些都充分反映了图书馆学领域的科研人员运用规范化的实证研究方法开展专业、科学、严谨的研究的强烈愿望。

在此背景下，本文尝试系统梳理与总结近十年图书馆学领域使用了实证研究方法的核心期刊的文章和国家社科基金项目，以及实证研究方法为主题的会议与和培训，以期深入探究实证研究方法在我国图书馆学领域对的应用现状，发现不足，提出建议，进而推动实证研究方法在图书馆学领域的规范应用。

2 文献回顾

图书馆学领域的实证研究范式是由芝加哥图书馆学派开创的，它的形成有力地挑战了杜威的经验图书馆学。当时的芝加哥大学是著名的实证方法（即定量方法）的应用基地，实证方法的基本模式是根据已有理论提出假设、确定变量、收集数据、证实或否定假设、肯定或发展已有理论[8]，芝加哥图书馆学派不仅积极使用这种方法进行研究，将其他社会科学的研究和图书馆学研究相结合，用一些社会科学研究中成熟和规范化的研究方法来培养和训练图书馆学专业的学生[9]，为美国图书馆学领域培养了一批训练有素的实证研究者[10]。我国图书馆学史上多认为 20 世纪 20 年代中国图书馆学形成[11]，至 1937 年，我国一直将图书馆学定位为致用之学，对目录学、文献学进行继承和发展，重点放在编译图书馆管理著作、学习国外图书馆学理论及图书馆管理技术。1937 年之后很长一段时间受历史因素影响，中国图书馆学的发展长期处于低迷，错过了芝加哥学派实证主义思想的“改造”。直到 20 世纪 80 年代，国内开始出现较为系统的图书馆学研究方法论著，如 1981 年刘迅[12]的《要重视图书馆学方法论的研究》，乔好勤[13]提出的图书馆学方法论“三层次说”，吴慰慈等[14]《图书馆学概论》，1988 年王崇德[15]《图书情报方法论》等。

此后，出现了各种方法的应用类文章，相关学者们也对图情学科研究方法的使用情况进行统计。自 20 世纪 90 年代开始，就有学者开展了研究方法使用情况调研，如白崇远学者调研发现 1984—1994 年《图书情报工作》杂志载文中使用最多的方法是理性思维法，占比高达 41.2%，其次是概念分析法，占比 12.3%[16]，这与我国图书馆学研究长期以理性思辨、经验总结[17]及分析归纳为主[18]的现象相一致，与美国以调查试验等实证研究方法为主导的现象截然不同[19]。此外还有对调查研究等专门研究方法使用情况的统计[20]，如有学者分析 1995-2009 年实证研究方法在图书馆学研究中的应用情况，发现在 2005 年之后实证研究论文数量出现跳跃式增长，但 15 年间，年均仅 13 篇，表明实证研究在图书馆学研究中占比仍旧不大[21]。徐建华团队研究发现 2004-2008 年间，12 种图书馆学类期刊载文中，实证研究文章数量虽然保持稳定增长，但所占比重仍然较小，仅占发文总量的 3.43%[17]。

2010 年以来，也出现了一些对图书情报领域研究方法的应用情况进行调研的成果，学者们根据研究目的、工作量等选择不同的研究对象、样本时间跨度，对研究方法的编码、统计方式等也有所不同。如赵又霖等人选择 2008-2017 年间 WOS 中图情领域影响因子与发文量综合排名前十的期刊筛选出使用实证研究方法的文章，探析目前“实证研究”在图情领域中研究方法的分类、研究领域的分布及其研究热点[22]，周文博则对 *Library quarterly* 创刊以来刊载的所有文章进行等距抽样，分析现代图书馆学研究方法的发展和特征[10]。在对研究方法的编码上，张力等人在划分定性和定量、归纳和演绎、通用和专用、实证和非实证、实验和非实验的类型进行统计的基础上，还将实际应用中具体的研究方法进行细化分类编码，具体如下：公式推演、描述性统计分析、相关分析、回归分析、方差分析、时序分析、因子分析、聚类分析、内容分析、结构方程、社会网络、历史分析、案例分析、人类学方法、诠释学方法和其他方法[23]，周文博则对具体的方法进行编码，包括问卷调查法、统计资料分析法、内容分析法、实验法、文献计量法、数学分析法、评估研究、人机交互记录、社会网络分析和出声思考等定量方法，历史分析法、访谈调查法、定性实地研究法、话语分析、案例研究法、政策分析/诠释学、综述和比较研究法等定性方法[10]。在统计方式上，段赛月对图书馆学硕士学位论文使用的研究方法进行频次统计，同时对研究主题与研究方法做交叉统计[24]，赵又霖等人则对 2008-2017 年实证论文发文情况及采用实证研究方法的文章的研究主题进行统计[22]。

3 近十年实证研究在图书馆学领域的应用现状

3.1 从期刊载文上

为了探究实证研究在图书馆学领域的应用现状，本文选取 11 种南京大学 CSSCI 来源期刊目录收录、连续几年稳居《核心期刊要目总览》中的图书馆学期刊，对这些期刊 2010-2020 年刊载的实证研究论文数量进行统计，包括《中国图书馆学报》《大学图书馆学报》《图书情报工作》《图书情报知识》《情报资料工作》《图书馆》《图书馆建设》《图书馆论坛》《图书馆杂志》《国家图书馆学刊》《图书与情报》，这些期刊我们通过逐年、逐刊对刊载论文的题目进行阅读以判断其是否为实证研究论文，在仅凭阅读题目无法判断的情况下再阅读摘要进行分析，最后筛选出实证研究论文 3283 篇，占 2010-2020 年全部载文的 11.8%，由于并未对这 11 种期刊 2010-2020 年间刊载的所有文献进行逐篇阅读，统计结果存有一定误差。

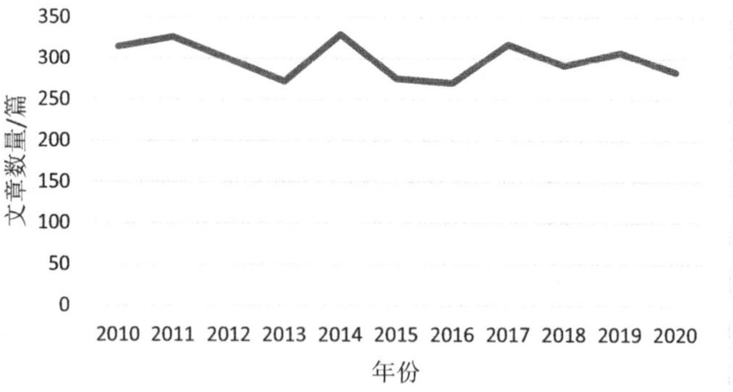

图 1　2010—2020 年实证论文发表数量

研究通过对获得的图书馆学领域的实证研究文章进行统计发现，如图 1 所示，有关图书馆学实证研究的论文数量大致保持相对平稳的状态。其中，2013 年、2015 年、2016 年、2018 年与 2020 年发文量稍有波动，数量减少到 300 篇以下，2016 年数量最少，为 270 篇，2014 年发表问卷调查法文章最多，为 329 篇。此外，已有学者调研 2013-2017 年间《中国图书馆学报》《图书情报工作》《大学图书馆学报》《情报学报》《图书情报知识》5 种期刊载文的研究方法使用情况，发现实证分析法的使用占比均在 15%以下[25]，这也说明图书馆学领域实证研究方法的使用率仍旧不高。

3.2　从基金项目上

基金项目反映学科领域发展的风向，研究以国家社科基金项目数据库提供的数据为基础，通过对 2010-2020 年国家社科基金项目中学科分类为“图书馆、情报与文献学”的项目名称进行分析以判断其是否使用了实证研究方法。研究发现，在获批的基金项目中，涉及实证研究方法的研究项目有 257 项，具体趋势如图 2 所示，可以发现，自 2010 年以来，图书馆学领域使用实证研究方法的项目数量有所波动，其中，2010 年和 2018 年数量最少，为 15 项，2011 年最多，为 38 项。但由于是仅凭题目进行判断，统计数据存在一定偏颇。

图 2　2010—2020 年国家社科基金中实证项目数量

实证研究被引入图书馆学领域后，逐渐引起广大学者的重视，许多学者将实证研究方法运用到自己的课题中，通过社会调查、统计分析等方式得出结论，提升了研究结果的科学性与可靠性，如马海群教授对高校信息公开制度的构建与绩效评价研究[26-27]，李月琳教授对数字图书馆的交互评估研究[28-29]，徐建华教授对当代图书馆员“快乐指数”的再测量研究，以及纪雪梅对突发事件情境下社交媒体用户情感表达行为开展的一系列研究等等，这些实证研究的开展鼓舞并指引着领域内其他学者学习和使用实证研究方法。

3.3　从学术会议和培训班上

学术会议和培训班在学术交流和传播中发挥着至关重要的作用，会议和培训的持续举办不仅能够在图书馆学领域大力推广实证研究方法，且有助于提高图书馆学研究中实证方法运用的规范化与科学性。研究发现，如表 1 所示，近年来，国内图书馆学协会、科研院所以及相关学术团体积极举办相关会议并开展培训，极大程度上促进了实证研究方法的推广。

表 1　国内实证方法主题相关的学术会议和培训班

时间	主办单位名称	会议/培训班名称及主题
2011-2019 年	南开大学商学院承办、徐建华教授组织	图书馆学实证研究博士生学术会议

续表

时间	主办单位名称	会议/培训班名称及主题
2010 年 6 月	中图学会专业图书馆分会	第 20 期图书情报工作高级研讨班——文献计量方法在战略情报研究中的应用
2013 年 11 月	中国图书馆学会	中图学会年会分会：正确使用研究方法 提高论文写作质量
2013 年 6 月	中图学会专业图书馆分会	“基于专利文献分析的技术发展趋势分析”培训班
2014 年 8 月、2015 年 5 月	中图学会专业图书馆分会	科技情报研究新方法、新工具应用培训班
2015 年 6 月	中图学会专业图书馆分会	专利分析、数据处理与专利地图制作培训班
2015 年 9 月	上海图书馆上海科学技术情报研究所	2015 年专利分析方法与应用专家研修班
2015 年 12 月	中国图书馆学会	中图学会年会分会：推动理论变革的图书馆学研究方法
2016 年 4 月	中图学会专业图书馆分会	第 24 期图书情报工作高级研讨班——图情领域数据挖掘与数据分析
2016 年 6 月	中科院文献情报中心	“数据驱动知识发现：情报学与数据科学的交互与融汇”国际研讨会暨“数据与情报科学前沿技术与方法”培训班
2016 年 10 月	中国图书馆学会	中图学会年会分会：研究方法论与青年图书馆员科研能力提升
2017 年 7 月	中国科学院文献情报中心	情报学新方法 新能力 新范式 第七届（2017 年）全国情报学博士生论坛
2017 年 11 月	中国图书馆学会专业图书馆分会	科学技术趋势分析工具及应用培训班
2017 年 12 月	南京大学信息管理学院	用户信息行为研究的新环境、新方法、新方向——2017 南京大学用户信息行为研究海内外青年学者论坛圆桌会议
2018 年 5 月	中国图书馆学会专业图书馆分会	数据可视化方法与工具应用培训班
2018 年 10 月	中国科学院文献情报中心	第二届“数据驱动知识发现”国际研讨会暨“知识图谱理论与实践”培训班
2018 年 10 月	中国图书馆学会专业图书馆分会	技术发展态势分析方法及应用培训班

续表

时间	主办单位名称	会议/培训班名称及主题
2012-2019 年	中国图书馆学会专业图书馆分会	图书馆先进知识服务工具技能应用培训班
2018 年 2 月、2019 年 5 月	中国图书馆学会专业图书馆分会	基于科学计量的学科领域分析和可视化方法培训班
2015-2019 年	上海市科学技术情报学会	情报新技术新方法新工具开发利用学术研讨会
2019 年 11 月	国家科技图书文献中心	NSTL 专业知识与情报分析能力高级培训专项——科技情报挖掘原理、方法与可视化应用培训班

中国图书馆学会专业图书馆分会自 1981 年开始举办“图书情报工作岗位培训班”，每年一期，至今已有 30 多年历程，培训班中涵盖大量实证相关方法和工具的内容，为推广实证研究做出了重要贡献。此外，南开大学徐建华教授团队不仅开展“图书馆员刻板印象”“图书馆员职业胜任力”“图书馆员快乐指数再测量”等大规模实证研究，为整个领域做出表率和参考，与此同时，更是从 2011 年开始连续九年举办图书馆学实证研究博士生学术会议，免费为相关从业者和科研人员开展实证研究方法的培训，极大程度上在图书馆学领域传播和弘扬了实证研究方法，使得更多的图书馆学研究人员和从业者掌握实证研究方法和工具的应用，堪称图书馆学实证研究的领军人，为图书馆学理论研究和实践落地构筑了桥梁，为提高图书馆学的学科地位、竞争力及图书馆事业的良性发展发挥了至关重要的推动作用。

3.4 主要实证研究方法应用分析

以下选取实证研究中主要的几种研究方法的使用情况进行简要阐述。

问卷调查法作为实证研究中最常用的方法之一，在图书馆学领域已经得到了很好的普及。徐建华教授团队通过对 2013-2018 年图书馆学核心期刊采用问卷调查法的文章进行分析，发现问卷调查法的文章占比呈现增加后趋于平稳发展的状态[30-35]。然而，不可否认的是，研究者在实施问卷调查法的过程中仍然存在着诸多问题，如：预测试缺失、抽样方法被忽略、信效度检验不受重视、研究对象单一等[34]，究其原因，主要在于两方面：一方面，研究者本身缺乏对问卷调查法的正确认识，从而导致在使用问卷进行调查的过程中充满着随意性，问卷设计与施测不规范、数据分析处于浅层次；另一方面，研究者忽视了将问卷调查的实施转化为文字的过程，对于某些研究来说，并不排除研究者在实际的操作中是进行了规范化的操作的，但由于未在文章中体现出来，直接影响读者对于该研究的学术性评价。

文献计量法（包括引文分析）是借助 Excel、Citespace 等工具对发文数量、作者、机构、期刊来源、关键词、引文等的计量，以发现合作团体和研究主题、预测未来研究趋势、梳理科研发展脉络的方法。发展至今，文献计量法也已具有一定成熟度，近十余年国内图书馆学领域对文献计量法的使用很频繁，主要应用于学科核心期刊测定、热点挖掘、前沿预测、科研评价等方面，如北京大学图书馆使用文献计量结合其他研究方法开展学科前沿追踪、学科竞争力分析、学科评估等研究，并形成研究报告为各学科制定发展规划提供参考[36]。

内容分析法是一种对具有明显特征的传播内容进行的客观、系统和定量的描述的研究方法[37]，操作过程是“提出研究问题或假设、抽取样本、选择分析单元、建立分析类目、定量处理与计算、解释与检验”[38]，在图书馆学领域内有着广泛的应用，比如综述性研究[39]、用户需求研究[40]、信息行为研究[41]、政策分析[42]、图书馆服务研究[43]等方面。

实验法是指分析某些变量之间的因果关系及发展变化过程并加以观察分析的一种方法[44]，实验法对自变量、研究对象、研究环境和研究条件等具有控制能力，使得研究的可信程度大大提高[45]，有助于图书馆学得到其他学科的学术尊重和广泛的社会认可，进而提高学科地位，通常用于人类信息行为的研究、系统性能测试、环境设计等，如使用实验法结合问卷调查分析会对网络信息偶遇产生影响的个人特征因素[46]，使用眼动追踪实验研究用户浏览图书馆网页的行为特征，进而为图书馆门户网站网页设计提供意见[47]，通过分组实验测试阅览室最适宜读者学习工作的温度、光照等[48]。

长久以来，在图书馆学研究中逻辑思辨占据主要地位[49]，虽然实证研究方法在图书馆学领域正逐步受到重视，但占比仍旧不高。为了推动实证研究方法的进一步发展，不仅需要图书馆学界的学者们转变观念，充分认识实证研究方法对图书馆学研究的意义，掌握实证研究方法并尝试将其应用于研究中。另一方面，实证研究的推广者更要坚持采用实证研究方法来探讨图书馆界的理论与现实问题，向广大研究人员示范实证研究方法，引领大家开展实证研究，为推动图书馆学学科进入学术之林，与其他学科展开对话奠定基础。

4 研究结论

通过对相关研究成果的梳理和对实证论文发文量、国家社科基金项目和相关会议与培训的统计，可以发现在图书馆学领域，使用实证研究方法的文章数量基本稳定，国家社科基金项目量呈现波动趋势，相关会议和培训热度仍然较高。总体来说，我国图书馆学领域度实证研究方法的应用虽然取得了一定进展，但同时也存在一些问题，呈现如下特点：

（1）实证研究成果数量偏少。研究发现实证研究论文仅占全部论文的11.8%，并且没有明显上涨趋势，说明实证研究方法在我国图书馆学领域的应用还有很大提升空间，这可能是由于我国图书馆学研究长期重视理论思辨，为此应鼓励开展实证研究，以构建坚实的学科基础。

（2）研究方法使用规范性不足。目前实证研究方法的应用还存在诸多不规范的情况，如文章中对数据收集和处理的说明不够清晰、具体的方法运用不规范等问题。以问卷调查法为例，2018 年 11 种图书馆学核心期刊发表的使用问卷调查法的文章中，说明抽样方法的仅占 10.8%，进行了预测试的仅占42.3%[35]，研究方法使用规范程度不足不仅使整个研究的科学性有所下降，更会直接影响研究结果的可靠性。

据此，本文提出以下建议：

（1）鼓励运用和创新实证研究方法。图书馆学期刊可以通过设置专栏、资助实证研究论文期刊出版等方式，在鼓励开展实证研究的同时加强对实证研究方法的示范推广。随着研究问题的日益复杂化和研究范围的逐渐扩大，传统的实证研究方法充满局限，对现有研究方法进行创新势在必行，具体可以通过从国外引进、从其他学科吸收、学科内的创新等方式实现。此外，随着大数据科研环境的到来，探索开发合适的分析工具能够促进研究的高效开展，有助于得出更具科学性的结论。

（2）加强实证研究方法的学习培训。我们建议图书馆学专业教育完善研究方法相关课程和训练，呼吁图书馆学协会积极组织实证研究方法相关的会议、培训、座谈，使研究者拥有多种渠道可以充分学习和掌握实证研究方法。此外，实证研究开展过程中，不可避免会用到各种定量分析工具，如Citespace、SPSS、Amos 等，对分析工具掌握不足会影响研究结果的准确性，图书馆学协会和学术团体出版实证研究方法和工具方面的书籍，能够为研究人员提供参考资料，提高方法和工具运用的合理性、准确性。

（3）加强对学术成果的审核。对研究方法的使用规范性不足可能是由多方面原因导致的，一方面可能是研究人员本身能力不足，对实证研究方法的掌握不够熟练，这可以通过相关教育和培训解决；另一方面也有可能在于部分科研人员存在学术不端行为，刻意模糊数据资料的来源和处理方式，这就需要期刊编辑严格审核相关稿件，对存在明显错误的稿件和刻意模糊关键信息的稿件，向作者提出修改意见或是退稿处理，另外审稿专家和编辑可以在日常工作中，总结实证研究中常见的问题，提出解决方案，找出模范论文在期刊官网进行展示，督促研究人员开展规范研究。

5 未来展望

从之前的研究可以看出实证研究文章在图书馆学期刊载文中呈现平稳发展的状态，在国家社科基金项目中则表现出一定的波动，但总体占比都不高，未来还有着更多的上升空间，随着实证方法培训班及学术会议的开展以及实证研究方法培养课程的不断完善，我们有理由相信，实证研究方法将得到更大程度的普及，开展实证研究的队伍会不断扩大，更多高质量的实证研究成果也将出现，并将呈现以下特点：

（1）规范化。实证研究方法的应用将更加规范、科学、严谨、成熟。一方面，随着当前图书馆学领域内各机构、各学者的努力，实证研究已经在我国院校、科研机构得到了一定程度的重视，越来越多的研究者接受了规范化实证研究的训练，并形成了诸多的研究成果，使图书馆学领域积累了一定的规范性实证研究经验，而这些研究者同时也是实证研究方法的推广者，吸引更多的研究者运用规范化的研究方法。另一方面，越来越多学者注意到现有实证研究中存在的问题，并提出相应的纠正建议，如徐建华教授等人揭示了图书馆学研究中问卷调查法文章中所存在问题，并结合实例向大家呈现了团队使用问卷调查法开展研究所遵循的 D-7 method 研究框架[50]。此外，还有邓辉等人对图书馆学实证研究中数据内生性问题的研究[51]，这促进了未来图书馆学实证研究的规范化开展。

（2）跨学科。随着计算机科学、统计学、系统科学、医学等学科在图书情报领域逐渐渗透，图书馆学在进行实证研究的过程中不可避免地会受到其学科的影响。数据库与网络技术、数学模型与算法、系统科学的系统动力学理论与耗散结构理论等在图书馆学研究中的应用使图书馆学实证研究呈现出跨学科合作、研究方法多元化的发展趋势。

（3）定性、定量研究方法混合使用。司莉等人调查2013-2017年5年中图书情报领域的期刊，发现33.2%的论文采用了一种以上研究方法[25]，情报学中的混合研究方法也在稳定中略有上升[52]，涌现出一部分优秀成果，但实际应用范围还是有待扩大。随着研究问题的复杂性日益加深，运用多种方法能够更好地解决研究问题，同时也能有效地提升研究质量。学习资源和研究工具的易获得性提升，也一定程度上为研究人员学习和使用混合研究方法提供了便利。此外，随着学术期刊对学术论文的要求提高，使用混合研究方法有助于提高研究质量，同时也能吸引审稿人的注意，这在一定程度上推动了混合研究方法的使用。

（4）大样本化。近年来的研究中，已经出现一些大样本的规范化实证研究，如徐建华教授团队开展的当代图书馆员"快乐指数"再测量研究，有效问卷高达13000余份。一方面，大样本会使得研究结果具有更高的代表性、科学性与可靠性，另一方面，新信息技术的发展，社会信息化程度加深，数据的种类和数量有所增加[53]，这为研究者获得大量数据提供了可能。此外，计算机技术的发展，使得大样本数据的处理更加便捷，极大程度地为大样本实证研究的开展提供了便利，这使得未来的研究趋向大样本化。

参考文献：

[1] 徐建华，俞碧飏. 规范化实证研究——图书馆学研究整体提升与发展的重要路径[J]. 高校图书馆工作，2012，32（1）：28-32.

[2] 风笑天. 社会研究方法[M]. 北京：高等教育出版社，2006：8-10.

[3] 刘宇，叶继元，袁曦临. 实证缺失的中国图书馆学研究[J]. 中国图书馆学报，2009，35（4）：20-24，30.

[4] 于良芝. 图书馆学导论[M]. 北京：科学出版社，2003：153-157.

[5] 陶俊，何晓东. 海外图书情报研究的方法结构分析[J]. 图书与情报，2019（6）：59-65.

[6] 汪媛，赖茂生，马瑞敏，柯青，王鹏，耿彩芳，徐明轩. 中美图书情报学硕士教育中研究方法课程设置比较研究[J/OL]. 情报理论与实践：1-9[2021-04-06].http://kns.cnki.net/kcms/detail/11.1762.G3.20210225.1450.002.html.

[7] 叶鹰，金武刚，刘青华. 图书馆学实证研究导引[J]. 图书馆，2008（1）：2-3，12.

[8] 于良芝. 图书馆学导论[M]. 北京：科学出版社，2003：139-144.

[9] 刘璇. 芝加哥学派——中国图书馆学实证研究之殇[J]. 图书情报工作，2009，53（13）：46-49.

[10] 周文博. 现代图书馆学研究方法的发展和特征分析——基于 Library quarterly 的内容分析[J]. 图书情报工作，2016，60（10）：5-10，32.

[11] 中国图书馆学会. 中国图书馆学学科史[M]. 北京：中国科学技术出版社，2014：107.

[12] 刘迅. 要重视图书馆学方法论的研究[J]. 图书馆通讯，1981（2）：3-5.

[13] 乔好勤. 试论图书馆学研究中的方法论问题[J]. 图书馆学通讯，1983（1）：54-62，94.

[14] 吴慰慈，董焱. 图书馆学概论[M]. 北京：国家图书馆出版社，2008：79-83.

[15] 王崇德. 图书情报学方法论 [M]. 北京：科学技术文献出版社，1988：239-242.

[16] 白崇远.1984—1994 年《图书情报工作》论文研究方法统计分析[J]. 图书情报工作，1996（4）：17-20.

[17] 赵微，徐建华，俞碧飏. 近五年来图书馆学实证研究的回顾与分析[J]. 图书与情报，2009（6）：45-50.

[18] 任全娥. 图书馆学论文研究方法利用情况调查——兼纪念乔好勤《试论图书馆学研究中的方法论问题》发表 20 周年 [J]. 图书馆杂志，2004（1）：13-16.

[19] 华薇娜. 中美两国图书馆学、情报学研究方法、主题、对象、分析技术的比较研究[J]. 情报学报，1997（1）：12-19.

[20] 华薇娜，蒋晓曦.1984~1993 年调查研究方法在我国图书馆学情报学研究中的应用状况[J]. 图书情报工作，1997（3）：17-21.

[21] 石烈娟. 图书馆学实证研究综述（1995-2009）[J]. 图书馆，2010（6）：1-5，12.

[22] 赵又霖，葛梦真，刘黎明. 图书情报领域“实证研究”应用特征及热点探析[J]. 信息资源管理学报，2019，9（4）：132-141.

[23] 张力，唐健辉，刘永涛，韩松涛，潘有能，陈丽君，叶鹰. 中外图书情报学研究方法量化比较[J]. 中国图书馆学报，2012，38（2）：21-27.

[24] 段赛月. 图书馆学硕士学位论文研究方法运用的调查与思考——以第四轮

学科评估参评高校为例[J]. 图书馆研究与工作，2021（3）：15-23.
[25] 司莉，陈金铭，马天怡，等. 近五年我国图书情报学研究方法应用与演化的实证研究——基于 5 种期刊的统计分析[J]. 图书馆，2019（6）：15-21，42.
[26] 马海群，左晨. 我国高校网站信息公开效果评价指标体系构建研究[J]. 情报科学，2015，33（1）：139-145.
[27] 马海群，周超. 基于层级分析法的高校信息公开绩效评价指标体系构建[J]. 图书馆理论与实践，2014（2）：1-5.
[28] 李月琳，梁娜，齐雪. 从交互维度到交互功能：构建数字图书馆交互评估理论模型[J]. 中国图书馆学报，2016，42（1）：66-82.
[29] 闫希敏，李月琳. 关键成功因素视角下的数字图书馆交互评估模型[J]. 图书情报工作，2016，60（10）：24-32.
[30] 徐建华，王翩然，李盛楠.2013 年图书馆学期刊问卷调查法文章的总体分析[J]. 图书与情报，2014（6）：24-27，108.
[31] 徐建华，李媛.2014 年图书馆学期刊问卷调查法文章分析[J]. 图书与情报，2015（6）：92-96.
[32] 徐建华，路锦怡，李媛，王茜.2015 年我国图书馆学期刊问卷调查法文章计量分析[J]. 图书与情报，2016（6）：124-128.
[33] 徐建华，路锦怡.2016 年图书馆学期刊问卷调查法文章分析[J]. 图书馆建设，2017（12）：46-50.
[34] 徐建华，路锦怡，汪汉清.2017 年图书馆学期刊问卷调查法文章分析[J]. 图书情报工作，2019，63（12）：37-43.
[35] 徐建华，路锦怡，汪汉清.2018 年图书馆学期刊问卷调查法文章分析[J]. 图书馆学研究，2020（8）：2-9.
[36] 张春红，肖珑，贺飞，唐勇. 学科前沿分析的方法与实践——以北京大学图书馆为例[J]. 图书情报工作，2020，64（16）：36-44.
[37] 朱少强，邱均平. 文献计量与内容分析——文献群中隐含信息的挖掘[J]. 图书情报工作，2005（6）：19-23.
[38] 陈淑平. 内容分析法成为图书馆学情报学研究方法的相关问题探讨[J]. 情报资料工作，2009（1）：19-22.
[39] 姜婷婷，傅诗婷，郭倩. 信息偶遇研究方法：现状剖析和趋势探索[J]. 信息资源管理学报，2020，10（2）：48-58，90.

[40] 仝冲，赵宇翔. 基于内容分析法的弹幕视频网站用户使用动机和行为研究[J]. 图书馆论坛，2019，39（6）：80-89.

[41] 张敏，田松瑞，张可. 中文网络学术社区用户参与行为的实证分析[J]. 图书情报知识，2019（4）：82-93，121.

[42] 黄新平，黄萃，苏竣. 基于政策工具的我国科技金融发展政策文本量化研究[J]. 情报杂志，2020，39（1）：130-137.

[43] 张淼，韩宇. 全媒体时代高校图书馆信息服务的现状与发展——基于网站的内容分析[J]. 图书馆论坛，2014，34（7）：74-78.

[44] 张晓林. 信息管理学研究方法[M]. 成都：四川大学出版社，1995：60.

[45] 周文杰. 图书馆学研究中的实验法：回顾与前瞻[J]. 图书与情报，2011（2）：91-95.

[46] 杜雪，刘春茂. 网络信息偶遇影响因素个性特征的调查实验研究[J]. 图书情报工作，2015，59（11）：119-126.

[47] 许鑫，曹阳. 基于眼动追踪实验的高校图书馆门户网站网页设计研究[J]. 大学图书馆学报，2017，35（3）：46-52.

[48] 方立. 实验方法在图书馆学研究中的应用[J]. 信息系统工程，2011（7）：149-151.

[49] 陆溯，谢珍. 近 10 年图书馆学核心期刊高被引论文研究方法应用分析[J]. 大学图书馆学报，2020，38（3）：40-47.

[50] 徐建华，吴子璇，路锦怡. 规范性问卷调查方法在图书馆学研究中的运用——以图书馆员刻板印象研究为例[J]. 图书情报工作，2019，63（1）：140-145.

[51] 邓辉，王锰. 关于图书馆学实证研究中数据内生性问题的思考[J]. 图书馆理论与实践，2018（4）：1-5，12.

[52] 王芳，祝娜，翟羽佳. 我国情报学研究中混合方法的应用及其领域分布分析[J]. 情报学报，2017，36（11）：1119-1129.

[53] 沈玖玖，杨晓月. 大数据背景下我国图书情报领域定量研究现状的可视化分析[J]. 图书馆，2017（6）：46-52.

（文章来源：《图书馆》2022 年第 5 期）

2013 年图书馆学期刊问卷调查法文章的总体分析

徐建华　王翩然　李盛楠

（南开大学商学院信息资源管理系天津 300071）

摘要： 文章逐篇查阅了 2013 年发表在 11 种 CSSCI 图书馆学期刊上使用问卷调查法的文章，并从调查对象、文章数量、研究主题、问卷编制以及统计方法等方面进行了回顾与分析。结果显示，虽然问卷调查法在图书馆学领域有了较好的发展和应用，但也存在研究视角单一、研究对象范围偏窄、问卷编制和使用过程中规范化程度较低、数据挖掘不深入等问题。

关键词： 图书馆学；问卷调查法；实证研究

中图分类号： G250.1　**文献标识码：** A

文章编号： 1003-6938（2014）06-0024-04

Analysis of the Questionnaire Survey Articles of Library Science Journals in 2013

Abstract: All the articles published in 11 CSSCI library magazines in 2013 that used questionnaire method are analyzed and it is found that although questionnaire method in the field of library science had well developed, problems still exists, such as unitary research angle, the narrow scope of research objects, low degree of question standard, superficial data analysis.

Key words: library science; questionnaire survey; empirical research

1　引言

问卷是指研究人员为了收集被调查者的意见，将所要调查的内容和问题编排成一种统一表格形式的测量工具。研究人员用问卷来收集社会资料是在进行有目的的测量，从而通过了解被调查对象的基本情况、行为、态度及观念等有关方面的情况，去解释所研究的问题和验证所提出的研究假设[1]。

问卷调查法是现代社会研究中最常用的资料收集方法，它是根据一定的调查目的，以严格设计的问卷为工具，向研究对象收集研究资料和数据的一种调查方法[2]。问卷调查因为其经济方便、保密程度高、调查范围大而被广泛应用于科学研究领域。随着社会科学领域研究方法体系不断完善和成熟，问卷调查研究方法逐渐成为社会科学领域的核心方法之一。芝加哥学派从图书馆的社会性出发，把社会学研究的实证方法也引入到了图书馆学领域，以强调图书馆学研究的社会性与客观性[3]。大量有关国外图书馆学研究方法的研究都显示，问卷调查法、实验法和访谈法是使用最广泛的 3 种方法[4]。

问卷调查法的流程包括前期资料搜集、问卷设计、预测试、信度效度检验、发放正式问卷、回收问卷与数据分析。其中问卷的标准化和规范化十分重要，因其直接影响到调查结论的可靠性与准确性，并直接决定了该研究的科学价值。标准化和规范化应该贯彻于问卷调查的每一步，具体体现为：一个标准化规范化的问卷要有预测试、信度检验、效度检验、抽样方法、计分方式和统计方法（为了论述方便，在下文中将除了统计方法外的几项统称为“问卷编制指标”）。

本研究通过对 2013 年 11 种 CSSCI 收录的图书馆学期刊所发表的使用问卷调查法的文章逐篇阅读，进而使用 SPSS19.0 进行文章指标的录入与分析讨论反映当前我国图书馆学研究中问卷调查法的应用现状及存在的问题，为图书馆学研究过程中科学地应用问卷调查法提供参考。

2 问卷调查法在图书馆学领域应用统计分析

2.1 11 种期刊发表问卷调查法文章的情况

从 2013 年 11 种 CSSCI 收录的图书馆学期刊发表的问卷调查法文章的情况（见表 1）可以看出，比例较高的在 5.0%~6.9%之间，较低的在 1.5%~3.7%之间，总量上都没有超过 10%。这说明在当今图书馆学研究中，问卷调查法的应用虽占一定比例，但并不很高。这些应用问卷调查法的文章可分为两类，一类是单独使用该方法，另一类是同时使用多种研究方法，问卷调查法作为一种辅助方法。

表 1　2013 年图书馆学期刊发表问卷调查法文章的情况

期刊名称	2013 年发表文章的数量	问卷调查法的文章	问卷调查法文章占总数的比例（%）
中国图书馆学报	82	3	3.7
大学图书馆学报	102	7	6.9
图书情报工作	565	28	5.0
图书情报知识	88	6	6.8
国家图书馆学刊	90	5	5.6
图书与情报	144	10	6.9
图书馆杂志	262	4	1.5
图书馆建设	270	7	2.6
图书馆论坛	193	13	6.7
图书馆	228	7	3.0
图书馆工作与研究	392	7	1.8

注：在所有说明自己使用了问卷调查法的文章中，有 16 篇并无任何体现问卷编制、使用与数据分析的内容，而是直接给出结论。在本文的数据分析中，这 16 篇文章的所有指标均被设置为缺省值，因此会出现对一些指标分析时数据和文章总数略有差异的情况。

2.2　发表问卷调查法文章的数量比较

从各期刊在 2013 年发表的问卷调查法文章占此类文章总数的比例（见表 2），可以看出发表问卷调查法文章前 3 位的是《图书情报工作》《图书馆论坛》《图书与情报》，其余的期刊均在 10%以下。

表 2　2013 年各期刊发表问卷调查法文章的比较

期刊名称	问卷调查法的文章数量	占所有期刊 2013 年问卷调查法文章总数的比例（%）
中国图书馆学报	3	3.1
大学图书馆学报	7	7.2
图书情报工作	28	28.9
图书情报知识	6	6.2
国家图书馆学刊	5	5.2
图书与情报	10	10.3
图书馆杂志	4	4.1

续表

期刊名称	问卷调查法的文章数量	占所有期刊 2013 年问卷调查法文章总数的比例（%）
图书馆建设	7	7.2
图书馆论坛	13	13.4
图书馆	7	7.2
图书馆工作与研究	7	7.2
合计	97	100.0

2.3 问卷调查对象的情况

问卷调查是以一定调查对象为研究目标的，根据文章的内容，我们将图书馆学中问卷调查法的研究对象大致分为 5 类：①大众人群；②高校师生、科研机构人员（不含图书馆员）；③图书馆员；④企业人员；⑤其他人员。

根据调查对象数量分布情况（见表 3），可以看出调查对象以高校师生、科研机构人员为主，其次是公共图书馆的服务对象大众人群，其余 3 类问卷调查对象均占较小比例。

对象特征主要是指被调查对象的人口学特征，如性别、年龄、学历和职业等等，有些特征既不包含在调查问卷的主体问题内，也并非人口学特征，如到馆次数、到馆时间等，因此，我们将正式问题之前的对基本资料的调查项目，包括人口学特征和非人口学特征，统称为调查对象特征，并对这部分项目做了简单的数量总结（见表 4、表 5）。

表 3 问卷调查对象的比例

问卷调查对象	被调查的次数	百分比（%）
大众人群	25	25.8
高校师生、科研机构人员（不含图书馆员）	40	41.2
图书馆员	7	7.2
企业人员	3	3.1
其他人员	3	3.1
缺省	19	19.6

注：19 个缺省值，共有 19 篇文章中没有准确地指出被调查对象的身份与数量

表 4　问卷涉及调查对象特征的数量

	有效数量	缺失数量	极小值	极大值	均值
调查对象的指标数量	58	39	1	11	3.79

表 5　调查对象人口学指标的数量

	数量	频率	百分比（%）	有效百分比（%）	累积百分比（%）
有效	1	4	4.1	6.9	6.9
	2	13	13.4	22.4	29.3
	3	12	12.4	20.7	50.0
	4	14	14.4	24.1	74.1
	5	5	5.2	8.6	82.8
	6	2	2.1	3.4	86.2
	7	6	6.2	10.3	96.6
	8	1	1.0	1.7	98.3
	11	1	1.0	1.7	100.0
	合计	58	59.8	100.0	
缺失	999	39	40.2		
合计		97	100.0		

可以看出，大部分文章（58 篇）呈现了被调查对象的基本特征，以便对结果有更进一步的解释。少部分文章（39 篇）对被调查者的自身情况并不关心，这可能是由于研究本身所致，也可能是问卷设计的疏忽。涉及对象特征的数量从 1 个到 11 个不等，大部分集中在 2 到 4 个之间。

2.4　问卷样本量的情况

根据问卷样本量（见表 6）可以看出，超过 35%问卷样本量在 0~333 之间，334~666 占了超过 10%，667~999 占了超过 10%，这三项总共在大约 60%左右，超过 1000 以上的数量占了大约 40%。需要指出的是，样本量不是问卷的发放数量，而是回收数量，问卷调查法通常都有回收率，通常是很难做到 100%回收有效问卷的。问卷的样本量是根据研究需要决定，一般情况下样本量越大结果可能会更有代表性。

表 6　问卷样本量

有效数量	缺失数量	极小值	极大值	均值	中值	百分位数 25	百分位数 50	百分位数 75
72	25	16	3568	638.26	324.50	189.75	324.50	814.50

2.5　问卷主题内容的分布

文章的主题内容分为六类（见表 7），可以看出，研究主题集中于读者满意度、读者需求、用户信息行为等，这些都可以视为是对图书馆服务对象的研究，其次是图书馆管理运作，再次是对于图书馆员心理认知和职业文化的研究以及其他主题的文章，最后是竞争情报主题。

表 7　各个研究主题的数量

研究主题	数量	百分比（%）
满意度或需求调查	23	23.7
信息行为	25	25.8
图书馆管理运作	20	20.6
图书馆员心理认知与职业文化	12	12.4
竞争情报	3	3.1
其他	14	14.4

2.6　问卷编制的标准化和规范化情况

文章中所使用的问卷为引用既有问卷或是自编问卷，是否进行预测试与信效度检验，采用何种抽样方法与计分方式，是否含有量表型的题目等编制和使用指标的总体情况，为了方便论述，我们把这些统称为问卷编制指标（见表 8）。

可以看出，除了一篇文章采用了既有问卷之外（也没有对问卷进行任何修改），其余全部为自编问卷，这些问卷中进行了预测试的有 20.5%，信度检验有 38.5%，效度检验有 37.2%，提及了所使用抽样方法的有 16.7%，说明了计分方式的有 39.7%，含有量表型问卷的有 44.9%。

表 8　问卷编制指标的使用次数

问卷编制指标	数量	有效百分比（%）（缺省值不参加计算）
引用问卷	1	1.3
自编问卷	78	98.7
预测试	16	20.5
信度检验	30	38.5
效度检验	29	37.2
抽样方法	13	16.7
计分方式	31	39.7
是否含有量表	35	44.9

这表明当前图书馆学研究在使用问卷调查法时规范化和标准化程度是很低的，虽然存在一些研究者遵循着规范化程序但是未在文章中表述出来的可能，但问卷调查法的应用现状仍是编制与使用过程欠缺标准化和规范化。

2.7　统计方法的使用情况

社会科学研究中的数理统计可以分为描述性统计和推理性统计两个阶段，在描述性统计阶段，研究者利用频数、百分比等对数据进行组织，用众数、中位数、平均数对数据的集中趋势进行测量，用离差和标准差来反映数据的变异性；在推理性统计阶段，研究者则利用统计分布、回归分析、统计检验等手段对数据进行进一步的挖掘，为从样本推论总体提供依据[5]。

根据文章使用统计方法的情况（见表 9、表 10），可以看出文章在统计方法应用上涉及面比较广，不过，推理性统计相关统计方法的使用率并不太高。

描述性统计的使用率达到了 89.7%，共有 70 篇文章对数据特征进行了描述，其中以平均数、总数和百分比居多。除描述性统计外，使用了假设检验、方差分析、相关与回归分析、主成分和因子分析和其他数理统计方法的文章总数 66 篇，占 84.6%。但实际上这一比例应该更低一些，因为归入使用了主成分法和因子分析法的文章有一部分是因为进行问卷的信效度检验而使用该方法，而并非是对后期结果分析，还有部分文章使用两种或者两种以上的统计方法。

表 9　使用的统计方法

统计方法	具体方法
描述统计	百分比众数中位数平均数离差标准差
假设检验	T 检验卡方检验 U 检验
方差分析	单因素方差分析
相关与回归	积差相关 一元线性回归 多元线性回归
主成分分析与因子分析	因子分析 矩阵分析法 象限分析法
其他方法	结构方程 交叉分析法

表 10　统计方法使用次数

统计方法	使用次数	有效百分比（%）（缺省值不参加计算）
描述统计	70	89.7
假设检验	11	14.1
方差分析	10	12.8
相关与回归分析	17	21.8
主成分和因子分析	16	20.5
其他方法	12	15.4
合计（除描述统计外）	66	84.6

有 39 篇文章（4 篇含有量表）只是对数据特征进行了描述，没有进一步挖掘。统计分析不够深入，将导致研究结果空泛、随后的结论分析也难以得出有价值的结论。这不意味着我们鼓励一味追求高级统计方法，但必须要注意的是数理统计方法与研究目的、研究设计的相匹配是很重要的，这就要求我们对研究课题有充足的文献准备，建立起完整的理论框架，经过精心的研究设计，后期的数据分析才能深入。

3　结论

（1）在当今图书馆学研究中问卷调查法的使用有一定比例，但并不太高。使用该方法的文章也分为两类，一类是单独使用问卷调查法，另一类是同时使用多种研究方法，问卷调查法作为一种辅助方法。

（2）调查对象以高校图书馆的服务对象高校师生、科研机构人员为主，其次是公共图书馆的服务对象大众人群，其他的占很小比例，大部分研究者对调查对象的基本特征进行了调查。

（3）超过35%的问卷样本量在0~333之间，334~666超过10%，667~999超过10%，这三项总共在大约60%左右，超过1000以上的数量占了大约40%，“大样本量”成为图书馆学界问卷调查法应用中的主流意识。

（4）研究主题文章数量从多到少依次为信息行为、满意度和需求、图书馆自身管理、图书馆员心理认知和职业文化、其他、竞争情报。

（5）目前的研究在使用问卷调查法时标准化和规范化程度很低，并且以不含量表型问题的问卷居多。

（6）统计方法中的描述性统计使用的最多，此外，假设检验、方差分析、相关与回归分析、主成分和因子分析和其他方法也有使用，但整体情况为，数据分析方法偏于简单，数据挖掘不深入，导致结论较浅，分析也相对空泛。

4 分析

（1）研究视角偏向单一，研究对象范围较窄，研究焦点较为集中。研究视角多是从读者这一外部角度出发，通过了解读者的需求和信息行为对图书馆的管理等方面进行调整改进，忽视了从图书馆员、管理者或其他相关人士等内部视角的研究。即便是研究读者群体，也存在研究对象范围狭窄的问题，多数调查对象锁定在大学师生范围，部分为普通公众。此外，问卷的发放也集中在特定区域，一些大范围调查的研究又存在样本量偏低的现象，导致调查结果普遍外部效度不高，不具有推广性。从前文的分析还可以看出，并不是每篇文章都调查了研究对象的特征指标，我们主张适当地加入一些人口学特征或其他特征，有助于研究者对比不同群体表现在研究内容上的差异，深化研究结果。

（2）问卷编制和使用过程中，标准化规范化程度较低，随意性主观性严重。首要表现是预测试和信度效度检验的缺失。缺少预测试就缺少了对问卷修改的过程；缺少了信效度检验这一步骤，则会导致整个研究结果可靠性与准确性的降低。虽然有的研究者用正式施测代替预测试，直接对问卷进行信效度检验，但是这样做一旦发现信效度不合格，已获得数据需要全部舍弃，将致使研究资源的浪费。如果调查研究进行了信效度检验，但缺少相应说明，则会导致读者无法判断调查结果的可靠性与准确性程度，从而无法对其文章的科学性做出判断。其次是抽样方法和计分方式，也应该在文章中说明采用了何种抽样方法，问卷的计分和评分用方式又是怎样的，以增加文章结论的说服力。

（3）研究设计决定了研究内容的深度。我们看到，部分研究主题空洞，缺少理论框架和理论创新，致使数据无法进行深入挖掘，统计方法也仅止步于简单的百分比的罗列等描述性统计，无法深入说明问题，导致结论与分析浅显空泛，这都是前期研究设计缺陷甚至缺失所造成的。若希望结论与分析的准确、深入，从研究设计的第一步开始就要标准、规范的执行，每一步做到位，最后研究结论的科学价值自然有所提升。

参考文献：

[1] 彭克宏，马国泉，陈有进，等. 社会科学大词典[M]. 北京：中国国际广播出版社，1989：224.

[2] 张兴杰. 社会调查[M]. 南京：南京大学出版社，2008：129.

[3] 金华. 图书馆学研究方法：困境及其出路[J]. 图书情报工作，2008，(8)：67.

[4] PhilipHilder，BobPymm.Empiricalresearchmethodsreportedin-high-profileLISjournalliterature[J].Library&Infor-mationScieneceRe-search，2008，(30)：108-114.

[5] 赵微，徐建华，等. 近五年来图书馆学实证研究的回顾与分析[J]. 图书与情报，2009，(6)：45-50.

（文章来源：《图书与情报》2014年第6期）

2013年图书馆学期刊问卷调查法文章的对比分析——研究对象与研究主题

王淑红[1] 李媛[2] 孙晓琳[3]
（1. 宁波大学图书馆 浙江宁波 315211）
（2. 河北工业大学图书馆 天津 300401）
（3. 南开大学商学院信息资源管理系 天津 300071）

摘 要： 文章通过研究2013年发表在11种CSSCI收录的图书馆学期刊上的问卷调查法文章，集中针对文章的研究对象和研究主题不同而导致的差异进行深入分析，发现不同研究对象在问卷编制和统计分析的绝大部分指标上不存在显著性差异，而不同研究主题则在绝大部分指标上存在显著性差异。

关键词： 问卷调查法；图书馆学；研究对象；研究主题

中图分类号： G250.1 **文献标识码：** A **文章编号：** 1003-6938（2014）06-0029-05

The Contrastive Analysis of the Questionnaire Survey Articles of Library Science Journals in 2013 —— Research objects and research topics

Abstract: Questionnaire application articles in library science, which published in 11 CSSCI library magazines in 2013, were analyzed with focus on the differences in research topics and objects. The results showed that there were no significant differences in almost all indexes of compiling questionnaire and statistic analysis of different research objects, but there were significant differences in almost all indexes of different research topics.

Key words: questionnaire survey; library science; research objects; research topics

1 引言

问卷调查法的核心是问卷，而问卷是社会科学研究中最常用的实证研究工具，作为研究工具，问卷的设计必须紧扣于研究内容并服务于调查对象。就研究对象而言，问卷题目的设计除了严格紧扣主题外还需要考虑到调查对象的群体特征。问卷在题目设计上需要精练、清晰，不宜冗长。一般经验而言，问卷的容量适宜 2 页以内或 20 分钟内可以完成，比较容易被调查者接受，否则会引起被调查者的厌烦情绪和畏难情绪，影响调查质量[1]。针对不同层次的研究对象，问卷的设计不仅要注意题目作答长度，还需要注意语言词汇的表述和内容的理解性，因为这些都会因调查对象出于不同学历层次、不同年龄段、不同社会群体而有所不同。就研究主题而言，“理论研究要求做出新发现、提出新见解、得出新结论；技术研究就要求发明新技术、新产品、新设备、新材料、新工艺、新的测试方法或者把原有技术应用到新领域。选题的创造性原则是科学研究的灵魂，有各种各样的表现”[2]。研究选题的理论深度和创新性直接影响到通篇文章，也包括研究工具在内的学术深度和学术精确性。可以说问卷编制的核心灵魂就是论文的研究内容，因此，调查对象、主题内容、问卷编制、实施、分析各个环节紧密相连、影响甚重。本文在对 2013 年 11 种 CSSCI 收录的图书情报学期刊所发表的问卷调查法文章逐篇阅读的基础上，集中对问卷调查法在不同调查对象和不同研究主题两大类上做了分类对比研究，使用的软件为 SPSS19.0。

2 不同调查对象文章编制指标和统计方法的差异

2.1 不同调查对象文章编制指标的情况

从不同调查对象文章的问卷编制指标的使用情况（见表 1）。可以看出，在调查不同的对象群体时，问卷编制指标和统计方法在文章中的出现与使用频率，前 4 项指标虽有差别，但是数据差别并不大，下一步是否存在统计学上的显著差异是我们下一节的内容。单从数据来看，调查对象为“其他”的各项指标几乎都为零，这是因为这一类文章很少，刚好都属于规范性不高的文章。

2.2 不同调查对象文章统计方法的情况

从不同对象群体统计方法在文章中的使用情况（见表 2），可以看出，描述统计几乎是被每一种研究对象的文章都广泛使用的方法，其他统计方法在前 3 项上都有一定比例的使用。调查对象为“企业人员”没有使用假设检验和方差分析，但是其他方法使用较多，这是因为调查“企业人员”的文章多为情报学领域，而非图书馆学领域，因此在方法选用上略有差异。调查对象为“其他”的，依然是由于之前的问卷规范性欠佳，使得调查无法深入，导致后期数据分析也只能进行描述性分析。

表 1 不同调查对象的文章问卷编制指标的使用情况

调查对象		编制指标							
		引用	自编	预测试	信度检验	效度检验	抽样方法	计分方式	是否含有量表
大众人群	计数	1	25	7	11	11	3	9	11
	“调查对象”内的百分比（%）	4.0	100.0	28.0	44.0	44.0	12.0	36.0	44.0
	“编制指标”内的百分比	100.0	32.1	43.8	36.7	37.9	23.1	29.0	31.4
高校师生、科研机构人员（不含图书图书馆员）	计数（%）	0	40	7	14	13	8	19	18
	“调查对象”内的百分比（%）	0	100.0	17.5	35.0	32.5	20.0	47.5	45.0
	“编制指标”内的百分比（%）	0	51.3	43.8	46.7	44.8	61.5	61.3	51.4
图书馆工作人员	计数	0	7	2	3	3	11	3	3
	“调查对象”内的百分比（%）	0	100.0	28.6	42.9	42.9	14.3	42.9	42.9
	“编制指标”内的百分比（%）	0	9.0	12.5	10.0	10.3	7.7	9.7	8.6
企业人员	计数	0	3	0	2	2	1	0	3
	“调查对象”内的百分比（%）	0	100.0	0	66.7	66.7	33.3	0	100.0
	“编制指标”内的百分比（%）	0	3.8	0	6.7	6.9	7.7	0	8.6
其他	计数	0	3	0	0	0	0	0	0
	“调查对象”内的百分比	.0%	100.0%	.0%	.0%	.0%	0	0	0
	“编制指标”内的百分比	.0%	3.8%	.0%	.0%	.0%	0	0	0

注：“计数”就是该指标在文章中使用或出现的次数；调查对象内的百分比=某项的计数/某类调查对象总数；编制指标内的百分比=某项的计数/全部出现了该项编制指标文章的总数，以下表格数据计算解释相同。

表 2　不同调查对象的文章统计方法的使用情况

调查对象		统计方法					
		描述统计	假设检验	方差分析	相关与回归分析	主成分和因子分析	其他方法
大众人群	计数	23	4	2	9	6	4
	“调查对象”内的百分比（%）	92.0	16.0	8.0	36.0	24.0	16.0
	“统计方法”内的百分比（%）	32.9	36.4	20.0	52.9	37.5	33.3
高校师生、科研机构人员（不含图书图书馆员）	计数	37	5	7	5	6	4
	“调查对象”内的百分比（%）	92.5	12.5	17.5	12.5	15.0	10.0
	“统计方法”内的百分比（%）	52.9	45.5	70.0	29.4	37.5	33.3
图书馆工作人员	计数	6	1	1	2	3	1
	“调查对象”内的百分比（%）	85.7	14.3	14.3	28.6	42.9	14.3
	“统计方法”内的百分比（%）	8.6	9.1	10.0	11.8	18.8	8.3
企业人员	计数	1	0	0	1	1	3
	“调查对象”内的百分比（%）	33.3	0	0	33.3	33.3	100.0
	“统计方法”内的百分比（%）	1.4	0	0	5.9	6.3	25.0
其他	计数	3	1	0	0	0	0
	“调查对象”内的百分比（%）	100.0	33.3	0	0	0	0
	“统计方法”内的百分比（%）	4.3	9.1	0	0	0	0

2.3　不同调查对象文章编制指标和统计方法的差异分析

从不同调查对象的文章编制指标和问卷统计方法差异（见表 3）可以看出，针对不同的调查对象，问卷在统计方法上不存在统计学意义上的差异，统计方法的选用基本不受调查对象的影响，只有在描述统计和其他方法的使用上存在差异。这说明调查对象在研究中并不会引起问卷统计方法和统计方法上的差别，除了描述统计和其他方法 2 项，这 2 项存在差别的具体原因暂时不能确定，需要继续进行多年份文章研究之后，才可定论这种差异是 2013 年文章的特殊现象，还是调查对象存在的固有差异。

表 3 不同调查对象的文章编制指标和问卷统计方法上的差异

原假设	测试	Sig.	决策者
预测试的分布在调查对象类别上相同	独立样本 K-W 检验	.579	保留原假设
信度检验的分布在调查对象类别上相同	独立样本 K-W 检验	.490	保留原假设
效度检验的分布在调查对象类别上相同	独立样本 K-W 检验	.432	保留原假设
抽样方法的分布在调查对象类别上相同	独立样本 K-W 检验	.772	保留原假设
计分方式的分布在调查对象类别上相同	独立样本 K-W 检验	.280	保留原假设
是否含有量表的分布在调查对象类别上相同	独立样本 K-W 检验	.192	保留原假设
特征描述的分布在调查对象类别上相同	独立样本 K-W 检验	.012*	拒绝原假设
假设检验的分布在调查对象类别上相同	独立样本 K-W 检验	.816	保留原假设
方差分析的分布在调查对象类别上相同	独立样本 K-W 检验	.697	保留原假设
相关与回归分析的分布在调查对象类别上相同	独立样本 K-W 检验	.173	保留原假设
主成分与因子分析的分布在调查对象类别上相同	独立样本 K-W 检验	.278	保留原假设
其他方法的分布在调查对象类别上相同	独立样本 K-W 检验	.002**	拒绝原假设

3 不同研究主题文章编制指标和统计方法的差异

3.1 不同研究主题文章编制指标的情况

从不同研究主题文章的问卷编制指标使用情况（见表 4）可以看出，问卷的编制指标因为研究主题不同而存在次数上的较大差异，主题内容为“图书馆员心理认知及职业文化”在编制指标上比例数值最高，说明这一类型的文章规范性标准性最高。“竞争情报”和“其他”的两项的规范性标准性次之，最低的是“满意度或需求调查”与“图书馆管理运作”两个主题内容。

表 4　不同研究主题文章的问卷编制指标的使用情况

研究主题		编制指标							
		引用	自编	预测试	信度检验	效度检验	抽样方法	计分方式	是否含有量表
满意度或需求调查	计数	0	18	1	3	3	2	2	4
	“研究主题”内的百分比（%）	0	100.0	5.6	16.7	16.7	11.1	11.1	22.2
	“编制指标”内的百分比（%）	0	23.1	6.3	10.0	10.3	15.4	6.5	11.4
图书馆管理运作	计数	0	16	1	1	1	0	7	4
	“研究主题”内的百分比（%）	0	100.0	6.3	6.3	6.3	0	43.8	25.0
	“编制指标”内的百分比（%）	0	20.5	6.3	3.3	3.4	0	22.6	11.4
竞争情报	计数	0	3	0	2	2	1	0	3
	“研究主题”内的百分比（%）	0	100.0	0	66.7	66.7	33.3	0	100.0
	“编制指标”内的百分比（%）	0	3.8	0	6.7	6.9	7.7	0	8.6
图书馆员心理认知及职业文化	计数	0	11	10	11	11	8	10	11
	“研究主题”内的百分比（%）	0	100.0	90.9	100.0	100.0	72.7	90.9	100.0
	“编制指标”内的百分比（%）	0	14.1	62.5	36.7	37.9	61.5	32.3	31.4
其他	计数	0	10	1	5	5	0	6	6
	“研究主题”内的百分比（%）	0	100.0	10.0	50.0	50.0	0	60.0	60.0
	“编制指标”内的百分比（%）	0	12.8	6.3	16.7	17.2	0	19.4	17.1

3.2　不同研究主题文章的统计方法的情况

从不同研究主题的文章统计方法使用情况（见表 5）可以看出，问卷的统计方法因为研究不同而存在次数上的较大差异，描述统计仍然是各个主题使用率最高的方 法。主题内容为“图书馆员心理认知及职业文化”在统计方法的使用上涉及面最广，几乎使用了各种统计方法，数据分析较为深入；其次是“竞争情报”和“其他”的两项，数据分析运用较多除描述统计之外的方法；“满意度或需求 调查”与“图书馆管理运作”数据分析相对最简单。

表 5 不同研究主题的文章统计方法的使用情况

研究主题		统计方法					
		描述统计	假设检验	方差分析	相关与回归分析	主成分和因子分析	其他方法
满意度或需求调查	计数	18	0	0	1	2	2
	“研究主题”内的百分比（%）	100.0	0	0	5.6	11.1	11.1
	“统计方法”内的百分比（%）	25.7	0	0	5.9	12.5	16.7
图书馆管理运作	计数	14	0	2	2	1	0
	“研究主题”内的百分比（%）	87.5	0	12.5	12.5	6.3	0
	“统计方法”内的百分比（%）	20.0	0	20.0	11.8	6.3	0
竞争情报	计数	1	0	0	1	1	3
	“研究主题”内的百分比（%）	33.3	0	0	33.3	33.3	100.0
	“统计方法”内的百分比（%）	1.4	0	0	5.9	6.3	25.0
图书馆员心理认知及职业文化	计数	10	5	6	7	4	2
	“研究主题”内的百分比（%）	90.9	45.5	54.5	63.6	36.4	18.2
	“统计方法”内的百分比（%）	14.3	45.5	60.0	41.2	25.0	16.7
其他	计数	8	1	2	4	5	3
	“研究主题”内的百分比（%）	80.0	10.0	20.0	40.0	50.0	30.0
	“统计方法”内的百分比（%）	11.4	9.1	20.0	23.5	31.3	25.0

3.3 不同研究主题文章编制指标和统计方法的差异分析

从不同研究主题文章编制指标和统计方法差异情况（见表 6）可以看出，不同研究主题的问卷在全部统计方法上存在显著差异。除了主成分与因子分析之外，统计方法也全部受到研究主题的影响。主成分与因子分析不存在显著差异是因为它们是效度检验的主要方法，任何问卷都需要进行效度检验，不因研究内容的不同而区别对待。

表 6 不同研究主题文章编制指标和统计方法上的差异

原假设	测试	Sig.	决策者
预测试的分布在研究主题类别上相同	独立样本 K-W 检验	.000***	保留原假设
信度检验的分布在研究主题类别上相同	独立样本 K-W 检验	.000***	保留原假设
效度检验的分布在研究主题类别上相同	独立样本 K-W 检验	.000***	保留原假设
抽样方法的分布在研究主题类别上相同	独立样本 K-W 检验	.000***	保留原假设
计分方式的分布在研究主题类别上相同	独立样本 K-W 检验	.000***	保留原假设
是否含有量表的分布在研究主题类别上相同	独立样本 K-W 检验	.000***	保留原假设
特征描述的分布在研究主题类别上相同	独立样本 K-W 检验	.008**	保留原假设
假设检验的分布在研究主题类别上相同	独立样本 K-W 检验	.005**	保留原假设
方差分析的分布在研究主题类别上相同	独立样本 K-W 检验	.000***	保留原假设
相关与回归分析的分布在研究主题类别上相同	独立样本 K-W 检验	.003**	保留原假设
主成分与因子分析的分布在研究主题类别上相同	独立样本 K-W 检验	.070	拒绝原假设
其%方法的分布在研究主题类别上相同	独立样本 K-W 检验	.001**	保留原假设

4 结论与分析

4.1 结论

（1）研究对象的不同没有造成问卷统计方法使用上的差异；而统计方法的使用上，除了“描述统计”和“其他方法”外都不受调查对象的影响。我们试图找出研究者是否会因为研究对象的不用而产生对研究过程严谨性和数据分析深入性的差异，是因为不同的研究对象可能会导致研究者在主观上重视程度不一样，比如对于相对普通的调查对象，研究者往往会先入为主地做出预测，认为与预测相符便浅尝辄止，而对于较特殊较难预测群体可能态度截然相反。本文结果证明，我们这一假设不成立，研究对象的差异不会导致统计方法使用上的差异。

（2）不同研究主题导致问卷在所有统计方法的使用上存在显著差异；而统计方法的使用上，除了主成分与因子分析之外，统计方法也全部受到研究主题的影响。由此可以看出，虽然研究的对象基本不会影响研究过程严谨性和数据分析深入，但是研究主题（即研究内容）确实对研究者产生了很大的影响。正如著名的德国物理学家、诺贝尔物理学奖获得者海森堡曾说过的，“提出正确的问题，往往等于解决了问题的大半”[3]。一个研究选题的好坏不仅影响到论文的理论价值和应用价值，更对研究者本身产生很大的主观影响。

4.2 分析

从结果可以看出，问卷调查法在编制指标和统计方法的使用上不受调查对象的影响，但却深受研究内容的影响。研究选题影响了研究者对于研究工具的选择、对于研究工具严谨性和科学性的要求程度，也影响了后期的数据分析。纵观百余年来的诺贝尔科学奖获奖者，他们的科学研究涵盖了现代科学的各个领域，获奖成果包括重大科学发现、重大理论创新以及技术创新等，这些科学家之所以能够获得举世公认的一流成果，其中关键之一就是选择了适合的科研课题[4]。一个成功选题会使得研究者随着研究的深入兴趣越来越大，收获越来越多，否则会让研究者浅尝辄止，半途而废。因此，选题是否恰当直接影响论文的质量，关系到论文的价值，决定着论文的成败，也直接影响着学术成果的质量和水平。

参考文献：

[1] 戴菲章，俊华. 规划设计学中的调查方法（1）——问卷调查法（理论篇）[J]. 中国园林，2008，（10）：84-87.

[2] 强选萍，张建平，赵宗辽，等. 浅议科研选题在科学研究中的重要性[J]. 中国高校科技与产业化，2006，（7）：52-53.

[3] 蔡贞，温淑娟，郑磊，等. 浅谈科研选题一科研工作之路基[J]. 山西医科大学学报，2103，44（5）：408-410.

[4] 曹伟. 青年诺贝尔获奖得主科研选题的类型及特点分析[J]. 自然辩证法研究，2010，26（7）：67-71.

（文章来源：《图书与情报》2014 年第 6 期）

2013年图书馆学期刊问卷调查法文章的对比分析——问卷与量表

李媛[1] 杨明[2] 张言[3]
（1. 河北工业大学图书馆天津 300401）
（2. 吉林工程技术师范学院文化传媒学院吉林长春 130052）
（3. 南开大学商学院信息资源管理系天津 300071）

摘要： 文章通过研究2013年发表在11种CSSCI收录的图书馆学期刊上的问卷调查法文章，集中针对文章中使用问卷和量表而导致问卷编制使用和统计方法的差异进行深入分析，发现问卷和量表在问卷编制和统计分析上存在显著性差异。

关键词： 问卷调查法；图书馆学；问卷与量表

中图分类号： G250.1 **文献标识码：** A **文章编号：** 1003-6938（2014）06-0033-04

The Contrastive Analysis of the Questionnaire Survey Articles of Library Science Journals in 2013——Questionnaire and scale

Abstract: This article analyzed questionnaire application article in library science, which published in 11 CSSCI library magazines in 2013, with focus on the research of the differences in compiling questionnaire and statistic analysis of questionnaire and scale used in the articles, in order to provide reference to apply questionnaire scientifically in library science research process. The results showed that there were significant differences in compiling questionnaire and statistic analysis between questionnaire and scale.

Key words: questionnaire survey; library science; questionnaire and scale

1 引言

1.1 问卷与量表的联系

问卷是指研究人员为了收集被调查者的意见，将所要调查的内容和问题编排成一种统一表格形式的测量工具。研究人员用问卷收集测量社会资料，从而通过了解被调查对象的基本情况、行为、态度及观念等有关方面的情况，去解释所研究的问题和验证所提出的研究假设。问卷的使用方式可分为访问问卷和自填问卷两种[1]。

量表是根据特定法则，用数字符号来代表事物或人的某些特性。换言之，一个量表是编制好的一套符号或数字，用于测定个人或个人行为，以判定该量表所量度的变项在量表上所呈现的位置或强弱程度。不论量表在设计类型和方法上有何不同，原则上都需要个人对一系列精心设计的统一问题或项目做出肯定或否定的答复，量表的设计需要选择一系列项目，使人们对一个题目的肯定或否定能反映态度上的赞成与否的不同程度。量表也可作量度工具解，其目的在于用定量的技术去量度多种社会变项。它的适用范围有：心理测量及社会学的态度量表；人口方面，如社区、国家、民族之中多种社会行为的方式与结果；社会方面，如社会结构与过程[1]。

有学者对问卷与量表的发展历史进行了研究，产生这样的描述："因为问卷中出现有评分的量尺，问卷中所涉及的又都是与新生儿密切相关的一些科学指标，具有比较严格的科学性，所以又被称为量表。在一般不涉及很多科学因素的测验中，如对一种化妆品、一种家用电器的用户满意度的调查，可以采用不经过严格检验的测试工具。这类测试工具被称为问卷（questionnaire、inventory、poll）。而在对测验工具有严格要求的测试中，必须使用经过严格科学检验的测试工具，这类测试工具一般被称为量表（scale）。随着人们科学素养的不断提高，即使是在对测试工具没有严格要求的一般测试中，研究人员也非常注重问卷的科学性。这样就出现了一个趋势：问卷与量表被当作同义词。对中国学术期刊网（http：//www.cnki.net）和美国教育部电子数据库（http：//www.edpubs.org）进行检索，可以看出 inventory、questionnaire、scale 是混用的，而 polling 一词出现很少。"[2]

一份问卷可以不包含量表，也可以包含一个或者多个量表。两者没有本质上的区别，因此，本文中为了更加准确的进行表述，数据表中的分析指标采用"不含量表的问卷"和"含有量表的问卷"这种表达形式，而正文陈述为了语言的精练，采用"问卷"与"量表"的表达方式。

1.2 问卷与量表的区别

问卷和量表同是测量工具，量表作为问卷的一部分，在设计测量上更加注重理论框架和测量指标的量化和结果的精确统计。

问卷编制的架构只需要主题，设计问卷架构时需锁定问卷的主题、理清主题脉络、列出框架，就可以设计问题了，最后将问题进行编排，就可得到问卷初稿；问卷不要求对架构的构成因素进行定义，只要紧扣主题编制问题即可；问卷以各个题目为单位计算次数，得出问卷测量的结果，用回答某一选项的人次表示测量结果，测量结果用次数表示，不可加可比，可选用非参数检验。

量表编制的架构需要理论依据；量表要求对架构的构成因素做出明确定义；量表以各个题目为单位计算分数，得出总量表或者每个分量表的分数，得出测量结果；量表测量的结果用分数表示，结果可加可比，可选用很多统计方法。

2 各期刊发表问卷调查法文章的情况

从各期刊 2013 年发表的问卷调查法文章在本期刊本年度发文总量中所占的数量和比例可知，问卷调查法在图书馆学研究中已得到一定程度的使用，但使用比例仍然不是很高（见表 1）。

表 1 2013 年各期刊发表问卷调查法文章的数量和比例

期刊名称	2013 年发表文章的数量	问卷调查法的文章的数量	所在本期刊的比例（%）
中国图书馆学报	82	3	3.7
大学图书馆学报	102	7	6.9
图书情报工作	565	28	5.0
图书情报知识	88	6	6.8
国家图书馆学刊	90	5	5.6
图书与情报	144	10	6.9
图书馆杂志	262	4	1.5
图书馆建设	270	7	2.6
图书馆论坛	193	13	6.7
图书馆	228	7	3.7
图书馆工作与研究	392	7	1.8

3 问卷与量表的文章在问卷设计和统计分析指标上的差异

3.1 问卷与量表在问卷指标上的使用情况

问卷是否需要含有量表，主要取决于研究的主题内容和想要得到的研究结果。工具的选用适用于研究就好，但越来越多的研究为了得到更加深层的数据挖掘，更加客观科学、有说服力和预测性的结果，都在采用量表式问卷。量表的理论结构更强，数据模型更深入准确，只要严格按照程序标准化和规范化的编制与使用，量表式问卷可使研究更加深入且有价值。

从问卷和量表在编制指标的使用情况（见表 2）可以看出，量表比问卷在指标的出现率和统计方法的使用上都高出很多。除了一篇文章是采用了别人设计使用过的问卷之外（即没有对问卷进行任何修改），其余的文章全部都是自编问卷。在自编问卷中，无量表的问卷占 54.5%，有量表的问卷占 45.5%，无量表问卷居多。

表 2　问卷和量表在编制指标的使用情况

是否含有量表	问卷编制指标						
	全部引用	自编	预测试	信度检验	效度检验	抽样方式	计分方式
计数	0	42	1	4	3	2	5
“无量表”内的百分比（%）	0	100.0	2.4	9.5	7.1	4.8	11.9
“编制指标”内的百分比（%）	0	54.5	6.3	13.3	10.3	15.4	16.1
计数	1	35	15	26	26	11	26
“有量表内的”百分比（%）	2.9	100.0	42.9	74.3	74.3	31.4	74.3
“编制指标”内的百分比（%）	100.0	45.5	93.8	86.7	89.7	84.6	83.9

量表在是否进行了预测试、信度与效度检验、采取何种抽样方式等指标上说明程度明显高于问卷，这说明通常使用量表的文章在研究标准性和规范性方面优于使用问卷的文章。

一份问卷在编制完成后并不适宜马上投入使用，预测试可以检验问卷的信效度和其他适用性问题，能揭示出研究者编制过程中忽略的实际应用障碍。问卷可以通过预测试看出题目的语言歧义、语言组织、内容重复等方面的问题，而量表型问卷的预测试对于理论构架整合拆分、操作性定义的修改、语言的准确化都有着非常重要的作用。预测试是信度和效度检验与修改的必要步骤。从表 2 看到问卷预测试率为 2.4%，占到全部预测试的 6.3%；量表预测试率为 42.9%，占全部预测试的 93.8%。

问卷编制的标准化和规范不会因为问卷是否含有量表而有所改变的。问卷虽然没有准确理论框架和操作性定义，但这不是说它们不需要信效度检验和预测试。信度是问卷所必须达到使用标准的指标，直接影响测验结果的可靠性，信度不达标的问卷不具备施测条件。表 2 显示 9.5%的问卷进行了信度检验，占全部进行信度检验文章的 13.3%；74.3%的量表进行了信度检验，占全部进行信度检验文章的 86.7%。

效度依据研究需要和问卷设计的不同，可以检验不同类型的效度。问卷多检验的是内容效度，而量表则需要检验种类更多的效度，如内容效度、结构效度、校标效度等。从表 2 可以看出，7.1%的问卷进行了效度检验，占全部进行效度检验文章的 10.3%；74.3%的量表进行了效度检验，占全部进行效度信度检验文章的 89.7%。

问卷的抽样方式应该做到费用与精度相平衡，并且得到调查对象认可，在实际操作中应采用正确的抽选样本的方法，使样本能真正代表总体，并恰当地确定样本的数目，以便在符合调研要求的前提下降低费用。而问卷发放时选取何种抽样方式也需要在文章中体现出来，以便读者判断结果的准确性。从表 2 可以看出，4.8%的问卷写出了抽样方式，占全部注明抽样方式文章的 15.4%；31.4%的量表写出了抽样方式，占全部写出抽样方式文章的 84.6%。

量表在测量时犹如一个评分的量尺，因此，量表的计分方式需要在文章明确提出来。量表型问卷需要明确指出本问卷的计分规则和评分规则，问卷则需要提及是否含有多选题等情况。从表 2 可以看出，11.9%的量表写出了计分方式，占全部的 16.1%；74.3%的量表写出了计分方式，占全部的 83.9%。

3.2 问卷和量表在统计方法上的使用情况

通过表 3 可以看出，问卷在统计方法上全部使用了描述统计，占到了全部描述统计的 60%，其它统计方法使用率明显下降，假设检验不足 10%，其余方式不足 5%。量表由于问卷本身具有指定的理论框架，较多的量化，在统计方法的使用上更为多元化，高级统计方法的使用明显增多。

表 3　问卷和量表在统计方法的使用情况

是否含有量表	问卷统计方法					
	描述统计	假设检验	方差分析	相关与回归分析	主成分和因子分析	其他方法
计数	42	4	2	1	0	1
“无量表”内的百分比（%）	100.0	9.5	4.8	2.4	0	2.4
“编制指标”内的百分比（%）	60.0	36.4	20.0	5.9	0	8.3
计数	28	7	8	16	16	11
“有量表”内的百分比（%）	80.0	20.0	22.9	45.7	45.7	31.4
“编制指标”内的百分比（%）	40.0	63.6	80.0	94.1	100.0	91.7

统计分析并不是一定要追求高级统计方法，统计方法的选用应该符合研究需要，达到研究目的才是最根本的。即便是不含有量表的问卷，也有多种统计方式可以深入挖掘数据所隐含的意义。不含量表问卷数据的计分方式，决定了问卷可以使用什么样的统计方式。

3.3　问卷和量表在问卷设计和统计分析指标上的差异

从问卷和量表在问卷设计和统计分析指标上的差异（见表 4），可以看出除了假设检验这一项以外，其余各项均存在显著差异。当然，这一研究差异性只能代表 2013 年的问卷调查法文章的情况。这说明在对待问卷和量表上，研究者还是存在学术严谨性区别的。虽然二者同属同一事物，应该遵循同样的规范性操作，但问卷是否需要严格的按照量表的规范去编制和使用，本身也是一个存在争议的问题，进而在文章中也呈现显著的差别体现。假设检验这一项上没有存在差别，这是 2013 年文章的情况，还是长久的普遍现象，需要持续对年度文章进行分析、研究。

4　结论与分析

4.1　结论

（1）问卷调查法在当今图书馆学研究中已得到一定程度的使用，但使用比例仍不是很高。

（2）使用量表比使用问卷的文章略多，问卷编制和使用的标准化、规范化程度较低。相较而言，量表比问卷要高一些，并且存在统计学意义上的显著性差异。需要指出的是，有的研究者对问卷的标准化与规范性持不同意见，认为问卷的编制和使用过程，部分步骤不一定严格需要。这一问题尚未有定论，本文中暂以最严格的规范标准来进行分析。

表 4　不同调查对象的文章编制指标和问卷统计方法上的差异

原假设	测试	Sig.	决策者
预测试的分布在是否含有量表类别上相同	独立样本U 检验	.000***	拒绝原假设
信度检验的分布在是否含有量表类别上相同	独立样本U 检验	.000***	拒绝原假设
效度检验的分布在是否含有量表类别上相同	独立样本U 检验	.000***	拒绝原假设
抽样方法的分布在是否含有量表类别上相同	独立样本U 检验	.002**	拒绝原假设
计分方式的分布在是否含有量表类别上相同	独立样本U 检验	.000***	拒绝原假设
特征描述的分布在是否含有量表类别上相同	独立样本U 检验	.003**	拒绝原假设
假设检验的分布在是否含有量表类别上相同	独立样本U 检验	.194	保留原假设
方差分析的分布在是否含有量表类别上相同	独立样本U 检验	.019*	拒绝原假设
相关与回归分析的分布在是否含有量表类别上相同	独立样本U 检验	.000***	拒绝原假设
主成分与因子分析的分布在是否含有量表类别上相同	独立样本U 检验	.000***	拒绝原假设
其它方法的分布在是否含有量表类别上相同	独立样本U 检验	.001**	拒绝原假设

（3）使用量表比使用问卷的文章在统计方法的使用上更多元化和高级化。除了假设检验之外，量表和问卷在统计方式的使用上也存在显著差异。这里需要强调的是，我们并不是一味追求统计方法的高级化、复杂化，统计方法

的选取与研究本身相适应是最重要的，应该符合研究需要，达到研究目的。通常情况下，统计方法的多元化和高级化更可以从不同角度解读数据，深入挖掘数据的含义。

4.2 分析

一篇有科学精神的论文应当是秉承实证主义认识论的研究论文，即站在研究对象之外，客观中立地观察和描述研究对象[3]。可大部分研究者对问卷调查本身作为一种方法重视不够，认为问卷调查法是一种普遍使用的、简单而随意的方法。使用者对问卷调查法的认知偏差，忽视了问卷调查法的技术内涵，对问卷调查法的方法论背景没有准确的理解与定位，并且没有将该方法视为本质上是一种实证方法的社会调查工具，使用者对问卷调查法方法论背景的认识偏差，会导致对该方法的不合理定位，最终使得研究者忽视了具体方法、程序的掌握与运用问题。另外，问卷调查法本身也存在区别对待问卷和量表的态度，量表的编制和使用，规范性标准化显著高于问卷；在统计方法使用上，问卷的统计方法使用描述统计过多，深入分析太少。但在理论上，问卷和量表只是同一种测量工具的两种不同表现形式而已，准确地说，量表是问卷这一测量工具的一种更科学更精确的形式。但只要是问卷，都需要严格的编制程序和规范的施测过程，问卷虽然没有度量单位的计分值，但也有许多适用于问卷的统计方法。

研究者的态度不仅影响到社会调查研究的具体效果，还影响到被调查者对问卷调查法的学术信任感和尊重感。只有使用者自身的方法规范和对方法尊重，才能树立问卷调查法的学术公信力，增强公众对问卷调查法的信心。

参考文献：

[1] 彭克宏，马国泉，陈有进，等. 社会科学大词典[M]. 北京：中国国际广播出版社，1989：221-224.

[2] 袁军. 问卷与量表的发展历史[J]. 科学教育研究，2006，(10)：47-49.

[3] 徐建华，俞碧飏. 规范化实证研究——图书馆学研究整体提升与发展的重要路径[J]. 高校图书馆工作，2012，(1)：29-32.

（文章来源：《图书与情报》2014 年第 6 期）

2014 年图书馆学期刊问卷调查法文章分析

徐建华[1] 李媛[2]
（1. 南开大学商学院信息资源管理系天津 300071）
（2. 河北工业大学图书馆天津 300130）

摘要： 2014 年，《中国图书馆学报》等 11 种图书馆学核心期刊发表了 105 篇以问卷调查法为主要研究方法的文章，通过统计和分析这些文章的调查对象、研究主题、问卷编制与使用的规范性以及问卷的统计分析等情况，可以发现问卷调查在图书馆学研究中逐渐为研究者所重视，但也存在着信效度检验缺失、方法使用的规范性和严谨性较差以及数据分析粗浅等问题，研究者对问卷调查法缺少正确认识和科学定位则是这些问题产生的主要原因。

关键词： 图书馆学；图书馆学期刊；问卷调查法；实证研究
中图分类号： G250.1 **文献标识码：** A **DOI：** 10.11968/tsyqb.1003-6938.2015133

The Analysis of the Questionnaire Survey Articles of Library Science Journals in 2014

Abstract: The articles using questionnaire method published in 11 CSSCI library magazines in 2014 were reviewed and analyzed about their survey objects and quantity, research topics, preparation and then their statistical methods.The results showed that, although questionnaire investigation in the field of library science had a good development and application, there were still problems, such as research angle, scope of research objects, degree of standardization, and data analysis.

Keywords: library science; library science journals; questionnaire survey; empirical research

1 引言

问卷是指研究人员为了收集被调查者的意见，将所要调查的内容和问题编排成一种统一表格形式的测量工具。研究人员用问卷来收集社会资料是在进行有目的的测量，从而通过了解被调查对象的基本情况、行为、态度及观念等有关方面的情况，去解释所研究的问题和验证所提出的研究假设。问卷的使用方式可分为访问问卷和自填问卷两种[1]。

问卷调查使用方便，作答较为客观，可进行大范围的团体调查，可用于很多关于态度、感受等内容的社会学研究，得到的数据结果可以高度范式化、数量化和科学化。另外，问卷调查的经济成本较低，调查人员虽然要掌握一些调查技巧和规范，但是不需要特别的专业培训。问卷调查研究方法逐渐成为社会科学领域的核心方法之一。在图书馆学中，根据笔者连续几年的总结研究发现问卷调查法的使用在平稳中呈上升趋势。

本研究选取了图书馆界比较稳定的 11 种核心期刊逐篇阅读，对 2014 年发表在这 11 种图书馆学核心期刊上以问卷调查法为主要研究方法的文章进行了统计与分析。以期通过剖析与总结，系统地总结出问卷法在图书馆学研究中的使用情况、使用特点和存在的问题，进而为问卷法在图书馆学研究中的规范性和标准化提供理论和实际支持。本文使用 SPSS19.0 对所统计的文章各项指标进行逐一分析和对比分析，发现了一系列值得研究者关注和思考的问题，并进行了相应的讨论。

2 问卷调查法在图书馆学领域应用情况的分析

此次删选出的文章总数为 105 篇，总累计百分比为 100%，但是有时候会出现分项相加不到 105，累计百分比总和不足 100%的情况，主要是我们在进行数据录入时设置了缺失值。缺失值的出现是因为有部分文章内容缺失，我们无法界定某一项目的类别。如有的文章调查对象没有明确指出，有的文章虽说采用了问卷调查法但文中无方法使用和分析过程就直接分析结论，故采用缺失值表示。

2.1 文章发表的情况

从 2014 年我国 11 种图书馆学核心期刊的发文总量、问卷调查法文章量以及占本期刊年度发文总量的比例（见表 1），可以看出发表问卷调查法文章最多的是《图书情报工作》(25%)，其次是《图书馆论坛》(14%)，其余期刊均在 10%以下。

表 1 2014 年 11 种图书馆学核心期刊发表问卷调查法文章的数量和比例

期刊名称	发表文章的总数量	问卷调查法文章的数量及所占比例（%）	占所调查样本的比例（%）
中国图书馆学报	92	5（5.4）	4.8
大学图书馆学报	155	10（6.5）	9.5
图书情报工作	878	22（2.5）	21
图书情报知识	104	9（8.7）	8.6
国家图书馆学刊	127	6（4.7）	5.7
图书与情报	164	9（5.5）	8.6
图书馆杂志	258	7（2.7）	6.7
图书馆建设	315	10（3.2）	9.5
图书馆论坛	313	15（4.8）	14
图书馆	346	5（1.4）	4.8
情报资料工作	157	7（4.5）	6.7
合计	2909	105（3.6）	100

2.2 问卷调查对象的情况

问卷调查根据研究目的的不同而选定不同的研究对象，根据 2014 年实际发表文章的情况，我们将调查样本分为六类：普通公众、高校师生、图书馆工作人员、政府和企事业人员、科研人员、其他。根据统计数据（见表 2）可以看出，调查对象以高校师生最多占 44.8%，其次是公众占 29.5%，其余调查对象都低于 10%。这也说明，我们的研究对象主要是针对高校馆，其次是公共馆。

表 2 问卷调查对象的种类与比例

问卷调查对象	被调查的次数	百分比（%）
公众	31	29.5
师生	47	44.8
图书馆人员	9	8.6
政府、企事业人员	5	4.8
科研人员	8	7.6
其他	3	2.9

从样本数量分布图（见图 1）可以看出，样本量最多的区间是 0~250 之间，其次是 250~500 之间，超过 500 后出现数据骤降。根据调查对象基本情况数量分布图（见图 2），可以发现调查对象基本情况主要是调查对象的人口学特征，如性别、年龄、学历和职业等等，有些特征既不包含在调查问卷的主体问题内，也并非人口学特征，如到馆次数、到馆时间等，也可以放在正式施测的题目之前进行特征调查。有接近四分之一研究没有调查对象的基本情况，因此为 0。调查基本情况的数目以 4 个为最多，一般是性别、年龄、学历、职业或者专业。

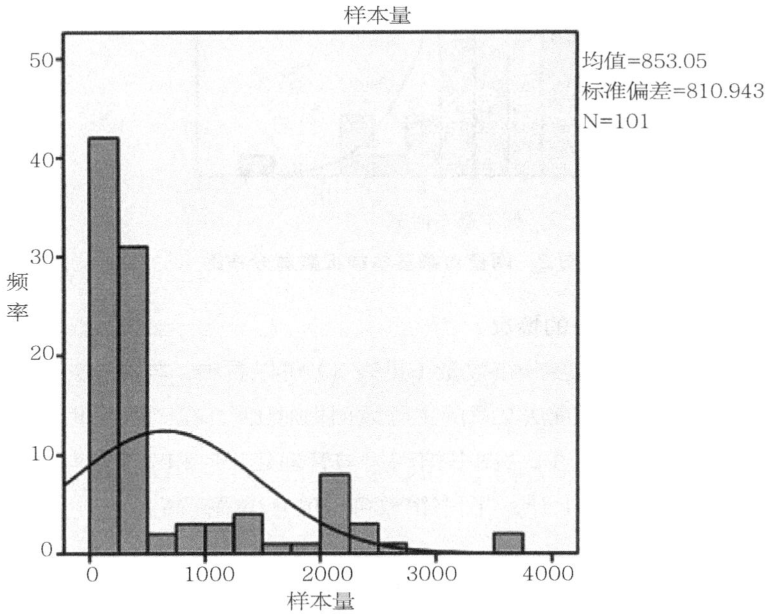

图 1　样本量数量分布图

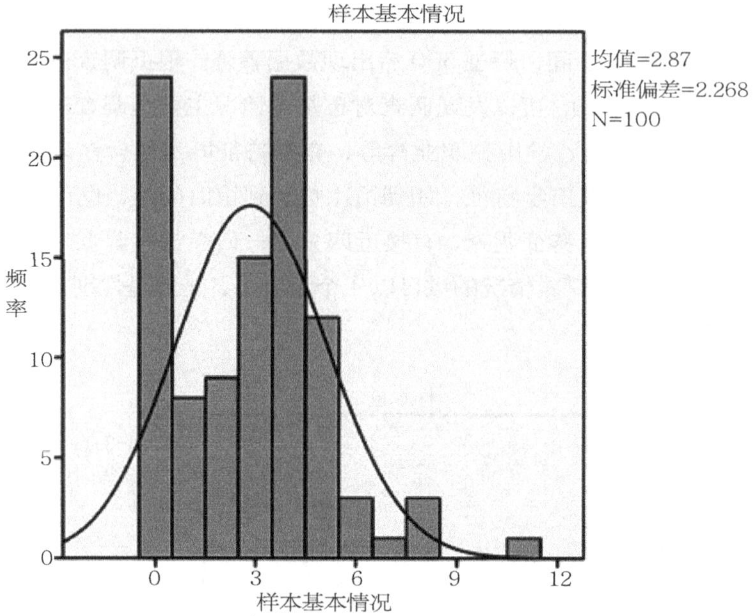

图 2 调查对象基本情况数量分布图

2.3 问卷调查主题内容的情况

通过文章的主题内容分布数量（见表 3）可以看出，与 2013 年我们所做的图书馆学使用问卷调查法文章的主题数据相对比[2]，在“满意度或需求”主题方面的研究有略微减少，“图书馆利用与管理建设”和“信息与信息行为”两个议题研究热度有所上升，“图书馆教育”也有小幅提高。

表 3 各个研究主题的数量

研究主题	数量（篇）	百分比（%）
满意度或需求	20	19.0
信息及信息行为	35	33.3
图书馆利用与管理建设	27	25.7
政府、企事业信息管理	3	2.9
心理认知	9	8.6
图书馆教育	11	10.5

2.4 问卷规范化程度的分析

问卷设计完成后，还不能马上用于研究施测，首先要对问卷进行预测试。因为任何一个设计者都不可能做到完美无缺，问卷的最初设计始终是基于理论而开展，研究者只能做到尽可能的周密详尽。不过最有效的方式还是用实践去检验理论，在实践面前，我们难以自我察觉的细小错误都会从调查者处一一得知。通过预测试，就问卷型的工具而言，我们可以找到语言歧义处、语言组织不清之处、题目重复或者自相矛盾等问题；而对于量表型的工具，预测试则有着更加基础性的关键作用，预测试可以检验出整个理论构架是否合理，操作性定义是否准确、理论体系优化组合的方式，这些都是研究的根基，若根基不稳整个研究都将被推翻。

从问卷的设计和实施指标统计数据（见表 4）可看出，进行预测试的问卷有 6.5%，量表有 41.9%，预测试的程度很低，特别是问卷。预测试提供了被调查对象对于问卷作为工具本身优劣的反馈，是信度和效度检验与修改的必要步骤，设计者可以通过预测试及时发现设计过程中潜藏的问题，并在正式测试之前有足够的时间修改。如果不做预测试，会让研究承担较大的风险，当正式测试全部完成之后再检验，一旦发现问题基本就难以修改，只能舍弃现有的数据。用于调查的问卷还有两个重要的指标就是信度和效度。信度是指该问卷是否可以真实地反映被测者的态度，也是指测量工具的稳定性，即无论何时何地使用该问卷测得同质样本的态度差异都是相对稳定的。若在一定时间段内，前后测试同质样本的反差很大则说明该问卷的测试真实性或者稳定性不高。效度是指测量的有效性，即测量到的是不是所要测量的特征。比如一项测试要求测量注意力，结果测量到的是学习动机，即便测量到的学习动机再准确，对于测量注意力这个研究而言，这份问卷都是一个无效工具，需要被替换。还可看出，进行信度检验的问卷有 12.9%，量表有 76.7%，进行信度检验的问卷有 6.5%，量表有 60.5%。

表 4　问卷的设计和实施指标

			指标及比例				
			预测试	信度检验	效度检验	抽样方法	计分方式
问卷	63	计数（份）	4	8	4	9	
		问卷内的百分比（%）	6.5	12.9	6.5	14.5	
		指标内的百分比（%）	18.2	19.5	13.3	50.0	

续表

			指标及比例				
			预测试	信度检验	效度检验	抽样方法	计分方式
量表	42	计数（份）	18	33	26	9	32
		量表内的百分比（%）	41.9	76.7	60.5	20.9	74.4
		指标内的百分比（%）	81.8	80.5	86.7	50.0	91.4

抽样是指从研究对象的全部单位中抽取一部分单位进行考察和分析，并用这部分单位的数量特征去推断总体的数量特征的一种调查方法。被研究对象的全部单位称为总体，从总体中抽取出来进行实际调查研究的那部分对象叫作样本。抽样方式主要有随机抽样、分层抽样、整群抽样和系统抽样。每种抽样方法各有优缺点，不同的研究设计应该选用不同的抽样方法。抽样方法是常被研究者忽略的内容，根据我们的调查，在所有文章中只有极少的一部分研究提到了抽样方法。其实抽样不合理会造成结果误差过大，甚至结果的偏离，抽样整个研究过程中也是至关重要的一步。可看出，明确提出抽样方法的文章分别为 14.5%和 50.9%。

计分方式主要是指量表采取了何种分数级别来表示被试者的态度倾向程度，现在最常用的就是里克特五点计分法，还有后来的心理学家在里克特的基础上改进的七点、九点等多种划分方式。从我们的统计结果可以看出，超过 90%的问卷只进行了描述统计分析。可看出，明确提出计分方法的量表有 74.4%。

2.5 问卷数据统计分析的情况

社会科学研究中的数理统计可以分为描述性统计和推理性统计两个阶段，在描述性统计阶段，研究者利用频数、百分比等对数据进行组织，用众数、中位数、平均数对数据的集中趋势进行测量，用离差和标准差来反映数据的变异性；在推理性统计阶段，研究者则利用统计分布、回归分析、统计检验等手段对数据进行进一步的挖掘，为从样本推论总体提供依据[3]。问卷绝大多数用的是描述统计，而量表较多地运用了高级统计方法。统计方法的选用以能最大程度地挖掘出数据所蕴含的意义，最准确地服务于我们的研究目的为最好。

目前，问卷的统计分析上，整体呈现出数据挖掘过浅，结论匮乏，分析浅显的情况。从调查样本的统计方法统计结果（见表 5）可以看出，描述统计是被运用最多的统计方法，问卷中 93.5%、量表中 86%都使用了，后期分析则骤降。也就是说大部分文章，特别是问卷型的文章，数据分析停留在对数据表象描述，而没有深层去探讨样本之间统计学上的区别与联系。问卷的数据由于都是选项频次的非参数数据，经常出现样本量大、研究内容多，但是最后一步的数据分析却因为没有选择合适的统计方法而分析过于浅显宽泛。

表 5　问卷的统计方法

			统计方法及所占比例					
			描述统计	假设检验	方差分析	相关与回归分析	非参数检验	结构方程
问卷	63	计数（份）	58	1	0	0	3	0
		问卷内的百分比（%）	93.5	1.6	0.0	0.0	4.8	0.0
		统计方法内的百分比（%）	61.1	7.1	0.0	0.0	50.0	0.0
量表	42	计数（份）	37	13	6	14	3	11
		量表内的百分比（%）	86.0	30.2	14.0	32.6	7.0	25.6
		统计方法内的百分比（%）	38.9	92.9	100.0	100.0	50.0	100.0

3　结论与分析

3.1　预测试和信效度检验的缺失率较高

预测试是信度和效度检验与修改的必要步骤，提供了被调查对象对于问卷作为工具本身优劣的反馈，设计者可以通过预测试及时发现设计过程中潜藏的问题，并在正式测试之前有足够的时间修改。而预测试也是检验信效度的必要步骤，如果进行了正式测试再检验，一旦发现问题会难以修改，前功尽弃。

对于预测试和信效度检验，存在一点争议。量表必须要进行预测试，然后根据预测试结果进行信度和效度检验，有可能是多次测试和检验，直到量表达到全面施测的标准。而对于问卷是否一定要进行预测试、信度和效度检验则存在不同观点。笔者认为：作为一种测量工具，无论是精密测量仪器还是普通的米尺，都一定要具备测量工具最基本的特性，那就是可靠性（准确性）和有效性。问卷以选取自己倾向的选项陈述为作答方式，没有量化评分，虽然在精确度和科学性上比量表略低一点，但问卷作为一种测量工具也需保证真实反映被测特征，以及测量到的是研究者所要测量的特征。因此，从这个角度说，问卷也是需要通过预测试来检验信度和效度的，只是测试的信效度种类可能与量表有所差别。但是，无论问卷还是量表，并非所有内容都需要进行信度检验，人口学指标不牵涉到被试的态度，一般不需要信度检验。如果测试的是被试的态度则通常需要进行信度检验[4]。

从研究的分析结果可以看出，量表的设计和使用在规范性上明显优于问卷。但是对于二者来说，这样的规范程度都远远不够，严格意义上这三项的指标都应该达到 100%，也就是说每篇文章都要对使用的研究工具问卷或量表进行预测试，信效度检验合格后才能使用，这样的研究结果才具有科学性和可借鉴推广的作用。

3.2　抽样方法被忽略，计分方式仍需准确化

抽样方法仍然是最易被忽视的一个环节。不论问卷还是量表本质上是同一种方法的不同表现，二者没有本质的区别，在应用上都遵循问卷调查法的方法论原则，按照某种抽样方式抽取样本实测。因此，抽样方式的合理与否直接影响到测试结果的意义。从本研究分析中可以看出，抽样方法是一个屡屡被忽略的内容，只有极少的一部分研究提到了是按照什么抽样方法来选取样本的。抽样不合理会造成结果误差过大，甚至结果的偏离。然而，本研究所分析的文章中，抽样方式成为研究者最严重忽视的一个问题，问卷抽样有很大的主观性和随意性，样本的选取欠缺科学性。再者就是计分方式，很多量表没有提出自己是如何计分的，如采用几点分法，导致读者在阅读后期统计分析时不明就里，对结果产生质疑。

3.3　统计方法使用单一，数据挖掘不够深入

很多问卷的数据由于都是选项频次的非参数数据，因此，经常出现文章有研究点、样本量也较大，前期准备工作做了很多，可最后一步的数据分析却虎头蛇尾。从本研究的统计结果可以看出，超过 90%的问卷只进行了描述统计分析。其实在统计学中，非参数的数据也有很多对比分析、交叉分析的

方法，可能由于大部分研究不是很熟悉，导致这部分的数据分析相对浅显。也就是说，大部分采用问卷的研究只是呈现出了调查对象的表面认知和态度，而没有分析出内在的区别与联系。

通过以上种种分析，笔者认为使用问卷调查法之所以会出现这么多不规范、不合理的现象，主要是因为研究者对该方法缺少正确的认识和科学的定位。研究者对问卷调查法的方法论具有的科学性认识不够，并没有从根本上把问卷调查法视为如实验法一般需要严谨操作的科学研究方法，因此导致研究操作程序和应用层面都出现不同程序的欠规范，从而影响了结果的科学性和客观性。长此以往，研究者本身的学术怠慢也会影响到公众对问卷调查法的学术尊重感。人既作为研究的主体，又作为研究的客体，制约和影响着问卷调查的可靠性和适用性，作为一种具体的社会调查方法，问卷法有着其特定的方法论背景和基础。事实证明，只要认真规范地使用问卷调查法，研究者是可以获得有价值的研究结果的，这点是值得任何研究者提高问卷调查质量和效果的一个重要原因。

参考文献：

[1] 彭克宏，马国泉，陈有进，等. 社会科学大词典[M]. 北京：中国国际广播出社，1989：224.

[2] 徐建华，王翩然，李盛楠.2013 年图书馆学期刊问卷调查法文章的总体分析[J]. 图书与情报，2014（6）：24-27.

[3] 赵微，徐建华，俞碧飏，等. 近五年来图书馆学实证研究的回顾与分析[J]. 图书与情报，2009（6）：45-50.

[4] 张力为. 信度的正用与误用[J]. 北京体育大学学报，2002（5）：348-350.

（文章来源：图书与情报》2015 年第 6 期）

2015年我国图书馆学期刊问卷调查法文章计量分析

徐建华　路锦怡　李媛　王茜

摘要： 文章对《中国图书馆学报》等11种图书馆学核心期刊2015年发表的143篇以问卷调查法为主要研究方法的文章逐篇查阅，并对这些文章的研究主题、调查对象、问卷编制与使用的规范性以及问卷所使用的统计方法等情况进行了分析，调查结果发现，虽然问卷调查法在图书馆学调查研究中得到了普遍的使用和很好的发展，但也存在着研究主题较集中与调查对象范围窄、信效度检验缺失、问卷编制和使用过程不规范、数据分析不深入等问题。

关键词： 图书馆学；图书馆学期刊；问卷调查法；实证研究

中图分类号： G250.252　**文献标识码：** A　DOI：10.11968/tsyqb.1003-6938.2016122

Analysis of the Questionnaire Survey Articles of Library Science Journals in 2015

Abstract: All the articles published in 11 CSSCI library magazines in 2015 that used questionnaire method were reviewed and analyzed about their research topics, survey objects and quantity, preparation, and their statistical methods. The results showed that, although questionnaire investigation in the field of library science had a good development and application, there were still problems, such as research angle, scope of research objects, degree of standardization, and data analysis.

Key words: library science; library science journals; questionnaire survey; empirical research

1 引言

问卷是指研究人员为了收集被调查者对某个特定问题的态度、价值观、观点或信念等信息而设计的一系列问题，其使用方式主要包括访问问卷和自填问卷两种。研究人员通常使用问卷来收集社会资料、进行有目的的测量，进而通过了解被调查对象的基本情况、行为、态度及观念等有关方面的信息，去解释所研究的问题且验证所提出的研究假设。问卷调查法具有经济方便、保密程度高、调查范围大的优点，被广泛应用于科学研究领域[1]。在当今的应用型社会科学领域，如社会学、政治学、营销学、管理学、图书馆学等，通过问卷获取数据的文章越来越多，足以看出问卷调查法在科学研究中占据的重要地位。

本文对我国图书馆界比较稳定的 11 种核心期刊 2015 年发表的以问卷调查法为主要研究方法的 143 篇文章进行了逐篇查阅，并对这些文章的研究主题、调查对象、问卷编制与使用的规范性以及问卷所使用的统计方法等情况利用 SPSS22.0 进行了分析，发现了我国图书馆学研究中问卷调查法的应用现状及存在的一系列问题，并进行了相应的探讨。

2 问卷调查法文章的一般状况分析

2.1 各期刊文章发表状况

通过对我国 11 种图书馆学核心期刊 2015 年发表文章的总量（见表 1）分析可以看出，发表问卷调查法文章最多的为《图书情报工作》（47 篇），其次为《图书馆论坛》（25 篇）。从问卷调查法文章量占该期刊年度发文总量的比例来看，《中国图书馆学报》比例最高，占其全年发文总量的 12.5%，而其余期刊在总

量上都没有超过 10%。较前几年相比，所占总数比例有所上升，但使用比例仍不是很高。

表 1 2015 年 11 种图书馆学核心期刊发表问卷调查法文章的数量与比例

期刊名称	2015 年发表文章的数量（篇）	问卷调查法文章的数量及所占比例	占所调查样本的比例
图书情报工作	631	47（7.4%）	32.8%
图书馆	317	6（1.9%）	4.2%
图书馆建设	310	6（1.9%）	4.2%
图书馆论坛	266	25（9.4%）	17.5%
图书馆杂志	251	11（4.4%）	7.7%
情报资料工作	170	13（7.6%）	9.1%
图书与情报	153	7（4.6%）	4.9%
国家图书馆学刊	153	2（1.3%）	1.4%

续表

期刊名称	2015 年发表文章的数量（篇）	问卷调查法文章的数量及所占比例	占所调查样本的比例
大学图书馆学报	140	7（5.0%）	4.9%
图书情报知识	104	10（9.6%）	7.0%
中国图书馆学报	72	9（12.5%）	6.3%
合计	2567	143（5.57%）	100%

2.2 调查对象分析

本文依据图书馆学各期刊发表文章的情况将问卷调查法的研究对象大致分为 6 类，包括：普通公众、高校师生、图书馆工作人员、政府和企事业人员、科研人员、其他。调查对象中一般公众所占比最多，为 44.1%，其次是高校师生，占 37.8%，其余调查对象都低于 10%（见表 2）。这表明，图书馆学调查问卷文章的对象主要是公共图书馆与高校图书馆，对其他调查对象的关注程度仍有待提高。

表 2 问卷调查对象的种类与比例

问卷调查对象	被调查的次数	百分比（%）
一般公众	63	44.1
高校师生	54	37.8
图书馆从业人员	13	9.1
政府、企事业人员	9	6.3
科研人员	4	2.8

对象特征主要是指被调查对象的人口学特征。在进行统计时，我们发现一些特征（如到馆次数、到馆时间等）既不属于人口学特征，也不被包含在调查问卷的主体问题内，因此，我们将问卷中正式问题之前的对基本资料的调查项目，包括人口学特征和非人口学特征，统称为调查对象特征。根据调查对象基本情况数量分布图（见图 1）可知，大部分调查所关注的被调查对象基本情况为 4 项，一般是性别、年龄、学历、职业或专业。另外，有近 40% 的文章没有指出调查对象的基本情况，在这里按照缺失值进行统计。

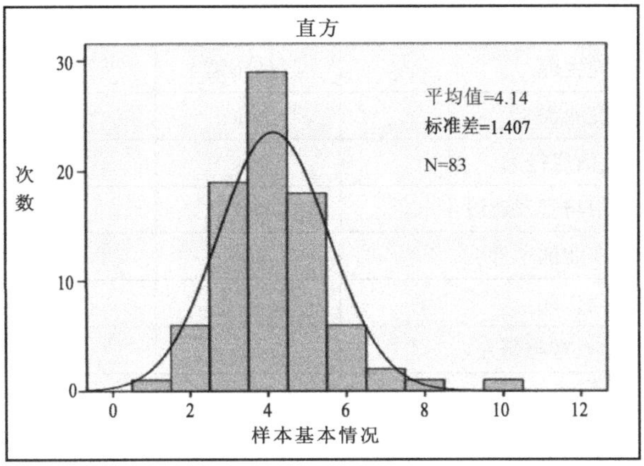

图 1　调查对象基本情况数量分布图

2.3　样本量分析

由于问卷调查法通常很难做到 100%回收有效问卷，我们对回收有效问卷数量而非发放问卷数量进行样本量统计。从样本数量分布图（见图 2）可以看出，样本量在 0-500 的区间内最多，超过 500 后数据骤降，2000 之后近似于零。

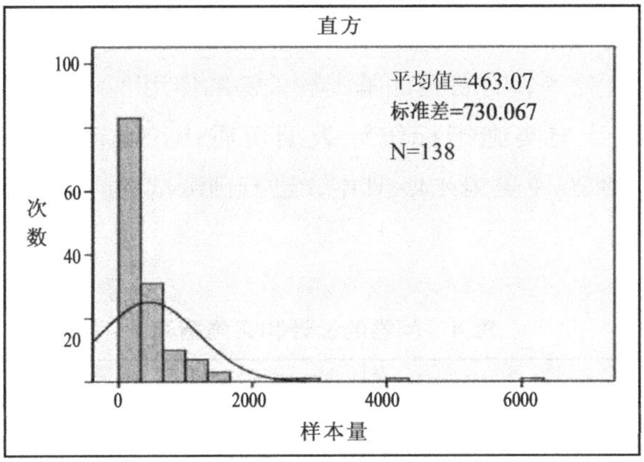

图 2　样本量数量分布图

2.4　调查主题分析

从调查文章的主题分布数量可以看出，“信息及信息行为”“图书馆利用与管理建设”“满意度或需求”是 2015 年的热门研究主题（见表 3）。与 2014 年相比[2]，“满意度或需求”、“心理认知”和“图书馆教育”主题所占的比例有所减少，“图书馆利用与管理建设”和“信息与信息行为”两个议题的研究热度所占比例增加。

表 3 调查文章研究主题的数量

研究主题	数量（篇）	有效百分比
满意度或需求	21	14.7%
信息及信息行为	64	44.8%
图书馆利用与管理建设	36	25.2%
政府、企事业信息管理	3	2.1%
心理认知	6	4.2%
图书馆学教育与研究	5	3.5%
其它	8	5.6%

2.5 问卷编制的标准化与规范化分析

问卷设计完成后，首先需要进行预测试。由于问卷设计者的想法与被调查者的真实想法之间存在差异，所以即使是非常周密严谨的设计，都可能存在错误，且这种错误很难通过自我纠正发现，因此，对于问卷设计者而言，预测试的重要性毋庸置疑。对问卷型的工具而言，通过预测试，可以发现题目重复、语言歧义、语言组织不清或自相矛盾等问题；对于量表型的工具，预测试可以检验出整个理论架构是否合理，操作性定义是否准确、理论体系组合的方式是否优化等，有着更加基础与关键的作用[3]。

从问卷的设计与实施指标统计数据可看出，进行预测试的问卷占比 12.9%，量表占 39.7%（见表 4），其中，进行预测试的问卷数量较去年有所增加[2]，但仍然很低。

表 4 问卷的设计和实施指标

		预测试	信度检验	效度检验	抽样方法
问卷计数	70	9	10	8	9
	问卷内的%	12.9%	14.3%	11.4%	12.9%
	$指标内的%	23.7%	15.6%	14.3%	40.9%
量表计数	73	29	54	48	13
	量表内的%	39.7%	74.0%	65.8%	17.8%
	$指标内的%	76.3%	84.4%	85.7%	59.1%

信效度检验是问卷调查中两个非常关键的指标，在开展正式的问卷调查之前进行问卷的信度和效度检验，就可以保证研究结果的可靠性与准确性。

信度通常是指根据测验工具所得到的结果的一致性或稳定性，反映被测特征真实程度的指标。一般而言，两次或两个测验的结果愈是一致，则误差愈小，表示问卷测量指标的信度愈高[4]。而效度通常是指有效性，反映所测量到的结果与所想要考察内容的吻合程度，即问卷是否准确、真实地测量了它所希望测量的内容，测量结果与要考察的内容吻合度越高，反映问卷的效度越高；反之，则表示问卷的效度越低。从统计数据中可以看出，进行信度检验的问卷有 14.3%，量表有 74%，进行效度检验的问卷有 11.4%，量表有 65.8%。信效度评价分析在问卷调查时常常被忽视，问卷设计者往往注重的是资料收集的难易程度以及问卷设计的逻辑方面的问题，很少会通过信效度分析来分析问卷的可信度和有效度的问题，从而有可能使分析结果发生很大的偏差甚至会得到错误的结论[4]。只有进行过信效度检验并据此对问卷中的题项进行调整，问卷调查的质量才能得到保证，进而使得整个问卷调查研究的价值得到提升。

抽样是指从研究对象的全部单位中抽取一部分单位进行考察和分析，并用这部分单位的数量特征去推断总体的数量特征的一种调查方法。抽样对调查研究来说至关重要，因为整个社会科学研究领域的对象都是比较复杂的，图书馆学也是如此。既包括一般公众，也包括高校师生、图书馆从业人员、科研人员和政府、企事业人员等，他们既具有群体性的特点，也具有个体之间的差异。在大多数情况下，受限于精力、财力等，我们难以对调查对象整体进行研究（虽然这是最理想状态），只能抽取其中一部分开展研究。在这种情况下，如何使研究对象的样本最大程度地代表研究对象整体，就涉及到了抽样问题。

在社会科学调查方法中，抽样方式有多种多样，归纳一下，大致包括简单随机抽样、分层抽样、整群抽样和系统抽样等。每种抽样方法各有特点与缺陷，因此，不同的研究设计应根据研究目的的不同，采用不同的抽样方法。从本文的统计数据来看，问卷中明确提出使用抽样方法的有 12.9%，量表有 17.8%。由此可见，抽样方法的使用与报告在图书馆学领域经常被研究者所忽略。在规范性的研究过程中，抽样框的设计与报告是不可或缺的，研究者在研究设计阶段必须做好抽样设计，使用符合本研究目的的合适的抽样方法，使所选择的样本更好的代表研究对象整体，从而确保研究结果的合理有效。

2.6 问卷数据统计分析

问卷调查中的数理统计分析包含描述性统计与推断性统计两类方法。描述性统计是指研究者利用频数、百分比等对数据进行组织，用众数、中位数、平均数对数据的集中趋势进行测量，用离差和标准差来反映数据的变异性，揭示数据分布特性的数理统计方法；推断性统计是指研究者利用统计分布、回归分析、统计检验等手段对数据进行进一步的挖掘，可以为从样本数据推论到总体特征提供依据[5]。

根据文章使用统计方法的情况（见表 5、表 6），可以看出数理统计的应用比较普遍，多种统计方法均有使用，不过，推断性统计方法的使用率较低。从调查样本的统计方法统计结果可以看出，大部分使用问卷的研究使用描述统计进行分析，而使用量表的调查研究则较多地运用推断性统计方法。描述性统计是被运用最多的统计方法，问卷中有 84.3%的文章都使用了描述统计，量表中有 89%的文章使用描述统计，而其他各种统计方法的使用率则较低，这说明当前大部分图书馆学实证研究文章，特别是问卷型文章，数据分析仅仅停留在对数据表象描述，而没有深层分析样本与总体之间的联系，多缺乏统计学意义上的证据支持。

表 5　使用的统计方法

统计方法	具体方法
描述统计	百分比、众数、中位数、平均数、离差、标准差
假设检验	T 检验、卡方检验
方差分析	单因素方差分析、多因素方差分析
相关与回归分析	积差相关、一元线性回归、多元线性回归
非参数检验	卡方检验、二项分布检验、K-S 检验、变量值随机性检验等
结构方程	结构方程模型
其它方法	交叉分析法

表 6　问卷和量表的统计方法使用情况

		描述统计	假设检验	方差分析	相关与回归分析	非参数检验	结构方程	其他方法
问卷计数	70	59	5	6	8	1	1	4
	问卷内的%	84.3%	7.1%	8.6%	11.4%	1.4%	1.4%	5.7%
	$指标内的%	47.6%	13.2%	37.5%	24.2%	100%	5.6%	0.8%

续表

		描述统计	假设检验	方差分析	相关与回归分析	非参数检验	结构方程	其他方法
量表计数	73	65	33	10	25	0	17	9
	量表内的%	89.0%	45.2%	13.7%	34.2%	0.0%	23.3%	12.3%
	$指标内的%	52.4%	86.8%	62.5%	75.8%	0.0%	94.4%	69.2%
总计	计数	124	38	16	33	1	18	13

原始数据如果没有经过整理和分析，只是一堆无用的纸张，而我们真正需要的信息往往蕴藏在大量的数据之中，准确的选择统计方法能帮助研究者最大程度的挖掘出数据所蕴含的意义，服务于研究目的，深化研究结论与意义。

3 结论与分析

3.1 研究主题较集中，调查对象范围窄

研究主题多集中在用户的信息及信息行为以及图书馆的利用和管理建设等方面，其他内容的研究相对较少，而且调查也多是面向普通公众或者高校师生的，对图书馆员、管理者等内部人员的研究相对较少。此外，部分研究缺少理论基础与理论框架，是导致分析无法深入、研究结论浅的主要原因。所以，研究者在关注热点的同时更应该将视角放宽一些，开拓新领域，拓展研究群体，严格按照标准进行研究设计，从而提升研究结论的科学价值。

3.2 预测试和信效度检验缺乏，抽样方法被忽略

完成初始的问卷设计后，必须要进行信效度检验来进一步考察问卷的可靠性与有效性。信效度本身与测量所得结果的正确与否无关，它的功能在于检验测量本身是否稳定有效。预测试是问卷设计的必要步骤，如施测后再检验，一旦发现问题将难以修改，前功尽弃[1]。

我们发现，量表的设计和使用在规范性上明显优于问卷，但规范程度仍远远不够。严格意义上来说，不论是问卷还是量表，都需进行预测试，信效度检验合格后才能使用[2]。这是提高问卷调查数据质量不可或缺的条件，这样的研究结果才能令人信服，也才具有科学性，并且可被借鉴推广。

除了缺乏预测试和信效度检验之外，抽样方法也是最容易被忽略的一个环节。抽样方式的合理与否直接影响到测试结果是否能推广到调查对象整体，

抽样设计在进行过程中要遵循目的性、可测性、可行性、经济型的原则。从本文的研究可以看出，只有很少的一部分文章明确指出了所使用的抽样方法。对抽样的忽略也导致出现了一些不正常的现象，有的研究者在选取样本时缺少依据，没有规则可言，没有方法可谈，随意性大，为之后的研究埋下了“定时炸弹”[6]。抽样的不科学性、不合理性，也必然使数据没有代表性，将直接导致研究结果无效。

3.3 统计方法呈单一性，数据挖掘处于浅层次

根据本文的分析，图书馆学实证研究统计方法中使用描述性统计最多，T检验、方差分析、相关与回归分析、主成分和因子分析等统计方法鲜少被使用，说明数据挖掘仍处于“浅层次”，不够深入，也导致研究结论相对空泛。也就是说，大部分采用问卷的研究只是呈现出了调查对象的表面认知和态度，而没有分析出样本与总体间的联系。

3.4 量表设计与使用的规范性高于问卷

问卷与量表同为测量工具。问卷是指研究人员为了收集被调查者的意见，将所要调查的内容和问题编排成一种统一表格形式的测量工具。量表是根据特定法则，用数字符号来代表事物或人的某些特性。相较于问卷，量表在设计测量上更加注重理论框架和测量指标的量化和结果的数理统计。我们发现，量表设计与使用的规范性高于问卷。从设计与实施指标（见表 4）和统计方法的使用情况（见表 6）可以看出，量表在指标的出现率和各类统计方法的使用频率上均比问卷高出很多，这说明使用量表的文章在研究标准性和规范性方面优于使用问卷的文章。

此外，这也暗示我们研究者在对待问卷与量表的态度与严谨程度上有较大差异[7]，使得大部分研究者在研究中的方法使用不够科学，这就需要研究者加强认识，自觉规范方法的使用。

论文写作是实证研究中最为关键的一环，一篇标准化问卷调查论文必须遵循相应的规范，报告需要涉及如下几个项目和内容。首先，研究者需要阐述此次调查的研究目的、研究对象，采取了何种抽样方式，以及所选样本的基本情况如何，即人口学特征；其次，研究者需要报告正式的问卷设计流程，包括预测试、项目分析、信效度检验、因素分析等，确保设计的问卷合理有效；之后还需阐述调查研究的过程，包括研究的时间、发放方式、回收率、有效问卷数量等；最后需阐述数据的统计分析方式，包括数理统计方法、分析软件等。研究设计是集中展示研究程序科学性、证明研究可信度的部分，

对于一篇合格的问卷调查论文来说是至关重要的。

总体而言，现阶段图书馆学实证研究问卷调查法文章之所以存在着种种不足，主要在于研究者对问卷调查法缺少正确的认识和科学的定位。研究者如果忽视甚至漠视实证研究必须遵循的准则和规范，其研究的科学性与可靠性就无法得到保证，研究也就失去了它的价值和意义。人既作为研究的主体，又作为研究的客体，制约和影响着问卷调查的可靠性和适用性[2]。研究者必须保持正确的态度，提升自身的方法规范和方法尊重意识，才能树立问卷调查法的学术公信力，增强学术界与公众对问卷调查法的信心。

参考文献：

[1] 彭克宏，马国泉，陈有进，等. 社会科学大词典[M]. 北京：中国国际广播出版社，1989：224.

[2] 徐建华，李媛.2014 年图书馆学期刊问卷调查法文章分析[J]. 图书与情报，2015（6）：92-96.

[3] 徐建华，王翩然，李盛楠.2013 年图书馆学期刊问卷调查法文章的总体分析[J]. 图书与情报，2014（6）：24-27，108.

[4] 张虎，田茂峰. 信度分析在调查问卷设计中的应用[J]. 统计与决策，2007（21）：25-27.

[5] 赵微，徐建华，俞碧飏，等. 近五年来图书馆学实证研究的回顾与分析[J]. 图书与情报，2009（6）：45-50.

[6] 金伟奇. 抽样，一个不容忽视的问题[J]. 城市质量监督，2002（3）：14.

[7] 李媛，杨明，张言.2013 年图书馆学期刊问卷调查法文章的对比分析——问卷与量表[J]. 图书与情报，2014（6）：33-36.

（文章来源：《图书与情报》2016 年第 6 期）

2016年图书馆学期刊问卷调查法文章分析

徐建华 路锦怡

摘要： 以11种CSSCI收录的图书馆学核心期刊于2016年发表的以问卷调查法为主要研究方法的147篇文章为对象，对这些文章的研究主题、调查对象、样本数量、问卷编制与使用的规范性以及数据分析方法使用等情况进行分析可以发现，问卷调查法在图书馆学研究中的发展不容置疑，但同时也存在包括预测试、信效度检验缺失，抽样方法被忽略，问卷编制和使用过程不规范，分析方法使用单一，数据分析尚处于浅层次，论文写作的规范性有待提高等诸多问题。

关键词： 图书馆学 图书馆学期刊 问卷调查法 实证研究

中图分类号： G250.1 **文献标识码：** A

Analysis on the Questionnaire Survey Articles of Periodicals on Library Science in 2016

Abstract: 147 articles adopting questionnaire method in 11 CSSCI periodicals on library science in 2016 are analyzed in the research topic, survey object, samples size, standard devleopment and using of questionnair, and data analysis method. It is found that questionnaire survey develops undoubtedly in library science research, while there remain many problems, such as lacking pre-test, reliability and validity test, ignoring sampling method, de-normalized questionnair development and using, adopting single analytical method, low-way of data analysis, and articles need improving.

Key words: Library science; Periodicals on library science; Questionnaire survey; Empirical research

1 引言

“十项社会调查中就有九项是采用问卷进行的”[1]，这是英国社会学家莫泽的经典言论，充分肯定了问卷调查法在科学研究中的地位。问卷，是社会调查中研究者为测量被调查者的行为、态度和社会特征而设计的一系列问题的集合，是一种用日常语言表达规范化测量方案的工具。研究人员通过问卷来收集社会资料，并进行有目的的测量，从而对调查对象的相关情况有一定的了解，进而对研究的问题做出解释，以及对研究所提出的假设进行验证[2]。问卷调查法是现代社会研究中最常用的收集资料方法，芝加哥学派从图书馆的社会性出发，将社会学研究的实证方法引入到了图书馆学领域之中，促进了图书馆学科学化的进程[3]。采用问卷调查法进行研究的流程包括资料收集、问卷设计、预测试、信效度检验、抽样、发放正式问卷、回收问卷、数据分析、得出结论。而标准化和规范化应该落实到问卷调查法的每一个步骤当中，因为其将直接影响研究结论的准确性与可靠性，并直接决定了该研究是否具有科学价值[4]。

为了更好地梳理图书馆学问卷调查法文章的现状，本文对 2016 年 11 种 CSSCI 收录的相对比较稳定的图书馆学期刊（这 11 种期刊连续几年稳居《核心期刊要目总览》之中）所发表的以问卷调查法为主要研究方法的 147 篇文章逐篇阅读，进而使用 SPSS22 工具进行文章指标的分析，形成如下这份较为详细的图书馆学年度文章的分析报告。我们希望通过此项工作，真实地展示当今图书馆学研究中运用实证研究方法的水平。

2　2016 年问卷调查法文章具体分析

2.1　11 种期刊的问卷调查法文章发表情况

2016 年 11 种期刊所发表的问卷调查法文章的状况如表 1 所示，可以看到，《图书情报工作》发表的问卷调查法文章数量最多，共 48 篇，《图书馆论坛》与《图书馆》次之，分别为 23 篇和 14 篇。从问卷调查法文章占发文总数的比例上看，《图书情报知识》最大，为 11.54%，是唯一比例超过 10%的期刊，这表明在当今图书馆学研究中，运用问卷调查法的文章虽占一定比例，但总体水平并不是很高。

表 1　2016 年 11 种图书馆学核心期刊发表问卷调查法文章的数量和比例

期刊名称	2016 年发表文章 的数量 / 篇	问卷调查法文章的 数量 / 篇（所占比例 /%）	占所调查样本的比例 /%
图书情报工作	615	48（7.80）	32.65
图书馆论坛	241	23（9.54）	15.65
图书馆	263	14（5.32）	9.52

续表

期刊名称	2016 年发表文章的数量 / 篇	问卷调查法文章的数量 / 篇（所占比例 /%）	占所调查样本的比例 /%
图书与情报	136	12（8.82）	8.16
图书情报知识	104	12（11.54）	8.16
情报资料工作	147	10（6.80）	6.80
图书馆杂志	244	7（2.87）	4.76
大学图书馆学报	135	7（5.93）	4.76
图书馆建设	272	6（2.21）	4.08
国家图书馆学刊	127	5（3.94）	3.40
中国图书馆学报	58	3（5.17）	2.04
合 计	2 342	147（6.28）	100

2.2 被调查群体分析

根据研究目标的不同，问卷调查所选择的调查对象是有差异的。结合我们团队近几年来对图书馆学期刊发表问卷调查法文章的分析结果，我们将文章的施测调查对象分为：一般公众，高校师生，图书馆从业者，科研人员，政府、企事业人员，共 5 类。根据表 2 可以看出，2016 年图书馆学问卷调查法文章的调查对象以一般公众和高校师生为主，图书馆从业者次之，对科研人员和政府、企事业人员的调查则较少。这表明，研究者对于调查群体的关注主要集中在一般公众和高校师生上。连续几年都是如此，说明相关研究者的研究选题及视角过于集中。

表 2 问卷施测对象的种类与比例

问卷施测对象	被调查的次数 / 次	百分比 /%
一般公众	68	46.3
高校师生	54	36.7
图书馆从业者	18	12.2
科研人员	6	4.1
政府、企事业人员	1	0.7

2.3 被调查对象的人口学特征

被调查对象的人口学特征包括性别、年龄等，诸如到馆时间、到馆次数之类题项虽不包含在问卷调查的主体问题之内，可也并非人口学特征，仍然可放在正式施测的题目之前进行特征调查，因此，我们将问卷中正式问题之前的对调查对象基本资料的调查项目，包括人口学特征和非人口学特征，统称为调查对象特征[5]。在对文章进行简单的数量总结后（见表 3），可以看出，在 11 种图书馆学核心期刊于 2016 年发表的 147 篇问卷调查法文章中，有 81 篇文章对被调查对象的基本特征进行了呈现，而剩余的 66 篇文章则未提到被调查对象的基本情况，这可能是由于研究者在问卷设计过程中相关题项的丢失，或是研究者在文章写作过程中忽略了对该部分描述所致。从调查对象基本情况数量分布图（见图 1）可以看出，这些问卷调查法文章对样本基本情况的调查一般有 4 项，分别是性别、年龄、学历、职业或专业。

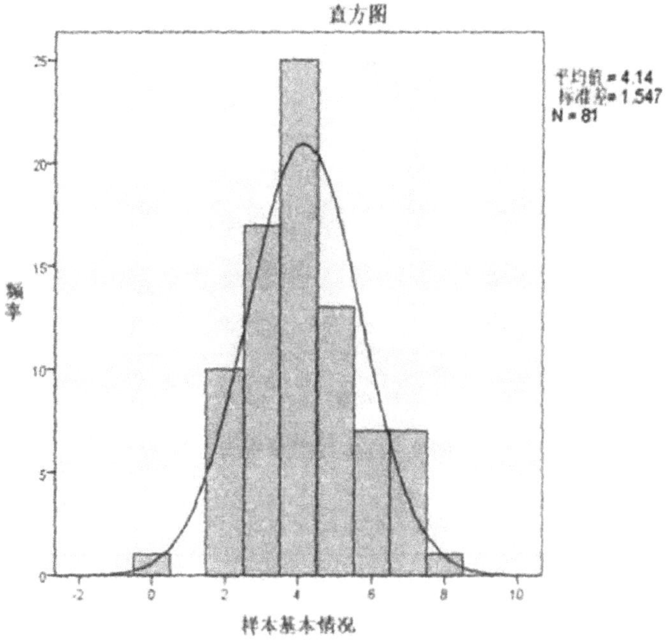

图 1　调查对象基本情况数量分布图

表 3　问卷涉及调查对象特征的数量

有效数量 / 篇	缺失数量 / 篇	均值
81	66	4.14

2.4 样本量分析

从样本数量分布（见下页图 2、表 4）可以看出，样本量多集中在 0~1000，以 0~333 最多，极小值为 14，666 之后骤减，1000~2000 的样本量很少，2000 之后渐趋于 0，其后，又出现极大值 40149。需要指出的是，问卷调查法文章通常都提供问卷发放数量和有效回收数量，本文所涉及的样本数量应该是有效回收问卷的数量。

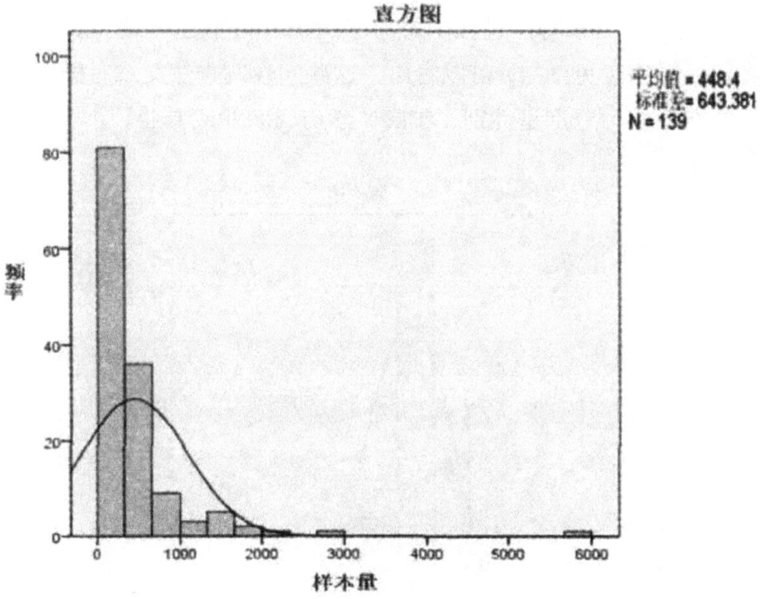

图 2　样本数量分布图

表 4　问卷样本量数量

有效数量 / 篇	缺失数量 / 篇	极小值	极大值	均值
140	9	14	40 149	731.97

2.5 研究主题分析

2016 年图书馆学问卷调查法文章的研究主题依然为 6 类：用户信息行为，满意度或需求，图书馆利用与管理建设，图书馆学教育与研究，政府、企事业信息管理，心理认知。从表 5 可以看出，以“用户信息行为”为主题的文章数量最多，“满意度或需求”和“图书馆利用与管理建设”主题次之，而

“图书馆学教育与研究”“政府、企事业管理”“心理认知”的研究明显较少。

与我们所做的2015年图书馆学使用问卷调查法文章的研究主题相对比[6]，以满意度或需求为主题的研究有所增加；图书馆利用与管理建设、心理认知方面的研究相对减少；用户信息行为，政府、企事业信息管理以及图书馆学教育的研究数量基本保持不变。这说明研究者更加关注被测试者的态度，特别是满意度和需求，也表示出“以人为本”的思想愈发深入到研究者的研究理念当中。

表5　2016年各个研究主题的数量

研究主题	数量/篇
用户信息行为	76
满意度或需求	31
图书馆利用与管理建设	28
图书馆学教育与研究	6
政府、企事业信息管理	4
心理认知	2

3　研究设计与数据分析

3.1　问卷设计与施测的标准化与规范化

使用问卷调查法进行研究，应始终遵循标准化和规范化的原则，即从前期的资料搜集，到问卷的设计，预测试，信效度检验，以及问卷的发放、回收和结果分析，每一个步骤都需要严肃认真，否则将会直接影响到研究结果的科学性与可靠性。由于仅通过公开发表的论文是看不到问卷本身的，并且，相当多的论文对研究设计过程叙述不清晰，因此，我们只能通过论文介绍的施测过程和报告方式来分析和推断。

预测试是问卷设计的必要步骤，无论怎样周密的初期设计，都可能存在不周严之处，而这种不周严是很难自我发现的，正式施测后如再发现问题将无法和无从修改。从所收文章的问卷设计与实施指标的统计数据（见表6）可以看出，进行了预测试的问卷类文章占比14.86%，量表类文章占比38.36%。整体看来，开展预测试的程度比较低，特别是问卷类文章。

信效度检验用来进一步考察问卷的可靠性与有效性，无论是问卷还是量表，理应信效度检验合格后才能使用，这是提高问卷数据质量不可或缺的条件，只有这样，研究结论才能令人信服，也才具有科学性。从表 6 可以看出，进行了信度检验的问卷类文章占比 12.16%，量表类文章占比 73.97%；进行了效度检验的问卷类文章占比 6.76%，量表类文章占比 67.12%。总体看来，问卷类文章进行信效度检验的比例远远低于量表类文章。

抽样是指从调查对象的全部单位中抽取一部分单位进行考察与分析，并用这部分单位的数量特征去推断总体的数量特征的一种调查方法[4]。抽样方法的选择是否合理，对于所选样本的代表性，以及研究结果的有效性有着至关重要的作用。从表 6 的统计数据中可以看出，明确指出使用了何种抽样方法的问卷类文章占比 10.81%，量表类文章占比 10.96%，可见，问卷类文章和量表类文章都忽略了抽样方法。

表 6 问卷的设计与实施指标

	统计方法	使用次数 / 篇	有效百分比 /%	指标内的比例 /%
问卷（74 篇）	预测试	11	14.86	28.21
	信度检验	9	12.16	14.29
	效度检验	5	6.76	9.26
	抽样方法	8	10.81	50
量表（73 篇）	预测试	28	38.36	71.79
	信度检验	54	73.97	85.71
	效度检验	49	67.12	90.74
	抽样方法	8	10.96	50

3.2 数据分析方法分析

社会科学研究中的数理统计可分为描述性统计和推理性统计两个阶段，在描述性统计阶段，研究者利用频数、百分比等对数据进行组织，用众数、中位数、平均数对数据的集中趋势进行测量，用离差和标准差来反映数据的变异性；在推理性统计阶段，研究者则利用统计分布、回归分析、统计检验等手段对数据进行进一步的挖掘，为从样本推论总体提供依据。根据对 2016 年图书馆学期刊发表的涉及问卷与量表类文章所使用数据分析方法的使用情况（见表 7）可以看出，所有文章对一般性统计方法，尤其是描述性统计方法使用得比较自如，而不太使用推理性统计方法。

表 7　问卷与量表类文章数据分析方法使用情况

	分析方法	使用次数 / 篇	有效百分比 /%	指标内的比例 /%
问卷（74 篇）	描述统计	63	85.14	48.09
	方差分析	10	13.51	22.73
	相关与回归分析	8	10.81	21.05
	非参数检验	4	5.41	50
	结构方程	4	5.41	19.05
	其他方法	4	5.41	17.39
量表（73 篇）	描述统计	68	93.15	51.91
	方差分析	34	46.58	77.27
	相关与回归分析	30	41.10	78.95
	非参数检验	4	5.41	50
	结构方程	17	23.29	80.95
	其他方法	19	26.03	82.61

从表 7 可以看出，问卷类文章中 85.14%都对数据进行了描述性统计，量表类文章中 93.15%使用了描述性统计，可见描述统计已基本为研究者熟练使用，但推理性统计方法的使用则不尽如人意。这充分说明了当今的研究者对数据的分析仍然处于初浅层次，令人遗憾。研究者使用问卷进行调查的过程是非常繁琐和辛苦的，如果不能对所收到的数据进行深入而有效的分析，必然无法充分发挥数据的效用，自然也就不能将自己的研究提升到相应的高度。

4　结论与分析

4.1　问卷类文章的标准化程度明显低于量表类文章

虽然问卷与量表同为测量工具，但我们发现，在量表类文章中，各项指标的出现率以及各类统计方法的使用率均比问卷类文章高出许多，这说明量表类文章在研究的标准化和规范化方面优于问卷类文章，也表明研究者在使用问卷与量表的态度与严谨程度上存在较大差异，这就需要研究者加强认识，自觉规范相应方法的使用。

4.2　预测试与信效度检验缺失，抽样方法被忽略

问卷设计完成后需要进行对问卷检验的预测试，以发现问卷中存在的一些不易暴露的问题。预测试往往是研究设计中最容易被忽略的环节，如果未

进行预测试而直接进行问卷发放的话，一旦发现问题将因无法修改而留下遗憾，并且问卷的量越大，遗憾也就越大。信效度检验是用来考察问卷的可靠性与有效性的重要手段，无论问卷还是量表，经过预测试和信效度检验合格后再使用，所获得的数据才更具有说服力。当然，并非所有内容都需进行信度检验，如人口学指标不牵涉到被调查者的态度，一般无需采用信度检验。而如果测试的是被调查者的态度，则通常需要进行信度检验[7]。效度检验则需根据问卷设计的不同，检验不同类型的效度。问卷通常检验内容效度即可，量表则需检验内容效度、结构效度、校标效度等多种类型的效度。

抽样方法同样是很容易被忽略的环节。从上述分析中可以看出，大多数研究者对于调查对象的选择都是很随意的，只有很少的一部分文章明确指出了使用何种抽样方法。没有规则可言、没有方法可谈的样本选择很难使数据具有代表性，必然影响最终结果。当然，我们不排除部分研究者在研究设计中已经考虑到了抽样方法，但在论文写作中却忽略了对该因素的描述，没有将其报告出来。无论如何，只要在文章中没有明确的报告，都会影响读者对于论文学术性的评价。

4.3 统计方法单一，数据分析尚处浅层次

从前文可以看出，在 2016 年图书馆学问卷调查类文章中，描述性统计方法的使用率最高，而非参数检验、方差分析、相关与回归分析、主成分和因子分析、结构方程等数理统计方法只有极少数文章使用，致使数据分析尚处于初浅层次，也就是说，大部分问卷类研究文章只是呈现出被调查对象的表面认知与态度，而没有分析内在的区别与联系，导致研究结论相对空泛。一个合格的研究者，需要充分掌握实证研究的各种方法，并选择使用最适合研究本身且能够深入分析研究数据的方法，使数据的价值能够得到最大程度地发挥。

4.4 论文写作的规范性有待提高

问卷调查论文的写作就是实证研究过程的重现，是实证研究最后且也是最为关键的一环。一篇合格的使用问卷调查法的文章自然要遵循应有的规范，就像手机内部一样，各个零件虽然繁杂但又有序地被部署在相应的位置，发挥各自的作用。

一篇合格、规范的问卷调查论文应做好以下 3 点。首先，研究设计需要集中展示研究程序的科学性、证明研究的可信性，从研究设计的第一步开始就要按照相应的标准和规范严格执行，把每一步做到位，只有这样，研究结

论的科学价值和意义才能够有所提升。研究设计部分需要总体阐述调查对象、抽样方式与样本情况，问卷设计与调查过程，数据的统计分析方式等。其次，在问卷编制和使用过程中，应注意标准化、规范化，将问卷中的各个维度阐释清楚，做好预测试和信效度检验，说清楚所采用的抽样方法，从而使所获得的数据更加科学、可靠，结论更具说服力。一般的研究者往往在研究设计上耗费大量心血，但对于将整个设计过程转化为论文中的文字却很少给予关注，这是不恰当的。最后，在数据分析阶段，需要采用合适的数据分析方法，研究者应本着由浅入深、由表及里的原则，将复杂的数据转化为易被读者理解的文字，充分发挥所得数据的效用。

问卷的设计在一定程度上与高考试卷的出题有非常多的相通之处，高考试卷是用来测试考生对某一学科知识的掌握程度的，既要测试出考生的真实水平，还要反映出考生之间的差异，拉开不同区间考生的分值；调查问卷用来测试调查对象关于问卷主题的信息，也是为了获得准确的回答，同时将调查对象划分为不同的类别。不论是调查问卷还是高考试卷的设计，都不是简单的凭空想象，而是需要经验和智慧来完成，这个过程是庄重的，研究者不应持有随意心态，应该以敬畏、尊重的态度来对待问卷，对待问卷设计和问卷调查方法的使用。

研究者使用问卷调查法进行研究的过程，既是科学、规范、标准的过程，同时也是繁琐、辛苦，需要极大耐心与付出的过程。这一切都离不开科学的方法以及脚踏实地的精神，更需要一丝不苟的态度和乐观积极、勇于面对挑战的心态[8]。总体看来，我国图书馆学问卷调查法的发展呈较好态势，但也存在着诸多不足，究其原因，是与研究者对问卷调查法重要性和自身特点的认识不充分密切相关，导致态度上不重视、使用上不规范，随意性很强。问卷确实是一种测量工具，但不能仅仅看作是一种测量工具，而应该定位为整个研究的基础，问卷上的每一个字、每一道题都应该是研究者深思熟虑、仔细斟酌后确定的。在使用问卷进行研究的过程中，研究者如果违背了必须遵循的标准与规范，那么，研究的科学性与可靠性就无法得到保证，研究也就失去了它的价值和意义。我们衷心希望，通过规范性的问卷调查，用真实的数据说话，能够成为图书馆界的自觉与共识；也更希望在实证研究方法的使用上，所有的研究者都能够持有一颗敬畏之心，尊重各种研究方法自身的科学、标准与规范[8]，将研究做得更好。

参考文献：

[1] 贝利. 现代社会研究方法[M]. 上海：上海人民出版社，1986. 彭克宏，马国泉，陈有进，等. 社会科学大词典[M]. 北京：中国国际广播出版社，1989：224.

[2] 金华. 图书馆学研究方法：困境及其出路[J]. 图书情报工作，2008（8）：67.

[3] 徐建华，王翩然，李盛楠.2013 年图书馆学期刊问卷调查法文章的总体分析[J]. 图书与情报，2014（6）：24-27，108.

[4] 徐建华，李媛.2014 年图书馆学期刊问卷调查法文章分析[J]. 图书与情报，2015（6）：92-96.

[5] 徐建华，路锦怡，李媛，等.2015 年我国图书馆学期刊问卷调查法文章计量分析[J]. 图书与情报，2016（6）：124-128.

[6] 张力为. 信度的正用与误用[J]. 北京体育大学学报，2002（5）：348-350.

[7] 徐建华. “图书馆学与问卷调查研究”专题引言[J]. 图书与情报，2014（6）：23.

（文章来源：《图书馆建设》2017 年第 12 期）

2017年图书馆学期刊问卷调查法文章分析

徐建华　路锦怡　汪汉清

摘要：[目的/意义]问卷调查法在图书馆学界已经得到相对普遍的使用，但具体的实施情况如何尚有争议，希望能够通过对2017年图书馆学使用问卷调查法开展研究的状况有一个完整的了解。[方法/过程]逐篇查阅《图书情报工作》《图书情报知识》等11种被CSSCI收录的图书馆学核心期刊2017年发表的以问卷调查法为主要研究方法的143篇文章，对这些文章的施测对象、研究主题、样本量、问卷有效回收率、人口学特征、受资助情况、问卷设计与施测的规范化程度以及数据分析方法的使用情况等进行分析。[结果/结论]调查发现，问卷调查法虽然在图书馆学领域得到较为普遍的应用，但在问卷调查法的使用中，特别是在问卷调查法文章的写作中，还存在着研究对象较为单一，研究主题较为集中；"大样本量"的问卷调查较少；量表类文章的规范程度远高于问卷类文章；预测试缺失，抽样方法被忽略；研究者对信效度检验的重视程度不够；数据分析方法使用较为单一，缺乏对数据的深入挖掘等诸多问题。

关键词：图书馆学；图书馆学期刊；问卷调查法；实证研究；

The Analysis of the Questionnaire Survey Articles of Library Science Journals in 2017

Abstract: [Purpose/significance] The questionnaire survey method has been relatively widely used in the field of library science, but the specific implementation situation is still controversial. The paper aims to give a complete understanding of the status of the 2017 Library Science Questionnaire article in this article. [Method/process] All the articles published in 11 CSSCl library magazines in 2017 that used questionnaire method were reviewed and analyzed about their survey objects, research topics, sample size, effective recovery rate of questionnaire, demographic characteristics, funding status, and quantity, preparation, and their statistical methods. [Result/conclusion] The results showed that, although questionnaire investigation in the field of lib rary science had a good application, there were still problems, such as research angle, scope of research obj ects, sample size of the questionnaire, the differences in the degree of specification between the articles in th e scales and the articles in the questionnaires, less use of pre-test and sampling methods, lack of reliability a nd validity test, and single data analysis method.

Keyword: library science; periodicals on library science; questionnaire survey; empirical research

1 引言

问卷调查法在图书馆学界已经得到了相对普遍的使用，但具体的实施情况如何尚有争议，不可否认的是，问卷调查法在具体的使用过程中仍然存在着许多问题。为了对图书馆学使用问卷调查法开展研究的现状有一个完整的了解，笔者选取了 11 种 CSSCI 收录、连续几年稳居于《核心期刊要目总览》中的图书馆学期刊（详见表 1），对这 11 种核心期刊 201 7 年发表的 143 篇以问卷调查法为主要研究方法的文章（简称问卷调查法文章）逐篇阅读，并对这些文章的施测对象、研究主题、样本量、问卷有效回收率、人口学特征、受资助情况、问卷设计与施测的规范化程度以及数据分析方法的使用情况等利用 SPSS22.0 软件进行了进一步的分析，形成了一个较为详细的图书馆学年度文章的分析，同时也发现了研究者在问卷调查法的使用中，特别是在问卷调查法文章的写作中广泛存在的一些问题。

2 2017 年问卷调查法文章具体分析

2.1 11 种核心期刊发表问卷调查法文章的情况

首先，从发文数量来看，2017 年，11 种图书馆学核心期刊共发表文章 1 967 篇，其中，问卷调查法文章有 143 篇。在 143 篇文章之中，《图书情报工作》发表的问卷调查法文章最多，有 51 篇;《图书馆论坛》和《图书馆》次之。

其次，从问卷调查法文章占总文章（即 11 种期刊 2017 年发表的全部文章）的比例来看，11 种核心期刊 2017 年发表问卷调查法文章的数量占总发文数量的比例为 7.27%。《图书情报工作》发表问卷调查法文章的数量占总发文数量的比例最大，为 10.49%;《图书情报知识》与《图书馆论坛》次之，分别为 9.30%和 9.13%;《国家图书馆学刊》《情报资料工作》《中国图书馆学报》发表的问卷调查法文章的比例都高于 8%。与此同时，从 2014-2017 年 11 种图书馆学核心期刊发表的问卷调查法文章的数量来看[1]，问卷调查法文章占总文章的比例呈逐年上升的趋势，可见图书馆学期刊对问卷调查法文章的重视程度也在不断提升。

表 1　2017 年 11 种图书馆学核心期刊发表问卷调查法文章的数量和比例

期刊名称	2017 年发表文章的数量（篇）	问卷调查法文章的数量（篇）（占样本比例%）	占期刊发文总量比例（%）
图书情报工作	486	51（35.66）	10.49
图书情报知识	86	8（5.59）	9.3
图书馆论坛	252	23（16.08）	9.13
国家图书馆学刊	83	7（4.90）	8.43
情报资料工作	99	8（5.59）	8.08
中国图书馆学报	50	4（2.80）	8
图书与情报	129	9（6.29）	6.98
图书馆	230	13（9.09）	5.65
大学图书馆学报	113	5（3.50）	4.42
图书馆建设	210	9（6.29）	4.29
图书馆杂志	229	6（4.20）	2.62
合计	1 967	143（99.99）	7.27

2.2　问卷施测对象分析

根据不同的研究问题，研究者往往会选择不同的施测对象发放问卷。图书馆学期刊发表问卷调查法文章的施测对象一般包括一般公众、高校师生、图书馆从业者、科研人员、政府与企事业人员 5 大类，不被包含在这 5 类中的施测对象归为“其他”。2017 年 11 种图书馆学核心期刊发表问卷调查法文章的施测对象统计结果见表 2。其中，以“一般公众”为施测对象的问卷调查法文章最多，占全部问卷调查法文章的 49%；以“高校师生”为施测对象的文章次之，占比 26.6%；以“科研人员”和“政府、企事业人员”为施测对象的问卷调查法文章数量相对较少，分别为 11 篇和 2 篇。从 2014−2017 年问卷施测对象的种类与比例来看以“一般公众”与“图书馆从业者”为施测对象的文章比例逐年上升，以“高校师生”为施测对象的文章比例则逐年下降，以“科研人员”与“政府、企事业人员”为施测对象的文章比例不太稳定，但总体都相对较低。

表 2　问卷施测对象的种类与比例

问卷施测对象	被调查的次数	百分比（%）
一般公众	70	49
高校师生	38	26.6
图书馆从业者	22	15.4
科研人员	11	7.7
政府、企事业人员	2	1.4

2.3　研究主题分析

通过对近年来图书馆学期刊发表的问卷调查法文章进行分析，笔者将问卷调查法文章的研究主题归纳为七类，包括：用户信息行为、满意度或需求、图书馆利用与管理建设、心理认知、图书馆学教育与研究、政府和企事业信息管理以及其他。2017 年 11 种图书馆学核心期刊发表问卷调查法文章的研究主题概况见表 3。其中，以“用户信息行为”与“满意度或需求”为研究主题的问卷调查法文章最多，“图书馆利用与管理建设”主题次之，以“心理认知”“图书馆学教育”“政府，企事业信息管理”为研究主题的文章则相对较少。与前三年相比[1]，在 2017 年发表的问卷调查法文章中，“满意度或需求”研究主题的文章数量大幅上升，“用户信息行为”研究主题的文章相对减少。

表 3　2017 年各个研究主题的数量

研究主题	数量（篇）	有效百分比（%）
用户信息行为	52	36.4
满意度或需求	47	32.9
图书馆利用与管理建设	28	28
心理认知	7	4.9
图书馆学教育	5	3.5
政府和企事业信息管理	3	2.1
其他	1	0.7

2.4　样本量分析

样本量的多少往往决定了数据分析结果是否科学与可靠，特别是有效的样本量。为了对有效样本量的概况有一个基本的了解，笔者对 2017 年 11 种图书馆学核心期刊发表问卷调查法文章的有效样本数量进行统计分析，具体结果见图 1。首先，从图 1 的直方图中可以看到，在提到有效样本量的 141 篇图书馆学问卷调查法文章中，大多数文章的样本量都主要集中在 0~500，具体有 103 篇文章；样本量为 500~1000 的文章数量其次，为 22 篇；大于 1000 样本量的文章有 16 篇。在这些文章中，样本量最小的为 5，最大的为 7134，均值为 583。

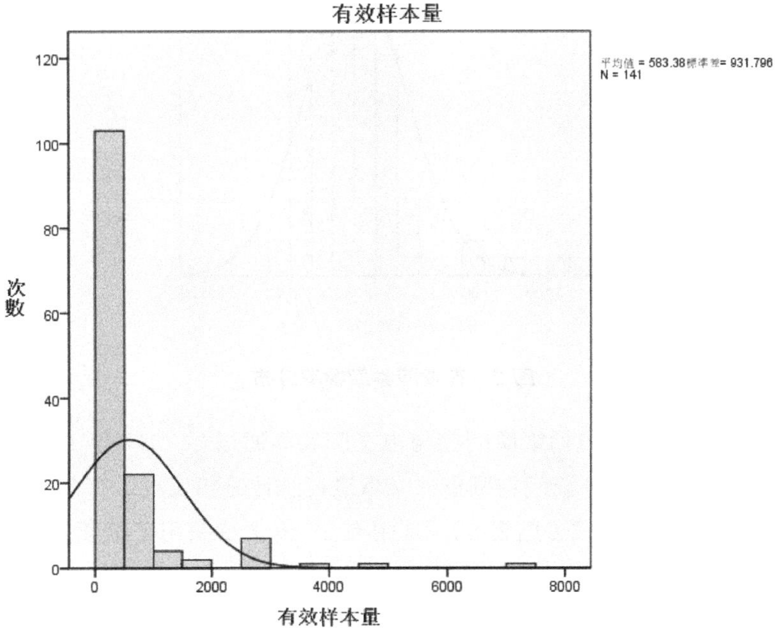

图 1 样本数量分布

表 4 问卷样本量数量

有效数量	缺失数量	极小值	极大值	均值
141	2	5	7 134	583.38

2.5 有效问卷回收率及问卷形式分析

问卷调查是很难做到 100% 回收有效问卷的，通常使用问卷的回收率来衡量样本是否具有代表性。一般来说，与较低回收率的问卷调查相比，拥有较高回收率的问卷调查所产生的偏误也就更小[2]。通过对 2017 年发表的图书馆学问卷调查法文章中提到的有效问卷回收率进行统计可以发现（见图 2），大部分文章的有效问卷回收率都高于 70%，只有非常少的一部分文章的有效问卷回收率低于70%。总体来说，图书馆学问卷调查法文章的有效问卷回收率都非常高。

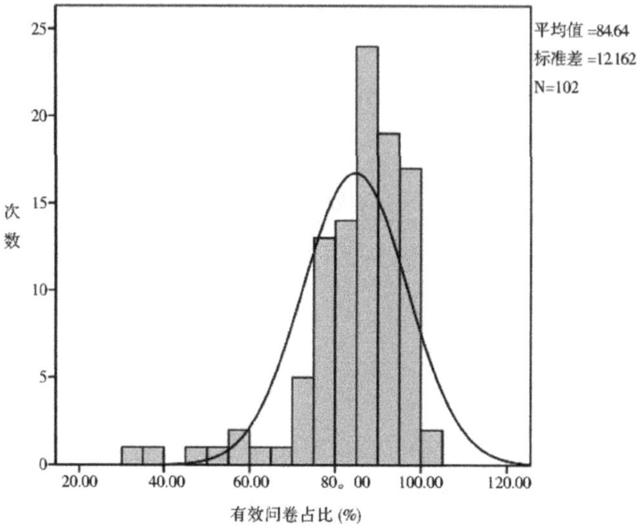

图2　有效问卷回收率分布

问卷的形式主要包括纸质问卷与电子问卷。通过对2017年11种图书馆学核心期刊发表的143篇问卷调查法文章进行统计分析发现，有78篇文章提到了其发放问卷的形式（见表5），其中有25篇文章采用了纸质问卷发放形式，有27篇文章采用了电子问卷发放形式，有26篇文章采用了纸质问卷与电子问卷相结合的方式，问卷形式分布相对均匀。纸质问卷大都在实地调研中现场发放，电子问卷多利用问卷星平台通过电子邮件、QQ群、微信群等以链接的形式发放。

表5　问卷形式数量统计

问卷形式	文章数
纸质问卷	25
电子问卷	27
电子问卷+纸质问卷	26

2.6　被调查对象人口学特征分析

人口学特征是问卷中必不可少的题项之一，同时也是问卷调查法文章在数据分析中最常涉及到的因素之一。在 2017 年 11 种图书馆学核心期刊发表的 143 篇问卷调查法文章中，有 95 篇文章对其问卷中所涉及到的人口学特征做了描述，具体结果见图 3。其中，有将近 30 篇文章的人口学特征涉及到 4 项，占比最高，涉及到 3 项和 5 项人口学特征的文章分别有 19 篇和 17 篇，涉及到 2 项和 6 项人口学特征的文章分别有 13 篇和 10 篇，涉及 7 项的文章有 2 篇，此外，还有 5 篇文章涉及到的人口学特征最多，包括 15 项。在这些人口学特征中，被提到次数最多的分别为“性别”与“年龄”，分别被提到 90 次和 73 次，学历类的人口学特征，包括“学历”“受教育程度”“教育背景”被提到的次数分别为 35 次、28 次、11 次。

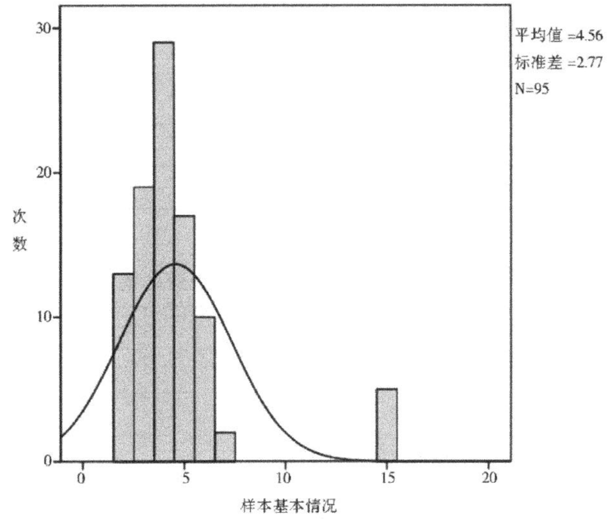

图 3　样本基本情况分布

2.7　文章所属单位及受资助情况分析

通过对 2017 年 11 种图书馆学核心期刊发表的问卷调查法文章的所属单位进行统计可以发现（见表 6），发表问卷调查法文章最多的单位是吉林大学管理学院，发表问卷调查法文章 9 篇，南开大学商学院信息资源管理系和中山大学资讯管理学院次之。

从 2017 年 11 种图书馆学核心期刊发表的问卷调查法文章的受资助情况来看，143 篇问卷调查法文章中有 120 篇文章都有项目资助。其中，属于国家社会科学基金项目成果的文章有 43 篇，属于省、市级项目成果的文章有 33 篇，属于国家自然科学基金项目成果的文章有 24 篇。此外，还有文章属于教育部人文社会科学项目、校级项目、中央高校基本科研项目或中国博士后科学基金等项目的研究成果。这也可以看出，在图书馆学科研项目的开展过程中，对问卷调查法的重视程度在逐渐增加。如表 7 所示：

表 6　2017 年问卷调查法文章所属单位情况

单位	文章数（篇）
吉林大学管理学院	9
南开大学商学院信息资源管理系	8
中山大学资讯管理学院	8
武汉大学信息资源研究中心	7
武汉大学信息管理学院	5
南京理工大学经济管理学院	4
江苏大学管理学院	4
湘潭大学公共管理学院	3
北京大学信息管理系	3

表 7　2017 年问卷调查法文章受资助情况

项目（有交叉）	文章数（篇）
国家社会科学基金项目	43
省、市级项目	33
国家自然科学基金项目	24
教育部人文社会科学项目	22
校级项目	20
中央高校基本科研项目	8
中国博士后科学基金项目	4

3　问卷设计与数据分析

3.1　问卷设计与施测的规范化程度分析

社会科学研究的方法有很多种，不论研究者选择哪一种方法，都应遵循相应的规范。如果研究者选定问卷调查法开展研究，那么在问卷的设计阶段以及施测的过程中就要注意标准化与规范化。为了了解 2017 年图书馆学问卷调查法文章在问卷设计与施测阶段的规范化程度，笔者以“预测试”“信度检验”“效度检验”“抽样方法”为指标，对11种核心期刊发表的143篇问卷调查法文章进行了深入分析。由于期刊公开发表的问卷调查法文章中往往是没有问卷本身的信息的，且研究设计部分也并不是文章描述的重点，因此，只能通过文章中提到的施测过程等信息加以分析与推断。

首先，问卷在式发放之前需要进行预测试。因为在问卷的最初设计阶段，研究者大多是以理论知识为依据开展问卷设计，任何一个研究者都不能保证其设计的问卷是完美无缺的，只是最大程度的做到周密详尽。在这种情况下，最有效的方式就是通过实践来检验理论[3]，即通过预测试来验证问卷的合理性，以期发现问卷存在的不合理之处。2017年11种核心期刊发表的143篇问卷调查法文章进行了深入分析。由于期刊公开发表的问卷调查法文章中往往是没有问卷本身的信息的，且研究设计部分也并不是文章描述的重点，因此，只能通过文章中提到的施测过程等信息加以分析与推断。

首先，问卷在正式发放之前需要进行预测试。因为在问卷的最初设计阶段，研究者大多是以理论知识为依据开展问卷设计，任何一个研究者都不能保证其设计的问卷是完美无缺的，只是最大程度的做到周密详尽。在这种情况下，最有效的方式就是通过实践来检验理论[3]，即通过预测试来验证问卷的合理性，以期发现问卷存在的不合理之处。2017年11种图书馆学核心期刊发表问卷调查法文章的预测试情况如表8所示，在使用问卷型工具的50篇文章中，开展预测试的文章占比22%；在使用量表型工具的93篇文章中，开展预测试的文章占比40.9%。总的来看，预测试的程度还是相对较低的，特别是问卷类文章。信度和效度是用来测量问卷的可靠性与有效性的重要指标。在《社会研究方法》一书中，艾尔巴比提出信度是指使用相同研究技术重复测量同一个对象时得到相同研究结果的可能性；效度是指实证测量在多大程度上反映了概念的真实含义[2]。问卷调查法的信度主要是指问卷是否能够真实地反映出被测者的态度；效度则是指使用问卷测量的有效性，主要包括表面效度（face validity）、标准关联效度（criterion-related validity）、建构效度（construct validity）、以及内容效度（content validity）。2017年11种图书馆学核心期刊发表问卷调查法文章的信效度检验情况如表8所示，可以看到，在使用问卷型工具的50篇文章中，进行信度检验的文章占比26%，进行效度检验的文章占比24%；在使用量表型工具的93篇文章中，进行信度检验的文章占比71%；进行效度检验的文章占比65.5%，量表类文章信效度检验的比例远高于问卷类文章。

表 8 问卷的设计与实施指标

测量工具	统计方法	使用次数（篇）	有效百分比（%）	指标内的比例
问卷（50）	预测试	11	22	22.4
	信度检验	13	26	16.5
	效度检验	12	24	16.4
	抽样方法	4	8	26.7
量表（93）	预测试	38	40.9	77.6
	信度检验	66	71	83.5
	效度检验	61	65.6	83.6
	抽样方法	11	11.8	73.3

抽样就是选择调查对象的过程。合理的选择抽样方法，能够有效提高样本的代表性。抽样方式主要包括概率抽样和非概率抽样，具体的概率抽样类型主要包括：简单随机抽样、系统抽样、分层抽样等；非概率抽样主要有就近抽样、目标式（判断式）抽样、配额抽样和滚雪球抽样。在 2017 年 11 种图书馆学核心期刊发表的 143 问卷调查法文章，有 4 篇问卷类文章说明了其使用的抽样方法，占比 8%；有 11 篇量表类文章说明其使用了何种抽样方法，占比 11.8%，总体看来，问卷调查法文章中抽样方法的使用效果并不理想。而在这 15 篇使用了抽样方法的问卷调查法文章中，有 5 篇使用了随机抽样，有 6 篇使用了分层抽样，有 2 篇使用了判断抽样，有 2 篇使用了配额抽样，有 1 篇使用了滚雪球抽样法（有 1 篇文章同时使用了分层抽样与配额抽样）。

3.2 数据分析方法的使用情况

不论是在自然科学还是在社会科学领域，统计都是一种被广泛应用的方法，特别是对于社会科学来说，在数理方法群中，统计是最适宜的方法之一[4]。在社会科学研究中，数理统计的两个阶段主要包括描述性统计和推理性统计。描述性统计阶段不需要多少数学理论，重在对数据的表达、组织等，例如，通过平均数、众数、中位数来反映数据的集中趋势，通过标准差、离差测量数据的变异性，通过百分比、频数的形式来组织数据等。推理性统计阶段则需要依据严谨的数学理论[4]，在此阶段，研究者大都通过使用假设检验、方差分析、相关与回归分析、非参数检验、结构方程等方法进一步分析数据所表达的更深层次的意义。

从 2017 年 11 种图书馆学核心期刊发表的问卷调查法文章数据分析方法的使用情况来看，(见表 9)，描述性统计方法远高于推理性统计方法的使用，在问卷类文章中，使用描述性统计方法的文章占比 90%；在量表类文章中，使用描述性统计方法的文章占比 87.1%。在推理性统计方法的使用上，问卷类文章的比例大大低于量表类文章。在 50 篇使用了问卷型工具的文章中，使用假设检验和结构方程的文章占比 2%，使用方法分析的文章占比 4%，使用非参数检验的文章占比 8%，使用相关与回归分析的文章占比 10%，使用其他方法的文章占比 24%。而在 93 篇使用量表型工具的文章中，占比 49.5%的文章使用假设检验，占比 11.8%的文章使用方差分析，占比 25.8%的文章使用相关与回归分析，占比 20.4%的文章使用非参数检验，占比 34.4%的文章使用结构方程，占比 18.3%的文章使用了其他方法。与前 3 年相比[1]，2017 年图书馆学期刊问卷调查法文章中，使用结构方程的文章数量大幅提升，可见使用结构方程进行分析已成为图书馆学领域问卷调查法文章的主要趋势。

4 讨论与分析

4.1 研究对象较为单一，研究主题较为集中

通过对 2017 年问卷调查法文章的研究对象进行分析，笔者发现有将近一半的文章都是面向一般公众发放问卷，从一般公众的角度开展满意度或需求、信息行为以及图书馆利用与管理建设等方面的研究，然而从图书馆工作人员、相关机构管理者、科研人员、特殊群体等角度出发开展研究的文章并不是很多，在研究对象的选择上还是比较单一的。从研究主题来看，2017 年图书馆学问卷调查法文章的研究主题主要集中在用户信息行为、满意度或需求以及图书馆利用与管理建设上，且这 3 个主题近年来都保持着很高的研究热度，文章占比很高。研究者一方面的确需要关注热点问题，但同时更应该从多角度出发，扩宽研究对象的范围，努力发现新的研究领域，提升研究价值[5]。

表 9 问卷与量表类文章数据分析方法分析

测量工具	分析方法	使用次数（篇）	有效百分比（%）	指标内的比例
问卷（50）	描述统计	45	90	35.7

续表

测量工具	分析方法	使用次数（篇）	有效百分比（%）	指标内的比例
	假设检验	1	2	2.1
	方差分析	2	4	15.4
	相关与回归分析	5	10	17.2
	非参数检验	4	8	17.4
	结构方程	1	2	3
	其他方法	12	24	41.4
量表（93）	描述统计	81	87.1	64.3
	假设检验	46	49.5	97.9
	方差分析	11	11.8	84.6
	相关与回归分析	24	25.8	82.8
	非参数检验	19	20.4	82.6
	结构方程	32	34.4	97
	其他方法	17	18.3	58.6

4.2 “大样本量”的问卷调查较少

从 2017 年图书馆学问卷调查法文章的样本量来看，有将近 72%的文章的样本量都在 500 以下，样本量超过 1 000 的文章仅占比 11%，且这部分文章中还有一些属于同一调查，“大样本量”的问卷调查还是很少的。问卷的样本量与样本的误差有着直接的关系，而样本的误差会影响到问卷调查的效率。样本量的设置主要是由问卷调查的具体情况所决定的，需要考虑到调查对象、经费、可接受的误差率等多重因素。样本量的大小不是衡量研究的重要标志，重要的是抽样方式的选择，最后使问卷调查的样本具有代表性即可。

4.3 预测试缺失，抽样方法被忽略

不管研究者在设计问卷时有多认真、仔细，仍然存在错误的可能性，实际上是肯定存在的[2]。例如：问卷设计的题项可能对于施测对象来说是晦涩难懂的，或者说有些问题对于施测对象来说是无法回答的。这些错误对于研究者来说是很难自我发现的，避免的最有效的方法就是对问卷进行预调研。然而，经过笔者的调查发现，在 2017 年 11 种图书馆学核心期刊发表的问卷调查法文章中，进行了预测试的文章比例并不是很高。在研究设计阶段，预测试相当于一剂预防针，如果没有进行预测试，直接开展问卷的正式发放，那

么一旦发现问题，付出的代价将会更大。

社会科学中的研究者需要进行选择观察，只有这样，才能够对那些没有被观察到的人与事进行总结，在选择观察的过程中就涉及到如何选择观察对象的问题，这就是抽样[2]，但抽样往往是问卷调查法实施中最容易被忽略的一个环节。通过分析 2017 年 11 种图书馆学核心期刊发表的问卷调查法文章中抽样方法的使用情况，笔者发现抽样方法的使用率非常低。抽样方法的忽略非常容易导致研究结果产生误差，致使最终的结论不具有代表性，同样也不具有推广性。在抽样方法的选择上，研究者更应该选择能够提高样本代表性的方法，例如，与随机抽样和系统抽样相比，分层抽样的涵盖面更广，可以有效提高样本的代表性，更适合被使用。当然，对于未提到预测试和抽样方法的文章来说，并不排除研究者在实际的操作中是进行了规范化的操作的，如果这样的话就更应该在论文中进行描述，否则，将会影响读者对于论文的学术性评价[6]。

4.4 研究者对信效度检验的重视程度不够

信度检验用来考察问卷的可靠性，但问卷的信度达到要求并不能保证研究者通过此问卷可以测量到研究中真正应该测量的指标，此时就需要通过效度检验来考察问卷的有效性，信效度检验是提高问卷调查法数据质量的重要条件。无论是问卷还是量表，在正式发放之前都应该进行信效度检验，并依据信效度检验的结果调整相关题项，从而确保最终获得的数据是具有说服力的。

4.5 量表类文章的规范程度远高于问卷类文章

问卷是研究者为了测量被调查者的行为、态度、价值观等信息而设计的一系列问题的集合，是一种用较为日常的语言表达规范化测量方案的一种工具[6]；量表则是以特定的法则为依据，使用数字符号来代表某种特性的工具。一份问卷可以包含一个或多个量表，也可以不包含任何量表[7]。不论是问卷还是量表，都是一种测量工具。然而，在我们的研究中发现，量表类文章的规范程度远高于问卷类文章。量表类文章不光在设计与实施指标的使用上多于问卷类文章，在数据分析方法的使用上也高于问卷类文章。

4.6 数据分析方法使用较为单一，缺乏对数据的深入挖掘

从表 9 的分析可以看出，在 2017 年图书馆学核心期刊发表的问卷调查法中，描述性统计方法的使用占有很高的比例，然而推理性统计方法使用的普遍性远低于描述性统计方法。对数据的描述是数据分析的第一步，也是最基础、

最简单的一步，通过描述性的数据表达，研究者可以将数据的表层含义，包括被调查对象的表面认知和态度传递给读者。如果想要深入了解数据背后隐藏的意义，分析数据内在的联系与区别，就必须使用推理性的统计方法。在推理性统计方法的使用上，研究者一定要选择最适合自己研究的统计方法，并将这种研究方法规范化、标准化，挖掘数据的内涵，从而得出有价值的结论。

总之，问卷调查法虽然在图书馆学领域得到了普遍的使用与很好的发展，但仍然存在着诸多问题，主要原因在于研究者本身对问卷调查法的自身特点以及问卷调查法规范实施的重要性的认识不够深刻。研究者在使用问卷调查法的过程中，首先应该认真对待问卷；同时在问卷调查法实施的过程中要做到每一个步骤都标准化、规范化，为最终结论的科学与可靠打好基础；此外，在对获得的数据进行分析时，要注重描述性统计方法与推理性统计方法的搭配使用，特别是要使用推理性统计方法挖掘数据的内涵。不论是对待问卷调查法，还是其他实证研究方法，研究者应始终持有一颗敬畏之心，尊重各种研究方法，充分发挥研究方法的作用，实现研究的价值[8]。

参考文献：

[1] 周黎，宋红霞. 对图书馆学问卷调查法论文的统计分析[J]. 图书馆论坛，2019,39(2):18-24.

[2] 艾尔·巴比. 社会研究方法[M]. 邱泽奇,译. 北京：华夏出版社.2005.

[3] 徐建华,李媛.2014 年图书馆学期刊问卷调查法文章分析[J]. 图书与情报,2015(6):92-96.

[4] 范并思. 论数理统计在图书馆学研究中的方法论地位[J]. 图书馆,1985(6):25-29.

[5] 徐建华,路锦怡,李媛等.2015 年我国图书馆学期刊问卷调查法文章计量分析[J]. 图书与情报,2016(6):124-128.

[6] 徐建华,路锦怡.2016 年图书馆学期刊问卷调查法文章分析[J]. 图书馆建设,2017(12):46-50.

[7] 李媛,杨明,张言.2013 年图书馆学期刊问卷调查法文章的对比分析——问卷与量表[J]. 图书与情报,2014(6):33-36.

[8] 徐建华. “图书馆学与问卷调查研究”专题引言[J]. 图书与情报,2014(6):23.

（文章来源:《图书情报工作》2019 年第 63 卷第 12 期）

2018年图书馆学期刊问卷调查法文章分析

徐建华　路锦怡　汪汉清

摘 要：为了对问卷调查法在图书馆学研究中的使用现状有一个完整的了解，笔者选取了我国图书馆学界比 较稳定的11种核心期刊逐篇阅读，并使用SPSS22.0对这11种核心期刊2018年发表的以问卷调查法为主要研 究方法的文章的研究主题、调查对象、样本量、人口学特征、问卷设计与施测的规范化程度以及数据分析方法的使用情况等进行了统计与分析，形成了一个较为详细的图书馆学年度文章分析。调查发现，在问卷调查法的 实施过程中，预测试及信效度检验的受重视程度有待提高、样本选择时抽样方法通常被忽视、使用结构方程模型进行分析的研究逐渐增多、量表类文章总体比问卷类文章更为规范。

关键词：图书馆学 图书馆学期刊 问卷调查法 实证研究

Abstract: In order to have a complete understanding of the current status of the use of questionnaires in library science research, we selected 11 core journals that are relatively stable in China' s library science community to read one by one. Then we used SPSS22.0 to study the research topic, survey object, sample size, demographic characteristics, standardization of questionnaire design and measurement, and data analysis of the articles published by the 11 core journals in 2018 with questionnaires as the main research method. We have formed a more detailed analysis of the annual library science article. The survey found that in the implementation of the questionnaire survey, the pre-test and reliability-validity test needs to be improved, the sampling method is usually neglected when the sample is selected, theresearch using the structural equation model is gradually increased, and articles in scale are more standardized than articles in the questionnaire type.

Key words: library science; periodicals on library science; questionnaire survey; empirical research

1　引言

问卷调查法是社会科学研究中经常被使用的观察方法之一，在一个典型的问卷调查之中，研究者通常首先选定调查对象作为样本，之后利用标准化的问卷开展调查。问卷调查法的作用在于能够在对样本开展调查的基础上，客观而又准确地分析社会现象，反映社会的一般状况；且通过问卷调查获得的资料较为可靠，所得结论的概括性程度也相对较高[1]。自芝加哥学派从图书馆的社会性出发，将问卷调查法引入图书馆学领域之中[2]，问卷调查法逐渐得到图书馆学界的认可，在图书馆学研究中被使用的普遍性也在逐步提升，但具体的实施情况如何，尚有争议。

为了对问卷调查法在图书馆学研究中的使用现状有一个完整的了解，笔者选取了我国图书馆学界比较稳定的 11 种核心期刊（详见表 1）逐篇阅读，并使用 SPSS22.0 对这 11 种核心期刊 2018 年发表的以问卷调查法为主要研究方法的文章的研究主题、调查对象、样本量、人口学特征、问卷设计与施测的规范化程度以及数据分析方法的使用情况等进行了统计与分析，以期形成一个较为详细的图书馆学年度文章分析，系统总结问卷调查法在图书馆学研究中的使用状况以及存在的问题，进而为图书馆学研究中问卷调查法的规范化和标准化使用提供帮助。

2 2018 年问卷调查法文章的一般状况分析

2.1 各期刊问卷调查法文章发表情况

2018 年 11 种图书馆学核心期刊发表问卷调查法文章的数量和比例状况如表 1 所示，可以看到，11 种图书馆学核心期刊 2018 年共发表问卷调查法文章 130 篇，其中，发表问卷调查法文章最多的 3 种期刊分别是:《图书情报工作》(52 篇)、《图书馆论坛》(20 篇)、《图书馆》(14 篇)。从问卷调查法文章占期刊发文总量的比例来看，《图书情报工作》占比最高，是唯一比例超过 10%的期刊，《图书情报知识》《情报资料工作》《图书馆论坛》次之，比例均高于 7%。与此同时，与 2015 年至 2017 年 11 种核心期刊发表问卷调查法文章的数量相比[3-5]，2018 年问卷调查法文章的总量相对减少，比例基本与 2017 年持平，呈逐年上升的趋势。其中，《图书情报工作》与《图书馆论坛》发表问卷调查法文章的数量在 11 种核心期刊中长期位于前列。

表 1　2018 年 11 种图书馆学核心期刊发表问卷调查法文章的数量和比例

期刊名称	2018 年发表文章的数量（篇）	问卷调查法文章的数量（篇）（占样本百分比%）	占期刊发文总量百分比（%）
图书情报工作	406	52（40）	12.81
图书情报知识	77	6（4.62）	7.79
情报资料工作	93	7（5.38）	7.53
图书馆论坛	281	20（15.38）	7.12
国家图书馆学刊	77	5（3.85）	6.49
图书馆	217	14（10.77）	6.45
中国图书馆学报	49	3（2.31）	6.12
大学图书馆学报	105	5（3.85）	4.76
图书与情报	117	5（3.85）	4.27
图书馆杂志	220	7（5.38）	3.18
图书馆建设	196	6（4.62）	3.06
总计	1838	130（100）	7.07

2.2　研究主题分析

一般情况下，问卷调查可用于描述性、解释性或探索性的研究。根据近年来图书馆学期刊发表问卷调查法文章的情况，笔者将问卷调查法文章的研究主题归纳为七类（见表 2）。从 2018 年问卷调查法文章研究主题的分布来看，以“信息及信息行为”为研究主题的文章数量最多，以“图书馆利用与管理建设”“心理认知”为研究主题的文章次之；以“政府、企事业信息管理”“图书馆学教育与研究”为研究主题的文章则相对较少。

同时，与 2017 年我们所做的图书馆学使用问卷调查法文章的主题数据相对比，在“图书馆利用与管理建设”以及“心理认知”主题方面的研究有所增加，在“信息与信息行为”方面的研究则相对减少，然而其数量仍高于其他研究主题，这表明，“信息及信息行为”在图书馆学使用问卷调查法的研究中一直保持着一个很高的热度。

表 2　2018 年各个研究主题的数量

研究主题	数量　（篇）	有效百分比　（%）
信息及信息行为	41	31.5

续表

研究主题	数量（篇）	有效百分比（%）
图书馆利用与管理建设	37	28.5
心理认知	25	19.2
满意度或需求	16	12.3
政府、企事业信息管理	8	6.2
图书馆学教育与研究	1	0.8
其他	2	1.5

2.3 调查对象分析

问卷调查通常是以个体为研究单位的。根据不同的研究目标，研究者往往会选择不同的调查对象进行调研。通过分析近年来图书馆学期刊发表问卷调查法文章的情况，笔者将问卷调查法文章的调查对象分为六类（见表3）。从2018年问卷调查法文章调查对象的分布情况来看，“一般公众”与“高校师生”所占比例最高，依然是研究者最为关注的群体，“图书馆人员”次之，对“科研人员”和“政府、企事业人员”的调查相对较少。

表3 问卷调查对象的种类与比例

问卷调查对象	被调查的次数	百分比（%）
一般公众	53	40.77
高校师生	49	39.69
图书馆人员	18	13.85
科研人员	10	7.69
政府、企事业人员	2	1.54
其他人员	1	0.77

2.4 样本量分析

2018年问卷调查法文章的样本量分布如图1及表4所示，其中，有128篇文章提到了有效样本量，大多数文章的样本量都主要集中在0~500，占比78.13%；样本量为500~1000以及大于1000样本量的文章均占比10.94%。在这些文章中，问卷样本量最大的是3445，最小的是10，均值为440.58。问卷的样本量是根据研究需要决定的，一般情况下，样本量越大，结果可能会更有代表性。

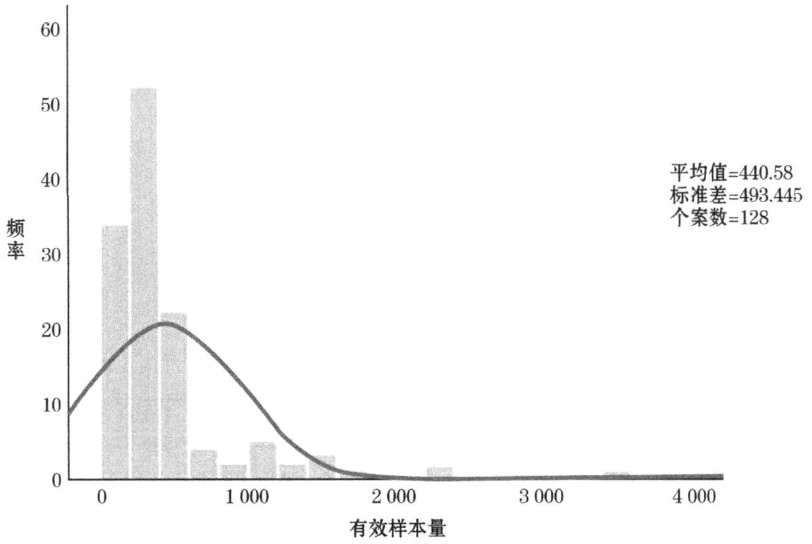

图 1　样本数量分布直方图

表 4　问卷样本量数量

有效数量	缺失数量	极小值	极大值	均值
128	2	10	3 445	440.58

2.5　有效问卷回收率分析

回收率是调查样本代表性的一项指标，比起低回收率来，较高的问卷回收率，偏误也较小。如图 2 所示，从 2018 年图书馆学问卷调查法文章有效问卷回收率的分布来看，大部分文章的有效问卷回收率都高于 80%，只有非常少的一部分文章的有效问卷回收率低于 80%。平均有效问卷回收率高达 88%。有关问卷回收率，艾尔·巴比曾指出，如果要进行分析和撰写报告，问卷回收率至少要有 50%才是足够的；要至少达到 60%的回收率才算是好的，而达到 70%就非常好[6]。总体看来，2018 年图书馆学问卷调查法文章的问卷回收率都相对较高。

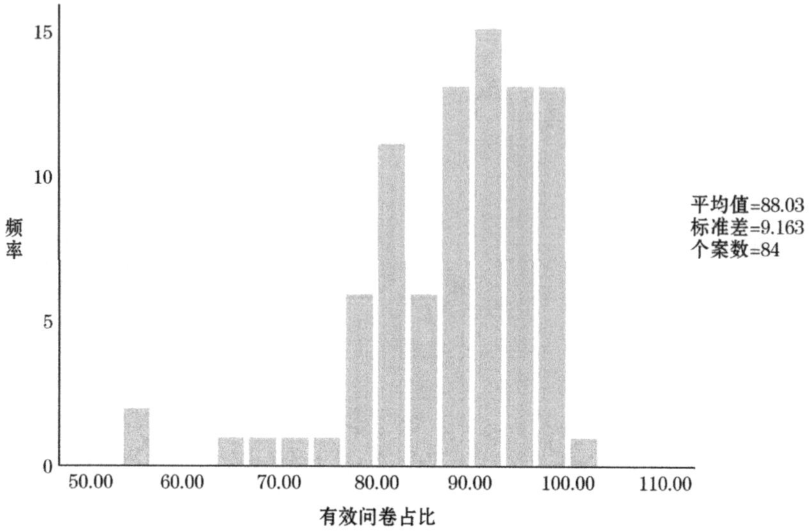

图 2　有效问卷回收率分布直方图

2.6　样本基本情况分析

一般而言，问卷调查也需要包括被调查样本人口统计学方面的信息，比如性别、年龄、教育水平、民族、婚姻状况、职业、收入水平、宗教信仰等，这些信息又被称为“常见共变量”[7]。如图 3 所示，在 2018 年 11 种图书馆学核心期刊发表的 130 篇问卷调查法文章中，有 95 篇文章对其问卷中所涉及的样本基本情况做了描述。其中，有 33 篇文章的人口学特征涉及 4 项，占比最高，涉及 3 项和 5 项人口学特征的文章分别有 31 篇和 12 篇，涉及 2 项和 6 项人口学特征的文章分别有 11 篇和 4 篇，涉及 7 项的文章有 2 篇，此外，还有 1 篇文章涉及 13 项人口学特征。在这些人口学特征中，被提到次数最多的分别为“性别”与“年龄”，分别被提到 82 次和 61 次，学历类的人口学特征次之，主要包括“学历”“受教育程度”“教育背景”等。

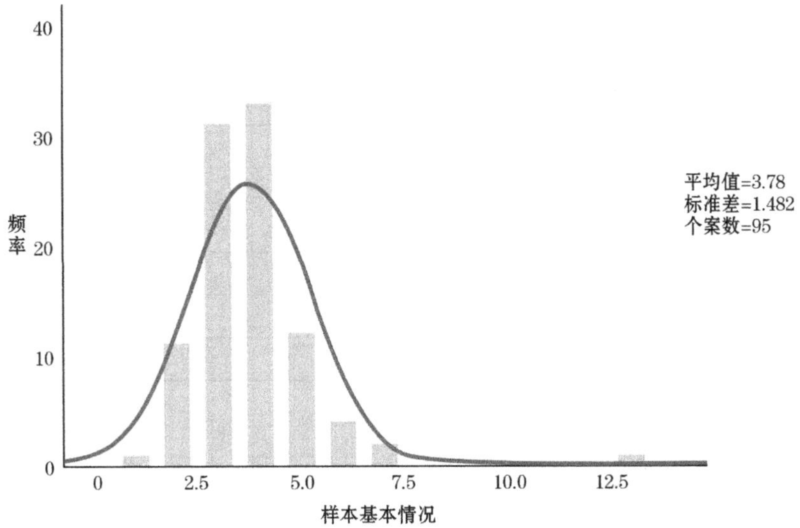

图 3　样本基本情况分布直方图

2.7　文章所属单位及受资助情况分析

2018 年 11 种图书馆学核心期刊问卷调查法文章所属单位的情况如表 5 所示，其中，吉林大学管理学院发表问卷调查法文章最多，且远高于其他单位；武汉大学信息管理学院和上海交通大学媒体与传播学院次之。

表 5　2018 年问卷调查法文章所属单位情况

单位	文章数（篇）
吉林大学管理学院	21
武汉大学信息管理学院	9
上海交通大学媒体与传播学院	4
武汉工程大学管理学院	3
中山大学资讯管理学院	3
山东财经大学管理科学与工程学院	3

从发表文章的受资助情况看，这 130 篇问卷调查法文章中有 101 篇都属于受资助项目的成果（见表 6）。其中，属于国家社科基金项目成果的文章有 52 篇，属于校级项目成果的有 27 篇，属于省市级项目成果的有 25 篇，属于国家自然科学基金项目的成果有 21 篇。此外，还有文章属于教育部人文社会科学项目、中央高校基本科研项目或中国博士后科学基金等项目的研究成果。

这也表明，问卷调查法在图书馆学科研项目的实施过程中越来越受重视。

表 6　2018 年问卷调查法文章受资助情况

项目 （有交叉）	文章数（篇）
国家社会科学基金项目	52
校级项目	27
省、市级项目	25
国家自然科学基金项目	21
教育部人文社会科学项目	5

3　问卷规范化程度分析

3.1　问卷设计与施测的规范化程度分析

问卷是一种包括态度量表在内的综合性的测量工具。问卷的主要内容是以研究假设为基础，根据概念操作化及其测量指标而设计的一整套比较系统的具体问题的集合，问卷设计的过程也是研究者将研究假设具体化的过程[1]。研究者往往期望通过问卷测量社会现象、社会行为、态度观念等，因此，问卷在设计及施测过程中应该注意标准化与规范化，这直接关系到研究者收集资料的准确性，同时也影响着调查研究的质量。

问卷设计的基本步骤主要包括提出研究假设、设计问卷草案、预测试、修改问卷、信效度检验、正式调查，其中，预测试与信效度检验是最容易被研究者忽略的环节。为了对 2018 年 11 种图书馆学核心期刊问卷调查法文章中提到的有关问卷设计与施测的情况有所了解，我们对文章进行了四方面的分析，包括：调查使用的问卷是否进行了预测试、信度检验、效度检验以及是否在选取样本的过程中采用了抽样方法。结果如表 7 所示。

首先，不管研究者在问卷设计上多仔细、多认真，实际上是肯定存在错误的可能性的，所以研究者需要通过预测试来避免问卷中可能出现的错误，弄清受调查者是否能理解问卷中的问题，是否愿意回答这些问题，以及完成问卷需要花费的时间等，并根据预测试的结果，对发现的问题进行修正。而一旦研究者认为已经修正了问卷中存在的问题，就需要安排新的测试来确保修正方案是恰当的。如表 7 所示，在 2018 年 11 种图书馆学核心期刊发表的使用问卷型工具的 41 篇文章中，开展预测试的文章有 10 篇，占比 24.4%；

在使用量表型工具的 89 篇文章中，开展预测试的文章有 45 篇，占比 50.6%。总的来看，问卷类文章开展预测试的比例相对较低。

信效度检验是衡量问卷好坏的重要指标。对于研究者而言，一方面，希望问卷是可靠的、稳定的；另一方面，希望使用的问卷确实能够测量研究者本身期待它测的构念。这就是信度（reliability）与效度（validity）。信度的类型主要有三种：重测信度、复本信度以及折半信度；效度有四种类型：表面效度和内容效度、效标效度、建构效度、内在效度和外在效度[1]。信度和效度都与测量时的误差有关，有随机的测量误差称为缺乏信度，有系统误差称为缺乏效度。通过分析 2018 年 11 种图书馆学核心期刊问卷调查法文章中提到信效度检验的情况，我们发现，在使用问卷型工具的 41 篇文章中，进行信度检验的文章有 9 篇，进行效度检验的文章有 7 篇；在使用量表型工具的 89 篇文章中，进行信度检验的文章有 72 篇，进行效度检验的文章有 63 篇；量表类文章信效度检验的比例远高于问卷类文章。

表 7　问卷的设计与实施指标

测量工具	统计方法	使用次数（篇）	有效百分比（%）	指标内的比例（%）
问卷（41）	预测试	10	24.4	18.2
	信度检验	9	22.0	11.1
	效度检验	7	17.1	10.0
	抽样方法	2	4.9	14.3
量表（89）	预测试	45	50.6	81.8
	信度检验	72	80.9	88.9
	效度检验	63	70.8	90.0
	抽样方法	12	13.5	85.7

抽样在于通过对部分样本单位的调查，达到对社会现象整体的认识，合理选择抽样方法，能够有效提高研究者样本选取的代表性。概率抽样和非概率抽样是抽样的两种方式，概率抽样主要包括：简单随机抽样、系统抽样、分层抽样、整群抽样、多段抽样、PPS 抽样等；非概率抽样主要包括就近抽样、配额抽样、目标式（判断式）抽样和滚雪球抽样[6]。不同的抽样方法都有自己的特点，研究者可以根据实际需求选择合适的抽样方法。在 2018 年 11 种图书馆学核心期刊发表的 130 篇问卷调查法文章中，仅有 2 篇问卷类文章

说明了其使用的抽样方法，有12篇量表类文章说明其使用了何种抽样方法，总体看来，问卷调查法文章中抽样方法的使用并不理想。而在抽样方法的使用中，随机抽样、分层抽样以及滚雪球抽样法被使用的概率相对较高。

3.2 数据统计分析方法使用情况分析

研究者需要使用统计分析方法对通过问卷获得的资料进行量化，测量变量之间的关系，并从样本推论总体。可以说，统计分析为社会研究提供了一种清晰、明确的形式化语言，是帮助人们认识社会现象的重要分析工具。统计分析方法主要分为描述统计方法和推论统计方法。描述统计是通过可操作化的方式进行定量描述的方法，在描述统计阶段，通常使用平均数、中位数、众数来反映数据的集中趋势，通过标准差、离差测量数据的变异性，通过频数、百分比的形式来组织数据等；推论统计则帮助研究者根据数据得出结论，通过对样本的研究推论总体，假设检验、方差分析、相关与回归分析、非参数检验、结构方程等方法是推论统计阶段经常被研究者使用的方法。

我们也从这两大方法以及一些具体方法的使用上对2018年11种图书馆学核心期刊发表的130篇问卷调查法文章进行了深入分析，这些文章中提到的有关数据统计分析方法的使用情况如表8所示，可以发现，相较于推论统计方法，研究者在分析数据时，选择描述统计方法的居多。其中，在问卷类文章中，97.6%使用描述统计方法；在量表类文章中，84.3%使用描述统计方法。而在推论统计方法的使用上，问卷类文章的比例大大低于量表类文章。特别地，与前几年相比，在2018年图书馆学期刊问卷调查法文章中，使用结构方程的文章数量迅速增加，越来越多的图书馆学研究者开始使用结构方程分析数据。

4 讨论与分析

4.1 预测试及信效度检验的受重视程度有待提高

预测试及信效度检验都是检验问卷质量的重要环节。对于使用问卷进行资料获取的研究来说，并不是所有的问卷都是经过严谨的程序设置完成的，很多时候，研究者只是根据研究问题随意写了几道题就拿来开展调研，并没有经过严格的检验过程，这是很危险的。一方面，以此问卷获取的数据为依据得出的结论可能不具有普遍性，研究价值不高；另一方面，与之相关的文章在发表后难免会被其他研究者了解，甚至跟随其研究的步伐，这样就会影响之后的研究，危害更大[8]。所以，对问卷进行预测试以及信效度检验是非常重要的。然而通过我们的调查发现，在图书馆学期刊发表的问卷调查法文章中，仍然有较高比例的文章并未提到对研究使用的问卷进行预测试及信效度检验，总体看来，预测试及信效度检验的受重视程度仍有待提高。

表 8　问卷与量表类文章数据分析方法分析

测量工具	分析方法	使用次数（篇）	有效百分比（%）	指标内的比例（%）
问卷（41）	描述统计	40	97.6	34.8
	假设检验	2	4.9	4.2
	方差分析	5	12.2	33.3
	相关与回归分析	4	9.8	18.2
	非参数检验	3	7.3	100
	结构方程	1	2.4	1.9
	其他方法	3	7.3	21.4
量表（89）	描述统计	75	84.3	65.2
	假设检验	46	51.7	95.8
	方差分析	10	11.2	66.7
	相关与回归分析	18	20.2	81.8
	非参数检验	0	0	0
	结构方程	53	59.6	98.1
	其他方法	11	12.4	78.6

首先，问卷在初步设计完成后不能马上进行正式调研，需要通过预测试，且根据预测试的结果做出修改后才能最终确定正式问卷。预测试就是将设计好的问卷初稿在调查对象中运用非概率抽样方法选择一部分人进行调研，从而了解问卷存在的问题。因为研究者的思路与考虑问题的方法，很多时候与实际情况是有较大差距的，通过预测试可以有效避免研究者在设计问卷时可能出现的错误。比如，问卷中的用词或表述是否会引起歧义，从而导致不同的对象有不同的理解；某些问题对于调查对象来说可能是不容易回答的；问卷填答花费的时间是否合适；获得的初步资料是否符合预期的设想等。

信度和效度是开展问卷测量的重要指标。信度是指测量的可信性或一致性，即使用问卷对同一对象或概念、变量重复测量后结果的稳定性；效度是指测量的准确性或有效性，即问卷能否准确地测量出概念或变量的特征[9]。问卷在正式发放之前需要进行信效度检验，并依据检验结果调整题项，确保通过该问卷获得的数据是有效的、令人信服的。且对于问卷测量来说，信度与效度检验缺一不可。我们通过调查发现，有些研究只进行了信度检验，有些研究只进行了效度检验，这都是不完整的，因为效度必须建立在信度的基础上，没有信度的效度是不可靠的；而没有效度的测量，即使信度再高也是没有意义的。

4.2 样本选择时抽样方法通常被忽视

在社会科学中，研究者需要进行选择观察，从而通过对被选定单位的调查，达到对社会现象整体的认识，抽样就是选择观察对象的过程。然而经过我们的调查发现，在问卷调查法的实施过程中，抽样往往是最容易被忽略的一个环节，在 2018 年 11 种图书馆学核心期刊发表的 130 篇问卷调查法文章中，仅有 14 篇文章说明了其使用的抽样方法。

就抽样方法而言，依据是否是以等概率的原则抽取样本，可以分为概率抽样和非概率抽样。概率抽样可以保证在一个确定的总体内，每个样本被抽取的概率相同，因此，根据概率抽样获得的样本能够代表样本所在的总体；非概率抽样则是根据研究者的主观判断或条件便利等因素选择样本[1]。随着互联网技术的迅速发展，网络问卷调查逐渐成为问卷调查法实施的重要途径，由于网络人群具有分布广泛、流动性高等特征，因此，非概率抽样方式是网络问卷调查的主要抽样方式[9]。研究者在选取抽样方法时，应该选择能够提高样本代表性的抽样方法。

4.3 使用结构方程模型进行分析的研究逐渐增多

结构方程模型是一种适用广泛的分析方法，在管理学、心理学、社会学等领域均有应用，用以分析数据、检验假设。一个完整的结构方程模型包括两个部分，用于表示潜变量与潜变量之间因果关系的结构模型，以及用于表示可观测变量与潜变量之间关系的测量模型[10]。从一定意义上讲，结构方程模型是一种值得应用而且被学术界推崇的方法，越来越多的研究者开始学习这种数据分析方法的使用，图书馆学领域也是如此，在 2018 年 11 种图书馆学核心期刊发表的问卷调查法文章中，有 41.54%的文章在数据分析阶段使用了结构方程模型，这种趋势是值得肯定的。然而，与其他的数据分析方法相比，结构方程模型的理论原理更为复杂，在应用时更容易犯错误。所以研究者在使用结构方程模型之前，应该深入理解其基本原理，避免一些常见错误，更好地发挥结构方程模型的作用[11]。

4.4 量表类文章总体比问卷类文章更为规范

在问卷调查法的实施过程中，不论问卷还是量表，同是测量工具。相较而言，问卷是一堆问题的集合，量表是问卷这一测量工具的一种更精确更科学的表达形式，所以在对测量工具要求严格的测试中，必须使用经过严格科学检验的量表[12]。通过我们对 2018 年图书馆学期刊发表的问卷调查法文章的调查分析发现，量表类文章总体比问卷类文章更为规范，不论是在问卷设计与施测的相关指标的使用上还是在数据统计分析方法的使用上，量表类文章都明显高于问卷类文章，问卷类文章的数据分析更多的处于浅层次，缺乏深入分析。对于研究者而言，应该正确认识问卷和量表，了解相关测量工具的设计程序与运用方法，不论是问卷还是量表，都能严格编制、规范施测，在数据分析阶段选择适合的统计方法，深入挖掘数据内涵，充分发挥测量工具的作用，得出有价值的结论。

5 结语

问卷调查法作为实证研究中最常用的方法之一，在图书馆学领域已经得到了很好的普及。然而，不可否认的是，研究者在实施问卷调查法的过程中仍然存在着诸多问题，究其原因，主要在于两方面：一方面，研究者本身缺乏对问卷调查法的正确认识，从而导致在使用问卷进行调查的过程中充满着随意性，问卷设计与施测不规范，数据分析处于浅层次；另一方面，研究者忽视了将问卷调查的实施转化为文字的过程，对于某些研究来说，并不排除研究者在实际的操作中是进行了规范化的操作的，但由于未在文章中体现出来，直接影响读者对于该研究的学术性评价。

所以，对于研究者而言，如果确定使用问卷调查法开展相关研究，首先要端正态度，正确认识问卷调查法，了解问卷调查法实施的程序，从问卷设计开始每一步都标准、规范，采用合适的数据分析方法深入分析数据，提升研究结论的普适性；此外，研究报告的撰写是研究过程中非常重要的一个环节，在此过程中，研究者需要将自己的研究过程完整地呈现出来，以达到与读者进行交流的目的。总之，不论是在问卷调查法的使用过程中，还是在其他方法的使用上，研究者都应该始终持有一颗敬畏之心，尊重不同方法的科学、标准与规范，并落实到具体的研究过程中，使得方法能最大程度地为研究服务，实现研究价值[13]。

注释

[1] 仇立平. 社会研究方法[M]. 重庆：重庆大学出版社，2015：110-141，156-161，178-179.

[2] 黄纯元. 论芝加哥学派（中）[J]. 图书馆，1998（1）：10-13.

[3] 徐建华，路锦怡，李媛，等.2015 年我国图书馆学期刊问卷调查法文章计量分析[J]. 图书与情报，2016（6）：124-128.

[4] 徐建华，路锦怡.2016 年图书馆学期刊问卷调查法文章分析[J]. 图书馆建设，2017（12）：46-50.

[5] 徐建华，路锦怡，汪汉清.2017 年图书馆学期刊问卷调查法文章分析[J]. 图书情报工作，2019（12）：37-43.

[6] [美]艾尔·巴比. 社会研究方法第 10 版[M]. 邱泽奇，译. 北京：华夏出版社，2005：177，254.

[7] [美]福勒. 调查问卷的设计与评估[M]. 重庆：重庆大学出版社，2010：Ⅲ.

[8] 罗胜强，姜嬿. 管理学问卷调查研究方法[M]. 重庆：重庆大学出版社，2014：147.

[9] 余富强，胡鹏辉，杜沙沙. 网络问卷调查的数据质量控制研究[J/OL]. 统计与决策，2019（16）：10-14.[2019-08-20].https：//doi.org/10.13546/j.cnki.tjyjc.2019.16.002

[10] 刘军. 管理研究方法：原理与应用[M]. 北京：中国人民大学出版社，2008：266-267.

[11] 刘军，富萍萍. 结构方程模型应用陷阱分析[J]. 数理统计与管理，2007（2）：268-272.

[12] 袁军. 问卷与量表的发展历史[J]. 科学大众，2006（10）：47-49.

[13] 徐建华. “图书馆学与问卷调查研究”专题引言[J]. 图书与情报，2014（6）：23.

（文章来源：《图书馆学研究》2020 年第 8 期）

十年·感念篇

赞助商简介

（按赞助届数先后排列）

1. 英国 Emerald 出版社

Emerald 于 1967 年由来自世界著名百强商学院之一的布拉德福商学院（Bradford University Management Center ）的学者建立，是一家以人文社科为主同时出版部分工程学刊物的英国出版社，尤其注重管理学、图书馆学的学科发展。

2. 东软集团

东软集团是中国领先的 IT 解决方案与服务供应商。公司成立于 1991 年，前身为东北大学下属的沈阳东大开发软件系统股份有限公司和沈阳东大阿尔派软件有限公司。公司开发的各种软件已被广泛运用于工程、电力、电信、房地产、工厂设计等行业。

3. 天津大学出版社

天津大学出版社成立于 1985 年 1 月，是教育部首批 19 家转企改制试点的大学出版社之一。现拥有图书、电子、音像和互联网出版资质。天津大学出版社依托天津大学的教学、科研优势，全力打造优质高等学校专业教材和精品专著，深度打造建筑类特色图书。近年来把数字出版当作中长期战略规划和重点发展板块。经过 30 余年的深耕细作，天津大学出版社形成了教材出版基础深厚，建筑类图书特色鲜明，学术出版地位凸显，传统出版与数字出版从内容到形式交叉融合、协调发展的局面。

4. 北京人天书店有限公司

北京人天书店有限公司创立于 1998 年，经历从西四的地质博物馆大厅、紫竹院、国家图书馆社区，到拥有自己的办公大楼。目前，人天书店发展为专业性的图书经销商和出版信息提供商，“人天”已经成为中国图书经销行业内的知名品牌。

5. 北京超星公司

北京超星公司是中国规模较大的数字图书馆解决方案提供商和数字图书资源提供商，是国内较早从事纸质资料的数字化以及制作电子出版物的公司之一。业务范围包括数字图书资源加工、供应、采集、管理以及提供数字图书的创作、发布和交流为一体的完整平台。

6. 湖北三新文化传媒有限公司

湖北三新文化传媒有限公司成立于 1998 年，总部位于武汉市东湖新技术开发区，是一家以馆配图书、教材、期刊、电子书、音像制品等各类出版物销售为主营业务，以卷藏信息技术、数字出版技术、智慧图书馆系统开发等特色服务为支撑业务的国家级高新技术企业。

7. 杭州市图书馆事业基金会

杭州市图书馆事业基金会是于 2003 年 12 月在浙江省民政厅登记注册成立的 5A 级公募基金会，是中国首家图书馆事业基金会。该基金会以“人人享有文化阅读权利”为使命目标，致力缩小公共文化服务的城乡差距，多年来在推动全民阅读、关注青少年阅读发展状况，改善基层及欠发达地区人群的阅读条件等方面，不断做努力与尝试。

8. 北京华图新天科技有限公司

北京华图新天科技有限公司成立于 2012 年，是从事信息资源建设和相关技术研发的高科技公司，由多名信息资源及相关领域的资深人士组成，多年来，不断拓展与国内外知名院校和研究机构的合作，为高等院校、政府以及科研机构等提供专业的信息服务。

9. 广州图创计算机软件开发有限公司

广州图创计算机软件开发有限公司是国内公共图书馆服务体系化建设软件服务的领导者，提供的产品和解决方案被广泛的应用于国内图书馆行业，帮助客户建立完善的图书馆服务体系。图创软件迄今已发展总分馆用户 5000 余家，图创公司解决方案广泛应用于公共图书馆、211 工程大学、中小学、企事业单位等各类型图书馆。

10. 河南鑫红日实业有限公司

河南鑫红日实业有限公司前身为“郑州红日科技有限公司”，成立于 2001

年，是一家以服务于图书馆建设为根本，以提高图书馆管理信息化、科学化为己任的高科技企业。公司经营业务主要包括汉文古籍数字图书馆、图书自助借还系统、城市街区 24 小时自助图书馆、图书馆信息管理平台、图书馆特色数据库等。

11. 山东爱书人传媒科技有限公司

山东爱书人传媒科技有限公司是由爱书人集团投资设立的子公司。公司专注于数字文化传媒领域发展，已形成四大业务板块：e 农（农村文化）传媒业务、数字全民阅读业务、社区教育培训业务、音像图书销售业务。公司致力于将数字多媒体新技术应用于“数字农家书屋”“数字全民阅读”和“社区教育培训”等农村（社区）基层公共文化建设中。

12. 上海上业信息科技股份有限公司

上海上业信息科技股份有限公司成立于 2007 年，是一家集设计、研发、生产、销售为一体的高新技术企业。上业科技以专业化的研发实力和市场运作能力成功服务了 2000 多家用户，主要业务包括电子资源、数据加工、软件开发、多媒体互动、创意设计为教育行业提供信息资源解决方案。

13. 上海川远信息科技有限公司

上海川远信息科技有限公司成立于 2011 年，是一家专注于少儿教育产品研发与服务的科技创新型企业。公司重点围绕少儿教育领域，通过互联网、移动终端、多媒体新兴技术与服务等方式，以儿童喜爱的卡通人物形象为载体，不断创造高品质内容与产品，成为业内瞩目的焦点。

14. 化学工业出版社有限公司

化学工业出版社有限公司成立于 1953 年，经过多年的发展，已成长为专业特色突出、品牌优势明显、有良好知名度和信誉度的中央级综合科技出版社。目前出版领域包括科技图书、大中专教材、大众图书、科技期刊和数字出版五大类。

15. 天津全通教育信息科技有限公司

天津全通教育信息科技有限公司于 2016 年成立。公司经营范围包括：教育信息系统，教育软件，电子通信，自动控制，游戏软件，网络技术开发、转让、咨询、服务，教育信息咨询，商务信息咨询，组织文化交流活动，数字动漫制作，安防工程设计、施工、维修，计算机软硬件销售等。

16. 天津微图科技有限公司

天津微图科技有限公司于 2014 年在天津空港自贸试验区成立，是一家以计算机信息技术开发、技术服务、文化活动运营为主要业务的科技型文化企业。公司主要面向公共文化服务机构、公共图书馆、高校、中小学等提供信息化解决方案。公司的产品有：阅读推广云服务平台、微信图书馆系统、自建资源库系统、大数据分析展示平台、VR 全景资源库、阅读推广云屏机等。

17. 北京云途经纬科技文化传媒有限公司

北京云途经纬科技文化传媒有限公司专注于有声内容建设，致力于为公共文化机构、政企、高校及 K12 教育等单位，提供丰富的有声内容，定制化的有声资源建设、有声服务平台搭建、有声微课线上线下培训、有声文化活动拓展等一体化综合解决方案。云图数字有声图书馆是由北京云途经纬科技文化传媒有限公司编辑出版的大型连续有声数字出版物。

18. 上海阿法迪智能数字科技股份有限公司

上海阿法迪智能数字科技股份有限公司是国内领先的致力于将 RFID（无线射频识别）技术应用于图书、文化和教育等多个领域的高新技术企业。作为国内领先的拥有核心技术研发能力和智慧图书馆全部自主知识产权的公司，目前，上海阿法迪持续实现产品和解决方案的迭代升级，已为全国 4000 余家客户提供专业的智慧系统解决方案。

19. 福建人信集团

福建人信集团是一家集科研开发、生产运营、销售服务于一体的多元化高新技术企业。目前集团主要有教育行业、智能穿戴、电商自媒体营销三大业务版块，人信集团始终秉承“创新、专业、服务、共赢”的经营理念，以“永远追求卓越”的企业精神，在数字化、信息化、人工智能化的今天，大力研发大数据和 AI 人工智能在教育行业的应用，开辟出一片崭新的智慧化应用市场。

附录　日程举例

第七届图书馆学实证研究博士生实证会议

2017.7.14（星期五）

全　天	9：00起	参会者报到
		地　点：南开大学商学院一楼大厅
	18：00	晚餐（馨香园）

2017.7.15（星期六）

上　午	7：00	早餐
	8：00	开班典礼
		主持人：徐建华教授
		地　点：商学院一楼左侧大报告厅
		发言人：院、系领导，来宾代表
	8：30	照相（商学院大门口）
	8：40	主题报告：美国图书馆学界的研究重点与现状
		美国北卡罗来纳大学教堂山分校 Sturm 副教授
	10：30	主题报告：社交媒体、搜索引擎与行为科学研究
		南开大学周恩来政府管理学院社会心理学系 陈浩副教授
		主持人：徐建华教授
		地　点：商学院一楼大报告厅
中　午	12：00	午餐（多功能厅）
下　午	13：30	主题报告：眼动实验方法
		天津师范大学心理与行为研究院 杨海波副教授
	15：00	主题报告：美国图书情报学与实证研究

		美国佛罗里达州立大学图书情报学院 俞碧飏博士
	17：00	Emerald 图情资源与投稿交流
		Emerald 出版社市场主管 秦靓婷
	17：30	编辑座谈
		主持人：李德升副院长
		地　点：商学院一楼大报告厅
	18：00	晚餐（馨香园）

2017.7.16（星期日）

上　午	7：00	早餐
	8：00	主题报告：国家社科项目申请
		国家社科基金图书情报领域召集人 黄长著学部委员
	10：00	主题报告：研究设计与问卷编制
		美国佛罗里达州立大学图书情报学院 俞碧飏博士
	11：30	主题报告：2016 年图书馆学期刊问卷调查法文章分析
		南开大学商学院信息资源管理系 路锦怡
		主持人：陆艳馆长
		地　点：商学院 B802
中　午	12：00	午餐（多功能厅）
下　午	13：30	主题报告：问卷与量表辨析
		天津师范大学心理与行为研究院 马惠霞教授
	15：00	主题报告：扎根理论方法论及其运用
		南开大学周恩来政府管理学院社会学系 冯琳博士
		主持人：沈珉主任
		地　点：商学院 B802
	18：00	晚餐（馨香园）

2017.7.17（星期一）

上　午	7：00	早餐
	8：00	上机操作

		地　点：商学院三楼机房 B301-1 、B301-2
		内　容：数据录入与审查、因素分析和信效度检验
		天津师范大学心理与行为研究院 徐晟助理研究员
中　午	12：00	午餐（多功能厅）
下　午	13：30	上机操作
		地　点：商学院三楼机房 B301-1 、B301-2
		内　容：描述性统计、均值比较、回归分析
		天津师范大学心理与行为研究院 徐晟助理研究员
	16：00	主题报告：问卷调查研究的论文写作
		南开大学商学院信息资源管理系 王翩然博士
		主持人：俞碧飏博士
		地　点：商学院一楼左侧大报告厅
	18：00	晚餐（馨香园）
晚　上	19：00	相声
		地　点：南开大学田家炳音乐厅

2017.7.18（星期二）

上　午	7：00	早餐
	8：00	主题报告：访谈技巧及实施
		南开大学社会学系 郭大水教授
	11：00	主题报告：图书馆人职业生涯规划与管理
		南开大学商学院信息资源管理系 徐建华教授
		主持人：张兴旺馆长
		地　点：商学院一楼左侧大报告厅
中　午	12：00	午餐（多功能厅）
下　午	13：30	南开大学商学院信息资源管理系教师前沿研究介绍
	14：30	问题诊断
	15：00	参会者交流
	16：00	闭幕式
		主持人：徐建华教授

	地　点：商学院一楼左侧大报告厅
18：00	晚餐
2017.7.19（星期三）	离会

后　记

转眼10年过去了，图书馆学实证研究博士生学术会议也迎来了十周年。十年磨剑，徐建华教授及其团队的坚持与毅力，令人佩服与赞叹。

作为徐建华教授多年的合作伙伴，得知要编撰《图书馆学实证研究博士生学术会议十周年集》，我觉得正应该如此，能作为这本书的编者，总结、梳理十年来会议的历程与成果，我感到非常荣幸，同时也有一些惶恐与压力。如何才能将徐教授及其团队多年的努力与付出充分呈现出来，不辜负他们的期待？幸好徐教授及其团队提供了非常完备的会议资料，让我在编纂时不至手足无措，也让我对会议本身，对徐教授及其团队有了更深刻的认识与了解。

图书馆学实证研究博士生学术会议是徐建华教授为规范图书馆学实证研究生态而举办的学术论坛，从最初的几十人到如今的每届200多人，影响力日渐扩大。为充分展示会议的历程与成果，我与徐教授团队一起确定了纪念集的内容，包括十年间的会议历程、师资与课程内容、感悟、成果等。对于十年来的会议历程，由徐教授亲自执笔，将其办会的主旨与初衷，会议举办的过程与遇到的困难细细陈述，将十年办会的始末呈现给大家；同时，由我将2011-2019年的九届会议的简要情况一一陈列，并将每一年的会议综述也置于此，以使大家能够更清楚地了解会议的历程。

图书馆学实证研究博士生学术会议的师资与课程内容是会议的一大亮点，师资方面可谓是大师云集，聚集了国内外著名高校的教授学者，会议内容十分丰富，从历届的会议手册可以看出，每一次课程安排都是精心准备，内容除最核心的问卷调查理论、方法与评价外，还涉及海内外方法论研究、其他研究方法、申请课题、海外发文、职业生涯规划等多层次、多角度的内容，每一个参会的学员很难不从中受益。这从感悟这一部分内容即可看出，感悟的内容既包含与会嘉宾的寄语，也包含参会学员与会议组织者的感言，“桃李不言，下自成蹊”，徐教授及其团队的努力是被大家认可与敬佩的。同时，本书将十年间团队发表的关于图书馆学期刊问卷调查法文章分析的论文也给予呈现，希望能给正在做实证研究并撰写论文的同人以参考。

徐教授办会的不易与会议的特点息息相关，即全免费，200多人的会议食宿全免，还贴心地提供矿泉水等，这些都需要花费大量的经费，因此，本书特地鸣谢了十年来赞助实证会议的组织机构，感谢他们为图书馆学实证研究贡献的力量。

对于这部有历史意义的纪念集，我觉得我与徐教授及其团队已尽心竭力，但一些缺点与不足在所难免，尤其是限于篇幅，我们删掉了大量十分生动与精彩的细节，致使影响了本书的可读性，还请有识之士多多包涵与指教。

作为编者，我衷心地希望图书馆学的实证研究能够如徐教授所期待的那样：规范化、科学化地发展！同时，也祝愿徐教授的第十届图书馆学实证研究博士生学术会议成功举办！

王云石

2021 年 7 月